DESDE LUTECIA

Anacronismo y modernidad en los escritos teatrales de César Vallejo

Guido A. Podestá

LATINOAMERICANA
EDITORES

Berkeley, CA

ISBN   0-9640795-0-X

Cover design by Pascal Balthrop

A Eugenia y Sebastián
y a todos sus abuelos

Indice

PRÓLOGO

En "Montaigne sobre Shakespeare" (1926), Vallejo relata una historia que prefigura lo que va a suceder con sus escritos teatrales (155-56). Se trata de una hipótesis que pretendía explicar la autoría de varios dramas de Shakespeare como si fueran de Montaigne. La historia involucra a Montaigne, su viuda, y Francis Bacon. De acuerdo con el argumento preparado por Fortunat Strowski--profesor de La Sorbonne y miembro del Institute of French Studies de Columbia University--, al morir Michel de Montaigne en Bordeaux, sus deudos decidieron entregar su poesía y las piezas de teatro a una persona que había sido enviada por Bacon, entonces canciller de Inglaterra. Bacon, a su vez, se los habría entregado a un actor llamado Shakespeare quien los habría producido como si fueran suyos. La familia de Montaigne se habría deshecho de esos escritos porque temía que dañasen la reputación de Montaigne como filósofo.[1]

Vallejo trata el asunto como un episodio más del nacionalismo que impera en Francia, pero éste, más allá de su veracidad, anuncia lo que va a ocurrir con una parte importante de los escritos teatrales de Vallejo. Georgette de Vallejo los entrega a la Legación Peruana, cuando Francisco García Calderón Rey es ministro plenipotenciario y Federico Mould Távara secretario. No se les da el cuidado debido y desde entonces quedan extraviados hasta que en 1972 son entregados a la Biblioteca Nacional del Perú (Lima) por los familiares de Mould Távara. La mayor diferencia que existe en esta posible analogía es que nadie desempeña el rol de Shakespeare o Bacon. En cuanto al de la viuda, Georgette Vallejo actuó de otra manera. No ha sido ella quien ha querido deshacerse de esos escritos. Todo lo contrario, ella fue una de las que procuró la publicación de los mismos desde 1938. Finalmente, la calidad misma de los dramas está en cuestionamiento.

---

[1] Este artículo o ensayo debió publicarlo Strowski después de **La sagasse française** (Paris: Librairie Plon, [1925]), porque en éste no menciona a Shakespeare o Bacon (1-106).

i

No obstante estas diferencias, hay elementos comunes, en el extravío de los escritos y en una suerte de confabulación destinada a proteger la imagen de Vallejo como "poeta." Desde que Vallejo comienza a convertirse en uno de los escritores más importantes de América Latina, un fenómeno que es relativamente reciente, se presume que estos escritos teatrales, en mayor medida aún que El Tungsteno o Hacia el reino de los Sciris, dañan una reputación cuya aceptación ha costado tanto esfuerzo. Sin embargo, esa abnegada labor ha tenido efectos que ahora pueden revisarse con más cuidado.

La primera "nota" académica que registra la existencia de dramas escritos por Vallejo es posterior a una traducción publicada en Commune. Raúl Porras Barrenechea escribe sus "Notas bío-bibliográficas," como addenda a la mencionada edición de Poemas humanos (1939). Después de esta publicación, aunque no necesariamente como resultado de ésta, se va creando un consenso en torno a la marginalidad de los textos dramáticos de Vallejo. Se asume o se desarrolla el argumento de que esos textos, desconocidos en su mayor parte, son comparables sólo a narraciones como El tungsteno, pero de ninguna manera a su poesía. La manera como introduce su ponencia Ramiro de Casasbellas, en las "Conferencias Vallejianas Internacionales" de 1967, es una convención típica de ese consenso. Comienza pidiendo disculpas por ocuparse "de la parte sin duda menos importante de la obra de Vallejo." La parte "menos importante" es todo cuanto no es su poesía. La sustentación de esta premisa excusa a cualquiera que estuviese interesado en la poesía de Vallejo de estudiar lo que no es importante.[2]

Una de las primeras publicaciones póstumas de trabajos artísticos escritos por Vallejo, si no la primera, es la de un texto que antecede a la edición que preparan Raúl Porras Barrenechea y Georgette Vallejo de Poemas humanos (1939). Me refiero al fragmento de un drama que publica en agosto de 1938 la revista Commune; revue litteraire française pour la defense de la culture (París). Commune era una revista fundada en 1932 y dirigida por Romain Rolland y Louis Aragon. El texto fue traducido por Louis

---

[2] **Aula Vallejo** Números 8-10 (Córdoba, Argentina). En la breve discusión que suscita esta ponencia se insiste sobre todo en el acuerdo de que "Vallejo era un mediocre prosista." Sólo James Higgins plantea que los demás escritos de Vallejo son indispensables para entender su "poesía posterior" (163).

Parrot como el fragmento de un "mystére" en tres actos titulado **Pierre du Soleil**. Un fragmento de **La piedra cansada** es también el primer texto dramático que se publica en castellano: la revista **Trilce** publica "tres cuadros" en 1951. **La piedra cansada** es también el primer drama en ser publicado íntegramente. Lo hace **Visión del Perú** en 1969.[3]

Tanto la publicación del "fragmento" de **La piedra cansada** como las notas de Porras Barrenechea declaran la existencia de un conjunto de dramas. Antes de 1938, pocas personas allegadas a Vallejo sabían de estos escritos (Federico García Lorca, Louis Jouvet, Gerardo Diego, Gaston Baty, Camila Quiroga, Georgette Vallejo). Es probable que Vallejo no se los hubiese dado a conocer ni siquiera a Juan Larrea, pero una vez que se conoce de ellos por el ensayo de Porras Barrenechea, ese desconocimiento es voluntario. En mayor o menor medida, pocos entre quienes escriben sobre Vallejo, mencionan sus escritos teatrales. A pesar de que no pueden darse por no enterados de su existencia, la mayoría decide ignorar también la contínua publicación de éstos a partir de 1951.

Pese a que se conocen fragmentos o textos completos de **La piedra cansada** y **Colacho Hermanos** entre 1938 y 1969, excepción hecha de quienes los publican, a muy pocas personas les llama la atención estos textos dramáticos de Vallejo. Washington Delgado es una excepción. En la nota sin firma que prologa el texto de **La piedra cansada** que publica en **Visión del Perú** (1969), Delgado señala que Vallejo "tuvo una notable y sostenida inquietud teatral" y que es de lamentar su "desconocimiento." Washington Delgado es el primero en llamar la atención sobre **La piedra cansada**, en particular, pero quizás por ser anónimo, su comentario queda sin ser recogido. Ningún otro comentario anterior es comparable al de Washington Delgado que, además, tiene la credencial de venir de un "poeta" como lo fue Vallejo.

Fragmentos de tres textos dramáticos (**La piedra cansada, Colacho Hermanos** y **Entre las dos orillas corre el río**), y el texto íntegro de **La Mort**, son publicados entre 1951-58 por revistas peruanas (**Trilce, Letras Peruanas, Letras** y **Tiempo**). Pero durante esa misma década se establece la marginalidad de esos escritos teatrales

---

[3] Véase **Commune** 6:60, 1438-41; **Trilce** 1 (20 de mayo); y **Visión del Perú** 4 (julio), (283)-(319). En el mismo número de **Commune**, se incluye "Le retour" de Langston Hughes y el prefacio de Aragon a un libro de Neruda.

en los trabajos publicados por Luis Monguió, Xavier Abril, André Coyné, Juan Larrea y Giovanni Meo Zilio.[4] Me refiero a **César Vallejo; vida y obra** (1952) de Monguió, **César Vallejo o Hispanoamérica en la cruz de su razón** (1958) de Larrea, **César Vallejo y su obra poética** (1958) de Coyné, **Vallejo; ensayo de aproximación crítica** (1958) de Abril y **Stile e poesia in César Vallejo** de Zilio (1960). Estos libros ofrecen las primeras interpretaciones de sus trabajos poéticos. Son también los primeros en construir un canon que hasta hoy es frecuentemente respetado, trascendiendo las teorías y metodologías más diversas. Esos son los años en que se construye la "leyenda" que hace conocido a un escritor hasta entonces desconocido.[5]

Textos como los mencionados logran poner los escritos de Vallejo a la par de los de Neruda, quien, a diferencia de Vallejo, había logrado publicar poemas suyos en la **Revista de Occidente.** La atención que recibe Vallejo es sorprendente en algunos casos. Por iniciativa de Juan Larrea se crea en la Universidad Nacional de Córdoba, Argentina, un centro de documentación e investigación que se especializa en Vallejo. Después del simposio que organiza en 1959, Larrea inicia la edición de la revista **Aula Vallejo**, como "publicación periódica del Instituto del Nuevo Mundo." Entre 1959-1974, se publican trece números en cuatro volúmenes. En "Motivos y propósitos" (**Aula Vallejo 1**, [5]-10), Larrea establece la agenda que seguirá en los próximos 25 años en base a sus contactos con algunos integrantes del llamado "grupo norte," amigos personales de Vallejo en

---

[4] Entre la publicación de **Los heraldos negros** (1918) y **Poemas humanos** (1939), pocos escriben sobre Vallejo: Bergamín, Mariátegui, Orrego, Sánchez. Después de 1938, predomina, durante una década, la reconstrucción de su biografía—una tarea iniciada por Porras Barrenechea--, los homenajes y las ediciones de sus poesías "completas." En 1949, André Coyné publica en **Mar del Sur** sus "Apuntes biográficos de César Vallejo" y Francisco Izquierdo Ríos **Vallejo y su tierra** (Lima: Editorial Rímac). Diez años después de la edición de 1939, César Miró edita **Poesías completas, 1918-1938** (Buenos Aires: Losada, 1949). También en la década de los 40 se publican las tres primeras tesis: "César Vallejo en el proceso de la literatura peruana" de Alfonso Mendoza (Universidad Nacional Mayor de San Marcos, 1941), "César Vallejo" de Mary Bell Smith (Columbia University, 1946), y "La poesía de César Vallejo" de Antenor Samaniego (Universidad Nacional Mayor de San Marcos, 1947).

[5] Jean Franco discute esta leyenda en "The Invention of Vallejo," **César Vallejo; The Dialectics of Poetry and Silence** (Cambridge, London y New York: Cambridge UP, 1976).

París y catedráticos de la Universidad Nacional Mayor de San Marcos, Columbia University (Luis Monguió, Angel del Río) y de universidades europeas y argentinas. Colaboran quienes van a destacar en sus estudios o traducciones de la poesía de Vallejo. Intelectuales como Saúl Yurkiévich, Cintio Vitier, James Higgins, Clayton Eshelman y André Coyné. En el Perú no existe nada que se le compare, a pesar del interés puesto por Jorge Puccinelli y Washington Delgado.

Larrea organiza un archivo a partir del cual publica periódicamente todo tipo de documentos inéditos o poco conocidos que se relacionan con los escritos de Vallejo. La única área que no cubre en estas publicaciones es la relativa al teatro. Promueve en América Latina el interés por Vallejo, como también lo están haciendo otros en el Perú con recursos más modestos. Larrea también pone a disposición de investigadores de América y Europa, una revista y un fórum en el que pueden encontrarse quienes se interesen en la poesía de Vallejo. Asimismo, divulga las publicaciones que comienzan a aparecer en torno a la vida de Vallejo y sus trabajos artísticos. Hace él mismo de editor al publicar libros que anuncia en **Aula Vallejo** tales como **César Vallejo: poeta trascendental de Hispanoamérica**.

Uno de los mayores méritos que tienen los primeros estudios realizados sobre la escritura de Vallejo es haberse atrevido a interpretar un texto que había "confundido" por igual a Luis Alberto Sánchez y José Carlos Mariátegui. **Trilce** se convierte en el artefacto más preciado. Su complejidad requiere de lecturas especializadas. También le dan importancia a otros textos poéticos, pero lo demás se convierte, según los casos, en un contexto aceptable o negado. La construcción de la "leyenda" se hace posible gracias a una estrategia que declara prescindibles ciertos escritos considerados "menores" y se concentra en una poesía excepcional. Pocos trabajan en los escritos menores, a pesar de que éstos pueden explicar por qué Vallejo no fue un poeta prolífico.

Las fallas de esa estrategia son igualmente importantes. Se pone demasiado énfasis en relacionar la poesía de Vallejo con algunos movimientos de vanguardia europeos y principalmente con el surrealismo francés. No se aceptan ni se manejan bien las filiaciones políticas de Vallejo, salvo en el caso de su apoyo a los republicanos en la guerra civil española; se ve con prejuicios la militancia política de Vallejo. Hay una resistencia a apreciar el trabajo artístico de Vallejo en su conjunto. Se menosprecia todo aquel trabajo artístico que no sea poético y que no pueda vincularse, de alguna manera, con la "vanguardia" o el indigenismo.[6]

Una parte importante de los recursos institucionales del centro dirigido por Larrea derivaron, posteriormente, en una tarea que no había sido prevista originalmente: desagraviar a Larrea frente a las críticas de Georgette Vallejo y quitarle legitimidad a las ediciones que ella prepara. La disputa entre Juan Larrea y Georgette Vallejo tiene dos aspectos. El primero tiene que ver con el cuestionamiento hecho por Larrea de la primera edición de los poemas póstumos de Vallejo (1939) y de otras ediciones posteriores (1968). El segundo, mucho menos discutido, tiene que ver con los límites del corpus y el establecimiento del canon. Relacionado a este último aspecto está la reconstrucción de la biografía de Vallejo.

A partir de la publicación hecha por Georgette Vallejo de sus "Apuntes biográficos" (1959), se suceden lecturas divergentes sobre la génesis de algunos poemas.[7] La importancia de ese debate estriba en que durante la década de los 50, las exégesis suelen formularse con frecuencia en base al establecimiento de analogías entre lo que se sabía e imaginaba de la vida de Vallejo y sus escritos poéticos. Se valora en exceso los testimonios porque éstos son la fuente para esas analogías. El relato biográfico de Georgette Vallejo es percibido por Juan Larrea no como el testimonio de la persona que estuvo más próxima a Vallejo desde 1928, sino como un ensayo que cuestionaba su propia lectura. Muy pronto, ella queda atrapada en la metodología que Larrea ha establecido. Georgette Vallejo va a cuestionar la inteligencia de las analogías que Larrea construye, mientras que éste cuestionará la veracidad del testimonio ofrecido por ella. Este conflicto se intensifica conforme Georgette Vallejo asume más directamente el rol de editora de los trabajos inéditos de Vallejo.

Muchos de los episodios de ese conflicto carecen ahora de interés, salvo aquellos relacionados con el establecimiento del canon. Georgette Vallejo se opondrá a quienes han determinado la existencia de textos valorados como "mayores" o "menores." No es por eso nada

---

[6] José Miguel Oviedo discute el monolitismo que se ha creado en los estudios de los escritos de Vallejo en "Vallejo cincuenta años después," Hispania 72 (1989), [9]-12.

[7] Estos "Apuntes biográficos" fueron revisados y ampliados, agregándoseles subtítulos diferentes, en 1968 y 1974, cuando las editoriales Moncloa y Mosca Azul publican, respectivamente, sus ediciones de la Obra poética completa de César Vallejo. La última variante es Vallejo: allá ellos, allá ellos, allá ellos! (Lima: Editorial Zalvac, 1978).

casual que ella pusiese tanto empeño en la publicación de todos los escritos de Vallejo, no sólo de sus poesías. Por su parte, hay quienes favorecen el estudio de las "obras maestras" que ha escrito un "poeta trascendental," como lo publicita un anuncio insertado en el primer número de **Aula Vallejo**. Las disputas en torno a la biografía de Vallejo son, comparadas con este asunto, secundarias.

El legado de ese conflicto aún permanece. Pese a las protestas de Georgette Vallejo, prima todavía la visión de Vallejo como un "poeta" vanguardista en cuya muerte se confunden un diagnóstico misterioso, frente al que no debe haber consenso, la derrota de la república española y la miseria. La popularidad de **Trilce** aumenta entre lectores profesionales mientras que la mayoría de los lectores sigue sin entender **Trilce** y saca más provecho de **Los heraldos negros**, **El Tungsteno**, "Paco Yunque" o de los poemas que escribe Vallejo en Europa. Estos textos, al igual que sus escritos teatrales, también demuestran, en su medida, la "genialidad" de Vallejo, una genialidad que él define en "Se prohíbe hablar al piloto" (1926) de acuerdo al siguiente criterio: "El artículo que sólo toca a las masas es un artículo inferior. Si sólo toca a las élites, se acusa superior. Si toca a las masas y a las élites, se acusa genial, insuperable" (164). Sin embargo, las lecturas que prevalecen prueban, en el caso de sus escritos, que el llamado "gran divisor," la demarcación entre alta y baja literatura, ha sobrevivido, como tantas otras cosas, a la vanguardia que Peter Burger llama con tanta idiosincracia "histórica," en su **Theory of the Avant Garde**.[8]

Mi propósito sigue siendo transformar lo marginal en liminar. Reiterar el reclamo de quienes han pedido que el corpus sea reintegrado. Es importante reconstituir ese corpus en su totalidad porque no hay muchos escritores que sigan siendo póstumamente contemporáneos a pesar de todo lo transcurrido en los últimos cincuentaicinco años. Las condiciones son ahora favorables porque puede disponerse de todo lo que se conoce o se ha dado por hallado de los escritos de Vallejo. Pero esta disponibilidad será insuficiente en tanto no se controle el buen gusto, aunque éste asuma la forma del gusto por lo que parece impenetrable. No obstante lo impresionante que es **Trilce** como colección de poemas, su importancia está en ser algo más que un poemario: una poética que fue conflictiva aún para el

---

[8] Minneapolis: University of Minnesota Press, 1984.

mismo Vallejo. Una poética que está afectada por la lectura que hace Vallejo de la modernidad. Si ese "maldito **Trilce**"--como lo llama en "París en primavera" (1927)--prueba que esa lectura fue compleja, la complejidad se multiplica, favorablemente, una vez que se toma en cuenta lo que ha sido excluido en la tradición construida en torno a Vallejo.[9]

Este libro es una continuación de **César Vallejo: su estética teatral** (1985). Entonces hice un balance preliminar de lo que eran los escritos teatrales y los dramas de Vallejo. Establecí un corpus a partir de fuentes que no habían sido consultadas o a las cuales no se les había dado la atención merecida. En el proceso de la investigación, surgieron algunos trabajos inéditos que me llevaron a discutir la fidelidad de los que habían sido publicados y a redefinir lo que podría ser considerado el teatro "completo" de Vallejo. Expliqué también cómo habían llegado a la Sala de Investigaciones de la Biblioteca Nacional del Perú, unos manuscritos que se daban por perdidos. Basado en dicha investigación, me ví obligado a cuestionar la edición de **Teatro completo** (1979), pero no pude discutir más en detenimiento el significado de su teatro. El "Prólogo" de Antonio Cornejo Polar fue, en ese sentido, una invitación a continuar el trabajo que había iniciado.

En la investigación que concluyó en el mencionado libro, concebí el teatro como un tema que era posible extraer de un conjunto de crónicas que Enrique Ballón mencionaba en su "Prólogo" a **Teatro completo**. Todavía no era posible tener acceso a todas las crónicas. Estas comenzaron a circular recién en 1986-1987, en dos ediciones, la de Enrique Ballón (1984-1985) y la de Jorge Puccinelli (1987); la de Puccinelli era la segunda edición de un texto cuya primera edición (1969) no había circulado. La lectura de las crónicas me convenció que el teatro no era simplemente un tema. Formaba parte de un discurso más complejo que Vallejo desarrolla al llegar a París. Encontrarme con el nombre de Lutecia me señaló algunas posibilidades que comencé a examinar. Llegué a la conclusión de que Vallejo llega a Francia con la intención de cuestionar la modernidad de París. A partir de esta premisa, he tratado de examinar la función que tiene el

---

[9] "Sin duda alguna--escribe Vallejo--, hay versos en ese maldito **Trilce** que, justamente, por derrengados y absurdos, hallan su realización cuando menos se espera. Son realizaciones imprevistas y cómicas, pero espontáneas y vitales" (213).

teatro en ese discurso y cómo ese discurso afecta su transformación en dramaturgo, hacia fines de la década en la que llega a Europa. En esta discusión, se ha ido aclarando cada vez más lo importante que fue el teatro para Vallejo, como lo explicaré en los capítulos de este libro.

En el primer capítulo, trato de definir cuál es ese discurso que Vallejo desarrolla a partir de 1923. Trato de explicar cuál es la novedad que hay en sus crónicas, puesto que no es el primer latinoamericano que las escribe, y cuáles son sus características. Discuto también cómo se inserta el teatro en ese discurso que califico de etnografía de la modernidad. Asimismo, explico cómo Vallejo prepara conceptualmente su vocación de dramaturgo. En el segundo capítulo, examino cómo se ubica Vallejo frente a las dos tradiciones teatrales que él considera más importantes, la francesa y la rusa. Explico también cómo las reseñas que inserta en sus crónicas son instrumentales en la formulación posterior de una estética a la que llega en base a presupuestos que son contradictorios. Entiendo **Notes sur une nouvelle esthétique théâtrale** como la última lectura que hace Vallejo de esas tradiciones y, al mismo tiempo, la resolución de muchas de las contradicciones que había planteado anteriormente. El tercer capítulo es un estudio de los dramas que proyectó. Me refiero particularmente a **Dressing-room, Suite et contrepoint** y **Songe d'une nuit de printemps**. Explico cuál es la novedad que tienen estos dramas en el contexto de sus crónicas y de los dramas que sí logró terminar. Tomo **La piedra cansada** como un caso de excepción que discuto en dos partes: en la primera (capítulo tercero), examino la importancia que tiene la música en la composición de ese drama y trato de identificar las posibles relaciones que pueden establecerse entre la ópera y el indigenismo en la música; en la segunda (cuarto capítulo), discuto cómo llega Vallejo a la escritura de este drama, para lo cual estudio todos los trabajos relacionados con el Perú que fueron escritos en Europa.

Para este trabajo, he usado la edición de las crónicas preparada por Jorge Puccinelli, titulada **Desde Europa: crónicas y artículos (1923-1938)**, por ser la primera edición de las crónicas y por haber sido el primero en recopilarlas.[10] La edición de Enrique Ballón está basada en la primera de Puccinelli. Sin embargo, debido a que

---

[10] Lima: Fuente de Cultura Peruana, 1987. Recopilación, prólogo, notas y documentación de Jorge Puccinelli.

Puccinelli no incluye algunas crónicas que son indispensables para el cuarto capítulo de este libro, he recurrido a la recopilación de las crónicas relativas al Perú hecha por Enrique Ballón en **La cultura peruana (crónicas)**. En algunos casos me he remitido también a su edición de las crónicas.[11] En lo tocante a **Notes sur une nouvelle esthétique théâtrale, Temas y notas teatrales** y los dramas que discuto en el capítulo tercero, me he remitido a las traducciones de los originales hechas por Carlos Garayar o a los originales mismos que fueron publicados como "Anexo" en **César Vallejo: su estética teatral**. En cuanto a **La piedra cansada**, empleo la versión que considero más confiable, por razones que he mencionado en otra oportunidad (1985), la publicada por la revista **Visión del Perú** (1969).

Finalmente, quisiera agradecer (alfabéticamente) a quienes durante los últimos años me brindaron su apoyo y conocimiento en la continuación de este proyecto: Marisol de la Cadena, Sara-Castro Klarén, Antonio Cornejo-Polar, Roland Forgues, Jorge Guerra, James Higgins, Neil Larsen, Francisco Lasarte, Julio Ortega y David Sobrevilla. También quisiera mencionar a Eduardo Neale-Silva, cuyo entusiasmo por todo cuanto se relacionaba con Vallejo nunca tuvo límites. Debo agradecer muy especialmente a José Cerna-Bazán por el beneficioso y contínuo diálogo que hemos mantenido por muchos años. Igualmente a mis colegas de la Universidad Nacional Mayor de San Marcos y de la Universidad de Minnesota. A la Escuela de Estudios Graduados, al Departamento de Español y Portugués, y al Programa de Estudios Latinoamericanos e Ibéricos de la Universidad de Wisconsin-Madison, y en particular a quienes me ayudaron con sus lecturas en la finalización de este manuscrito: Blanca Losada-Podestá, Alda Blanco, Myrna García-Calderón, así como a Ron Radano, Fernando Méndez y Claudio Tassara, por su constante apoyo. Por último, a Latinoamericana Editores, Cristina Soto y Lu Ann Ransley por su asistencia en la preparación de esta edición.

---

[11] Lima: Mosca Azul, 1987. Prólogo, recopilación, selección, traducciones y notas de Enrique Ballón Aguirre. En cuanto a **Crónicas**, el primer tomo (1984) cubre las crónicas de 1915-26 y el segundo (1985) las de 1927-1938 (México: Universidad Nacional Autónoma de México).

CAPITULO 1

Introducción
De la etnografía de la modernidad al violín de Ingres

En 1934, Claude Levi-Strauss es enviado a Brasil por el gobierno francés para hacerse cargo de una cátedra de sociología en la Universidad de São Paulo. Sin embargo, en sus ratos libres cambia de especialidad por otra igualmente respetable y decente, la de etnógrafo. Durante el transcurso de dos años, recolecta artefactos indígenas que exhibe en 1936 en el Museo del Hombre de París. A raíz de esta exhibición, obtiene el reconocimiento de los antropólogos más importantes de la época (Paul Rivet, Marcel Mauss y Lucién Lévy-Bruhl), quienes elogian su trabajo y le facilitan el financiamiento con el que regresa a Brasil, abandonando definitivamente la sociología.

Aquéllos son los años en los que la antropología ha hecho de la etnografía el único método aceptable en la investigación de pueblos llamados primitivos. Los etnólogos de salón, llamados así porque nunca habían hecho trabajo de campo, pierden el prestigio que solían tener durante el siglo XIX. En cambio, etnólogos como Paul Rivet, que aprenden idiomas y hacen trabajo in situ, obtienen todo tipo de reconocimietos. Debido a los nuevos requisitos, se construye la imagen del antropólogo como un ser heroico que se interna en lugares inhóspitos con la finalidad de estudiar "científicamente" sociedades primitivas. A diferencia de los misioneros, su misión consiste en ingresar y salir ilesos de esa experiencia.

Levi-Strauss comienza su trabajo de etnólogo como etnógrafo pero pasados los años se volverá un etnólogo de sillón. Negará que haya algo espectacular en el trabajo de campo, rechazará la imagen heroica del antropólogo y le quitará valor al aprendizaje de los idiomas hablados por sus informantes. Por el contrario, dirá que la etnografía es una actividad desagradable, incómoda y para colmo aburrida. Le

1

restará valor al encuentro con informantes e inventará modelos
dirigidos a demostrar que si bien hay algo culturalmente específico a
todo sistema semántico, las normas que rigen los mitos son universales.
En otras palabras, las normas que rigen los sistemas semánticos de un
shuar ecuatoriano o de un parisino eran--según Levi-Strauss--
básicamente las mismas.

    Levi-Strauss sólo irónicamente habla del salvaje precisamente
porque parte del presupuesto mencionado. Sin embargo, su propio
argumento se presta para mayores complicaciones: ¿está diciendo que
no hay salvajes o que los parisinos son tan salvajes como los shuar?
Existe la posibilidad de que al igual que los inventores de la teoría del
noble salvaje, Levi-Strauss haya estado más interesado en escandalizar
a sus semejantes que en redimir a los "salvajes." De ser así, su
defensa del "salvaje" sería, más bien, una variante surrealista en su
narrativa estructural. Hay textos que pueden probar esta última
posibilidad tales como los volúmenes que integran su introducción a la
ciencia de la mitología. En el primer volúmen de esa introducción
titulado **Lo crudo y lo cocido** (1964), Levi-Strauss llega a decir lo
saiguiente: "las tribus de Sudamérica entre las cuales trabajé tenían
hábitos culinarios en extremo toscos, que no me atrevería a llamar
recetas, limitados como estaban prácticamente a materiales crudos."

    No es necesario hacer aquí una defensa de comidas que no se
cocinan--esto ya lo ha hecho elocuentemente el poeta Antonio Cisneros
en su "Homenaje a lo crudo"--pero quiero establecer una suerte de
isomorfismo entre intelectuales como Levi-Strauss o Rivet, y escritores
latinoamericanos como Vallejo durante los años que median entre las
dos guerras mundiales. Quiero sentar al menos la posibilidad de que
era posible hacer etnografía en París, y como etnógrafo, pasar una vida
desagradable, incómoda y aburrida, en la que uno de los
entretenimientos, aunque no menos serio, consistía en parodiar la
modernidad. No sólo los trópicos pueden ser **tristes**. En este discurso
se encuentran inmersos o entretejidos los escritos teatrales de César
Vallejo.

1

    Vallejo llega a París con los prejuicios de Rubén Darío. Me
refiero a las imágenes que Darío deja de cuál es la percepción del

escritor latinoamericano que prevalece entre intelectuales franceses en París, y de la ciudad misma entre intelectuales "extranjeros" como él. Hay algunos ejemplos de estas imágenes en los artículos que escribe con motivo de la Exposición Universal de 1900, en la "Epístola" (1906) que le dedica a Juana de Lugones, y en el ensayo "París y los escritores extranjeros" (1911).[1] En estos textos Darío fabrica imágenes contrapuestas que va a propagar en los más importantes periódicos latinoamericanos de la época y en libros. Estas imágenes delimitan lo que sería el horizonte de expectativas que escritores como Vallejo consumen en toda América Latina. Esas expectativas son el libreto del cual parten los "nuevos" escritores.

En los artículos sobre la Exposición, Darío llama a París "capital de la cultura." Le entusiasma la capacidad que tiene la ciudad para absorber la energía, el entusiasmo, la aspiración y el ensueño de todo el mundo (381). Esta imagen es modificada parcialmente en la "Epístola" que escribe posteriormente. En el tercer apartado de ésta, por ejemplo, Darío se refiere a París como el terrible enemigo al que ha vuelto, y como "centro de la neurosis, ombligo / de la locura, foco de todo **surmenage**" (1023). Luego de cinco o seis años, cuando escribe su **Autobiografía** (1912), adopta la misma postura. No retoma lo que escribió en 1900 sino que cita versos de la "Epístola." No dice que París es la "capital de la cultura" sino el enemigo del que se ha marchado, ombligo de la neurosis y del **surmenage**. Mucho menos habría dicho que era el "paraíso en donde se [respira] la esencia de la felicidad sobre la tierra" (102). Frases como esta última, quedan sólo como el recuerdo de un escritor que todavía no había tenido la experiencia de vivir en París y sufrir la indiferencia y el mal estado de escritores como Paul Verlaine, para quien Darío no pasa de ser una mera interrupción. Pese a la secuencia que hay entre estas dos imágenes, la de París como "capital de la cultura" y la de París como "ombligo de la neurosis," la primera no desaparece sino que se supedita a esta última.

Las categorías con las que explica su propia imagen en la "capital de las capitales" no son mejores. En su **Autobiografía**, Darío

---

[1] "En París," III: [377]-502; "Epístola," V:1021-1030; y "París y los escritores extranjeros," II: [460]-68. Rubén Darío, **Obras completas** (Madrid: Afrodisio Aguado, 1950).

reiter que en París le toca a él hacer buenamente su papel de sauvage.[2] Esto ya lo había escrito en la "Epístola." Un año antes, en "París y los escritores extranjeros," sostiene que, a diferencia de Enrique Gómez Carrillo, él siempre se ha sentido "extranjero entre esas gentes" entre las que cuenta al mencionado Paul Verlaine (464).[3] Pero entre su imagen como extranjero y como sauvage, esta última es la que mejor lo describe, cuando confiesa, en versos de la "Epístola" que cita en su Autobiografía, que en París hace "buenamente" su papel de sauvage, que se encierra en su celda de la rue Marivaux, que confía sólo en él mismo, que está dedicado a resguardar su yo. Hubo excepciones pero éstas no fueron suficientes para quitarle esta rutina.

Pese a haber hecho todos los esfuerzos que creyó necesarios para asimilarse al "espíritu luteciano" y ser aceptado en lo que sería le Tout-Paris, fracasa en este cometido.[4] En "París y los escritores extranjeros," Darío explica que sólo después de vivir en París pudo entender que el "espíritu luteciano" del que se había contagiado era insuficiente para no ser tratado como sauvage. Es a partir de la experiencia que adquiere al vivir en París que pone ese "espíritu" bajo control o lo modera. Recuperar la sobriedad y abandonar el vicio de hacerse parisien es una tarea difícil para quien se ha embriagado con el París que él se imaginó de lejos, prematuramente, antes de visitarlo por vez primera en 1893-94: el París que "produce la parisina" y aquél en el que "la existencia es un arte y un placer." Todo lo opuesto de lo que sería un "paraíso artificial" (460).

Hacer buenamente el papel de sauvage, hacer de la habitación una celda, confiar sólo en sí mismo y resguardar el yo, quedan como tareas o hábitos para quienes marchan al "centro de la neurosis"

---

[2] Véase, op.cit., I:164-65.

[3] Algo semejante le escribe Vallejo a Alcides Spelucín el 28 de diciembre de 1929: "Como tú podrás imaginarlo, aquí es raro encontrar amigos y menos aún hombres, entre los escritores. Estos europeos han escamoteado a tal punto la vida, que no se la encuentra en ninguna parte" [subrayado por Vallejo] (211). Cf. Epistolario general (Valencia: Pre-Textos, 1982).

[4] También escribe en la "Epístola" que desprecia el dinero, el ahorro y el oro, que no trabaja como los demás y que sólo le complacen las "gentes de maneras elegantes / y de finas palabras y de nobles ideas," aquéllas en las que puede apreciar diamantes en sus "cuellos blancos," y que "Las gentes sin higiene ni urbanidad, de feas / trazas, avaros, torpes, o malignos y rudos" le son indiferentes (1023-24).

teniéndolo a Darío como predecesor.[5] Vallejo es uno de ellos, pero él es, a su turno, menos complaciente de lo que Darío confiesa haber sido, por eso la misma palabra Lutecia tiene en su discurso otro significado.[6] No hay nada de nostalgia ni de fascinación en la Lutecia de Vallejo, sólo ironía frente a la modernidad de la ciudad que "pasa por el centro del mundo" y frente al retrato del intelectual o el artista "extranjero" como sauvage. Vallejo parodia el discurso que ha hecho posible esa escenografía, aceptando, alegóricamente, el personaje del sauvage.

Vallejo alegoriza a aquellos bárbaros a los que se refiere Darío en "Francia" (1893). Para él, los bárbaros no son aquéllos que participan en la "invasión aquilina," ni los yanquis que transitan derrochando dinero por exposiciones como la de 1900, sino gente como él, que llega en barco a vapor a algún puerto de Europa, para dirigirse a París. Sabe que esta llegada provoca reacciones adversas y renueva la vigencia de prédicas como las de Emile Faguet, para quien la tecnología inventada durante el siglo XIX había sido un beneficio discutible. No le preocupaba a Faguet que desaparecieran tradiciones como consecuencia del uso de nuevas tecnologías, sino los cambios demográficos que esa tecnología haría posible. Faguet pensaba que esa tecnología que le había permitido a Europa conquistar el mundo, gracias a mejores medios de comunicación, había creado una situación riesgosa: al hacer más accesible cualquier lugar, había aproximado geográficamente todo un mundo "bárbaro" que hasta entonces había estado distante. El temor de Faguet era que llegaría el día en que esa barbarie adquiriría medios de transporte modernos y abandonaría su hábitat con el propósito de conquistar militarmente Francia. Los

---

[5] Darío es el escritor latinoamericano más nombrado en sus crónicas. En "Cooperación" (1923), dice que anuncia la literatura latinoamericana en Francia aunque no consigue respeto (16); en "La vida hispanoamericana: Literatura peruana, la última generación" (1923), señala que su influencia ha disminuido (19); en "Estado de la literatura española" (1926), indica que es el único antecedente valioso (140); en "Una gran reunión latinoamericana" (1927), sostiene que es el único cuya literatura se diferencia de la española (192); y en "Los escollos de siempre" (1927), defiende la "sensibilidad americana" de Darío frente a las críticas de Rodó (244).

[6] En la crónica "En Montmartre," dice, en referencia a un español que lo acompaña, que "hace ocho meses que vive en Lutecia" (5). En "El pájaro azul," dice que el drama de Maeterlinck "tiene encantada a toda Lutecia" (10).

europeos corrían el riesgo de perder territorios y propiedades.[7] Si no
le habían tolerado a P.J. Proudhon, Paul Lafargue o Jean Jaurés, tocar
sus propiedades, mucho menos se lo tolerarían a extranjeros.
        La predicción de Faguet se realiza pese a las inexactitudes del
pronóstico: los "bárbaros" se instalan en París. No lo hacen
militarmente, sus vecinos harán eso una vez más en la primera guerra
mundial, sino como intelectuales que desean una propiedad que es más
bien simbólica e intangible: la modernidad. Hay quienes quieren
disfrutar de esa modernidad y hay quienes, como Vallejo, quieren
practicar la etnografía en París, porque han aprehendido las claves
insertadas en el discurso de Darío. Estas claves no aparecen en los
escritos de quienes "triunfaron" en Francia tales como un Francisco o
Ventura García Calderón o un Enrique Gómez Carrillo. En Vallejo se
acentúa la visión de que si bien el triunfo es cuestionable o no es
posible para escritores con estéticas como la suya, lo es aún menos para
métèques porque en Francia se aprecia poco la estadía de éstos.
        Vallejo llega para observar a quienes veinticinco años antes
trataron a Darío como sauvage, y para experimentar con la
transformación de esa imagen que le ofendía a Darío, aunque en una
dirección diferente. No hace "buenamente" su rol de sauvage, como
Darío profesa haberlo hecho, ni tampoco hace de la habitación una
celda. Vallejo puede defender la obscuridad en la escritura--como lo
hace en "Invitación a la claridad" (1928)--pero le tiene poco afecto a
quienes escriben a puerta cerrada.[8] Más que quejarse por los malos

---

        [7] Citado por Eugene Weber en France: Fin de Siècle (Cambridge, Mass.: The
Belknap Press, 1986), 236. El texto original apareció en "Que sera le XXe siècle?"
Questions politiques (París: Armand Colin et Cie., 1899), 302-03: "Elle a permis à
l'Europe de conquérir le monde, mais voici que rétrécissant la planète par la rapidité des
communications et armant les peuples conquis des mêmes armes qu'elle nous a donées,
elle met à nos portes, menaçant, soit comme concurrent industriel et commercial, soit
même comme ennemi militaire, tout ou monde, hier éloigne et barbare, qui demain
pèsera sur nous."
        [8] En "Literatura a puerta cerrada" (1928), Vallejo escribe: "Producto típico de la
sociedad burguesa, su existencia es una afloración histórica de intereses e injusticias
sucesivas y heredadas hacia una célula estéril y neutra de museo. Es una momia que
pesa pero no sostiene. Este infecto plumífero de gabinete es, en particular, hijo directo
del error económico de la burguesía" (283-84). Antes dice que "El literato a puerta
cerrada no sabe nada de la vida." ¿Quienes son? France, Valéry, Pirandello, Gómez de
la Serna, Regnier, Ribemont-Dessaignes, Coeuroy, Breton, Maurois, Cocteau. La única
excepción que Vallejo tolera es Mallarmé (133).

tratos de sus semejantes, los escritores, ejercita el oficio al que está expuesto el **sauvage**: la etnografía.   Vallejo practica en París un oficio creado para el estudio de pueblos a los que se les niega la contemporaneidad.   Practica por casi una década el oficio de etnógrafo creando una paradoja hasta entonces inadvertida puesto que emplea la etnografía no para el estudio de pueblos primitivos sino para el estudio de París, la ciudad que, como decía en "El verano en París" (1925), "pasa por ser el centro del mundo," con el propósito, quizás preconcebido, de demostrar que no es tan moderna como pretende.

El **sauvage** que llega a París sufre una evolución importante. Solía ser aquél que era traído desde tierras exóticas por viajeros como Louis de Bouganville para ser exhibido en cortes y ferias como prueba del viaje realizado y también como entretenimiento.   El **sauvage** de principio de este siglo es, en cambio, aquél que llega por su propia cuenta, pagando su pasaje, vestido decentemente.   Al igual que el **sauvage**, que es estudiado en su propio hábitat por etnógrafos franceses, el intelectual también ha estado expuesto a las reglas sociales de quien lo observa, a las convenciones con las que se escribe y a las normas que se sigue en el vestir.   Está, por tanto, en condiciones de aprehenderlas y poner en práctica un oficio semejante a aquél que George E. Marcus y Michael M.J. Fischer llaman "etnografía revertida."   Para Marcus y Fisher se trata de una práctica en la que los nativos "pueden asimilar las expresiones profesionales de la antropología" relativizándolas "entre otras alternativas y maneras de conocimiento."[9]   Extrañamente, Marcus y Fisher no ven en esta modificación subversión alguna en cuanto a las tareas y la retórica "tradicionales" de la antropología.   También se puede hablar de una literatura al revés con la siguiente atingencia: una manera de relativizar lo aprendido consiste en parodiar las "expresiones profesionales" de la modernidad e incluso los modales que se requieren para profesar de escritor profesional moderno.

Jürgen Habermas define la esfera pública como aquélla que está regulada por la razón y permite una variedad de posiciones que

---

[9] **Anthropology as Cultural Critique: an Experimental Moment in the Human Sciences** (Chicago & London: The University of Chicago Press, 1986), 37.

compiten.[10] Algo quizás no previsto es la existencia de espacios
públicos que son concebidos por una comunidad como parte de su
esfera privada. La xenofobia es una prédica que privatiza lo público
o la esfera pública, haciendo del extranjero (que no es turista), un
voyeur que debe reportarse periódicamente a la estación de policía.
Cuando el sauvage es un extranjero pasa a ser un voyeur. Este es el
caso del sauvage que sale de su hábitat, que se exilia, por ejemplo, e
ingresa en la cosmópolis, que se pasea por donde impera el feudalismo
moderno, i.e. por donde subsisten relaciones de producción feudales a
pesar del régimen capitalista.[11] Este feudalismo "moderno" afecta a
trabajadores franceses y a "extranjeros" de manera diferente. Vallejo
desconoce la esfera privada y las condiciones en las que los
trabajadores franceses viven pero se convierte, en cuanto a los
"extranjeros," en un experto de la vida pública a la que éstos están
expuestos.

El extranjero es un voyeur para el ciudadano que cree
pertenecer naturalmente a la sociedad civil. Para los franceses, todo
sauvage es un voyeur, mientras que para el intelectual sauvage la
cosmópolis es el espacio en el que prevalece el feudalismo moderno.
El voyeur es aquella persona que traspasa la esfera privada de otra u
otras para satisfacer sus deseos o en procura de alguna gratificación que
la persona observada procura ignorar. La gratificación no tiene que ser
sexual, como reza el diagnóstico psicológico, sino que este deseo puede
ser alegorizado, como Frantz Fanon lo explicó en relación a la
violencia. Si pervertida es aquella persona que realiza su fantasía de
neurótico, al perpetrar un evento en el que la persona deseada participa
sin consentimiento, Vallejo lo es. Un escritor como Vallejo, el escritor
de las crónicas, concuerda con esta definición del voyeur, pero

---

[10] Hay algunas variables de tipo antropológico que escapan al análisis de Habermas.
Una de éstas es cómo reacciona el estado o la sociedad civil ante cambios demográficos
producidos por la migración de pueblos que no pertenecen a esas comunidades. En este
sentido, puede hacérsele a Habermas la crítica que éste le hace al concepto de "horizonte
de expectativas" formulado por Gadamer en Truth and Method. Véase "Further
Remarks on the Public Sphere" de J. Habermas en Craig Calhoun, ed. Habermas and
the Public Sphere (Cambridge, Massachusetts y London: MIT Press, 1992), 421-61.
[11] De acuerdo con Margaret Rose, son las formas feudales de organización del trabajo
bajo un sistema industrial moderno. Rose examina cómo este feudalismo moderno fue
atacado inicialmente por Saint-Simon, para quien los trabajadores que se encontraban en
ese estado debían ser liberados por una "vanguardia" de artistas, científicos e ingenieros.
Cf. Marx's Lost Aesthetics (Cambridge: Cambridge UP, 1984).

igualmente podría definírselo como etnógrafo porque ¿qué es el etnógrafo sino un **voyeur**? ¿Qué es lo que hace cuando se entromete incluso en la esfera privada y doméstica de una comunidad a la que no pertenece? ¿Los estudios que ha realizado, las convenciones con las que escribe, los métodos que emplea, las credenciales que muestra, el pasaje de avión o barco, lo salvan de ser un **voyeur**? Las crónicas son el testimonio de quien mira alterando el orden de las cosas.[12] En las crónicas, inserta las notas que escribe en su trabajo de campo, aunque el campo sea para él la ciudad. Vallejo es el **voyeur** ilustrado. Aquél que se ha adiestrado en las técnicas del oficio: sabe cómo tomar "carnets" (notas), conoce la lengua y sabe cómo narrar. Su recurso más importante es la parodia cuando todavía no se ha radicado entre antropólogos la pretensión de ser realista u objetivo, de tal manera que puede cumplir su tarea sin objetividad ni realismo. Como **voyeur**, la gratificación que busca es la de vengar a Darío. Su misión consiste en redimir al **poire**.

2

Vallejo no repite el viaje de quienes se parisienizan aún antes de llegar a París, ni tampoco el de quienes no encuentran en París algo único. Por eso le tiene poco respeto tanto a aquellos latinoamericanos que "venidos a París por la primera vez" no encuentran nada extraordinario, como a aquellos otros que están predispuestos a la fascinación. En "Sociedades coloniales" (1928), ve en estas actitudes evidencias de lo colonizado que está cultural y socialmente el intelectual de América Latina, del nacionalismo imperante entre latinoamericanos o de la mentalidad "aldeana" (275). No obstante, para él es indudable

---

[12] Luis Alberto Sánchez llama a Gómez Carrillo el "príncipe de la crónica," un género en el que también reconoce que destacan Luis Bonafoux, Emilio Bobadilla, Rufino Blanco Fombona, Rubén Darío, Amado Nervo, José Martí, José Carlos Mariátegui y Vallejo. La "crónica--dice Sánchez--fue una forma alegre de traducir asuntos serios o, dicho con palabras de Eça de Queiroz, era 'el diáfano manto de la fantasía sobre la ruda desnudez de la realidad." Véase su "Prólogo" a **Obra literaria selecta** de Ventura García Calderón (Caracas: Biblioteca Ayacucho, 1989), XII.

que hay algo excepcional en París. No es por tanto casual que repita
el mismo viaje hecho por tantos intelectuales latinoamericanos.[13]
      Vallejo critica aún más severamente a quienes están propensos
a aceptar que España, o Madrid en particular, representa una suerte de
"meridiano cultural," como lo propone un editorial de **La Gaceta
Literaria** en 1927.[14] La España de sus crónicas es, en el mejor de
los casos, un territorio bucólico, como el que describe en "Entre
Francia y España" (1925), en el que "amable es deslizarse o pugnar en
la selva virgen y compacta, en atmósfera y tierra sin caminos" (82).[15]
Madrid es una suerte de arcadia moderna en la que no hay ruido ni
surmenage, según lo explica en "Wilson y la vida ideal en la ciudad"
(1925). En sus cartas, su imagen de Madrid se reconcilia, más bien,
con aquélla que critica en "Entre Francia y España," con la de quienes
dicen en París que en Madrid **il n'y a rien á faire**: "Heme, pues, en
viaje a Madrid, no en gira literaria ¡Dios me libre! sino en gira de
buena voluntad por la vida...Si hay alguna parte en este mundo, donde
ha de triunfarse (¿), no será por cierto Madrid el más indicado"
(81).[16] Quizás porque al viajar a España Vallejo tiene la impresión
de estar yendo a su tierra, España le parece un lugar "temible," como
lo dice en una carta de 1924, el lugar en el que puede morirse de
miseria "con más facilidad que en parte alguna del mundo" (55).[17]

---

      [13] José Santos Chocano es, a este respecto, una de las excepciones. Pasa un año en
España (1905-06) pero no le presta mayor atención a Francia en sus **Memorias**.
      [14] El aludido editorial de Guillermo de Torre se titula "Madrid, meridiano intelectual
de Hispanoamérica" (Año I, N.8). Critica el empleo del nombre América Latina,
favorece el de Iberoamérica. Propone a Madrid como "meridiano" por ser la "más
auténtica línea de intersección entre América y España." Finalmente, presenta el "área
intelectual americana" como una "prolongación" de la española." Este editorial provocó
la desaprobación de escritores tales como Carpentier, Borges y Vallejo. Debido a que
Vallejo asocia a Gabriela Mistral con la posición asumida por Guillermo de Torre, critica
a ésta en "Una gran reunión latinoamericana" (1927), 191-93.
      [15] "Pueda yo en esta fuga de París--escribe en la misma crónica--, recuperar para el
cruento esfuerzo por la existencia, mi sentimiento de naturaleza inculta y sin senderos,
que advierto un tanto encogidos entre mis cuitas civiles" (82).
      [16] (El signo de interrogación aparece en el original). En dos de las cartas que le
dirige a Pablo Abril de Vivero, Vallejo incluye la siguiente expresión: "entre Lima y
Madrid, preferible es Chumbivilcas, ¡Dios mío!" (Vallejo 1982:145).
      [17] Pese a los "dos años de angustias y miserias" que ha pasado en París [carta del 2
de junio de 1925], le escribe a Juan Larrea una carta nostálgica el 12 de marzo de 1926:
"Mientras te escribo, la orquesta del café toca cosas españolas y tristes. Me acuerdo del
Regence, de las inglesitas y de 'Los millones de Arlequín.' Pienso en París y en que la

Podría pensarse que siendo esta carta de 1924 y las crónicas citadas de 1925, habría cambiado de opinión respecto a España. Esto es cierto en alguna medida. Vallejo descubre que la miseria es relativa--en lo que a él toca, tuvo mejor suerte en España que en Francia, por lo menos en dos o tres ocasiones--, pero una idea que no variará es que Madrid no es el lugar escogido.[18] España no es el lugar deseado, porque persiste la idea de que Europa termina en los Pirineos. No vale la pena triunfar en España. En cuanto al resto de Europa, París, como lo decía Jorge Luis Borges, funciona (más que nunca) como la sinécdoque de Europa.

Le lectura que realiza de París sobrepasa las crónicas pero en éstas registra muchos de esos "carnets" con los que tienta a sus lectores en "**Réclame** de cultura" (1923), cuando les pregunta "¿Queréis un carnet de ideas urbanas del día?" (22). Estos "carnets" incluyen narraciones sobre los habitantes de París, sus círculos artísticos y literarios, la industria de la cultura, la xenofobia, el chauvinismo, los salones, invenciones y experimentos científicos, profesiones, escaparates y modas, **sports**, eventos culturales, cafés, instituciones, personalidades y artistas, negociaciones internacionales, elecciones, rutinas políticas, ceremonias, dictámenes, concursos de belleza, conferencias, escándalos, juicios, redadas, reseñas de libros y espectáculos, ficciones, entrevistas, viajes, amigos, variaciones climatológicas, encuestas, reflexiones autobiográficas, e incluso chismes. La trama es siempre la misma: demostrar, en base a episodios culturales, que en París predominan hábitos y concepciones que no son modernas. En la realización de este deseo, Vallejo no descuida en ningún momento que Darío se sintió "extranjero" entre intelectuales y no entre los extranjeros de la Exposición.[19]

---

vida es, con todo, bella y amable" (1982:75, 98).

[18] El lugar escogido es obviamente París, pero llegará el momento en que deja temporalmente de serlo. En la carta que le escribe a Pablo Abril de Vivero [19 de octubre de 1928] dice: "Quizás en Rusia lo halle, ya que en este otro lado donde hoy vivo, las cosas se mueven por resortes más o menos semejantes a las enmohecidas tuercas de América" (185). Poco tiempo después, habla de denunciar la "estafa capitalista" (190). New York es la otra opción.

[19] Las exposiciones son eventos en los que la "invasión del mundo" (expresión de Darío) es permitida. Durante la exposición, se tolera la "confusión de razas" (III:379). Sin embargo, los parisinos se marchan de París cuando se produce esta invasión.

Hacia 1922-23 ocurren una serie de eventos que podrían
probar la modernidad de esta capital de la tercera república: se crea un
aparato para la administración adecuada de los automóviles; se instalan
semáforos y se expiden licencias; entran en funcionamiento los
primeros taxis; se extienden las ramales del metro; se producen los
primeros episodios de contaminación cuando una nube amarillenta
invade la capital; costureros y trabajadores de pompas fúnebres se
declaran en huelga; trabajadores municipales exigen aumentos de
salarios; la policía utiliza por vez primera un avión con telégrafo para
el control de manifestaciones; llegan de visita reyes que son súbditos:
Khai Dinh, emperador vietnamita de Annam, y, posteriormente,
Mohammed el-Habib, rey de Túnez, para quienes el gobierno francés
encuentra alojamiento apropiado en el Ministerio de las Colonias; los
"salones" de arte son desplazados por el del automóvil; se revoca la
entrada libre a los museos; el cubismo pasa y vuelve de moda;
proliferan las salas de cine hasta el punto de que se piensa necesaria su
reglamentación; militares y políticos confían en que la costosa línea
Maguinot garantice la paz; baja drásticamente el índice de natalidad;
hay radicales, socialistas y comunistas en la oposición a un gobierno
conservador que ha sido elegido; no hay crisis económica aunque las
condiciones laborales continúan siendo tan lamentables como las que
provocaron la masacre de los gatos a mediados del siglo XVIII.[20]
Vallejo parte de eventos como éstos para cuestionar, como dije, la
modernidad de París, no para confirmarla. Su trabajo consiste en
practicar la etnografía en la ciudad que los latinoamericanos consideran
como la más moderna del mundo, pese a que los franceses mismos--
según lo dice Vallejo en "París renuncia a ser centro del mundo"
(1926)--están haciendo de New York la ciudad más moderna del
mundo.[21]

---

[20] Véase "Workers Revolt: The Great Cat Massacre of the Rue Saint-Séverin," Robert
Darnton, **The Great Cat Massacre and other Episodes in French Cultural History**
(New York: Vintage Books, 1985), 75-104.

[21] A propósito de la reacción de la prensa francesa a un comentario periodístico en
Estados Unidos, Vallejo dice que "desde que Francia debe varios millares a Estados
Unidos, toda la atención espiritual francesa está pendiente de la vida espiritual
norteamericana. Ese mismo observador podría también convenir en que New York
representa ahora, a los ojos de Francia, lo que París representaba antes de la guerra, ante
los ojos del mundo. Es decir, que New York es ahora el foco de toda la curiosidad
espiritual de Francia" (123).

No tiene los mismos gustos ni prefiere idénticas distracciones pero sigue, no obstante, en estas crónicas, tópicos nombrados por Darío. El principal objetivo de Vallejo no es corregir a Darío o a Gómez Carrillo. El se burla de quienes hacen esto. Tampoco lo es retocar algunos de los mismos tópicos para conquistar (como lo hacen los "yanquis," según Darío) o ser conquistado (como ambicionan el hombre amarillo, rojo y negro, según Darío) (III:382). Vallejo busca-- como dije--redimir al **sauvage** demostrando que no todo es moderno en París. Las pruebas las encuentra en signos exteriores a través de los cuales se pretende probar la modernidad de Francia en París. Una de éstas es el tráfico. En "La revancha de los monos" (1926), por ejemplo, dice que es imposible la circulación en París. En "Ultimos descubrimientos científicos" (1927), explica cómo ni siquiera el costoso boulevard Haussmann, a pesar de los setenta años que ha tomado construirlo, soluciona el problema del tránsito (190). Peor aún cuando esta congestión es provocada por gente que ha hecho de la propiedad de automóviles un privilegio adicional.

Vallejo tampoco se reduce a actualizar las crónicas escritas por Darío veinticinco años antes. Por el contrario, le interesa demostrar que ese mundo construido o imaginado por Darío es cuestionable. Esto se observa en la discusión que hace, por ejemplo, de tres tópicos importantes para Darío: la neurosis, la bohemia y las "parisinas." Al igual que Darío, piensa que el **surmenage** es un **maladie** pero, a diferencia de Darío, piensa que tiene una cobertura que excede los círculos de aquello que Darío llamaba la bohemia "inquerida." En "Los males sociales del siglo" (1929), por ejemplo, disputa la hipótesis que formula Pierre Vachet, un especialista en el sistema nervioso, en torno al **surmenage**. De acuerdo con Vallejo, Vachet sostiene que el origen del **surmenage** es la "velocidad moderna." Vallejo lo critica por no haber tocado las "causas objetivas y sociales," i.e. la "causa económica" (331).[22] Un ejemplo de cómo tocar esas "causas" lo muestra en "Leowenstein" pero de haber escrito "Los males sociales del siglo" antes de 1929, es probable que hubiera estado más de acuerdo con el diagnóstico de Vachet, puesto que él mismo había caracterizado al hombre moderno, en crónicas anteriores, como ser

---

[22] Esta crítica señala los nuevos criterios que Vallejo emplea tras su primer viaje a Rusia. Otra crónica en la que discute la "ansiedad moderna" es "Un importante libro de Bichet" (1929), 366-67.

"epiléptico" de una época "menor" en la que la velocidad y el **match** se habían convertido en normas para el trabajo y el ocio.[23]

En cuanto a la bohemia, hace suyo el rechazo de ésta como estilo de vida y confirma, como lo había sugerido también Darío, que la bohemia de los tiempos de Henri Murger había terminado. El mismo Murger se había distanciado de la misma, como lo hace Rimbaud en "Lettre du voyant" (1871).[24] Vallejo introduce la idea de que existe conceptualmente una bohemia "histórica" de la que quedan algunos sobrevivientes y otra, la que Darío llamaba "inquerida," que era más bien un estilo de vida que aún subsistía entre algunos escritores--esta última se asocia a la idea que tenía Murger de la **bohème ignorée**.[25] No deja dudas de que esa bohemia "inquerida" es un obstáculo para el escritor contemporáneo. En repetidas ocasiones sostiene que no aprecia la falta de disciplina ni la anarquía. El es un hombre que se acuesta a la hora que gente como Darío o Gómez Carrillo recién se despertaban. No es que sea un abstemio o un asceta, pero tiene una rutina que valora la disciplina y el trabajo.[26] A su vez, desprecia la miseria. En una carta que escribe el 26 de mayo de 1924 dice que no es bohemio y que le "duele mucho la miseria" al punto de que para él "no es una fiesta...como lo es para otros" (51). En cuanto a quienes quieren hacer creer en Montmartre o Montparnasse que la bohemia "histórica" no es una época **passé**, Vallejo los trata

---

[23] En "Las fieras y las aves raras en París" (1925), una crónica escrita casi siguiendo los programas de esas ferias de barrio que según Brassaï eran comunes durante la década de los 20, Vallejo califica su época de "pobre y egoísta" y en la que "nadie tiene segura ni siquiera la vida" (72). En "Leowenstein," Vallejo toca esas "causas" y comenta irónicamente la muerte "imperialista" de un banquero belga (306-07).

[24] Seigel cita una carta de Murger a Victor Hugo de enero de 1849 en la que dice: "No me estoy quejando de todo cuanto he pasado, la pobreza ha sido un buen maestro para mí y me ha enseñado cosas excelentes. Ahora no tiene nada nuevo que enseñarme y por consiguiente es inútil para mí. Debemos separarnos por completo, porque en lugar de hacerme trabajar hoy me impide hacerlo." En su prefacio a **Scenas de la vida bohemia** (1851), Murger concibe la bohemia sólo como un estadio transitorio (Seigel 1986:44-5).

[25] Esta "bohemia ignorada" era numerosa. Rehusaban por principio salir de la bohemia, mantenían su fe en el arte y se negaban a hacerse **métiers** (Seigel 1986:46).

[26] "Nuestras pávidas inquietudes d'après-guerre--escribe Vallejo en "Manuscritos inéditos de Descartes" (1926)--, nuestra pobreza, nuestro disgregamiento social, nuestro desgobierno, aúllan y se crispan ante la sola invocación de la idea de método, de orden, de disciplina" (104).

despectivamente como personajes de una "farsa finisecular."[27] Por el
contrario, le complace rescatar recuerdos y testimonios de quienes sí
vivieron ese período. Le interesa dar a conocer, a la manera de las
tradiciones, las historias que cuentan los sobrevivientes. Entre éstos,
no hubiera incluido a Darío, quien también consideró la bohemia
"histórica" como passé, pero sí incluye a Gómez Carrillo, el "truhán
guatemalteco" al que trata con deferencia y respeto en la entrevista que
le hace a fines de 1923.[28]

　　Las parisinas son uno de los tópicos en los que mayores
desavenencias hay entre Vallejo y Darío, aunque lo propio podría
decirse respecto a Gómez Carrillo, quien antes que Darío fue
considerado un experto en la materia por haber escrito extensamente
sobre "parisinas" y "seductoras."[29] En uno de los textos escritos con
motivo de la Exposición de 1900, Darío se refiere a las parisinas como
"las mujeres más encantadoras de la tierra." Poseedoras de siluetas
finas, bellas y fugaces (III:379). ¿Puede pensarse que también entre
ellas se sintió "extranjero"? No hay estas sublimaciones en las crónicas
de Vallejo, quien se refiere a las parisinas como "vírgenes locas" (las
de la belle époque), "grisetas" (grisettes) o midinettes, en términos
menos fantasiosos y deslumbrantes. Vallejo es especialmente sarcástico
con las "damas modernísimas" que dominan los costureros (58) y son
las lectoras de Paul Morand (167), con las "mujeres bonitas" a las que

---

[27] Recuérdese que Vallejo llega a París poco después de haberse celebrado el
centenario del nacimiento de Murger (1922) con ceremonias que--según Seigel--se
realizan en el cementerio de Montmartre y en los jardines de Luxembourg.
Curiosamente, el tema que predomina es el fin de la bohemia (367).

[28] Vallejo 1987a: 21-2. En "El Bautista de Vinci" (1926) cita anécdotas contadas por
Gómez Carrillo (141-43). Dos años después de la entrevista, en "Sociedades coloniales"
(1928), Vallejo parece ser menos condescendiente, aunque en realidad se está burlando
de quienes creen haber superado a Gómez Carrillo: "Como se ve, los sudamericanos han
progresado mucho y ya no se dejan embaucar por este París que literatos culpables o
ramplones han prestigiado de leyendas mágicas. Gómez Carrillo resulta ahora un
ingenuo o un zamarro. París no era como lo pintaba este cronista que se murió en un
café de los grandes bulevares" (274). Véase la descripción que hace Darío de Gómez
Carrillo en I:464-65.

[29] Vallejo entrevista a Gómez Carrillo tres años antes de que éste fallezca, cuando su
aspecto físico le merece el siguiente comentario: "¿Tal queda del célebre corredor de
hemisferios y de senos carnales que tanta alfalfa da a la rumia pública, con sus sabrosas
leyendas de aventura? Tal queda. Ni una crampa ya en el brazo de silvano; ni un rastro
ya de almizcle de la última ilusión. Gómez Carrillo está viejo para siempre. Su
departamento exhala un frío triste, el frío del solitario, del cansado" (22-3).

sólo puede decírseles "hermosos absurdos" (73), y con las "mujeres recientes" (184). No se opone, como Darío o García Calderón, a que las mujeres voten o escriban, pero critica el efecto negativo que tiene su trabajo en el **bureau** (26), su "tono cívico" en el fomento del nacionalismo (195) y su rol en la imposición de la moda como norma de valoración artística.[30]

A partir de ejemplos mundanos, le resta a París la modernidad que otros le atribuyen, por eso hay algo de perversidad en viajes como el de Vallejo. Otros "extranjeros" como Brassaï (Gyula Halasz) y André Kertész, serán menos perversos. Brassaï, que llega a París de Rumania en 1923-24, prefiere "representar" el lado menos cosmopolita de París, porque piensa que en éste se recupera aquello que es permanente. Brassaï busca recuperar ese folklore que lo moderno no puede afectar sino en la medida que lo ignora.[31] El objetivo de Vallejo es, más bien, hacer folklore de lo moderno. Por su parte, otro fotógrafo, André Kertész, que llega desde Hungría en 1925, busca las "esencias" de París en fotografías que toma por encargo.[32] Dichas fotografías iban a usarse para ilustrar la biografía de un poeta húngaro de París, pero bien podrían usarse, al igual que las de Brassaï, como contrapunto de las crónicas de Vallejo. Pese a las diferencias, en Vallejo, Brassaï y Kertész, hay tres lecturas complementarias de esa modernidad que intelectuales "extranjeros" ponen en discusión. En los tres prima la concepción de que el arte tiene--como lo pensaba

---

[30] En "¡Estas mujeres!" (1912), Darío alega la fealdad y escaso número de las "propagandistas" que exigen el voto. Las que no son viejas y feas--escribe Darío--lo hacen sólo por divertirse. Vaticina que la mayoría seguirá ejerciendo el único ministerio que la ley de la vida señala para ellas: el amor en el hogar o el amor en la libertad" (II:552). En "Cosas de mujeres," Ventura García Calderón hace planteos semejantes en torno al oficio del escritor en **Frívolamente...** (París: Garnier, 1908), 241-48. En "La diplomacia directa de Briand" (1926), Vallejo comenta el cambio ocurrido: "Hasta ahora las feministas eran unas viejas repugnantes pobres e ineficaces paladines de su sexo que se lanzaban a las tribunas y a las barricadas como ogros deslenguados." La seducción ha demostrado ser una estrategia más eficaz (114-15).

[31] Brassaï asume retrospectivamente una actitud diferente: "Correctamente o no, pensé entonces que este mundo clandestino representaba París en su lado menos cosmopolita, pero más vivaz, más auténtico, que en esas caras coloridas del bajo mundo se había preservado, a través de los tiempos, casi sin atención, el folklore de su más remoto pasado." **The Secret Paris of the 1930s** (New York: Random House, 1976), [3].

[32] Deedes-Vincke, Patrick. **Paris: the City and its Photographs** (Boston, Toronto & London: Little, Brown & Co., 1992), 77-81.

Baudelaire--dos mitades. La modernidad era tan sólo una de esas mitades. La otra mitad era aquello que era "eterno e inmutable."[33]

3

Las primeras impresiones de Vallejo son inequívocas y serán duraderas. En las siete primeras crónicas que escribe poco después de su llegada, en 1923, Vallejo establece tramas narrativas en las que va a insistir.[34] En "El pájaro azul" (1923) escribe: "¿París se embota, enceguece bajo las seniles legañas de veinte siglos? ¿Busca, a todo trance, el espasmo, el ícor de la forma y del sentimiento, aunque sea a las malas y al sesgo? ¿Es que yace estregado, y no le basta la natural, justa y armoniosa medida de las cosas? ¿Quiere doblar ancho y longitud? ¿Quiere entonces voltear y regresar? Está perdido" (9).[35] "En Montmartre" (1923) explica complaciente cómo la bohemia ha desaparecido. En "Flama del recuerdo" (1923), relata cómo subsiste entre los franceses ese patriotismo que le ha salpicado a él incluso "hasta el propio cuello de [su] abrigo." "En la Academia Francesa" se expresa con poco respeto de los honorables miembros de esa institución. En "Cooperación" se queja de la falta de solidaridad que hay en Francia hacia América Latina y hace llamados para el fomento de la "firpería."[36] En "Salón de Otoño" elogia los experimentos que se realizan en las artes plásticas en contraste con esa "decadencia innegable en la sensibilidad" que observa en puestas en escena como la que reseña en una crónica anterior titulada "El pájaro azul."

---

[33] **Oeuvres complètes**, 2 (París: Gallimard, 1975), 695.

[34] Uso "trama" en el sentido de argumento y de confabulación, como lo hace Jean Franco con la palabra **plot** en **Plotting Women: Gender and Representation in Mexico** (New York: Columbia UP, 1989).

[35] En "La gran piedad de los escritores de Francia" (1926), le merecen un dictamen parecido quienes se profesionalizan (162-63).

[36] El boxeador argentino Luis Firpo pelea con Jack Dempsey en Polo Grounds, New Jersey, el 14 de setiembre de 1923. Pierde al violarse dos reglas: una que le exige al oponente retirarse a la esquina más lejana hasta que acaba el conteo, y la otra que exige del boxeador arrojado fuera del ring que regrese sin ayuda en diez segundos. Dempsey pelea con Firpo luego de derrotar a Georges Carpentier el 2 de julio de 1921 en Jersey City, New Jersey. Véase Randy Roberts, **Jack Dempsey: The Manassa Mauler** (Baton Rouge & London: Louisiana State UP, 1979), 170-92.

La extensa nómina de nombres y adjetivos con los que se refiere a París también dan cuenta del cambio habido entre Darío y Vallejo. En 1925, París es una "modópolis incomparable" ("Guitry, Flammarion, Mangin, Pierre Louys"), la ciudad de las mujeres bonitas ("El verano en París"), la ciudad dominada por la moda ("Carta de París"), la "terrible urbe ahogadora," la ciudad brillante y cruel ("El verano en Deauville").[37] En "El verano en París" (1925), cuestiona que París sea el "centro del mundo" (54). En 1926, París es la ciudad en la que "todavía se mata por celos" y en donde los caballos forman una sociedad protectora de hombres; donde toda novedad o invención que se aprecia es registrada inmediatamente como francesa; donde se acentúa la fobia contra toda desviación o alteración lingüística; donde hay escritores que forman parte del "proletariado."[38]

En dos de sus primeras crónicas Vallejo explica cambios de los que parece recién haberse enterado. Acompañado de un español real o ficticio, va a Montmartre en busca de artistas pero éstos ya han abandonado Montmartre por Montparnasse, casi podría decirse por cafés de Montparnasse como La Rotonde. Pese a que explica la mudanza como un hecho reciente, Jean-Paul Crespelle sostiene que ésta comienza en 1905.[39] Huidobro--según Henry H. Holes--se muda en 1918 a Montparnasse. A principios de 1930, Montparnasse será, a su vez, abandonado por Saint-Germain-des-Prés, pero cuando Vallejo escribe sus crónicas esto todavía no ha ocurrido.

La visita a Montmartre le sirve para explicar que el "legendario barrio" de Henri Murger está muriendo: "La bohemia parisiense va emigrando a Montparnasse, y del ilustre tinglado de Verlaine empieza a quedar apenas un écran colorado, donde la griseta y la **demi-monde** representan sus farsas finiseculares, al son de estradivarios amarillos" ("En Montmartre," 6). Vallejo le sigue los pasos a la "bohemia parisiense" y se asienta en Montparnasse, haciéndose cliente asiduo de La Rotonde, Le Dôme y La Régence, así como de otros cafés más próximos a sus empleos temporales. La

---

[37] Vallejo 1987a: 41, 54, 59, 60, 62.
[38] Ibíd., 91-3, 93-4, 161-64, .
[39] **La vie quotidienne a Montparnasse à la grande époque 1905-1930** (Paris: Hachette, 1976). La importancia de Montmartre se remonta a la remodelación de París iniciada por Napoleón III y Haussmann. Al crecer demográfica y económicamente París, Montmartre mantiene el aura de los barrios viejos. Es también el lugar donde se toleran conductas marginales (Seigel 1986:224-25).

Rotonde, Le Dôme, Select, Coupule, Closerie des Lilas, son los cafés en los que se congregan escritores y artistas, franceses y extranjeros, que residen en París durante los años en que Montparnasse está de moda. Se hace parroquiano de estos cafés en los que se encuentra con sus amigos y escribe al menos cartas, pero estos cafés son también los lugares donde hace trabajo de campo. En esos cafés mira, haciendo cómplices suyo a los lectores de sus crónicas, en nombre de los cuales dice "vemos" (13).[40]

En "La Rotonda," describe el café de ese nombre como escenario de nómades, como "ruidoso alvéolo de sarna cosmopolita" y "hoguera extraña" (13). Describe los personajes de este café como habitantes de una bóveda necrológica o de cavidades contaminadas en las que el artista es observado: "Una fisonomía asaz fascinadora tiene este lugar de fragor y mixtura nerviosa y de prestigio saturnal; en él parece arder una mecha trenzada de muchos cueros tormentosos del artista; del millonario excéntrico, que acude por curiosidad, a ver efigies inmortales; de la mujer moderna y parisién; del peregrino y del sibarita. Hipogeo ambiguo, digo, ruidoso alvéolo de sarna cosmopolita, donde hay uñas ocultas que nos rascan una íntima llaga inefable" (14-15). No dice demasiado de los "extranjeros" aunque registra su primer encuentro con senegaleses, suizos, ingleses, japoneses, latinoamericanos, españoles. Faltan norteamericanos pero eso quizás se deba a que éstos ya han abandonado La Rotonde por los "bares americanos" Le Dôme y Le Select. Según "leyendas" citadas por Ian Littlewood en **Paris: a Literary Companion**, éstos abandonan La Rotonde por Le Dôme, a raíz de un incidente que provoca su propietario al negarse a servir a una joven norteamericana por estar ésta sentada en la terraza con sombrero y fumando un cigarrillo.[41]

¿Quiénes observan a quiénes? Los franceses no pasan desapercibidos para los extranjeros, pero frecuentemente los extranjeros pasan desapercibidos para los franceses y entre sí. Esto se debe a que salvo en el caso de los surrealistas, en los cafés ya no hay eso que

---

[40] A propósito de las percepciones que provoca y sus rutinas, véase "César Vallejo en París" de Luis López Alvarez, **Cuadernos Hispanoamericanos** 456-7 (1988), [1057]-63.

[41] (New York: Harper & Row, 1989), 126.

Jerrold Seigel llama "sociedades sustitutas."[42] No todos aquéllos que
comparten el territorio de un mismo café se insertan o desean o pueden
insertarse, por ejemplo, en le Tout-París, según Olivier Bernier,
aquella mezcla de gente afluente, miembros de la vieja aristocracia,
artistas, escritores, compositores, decoradores, periodistas y políticos,
que se entretiene en espectáculos experimentales y fiestas extravagantes
a las que no se puede asistir sin invitación.[43] Vallejo hace su propia
descripción de le Tout-París en "El verano en Deauville" (1925) y en
"Deauville contra Ginebra" (1927). Sin embargo, París no es una
fiesta para todos. Lo es para Ernest Hemingway en mucho mayor
medida de lo que pudo ser para Langston Hughes o Claude McKay.
Lo es para Huidobro pero no para Vallejo. Para muchos, París es una
fiesta en la que no tienen cabida o entrada. Lo paradójico es que no se
conocen mejor entre sí aquéllos para los que París no fue una fiesta.
Esto puede explicarse, al menos en parte, por la obsesión que tienen
con la cultura francesa, pese al menosprecio que puedan tenerle o al
desencanto.

4

            ¿Quién es Vallejo para los demás? Salvo los discursos que se
pronuncian en su entierro, el retrato que le esculpe José Drecrefft, las
pocas fotografías en las que aparece, y los testimonios de quienes
fueron sus amigos, no hay memoria de quien es ahora uno de los
poetas latinoamericanos más importantes. El dibujo que hace Picasso
de Vallejo es un tributo póstumo. Sólo se puede conjeturar sobre la
imagen que tienen los demás de él. El poeta del que han leído poco o

---

[42] De acuerdo con Seigel, en cafés como el Café Guerbois y el Café de la Nouvelle
Athènes, funcionan, durante la década de los 70 del siglo pasado, "sociedades sustitutas"
en las que escritores y artistas sobreponen sus "opiniones negativas sobre el mundo
exterior" con la "confianza compartida del grupo en la convicción de lo que sus
miembros estaban emprendiendo" (297).

[43] Una de éstas fue el Bal Velázquez, llamada así porque los disfraces de los invitados
simulaban la vestimenta retratada en cuadros del pintor español. Modistas como Elsa
Schiaparelli o Gabrielle Chanel diseñan los costosos disfraces que usan gente como
Charles y Marie-Laure de Noailles, Etienne y Edith de Beaumont, Jean Cocteau,
Salvador Dalí. Cf. **Fireworks at Dusk: Paris in the Thirties** (Boston, Toronto, London:
Little, Brown and Co., 1993), 40. De acuerdo con Bernier, los Noailles financian los
primeros filmes de Luis Buñuel (4).

nada. El cronista que los entrevista o los explica a veces con poco o demasiado aprecio. El peruano que tiene **cachuelos** por empleo. El que sueña con la revista propia. El becario del gobierno español que no asiste a clases y hace agitados viajes a España. El propagandista del indigenismo o del gobierno peruano. El materialista que aún en 1929 le pide a su hermano que le mande decir una misa al santo de su pueblo porque le ha pedido que le "saque de un asunto" (1982:194). El periodista que fue a Rusia como **free-lance**. El activista que deporta el gobierno francés. El escritor ignorado por la **Revista de Occidente** y **La Gaceta Literaria**. El dramaturgo que Camila Quiroga y Louis Jouvet rechazan. El marido de la "hija de **concierge**," como llama Neruda a Georgette Phillipart. El "criollo" que maquina fraudes con los que engaña a dos gobiernos. El **métèque** que no paga el alquiler. El "cholo" que vive en París y cuyo regreso al Perú nadie toma en serio. La encarnación del **pathos**. El "zorrillo" de Montparnasse. ¿Cuál sería la palabra usada por latinoamericanos para referirse a quienes como él tenían como acreedores a sus amigos? ¿Cuál retrato hubieran preferido o preferían quienes lo conocieron: el de la escultura de Joseph Decrefft o el de las caricaturas de Toño Salazar?[44]

Para ser un **flâneur**, un **pion** o un "bebedor," Vallejo hubiera necesitado ser francés.[45] Tiene ingredientes de los tres pero como **sauvage** se salva de ser un anacronismo. Interesado en las descendientes de las **grisettes** (grisetas), cuya xenofobia no les permite ver en él o en cualquier extranjero a un posible novio, corre el riesgo de ser visto como practicante del **voyeurism**. En "La fiesta de las novias en París" (1926), confiesa que ha visto "mil veces almorzar y comer en el restorán Colbert" a una de esas **catherinettes** (la "niña

---

[44] En sus **Memorias** (Buenos Aires: Losada, 1974), Neruda cuenta la alegría de la que era capaz el "gran cholo" Vallejo, a quien conoce en La Rotonde. Neruda no distingue en Vallejo la "educación antiliteraria" que él dice personificar (93-94).

[45] Murger define a los "bebedores" en **Escenas de la vida bohemia** como pertenecientes a los bajos estratos de la clase media: "Pobres pero respetables, acostumbrados a las privaciones materiales pero no al trabajo manual, excluidos de la burguesía confortable pero, como ésta, independientes e individualistas, que insisten en la necesidad del control y el trabajo duro, gente que vive en las lindes de la vida burguesa, que desconfiaron algunas veces de artistas y pintores por sus hábitos irregulares y posiblemente sospechosos" (Citado por Seigel 1986: 54). Según el mismo Seigel, el **pion** pertenece al grupo de quienes comienzan sus estudios universitarios sin riqueza personal, y los terminan sin una ocupación legítima, sin futuro, sin ser capaces de hacerse de una profesión liberal, y sin saber ninguna ocupación manual (29).

rubia, de ojos rasgados, alta, hermosa"), como aquéllas que fotografía
Kertész en una calle de París. Estas mismas mujeres constituyen uno
de los tópicos que trata en las cartas que le envía a Juan Larrea.[46]
Posteriormente reaparecen en su primer viaje a Rusia, cuando compara
veladamente la **midinette** de París con la bolchevique de Rusia. Con
la **midinette** de París no dice haber hablado. Con la **midinette** de
Rusia, quizás por ser bolchevique, se entabla un agradable e intenso
diálogo del que escribe en varias crónicas.[47] Volverá a mencionar a
"una midinette de la rue de Cambon" en "El decorado teatral moderno"
(1929). ¿Lo convierte esto en un **voyeur**? ¿Acaso lo es en París y no
lo es en ese tren por el sólo hecho de haber habido diálogo en un caso
y no en el otro?

A diferencia de los **flâneurs**, Vallejo no deambula ni observa
las calles de París en sus crónicas, como quien ha sido privado del
milieu que le pertenece.[48] No hay nada que lo proteja de los autos
que han desplazado a los carruajes, ni de la mirada de los ciudadanos,
a quienes su estadía les estorba cuando no es ignorada. Si hay algo que
lo protege, eso es el café donde merienda o ayuna. Le interesan poco
las calles y todavía menos los escaparates de grandes tiendas como Bon
Marché, Monoprix, Printemps o las galerías Lafayette; Vallejo sólo
menciona uno de estos escaparates en "La resurección de la carne"

---

[46] El 25 de Noviembre de 1925, le dice: "En París hay mucho frío, mucho. Niebla,
Catherines, besos, Rotonde, voilà la vida. Tú lo supondrás" (87). En cartas posteriores
escribirá brevemente de españolas, "inglesitas" (97), o de las mujeres "morenas y
melancólicas" de Praga (203).
[47] "Sentada en el rincón de un compartimiento de tercera clase--escribe Vallejo en
"De Varsovia a Moscú" (1929)--, veo a una joven, delgada y pálida, con boina del estilo
ligero de la 'midinette' parisiense. Mis pasos la hacen volverse. Sus azules ojos me
miran con esa universal y tácita simpatía que un extranjero siente por otro extranjero en
país extranjero. El bolchevique practica en París, en Berlín, en Londres, en Varsovia,
un encendido espíritu de solidaridad hacia los extranjeros. Se diría que ello obedece a
una voluntad socialista, consciente o subconsciente, de unirse a todos los viajeros del
mundo para defenderse y contrarrestar prácticamente la xenofobia troglodita reinante.
Esta joven es, en efecto, bolchevique. Su expresión de extranjera, su desolación
económica de tercera clase y, sobre todo, la cordialidad de su mirada socialista, me
atraen de golpe. Un calofrío me estremece" (386).
[48] Sigo aquí, comparativamente, el análisis de Walter Benjamin sobre el **flâneur** en
"On Some Motifs in Baudelaire," **Illuminations** (New York: Schocken Books, 1969),
172-74. Mi única atingencia sería que el primo, en "The Cousin's Corner Window" de
E.T.A. Hoffmann, no es para mí un ejemplo de **flâneur** sino de **voyeur**.

(1927), pero no es un asunto que le llame especialmente la atención.[49] Observa desde su mesa rutinas que no son la suya porque responden a otra economía. No obstante, tiene la sabiduría necesaria o los recursos mínimos para no tener que estar parado en la esquina o perdido entre la muchedumbre.[50] La muchedumbre en la calle es una distracción irrelevante. Ni siquiera le llama la atención ninguno de los veinte mil **clochards** que según Brassaï había en París. El sentido de superioridad que tiene le impide sucumbir ante cualquier escena que le fascine. Nunca reclama los derechos del caballero de ocio. Es un "obrero" para el que no hay empleo en ninguna usina. Es un "obrero peruano" que toma café, escribe o busca empleo cuando el proletariado trabaja. Demanda incansablemente trabajo en una ciudad en la que no hay trabajos disponibles para **métèques**, ni siquiera en la limpieza de los "pozos negros." Nada muestra que su conducta sea maníaca. Vallejo es el intruso que invade una esfera pública que la xenofobia, una vez establecida su propia clausura, considera privada.

　　　Desde una posición semejante a la que tuvo el **pion** durante el siglo pasado, Vallejo observa a escritores franceses que lo ignoran más de lo que ignoraron a Rubén Darío. Vallejo pertenece a la **sauvagerie**. Pertenece a una clase de intelectual que pudo reconocer como predecesor a Privat D'Anglemont, nativo de Guadaloupe, que se radica en París un siglo antes, a partir de 1825. La relación se debe a que Vallejo tiene que enfrentar, a pesar del tiempo transcurrido, condiciones semejantes a las de D'Anglemont, y quizás aún más desesperadas.　Según Jerrold Seigel, "Privat" llega incluso a prostituirse intelectualmente: sabiendo lo adversa que le era la sociedad parisina, y que no lo iba a aceptar como escritor, le envía una carta a Eugène Sue, en 1843, en la que le propone publicar bajo el nombre de Sue (1986:137-38). Según parece, Sue rechaza la oferta. Baudelaire, en cambio, publica poemas bajo el nombre de D'Anglemont.

　　　Como D'Anglemont, Vallejo continúa la tradición de defender

---

[49] A propósito de ese escaparate navideño, Vallejo lo califica de "simulacro perfecto" porque "era difícil distinguir si allí estaba actuando la vida verdadera o un simple fantoche.　Las gentes asistían a ese sueño, hechizadas, es decir, embaucadas deliciosamente" (193).

[50] En una carta del 31 de mayo de 1937, confirma que "nadie se muere de hambre nunca" en París (269).　En otra carta del 25 de mayo de 1929 lo explica con más precisión: " "La vida es, sin duda, muy cara en París, para el extranjero. Con todo, siempre se halla manera de acomodarse, sin peligro para la salud" (192).

o perdonar a quienes no tienen esa **état** que él mismo pierde en 1930. Incluso le consiente a los pobres el derecho que tienen a incumplir el mandamiento que les prohíbe robar. En "La nueva generación de Francia" (1925), narra con simpatía dos casos que son pertinentes: el de Thimpont Léon, jefe de una banda de ladrones, quien insulta "a los jueces en plena audiencia" y declara "varias veces no lamentar absolutamente los crímenes cometidos;" y el de un intruso en Montmartre, quien "aprovechando la ausencia de los dueños de un apartamento," fuerza la puerta sólo para comerse un **rosbif** con berros en la misma mesa de la persona a la que le roba y retirarse pacíficamente luego de ser sorprendido (51).

No obstante, el **fumisme** que practica--no tomar el mundo "oficial" con seriedad y respeto--es su más placentero y provechoso entretenimiento.[51] Las audiencias judiciales son para él un espectáculo "total" en el que se mezclan todos los géneros teatrales.[52] Cuando escribe "En la Academia Francesa" (1923), comenta irónicamente las vacantes dejadas por el fallecimiento de quienes son vistos por los franceses como "inmortales" (11). No los trata como a un grupo distinguido de intelectuales sino como a una grey compuesta de "dólmenes" o "académicos expeditos."[53] En la misma crónica, comenta sin decoro la entrada de cada miembro al local en el que sesionan, con el mismo tono farsesco que empleará para los personajes de **Colacho Hermanos**. En "París en primavera" (1927), comenta que la Academia se niega a darle "carta de naturaleza a la dulce palabra **midinette**" (213). En "Guitry, Flammarion, Mangin, Pierre Louys" (1925), se atreve a comentar la muerte de estas personalidades juntamente con la muerte del reloj pulsera, "todos ellos en el breve tracto de tiempo de veinte días" (41). Pero aún cuando hay poco o

---

[51] De acuerdo con Seigel, el **fumisme** es una práctica común entre estudiantes de la margen izquierda y bohemios durante la década de los 60 del siglo pasado (221).

[52] En "El asesino Barres" (1926), dice Vallejo lo siguiente: "No hay que añadir la intensidad y amplitud artística de cada audiencia: la tragedia, el drama propiamente dicho; a veces, la comedia, el vaudeville, el sainete cómico y hasta la farsa de guignol, el género bufo, la ópera y aun la danza. En ocasiones, para ciertas demostraciones médico-legales, se daba cinema y las artes ocultas prestaban importantes servicios, en todo cuanto se relaciona con el mundo astrológico de los destinos" (111).

[53] El párrafo introductorio de esta crónica escrita en 1924 para **El Norte** es básicamente el mismo de "En la Academia Francesa," crónica que publica el 18 de julio de 1928 en **Variedades**.

ningún humor, predomina su posición crítica frente al funcionamiento de la cultura en esa sociedad que se supone moderna. La sociedad francesa está acostumbrada--según Vallejo--a transformar cualquier tradición en mercancía. En el mercado moderno también se compran tradiciones. Se crea demanda para esas tradiciones. Los comerciantes las llevan al mercado para ofrecerlas como cualquier otro bien que adquiere valor de cambio. De esta manera, el estado o cualquier galería privada se hace propietaria de tradiciones que no son suyas. El mercado hace entonces con los intelectuales lo que ahora practica con los deportistas. Los compra o los hace famosos. En "**Réclame** de cultura" (1923), explica cómo se fabrican **best sellers** en París: "No es menester para ello sino que esa obra riele un poco sobre el nivel de la conciencia media, y que, ante todo, sea obra de francés...Satisfechas estas dos condiciones, la obra es ascendida, por ascensor patriótico, a los lomos de los grandes elefantes, y antes de una vuelta de reloj, la ciudad, el país, el mundo entero sabe de esta obra, la ansía conocer y la aplaude ya, aun sin conocerla" (23). Cuando el escritor no es francés, se investiga algo que permita naturalizarlo. Esto es lo que ocurre, afirma Vallejo, con Vicente Blasco Ibáñez, autor de **Los cuatro jinetes del apocalipsis** (1916), pero hay otros casos todavía más espectaculares que explican el funcionamiento de ese sistema que denomina "famicultura."[54] En dos crónicas de 1926, "Influencia del Vesubio en Mussolini" y "Montaigne sobre Shakespeare," Vallejo analiza cómo se hacen francesas tradiciones culturales o incluso artistas que no lo son.

En "Influencia del Vesubio en Mussolini" (1926), comenta la tesis de un tal Paul Le Flem, para quien "el jazz es originario de Francia" (93). Según la cita que proporciona, Le Flem piensa que la palabra jazz "es una simple deformación del vocablo **jasse.**" La coartada lingüística consiste en hacer de la palabra jazz una derivación, quizás, del verbo **jaser** que significa charlar. La cantante de jazz sería una expresión mejorada del **jaseur** o la **jaseuse,** i.e. el charlatán. En "Montaigne sobre Shakespeare" (1926), explica otro caso que examiné previamente, en el prólogo, la hipótesis formulada por Fortunat Strowski, para quien los dramas escritos por William Shakespeare le

---

[54] También la define como "ciencia e industria de origen exclusivamente galo; antes que industria, ciencia y ciencia pura, de una aplicación desinteresada y alta, en todo caso de utilidad moral para la patria y, claro está, para la humanidad" (23).

pertenecían, en realidad, a Michel de Montaigne (155-56). "M. Strowski asevera que Bacon, el famoso canciller de la corte de Inglaterra--escribe Vallejo--, al saber la muerte de Montaigne, a quien consideraba como su maestro, envió inmediatamente a un sobrino suyo a Bordeaux, ciudad donde vivió Montaigne sus últimos años. La viuda de Montaigne y sus herederos, desdeñando la poesía o temiendo que las piezas de teatro escritas por el autor de los 'Ensayos', pudiesen menoscabar la seriedad de su obra filosófica, entregaron al sobrino de Bacon cuanto de verso y poesía quedaba entre los manuscritos de Montaigne. Bacon, a su vez, entregó los dramas inéditos de Montaigne a un cierto actor de nombre Shakespeare, el cual los acomodó a la escena y los hizo representar bajo su firma" (155). A continuación Vallejo se pregunta: "¿No es ésta una forma rotunda de llevar a los literatos y sus obras a servir las exacerbadas rivalidades políticas de Francia e Inglaterra?" (156).

Vallejo termina "Influencia del Vesubio en Mussolini" diciendo, "¿Qué maravilla humana no saldrá de Francia?" Quizás porque no está en París en marzo de 1931, durante la visita de Charles Chaplin, pierde la oportunidad de tocar el mismo asunto, aunque los antedecentes del mismo se remontan a 1922, cuando Louis Delluc publica su libro sobre Chaplin. Este ensayo es extraordinario porque es el primer estudio extenso sobre Chaplin, pero no lo es en su intento de hacer de Chaplin un descendiente de los parisi. Delluc hace algo semejante a lo que hará Strowski con Shakespeare, sin embargo, el tipo de artista que es Chaplin impide un relato como el construido por Strowsky. ¿Cómo podría compararse a un filósofo con un tramp? El argumento de Delluc tiene que ser diferente. Para Delluc, el estilo y las técnicas empleadas por Chaplin eran típicamente parisinas, ni siquiera francesas.

El caso que Vallejo no discute con demasiado detenimiento es el de Paul Gauguin, aunque en "El crepúsculo de las águilas" (1926), explica la polémica que tiene lugar en Francia desde 1903 en torno a la nacionalidad de Gauguin. Cita a André Warnod, quien encuentra "elementos latinoamericanos" en su pintura, planteamiento que es disputado por otros críticos franceses que defienden la "nacionalidad francesa" de Gauguin a pesar de sus ancestros familiares, ser nieto de Flora Tristán. Vallejo está de acuerdo con Warnod pero no en base a genealogías sino porque detecta "sensibilidad peruana" en sus pinturas. Dice también haber escrito un artículo sobre el tema que habría sido

publicado por la revista **Paris Time:** "Los amores temáticos del gran
pintor--escribe--, su fuerza temeraria, su exceso insultante, su
simplicidad, están voceando los Andes, el Amazonas, el Cuzco."
Concluye la crónica planteando este reclamo: "Necesario es
reinvindicar a Gauguin como peruano. Es el primer pintor de América
y uno de los más grandes de todos los tiempos y países" (170). El
mismo reclamo podría haberse hecho del "cubano" Lafargue.

La premisa de la que parte Vallejo es que el "nacionalismo"
francés subsiste y prospera de una manera muy moderna al hacer suyo
lo que no lo es. A esto es a lo que se refiere cuando se queja de que
la política lo invade todo, en "La nueva generación de Francia" (1925).
Este tipo de política, el **réclame**--una materia en la que dominan los
norteamericanos, según lo dice en "Crónica de París" (1925)--y la
moda, son las variantes en base a las cuales se determina la demanda
de un artefacto y el bienestar o la prosperidad de los artistas en
Francia. Por eso Vallejo sostiene, en "Los premios literarios en
Francia" (1926), que la percepción que tiene el público de estos
premios es semejante a la de las carreras de caballos: los candidatos
son los **poulains**; los editores son los dueños de caballerizas; los
miembros del jurado son los jinetes; y los lectores son los aficionados
que hacen las apuestas (188). Los premios, como todos los demás
recursos del aparato de la "famicultura," son inaccesibles para los
métèques que deben ingeniárselas para sacar provecho de mecanismos
alternativos.[55]

5

"El verano en París" (1925) es una de las primeras crónicas
en las que discute el problema de la pobreza, pero lo trata como un
asunto suyo más que como índice de lo que ocurre en la sociedad

---

[55] Vallejo llama a Ventura García Calderón "pastor de ganado menor" porque
"apacienta, cría y patrocina a cuantos mozos vienen de América a triunfar en tal o cual
lado de arte y chifladura." Por ser "hoy el escritor latinoamericano que más a fondo se
ha vinculado a la cultura francesa, a él van por el prólogo o el artículo de presentación,
cuando no por amigos" ("Ventura García Calderón," 25).

francesa.[56] Para él, el principal problema del verano parece estar en tener que soportar la compañía de los turistas que invaden París y la cartelera mediocre que queda para los visitantes y para quienes no pueden veranear. El éxodo de quienes sí pueden veranear, trae consigo que se ofrezcan programas culturales mediocres al gusto de quienes invaden la ciudad cuando aquellos que no son pobres la abandonan. Esto parece aún más incómodo que la temperatura exageradamente cálida. Vallejo podría haber extendido sus comentarios sobre aquellos que como.él, tienen que "sufrir las consecuencias de esa endosmosis y exosmosis de población," pero no lo hace (53). El verano podría haber sido la ocasión perfecta para que escribiera sobre lo prohibitivas que son las vacaciones para cualquier trabajador francés.

    Vallejo no aprovecha, como dije, oportunidades como ésta para hablar de quienes son pobres en París. La gente pobre parece estar al margen de la mayor parte de espectáculos a los cuales él asiste. En esas condiciones, la pobreza tiene en sus crónicas un toque exageradamente personal. Sin embargo, la lectura de sus crónicas deja la impresión de que Francia experimenta una crisis económica o que ésta se precipitará en cualquier momento. Ni una cosa ni la otra. La economía francesa experimenta durante la década de los 20 un período de prosperidad aunque ésta se debe, en buena medida, a la reconstrucción de las áreas devastadas, al buen estado del mercado internacional, y a los bienes que extrae gratuitamente de sus colonias. Algo peculiar de Francia es que la gran depresión internacional de 1929 no la afecta sino a partir de 1932. Sólo desde entonces se reducen mercados, hay despidos masivos y aumenta el desempleo. La pobreza de la que escribe Vallejo poco o nada tiene que ver con la crisis económica de la sociedad francesa. Tiene que ver, más bien, con el "feudalismo moderno" que todavía prevalece no sólo en la Bretaña--

---

[56] Posteriormente, en "La revancha de los monos" (1926), escribe que para las vacaciones de verano "todo el mundo va, cada cual según sus posibilidades económicas, a tomar el aire al mar, a la montaña o simplemente a la humilde campiña de domingo" (147). En cuanto a la miseria, "Hacia la dictadura socialista" (1928) es la primera crónica en la que discute la pobreza en amplitud (262-63).

como lo explica en "Los calvarios bretones" (1929)--sino también en París.[57]   Vallejo confunde frecuentemente su pobreza con las de los demás pobres.   Pierde de vista lo que hay de particular en su pobreza tanto en épocas buenas como en las de crisis.   Ese tipo de relaciones sociales perjudica a los franceses pero maltrata todavía más a los métèques.   El vive los años de prosperidad como si fuesen años de depresión económica, de tal manera que cuando llega la crisis él parece estar acostumbrado a la misma o no puede prestarle la atención que ésta merece.   1932 es el único año en el que no escribe ninguna crónica, pero un año antes, cuando la crisis podría haberse anunciado, las cinco crónicas que escribe están dedicadas a narraciones indigenistas, a explicar lo que pasa en el Perú, a reseñar novedades en el teatro ruso, o a documentar el "Duelo entre dos literaturas."[58]   Sólo en Songe d'une nuit de printemps intenta tocar el problema de cómo afecta la recesión a un grupo de trabajadores franceses.

Lo cierto es que Vallejo no se ve beneficiado por el período de prosperidad económica que se abre--según Bernier--al terminar la segunda guerra mundial, pero lo mismo le ocurre a muchos trabajadores.   El deterioro deben sufrirlo con mayor intensidad quienes tienen empleo o están, comparativamente, en mejores condiciones económicas.   Cuando hay expansión, ésta no repercute en una mejora de las condiciones de vida de quienes trabajan, ni les da empleo a quienes están desempleados.   El bienestar del mercado garantiza trabajo más o menos estable para quienes lo tienen pero no grandes beneficios. En lo tocante a las vacaciones, veranear no es una actividad que pudiesen costear muchos trabajadores ni un derecho adquirido.   Según Bernier, durante el período que media entre las dos guerras mundiales, Francia, en comparación con otros países europeos de igual desarrollo, es el país más atrasado en derechos sociales: "Los trabajadores no podían esperar que el estado los protegiera; muchas industrias se mantuvieron sin sindicatos; la jornada de trabajo era larga, diez o más

---

[57] "Ninguna otra zona del país conserva con mayor celo la mentalidad y las disciplinas medioevales. Desde su técnica e instrumentos de producción hasta sus himnos y rapsodias populares, denuncian una sociedad primitiva, atrasada en seiscientos u ochocientos años respecto del resto del país. Nadie nos había dicho hasta ahora que en Francia existiese actualmente una región tan pegada a la Edad Media" (378).

[58] En "Duelo entre dos literaturas," alude a la crisis "histórica" del capitalismo pero no al episodio inmediato de la gran depresión.

horas diarias, seis días a la semana, cincuentaidós semanas al año. Los salarios eran bajos, las condiciones de trabajo espantosas. Quizás lo peor de todo era el hecho de que muchos patrones todavía se comportaban como si fueran señores feudales, y trataban a sus trabajadores como esclavos despreciables" (57).[59] Recién en junio de 1936 se promulgarán leyes que les otorga el derecho a tener vacaciones pagadas a quienes están sindicalizados.

Un aspecto que Vallejo no discute en relación a la economía es la posición que tienen los **métèques** en una sociedad como la francesa, pese a haber dicho en "Un gran libro de Clemenceau" (1925) que "todo el caos contemporáneo se reduce simple y llanamente a un problema de razas" (87).[60] Excepto en ciertos sectores muy delimitados, como el de los muelles de Marseilles, los trabajos disponibles sólo los obtienen franceses. Durante la década de los 20, incluso en la limpieza de pozos negros sólo hay franceses, como lo relata **Brassaï** en **The Secret Life of Paris in the 1930s**. En París, son casi inexistentes las "usinas" en las que se contratan extranjeros. Vallejo cuenta en una de sus cartas que intenta sin resultado conseguir trabajo en una de éstas.[61] Las desventajas debieron ser mayores para un obrero "intelectual" mucho menos versátil y diestro de lo que fue Rimbaud. Si las relaciones sociales para los trabajadores siguen pareciéndose a aquéllas que tuvieron quienes masacraron gatos dos siglos antes, la posición de los **métèques** en ese mercado debió ser aún más precaria.

Conseguir trabajo como intelectual es extremadamente difícil en una sociedad en la que existe "proletariado literario." Menos cabida hay para "obreros peruanos" en ese proletariado. Algo semejante puede decirse de los cafés. La rutina de los parroquianos no es

---

[59] El gobierno del Frente Popular promulga leyes en junio-julio de 1936 que reducen la jornada a cuarenta horas semanales, ordenan negociaciones colectivas, otorgan dos semanas pagadas de vacaciones y aumentan los salarios. Estos beneficios serán recortados un año más tarde, cuando dimite el socialista Léon Blum.

[60] En relación a esta problemática, Vallejo cita un texto suyo publicado en L'**Europe Nouvelle** (París) que es curioso: "Si l'Amerique Latine reçoit de plus en plus des courants d'immigration européens, sa race gagnera inmensément, car elle deviendra chaque jour plus homogène et accentuera cette filiation ethnique européene qu'elle poséede depuis plusieurs siécles" (87).

[61] En una carta del 26 de mayo de 1924 le dice a Pablo Abril de Vivero: "Usted ha visto mi situación en París. ¿Es que yo no quiero trabajar? A las usinas he ido muchas veces. ¿Será que he nacido desarmado del todo para luchar con el mundo?" (51).

siempre la misma. Esto que parece obvio no lo es, como se observa
en las descripciones que hace Jimmie Charters de los parroquianos de
Le Dôme. Según Charters, "Normalmente, se iba allí de mañana, o a
cualquiera que fuese la hora en que uno se levantase, para tomar
desayuno con **croissants** y café, para leer el diario de la mañana, y
para repasar con los amigos los eventos de la noche anterior. Una vez
terminado eso, uno vagaba rumbo a la ocupación del día. De ser
artista, uno asistía a clases en alguna de las academias de arte de las
proximidades; si era escritor, uno regresaba al apartamento, o con un
amigo o dos se podía salir en alguna excursión a algún lugar de París,
a un museo o a las carreras, al banco a recoger el correo, o a almorzar
con alguien de la margen derecha en los Champs Elysées. Pero por la
tarde, uno regresaría nuevamente a la terraza del Dôme a tomar un
apéritif, ese estimulante que anticipaba la noche por comenzar."[62]
Leyendo las cartas de Vallejo, cuesta imaginarse que ésta fuese su
rutina, como tampoco la fue de Langston Hughes o Claude McKay,
aunque pueda explicar, quizás, la de Vicente Huidobro o Ernest
Hemingway.[63]

La precaria posición social de Vallejo no lo aproxima a los
parisinos o a los extranjeros que no frecuentan Le Dôme o Le Select.
En este sentido, el mapa social que puede reconstruirse a partir de sus
crónicas es bastante limitado. Hay **arrondissements** que no existen.
"Una discusión en la cámara francesa" (1929) es una de las pocas
crónicas en las que analiza un evento que afecta a un área de París. No
está en condiciones o interesado en establecer diferencias sociales entre
los parisinos, como sí lo pudo hacer Brassaï en sus andanzas nocturnas
por París, durante las horas en que los "buenos criminalistas" dormían,
o el mismo Kertész.[64] La "xenofobia troglodita" se pierde en
incidencias personales o en comentarios políticos. Episodios que no
calificarían de "dramas parisinos" son dejados de lado. La imagen que
dibuja de París es la de una ciudad habitada por intelectuales, artistas
y gobernantes. Situaciones como las que examina en "El salón del

---

[62] Citado por Littlewood, op. cit., 127.

[63] Vallejo no tuvo o no se dio la oportunidad de observar en el hipódromo de Auteuil,
cada día, las "carreras honestas con grandes caballos"--como dice haberlo hecho
Hemingway en **A Moveable Feast**. Ni pudo familiarizarse con el lugar, a tal punto de
conocerlo como su propia casa.

[64] En "El nuevo renacimiento" (1926), Vallejo cita una clasificación de París de
acuerdo a la hora de acostarse y a la rutina diaria que sigue cada cual (171-72).

automóvil del París" (1926) son extraordinarias.[65] No hay artesanos
ni obreros. Las construcciones que hace de los obreros franceses,
además de ser pocas, pecan de "literarias." Son propias de quien las
escribe a "puerta cerrada," sin haber hecho su trabajo de campo.[66] En
general, ignora todo cuanto podría vincularse a la "estética del trabajo,"
por eso le sorprende tanto el teatro ruso en 1929-30.

Muy ocasionalmente aparecen otros oficios u habitantes que no
sean los nativos de París, que entonces eran distinguibles como lo
fueron para Brassaï o Kertész. Cuando escribe de africanos, lo hace
en referencia a su hábitat en Africa o en relación al "ballet negro."
Para Vallejo, lo que el afichista Paul Colin llama "tumulto negro" está
en los music-halls y no en los muelles de Marseilles. No hay negros
fuera del ambiente de los music-halls también porque los ve--en
"Dadaísmo político" (1926)--como una "raza menos intelectual"
(161).[67] Una mayor observación de estos sectores lo habría llevado
a ponerse más en contacto con extranjeros que se ocupaban de
actividades menos ilustradas en los "enclaves chinos" de Gare de Lyon,
Quai de Javel y Boulogne-Billacourt, o en la pequeña Nord-Africa del
distrito XVIII, en el Goutte d'Or.

El único proletariado que nombra en sus crónicas es aquél que
describe en "De la dignidad del escritor" (1925), "La gran piedad de
los escritores de Francia" (1926) y "Sobre el proletariado literario"
(1928).[68] En "De la dignidad del escritor," Vallejo discute la
dinámica por la que escritores que califica de "arribistas," obtienen
empleo y son promocionados. Léon Bloy ejemplifica la suerte de los
"sacros creadores" cuyo genio los condena al hambre (68). En "La
gran piedad de los escritores de Francia," explica que existe un

---

[65] "Mientras haya pobres--escribe Vallejo--, habrá siempre viajeros a pie, pese a todos
los progresos en materia de locomoción" (168).

[66] Entre las contadas crónicas que mencionan a obreros destacan "La inoculación del
genio" (1927) y "Obreros manuales e intelectuales (1928). En la primera, Vallejo
especula sobre el obrero que se convierte en genio a raíz de un golpe (206-7) y en la
segunda declara que los "obreros manuales" son los únicos que son honestos (284-6).

[67] En "Las fieras y las aves raras en París" (1925), critica el exotismo de
expediciones como las de Emile Gromier al Africa Ecuatorial (71), pero en "La conquista
de París por los negros" (1925), el "ballet negro" de Harlem le prueba "la gran
envergadura espiritual del Africa" (75-6). En "Dadaísmo político" también se refiere a
los "yanquis" como una raza pagana (161).

[68] El título completo de la primera crónica es "De la dignidad del escritor. La
miseria de Léon Bloy. Los editores, árbitros de la gloria" (68-69).

"proletariado literario" en París, por el que entiende un grupo "enorme" de escritores "sin pan, sin techo y aun hasta sin pluma para escribir": "Poetas sin zapatos con qué vagabundear por las vías azarosas del enigma; novelistas sin guantes con qué tomar el escalpelo psicológico; dramaturgos sin **smoking** con qué salir a tablas a agradecer las ovaciones del público; periodistas sin sombrero con qué saludar a los ministros en las entrevistas; en fin, un traílla desarrapada que lleva en los bolsillos en vez de monedas, apenas unos grasientos fósforos mentales" (161-62). En "Sobre el proletariado literario," explica por qué es raro el "escritor que vive de su pluma. Según Vallejo, eso se debe a que la sociedad no aprecia los "golpes" que recibe de éstos (272).[69] Los únicos despidos que registra en sus crónicas son, por tanto, aquéllos que se producen, por ejemplo, en "La canonización de Poincaré" (1926), cuando el "cliché literario" cae en desgracia" ocasionando el despido de "miles de autores" y la ruina de los editores que se habían dedicado al **feuilleton** (150-51). Por mucho tiempo, los únicos obreros despedidos en sus escritos serán los personajes de **Lock-out** o los de alguno de sus poemas.

6

    Vallejo llega a Francia poco después del entierro de Sarah Bernhardt, a quien muchos consideran entonces la mejor actriz habida en la historia del teatro. Bernhardt había abandonado la Comédie Française en 1872 para trabajar por su cuenta. Poco antes de su fallecimiento, alrededor de 1922, comienza a actuar Ludmilla Pitoëff, a quien Vallejo considera superior a Ida Rubinstein y Cécile Sorel en "La conquista de París por los negros" (1925). En 1924, Jacques Copeau cierra el Vieux Colombier, abandona París y se retira a Burgundy. Poco antes comienzan a dirigir un grupo de **régisseurs** franceses formados por Copeau, compuesto por Louis Jouvet, Charles Dullin y Gaston Baty, al que se suma Georges Pitoëff, formado por Vsevolod Meyerhold. Por la fecha de su arribo a París, éstos estrenan,

---

[69] La "sociedad no cotiza los golpes que recibe," por eso deja a los escritores sin su "ración comestible." Por el contrario, enriquece a quienes no tienen mérito, por haberse reducido a un solo oficio (Barrés, Giraudoux) o por viajar como cualquier turista en busca de situaciones o parajes exóticos (Morand).

respectivamente, **Monsieur Le Trouhadec saisi par la débauche** de
Jules Romains, **Celui qui vivait sa mort** y **Voulez-vous jouer avec
môa** de Marcel Achard, **Le Simoun** de Henri R. Lenormand, y **Le
Mangeur de rêves** de Lenormand. Estos **régisseurs** se asocian
posteriormente, en 1927, en el Cartel des Quatre. Vallejo se
considerará cercano a ellos en gustos y concepciones. Uno de los
atractivos de este grupo es que aún antes de constituirse como **cartel**,
no son una escuela o movimiento. Además, a pesar de que los dramas
que acabo de mencionar han sido escritos por dramaturgos franceses,
ellos son quienes abren el repertorio teatral de París en las temporadas
que siguen a 1922-1923, al incluir en el programa de sus compañías
dramas escritos por Luiggi Pirandello, Bernard Shaw, Bertolt Brecht,
Ferdinand Bruckner, Anton Chekhov, Henrik Ibsen y Eugene O'Neill.
A este respecto, los que más destacan son Jouvet y Pitoëff.

Las concepciones de estos directores no son idénticas. Varían
de acuerdo al énfasis que ponen en el aprendizaje del drama a ser
puesto en escena o en la intuición del **régisseur**, a la mayor o menor
importancia del texto y al tipo de escenografía. Las concepciones de
Vallejo se aproximan más a las de Charles Baty, el único de ese grupo
que no es actor. Al igual que Vallejo, o Vallejo al igual que Baty, le
preocupa la jerarquía de lo literario en el teatro. De acuerdo con
Wallace Fowlie, le "temía al dominio del texto dramático sobre la
producción. Enfatizó en su trabajo como director la distribución de los
personajes, la cualidad plástica de los gestos y las poses, la ubicación
de objetos en el escenario y los efectos de las luces." Baty busca
reducir la importancia del texto en sus producciones, aunque sin
desestimarlo porque todavía lo considera "el principal elemento de la
producción." Para Baty el texto tiene limitaciones. Hay una "zona de
silencio" más allá del texto que el **régisseur** tiene como tarea
expresar.[70] Muchos de estos planteamientos coinciden con los que
hace Vallejo en **Notes sur une nouvelle esthétique théâtrale** y con
otros similares formulados antes en algunas de sus crónicas.

La mayor parte de las reseñas teatrales que escribe provienen
de puestas en escena que se producen en un número muy reducido de
teatros a los que están vinculados Baty, Dullin, Jouvet y Pitoëff. Me
refiero a la Comédie des Champs-Elysées (fundado por Gabriel Astruc

---

[70] **Dionysus in Paris: A Guide to Contemporary French Theater** (New York:
Meridian Books, 1960), 44-5.

en 1913), L'Atelier (fundado por Dullin en 1921), Le Théâtre d' Art
(fundado por Paul Fort en 1890), Le Théâtre de l'Oeuvre (fundado por
Aurélien-Marie Lugné-Poë en 1893) y Le Théâtre des Mathurins. Dos
teatros que serán importantes posteriormente son Le Théâtre
Montparnasse (fundado por Baty en 1930) y Le Athénée (fundado por
Jouvet en 1934). En todos estos teatros trabajan **comédiens**--actores
que según Jouvet tienen la capacidad de trabajar en papeles diversos--
y **animateurs**--directores que renuevan la actuación y la producción
teatral (Fowlie 1965: 36, 55).

El encuentro de Vallejo con estos **animateurs** no es, pues,
inmediato, aunque comienza en 1925, con la puesta en escena de **Santa
Juana** de Bernard Shaw, dirigida por Georges Pitoëff.[71] Vallejo tarda
en reconocer en las compañías teatrales de Baty, Dullin, Jouvet y
Pitoëff, a la "vanguardia" del teatro francés. Salvo Ludmilla y Georges
Pitoëff, en su calidad de actores, no le impresionan como **régisseurs**
sino hasta que escribe "El decorado teatral moderno" (1929), crónica
en la que nombra teatros de "vanguardia" en los que percibe una cierta
renovación del "decorado teatral" (360). Esos teatros son:
Vieux-Colombier, Comédie des Champs-Elysées, L'Atelier, Maison de
l'Oeuvre, Théâtre Pitoëff y Studio des Champs-Elysées. Pese a este
reconocimiento del **cartel**, muchas de las reseñas que escribe sobre sus
producciones subrayan aspectos o áreas en las que el trabajo de ellos
es deficiente. El mayor elogio parece estar en prestarles atención,
señalar posibilidades y darlos a conocer.

Algo que no va a cambiar en todas las crónicas que escribe es
su poco aprecio del teatro francés. "Ultimas novedades teatrales de
París" (1930), es la penúltima ocasión que tiene Vallejo para evaluar
el teatro francés e indicar cualquier cambio, pero esa crónica reitera lo
mismo que ha dicho entre 1923-25. Critica adversamente a Jean
Giraudoux, Sacha Guitry, Tristan Bernard, Paul Geraldy, y a la
Comédie Française, a quienes responsabiliza por la continua
"anquilosis" del teatro francés.[72] Critica en particular a Giraudoux.

---

[71] En "La nueva generación de Francia" se refiere brevemente a los "incomparables"
Pitoëff por su actuación en la puesta en escena de un drama de Pirandello (52).

[72] Ni siquiera la puesta en escena de **Le tombeau sous de l'Arc de triomphe**, de
Paul Raynal, considerado por Vallejo un escritor **d'après-guerre** en "La tumba bajo el
arco del triunfo" (1926), le hace cambiar su opinión de la Comédie Française (103-04).
En "Crónicas de París" (1926), Vallejo recomienda cambios a dicha tragedia para que
sea "más robusta y afirmativa y menos oratoria y jeremiaca" (154).

Señala como incumplidas las expectativas puestas en su dramaturgia
durante la última década. Está convencido de que no salvará al teatro
francés. Lo acusa de no seguir "el consejo de Edison." Tampoco le
convence la puesta en escena de **Los criminales** de Ferdinand Brückner
en el Théâtre des Arts (420). Términos semejantes emplea Vallejo
posteriormente en **Notes**, pero lo mismo ocurre en las crónicas escritas
antes desde 1923.

En la segunda crónica que escribe poco después de su llegada,
reseña adversamente la puesta en escena de **El pájaro azul** de Maurice
Maeterlinck en el Théâtre Cora Laparcerie (9-10). En "La Exposición
de Artes Decorativas de París" (1925), denuncia las pretensiones
modernas del teatro edificado dentro de la Exposición (40). En
"Guitry, Flammarion, Mangin, Pierre Louys" (1925), comenta
irónicamente el fallecimiento de Lucien Guitry quien--según escribe
Vallejo--comenzó a morir cuando "empezó a representar **on ne joue
pas pour s'amuser**," de Sacha Guitry (42). En "La nueva generación
de Francia" (1925), comenta con poco entusiasmo la nueva temporada
del Teatro Arte di Roma, la compañía de Luiggi Pirandello, restándole
a éste méritos como dramaturgo (51-2). En "El verano en Deauville"
(1925), explica cómo los "caprichos" de las "estrellas del teatro y del
cine" establecen las modas (60). En la misma crónica concuerda con
el brasileño Augusto Shaw en que Bernard Shaw, Anatole France y
Gabriel D'Annunzio no valen nada (62). En "El asesino de Barres"
(1926), dice que los espectadores salen del teatro insatisfechos, por eso
prefieren las audiencias judiciales (111). En "Los peligros del tennis"
(1926), cuenta el escándalo provocado entre nacionalistas por la puesta
en escena de **La Carcasse** de Denys Amiel (119). En "La visita de los
reyes de España a París" (1926), reseña las "bizarrías" técnicas y las
concepciones "ultraterrenas" de la puesta en escena de **Orfeo** de Jean
Cocteau en el Théâtre des Arts (132). En "El Bautista de Vinci"
(1926), elogia una tragedia pero que fue escrita a fines del siglo
pasado: **Salomé** (1893), de Oscar Wilde (143). En "Un gran
descubrimiento científico" (1926), considera "hombre meritorio" a
Bernard Shaw pero no se refiere en particular a ninguno de sus dramas
(179). En "Ginebra y las pequeñas naciones" (1926), comenta la
"censura" de la que es objeto **Le Dictateur** de Jules Romains,
responsabiliza de la misma a Léon Blum, y tilda de "osado" a Romains

por ese drama y otro que éste se encuentra escribiendo (181).[73]
También describe a las actrices Emma Gramática y Yolande Laffón
como "practicantes" del código del gesto. En "La justa distribución de
las horas" (1926), anuncia que Georges de Bouhelier "acaba de
terminar...una obra teatral cuya representación durará por lo menos tres
días enteros seguidos, con sólo algunos entreactos para que el
espectador pueda beber, comer y dormir un poco" (186). En "Los
funerales de Isadora Duncan" (1927), plantea que la biografía de ésta
es "digna de una tragedia de Esquilo" (246). En "Una importante
encuesta parisien" (1927), analiza la debacle del teatro citando
diferentes interpretaciones. Llega a la conclusión de que la decrepitud
de ese género literario se debe a la "pobreza de sus medios de
expresión y a la falta de autores que renueven de raíz sus formas
sustantivas" (250). En "Contribución al estudio del cinema" (1927),
critica el estilo de actuación de Víctor Francen y un repertorio que
todavía depende de dramaturgos como Edmond Rostand (251). En
"D'Annunzio en la Comedia Francesa" (1928), examina la intervención
del gobierno en la puesta en escena de **El juego del amor y de la
muerte** de Jules Romains, cuyo estreno en el Odeón se posterga, y en
la de **La torche sous le boisseau**, de Gabriel D'Annunzio, en la
Comédie Française, que se realiza con la asistencia de representantes
del gobierno (261). En "El decorado teatral moderno" (1929), insiste
que, a diferencia de Rusia, en Francia el teatro "no progresa mucho
pues sigue anquilosado en formas y ritmos de hace cincuenta años."
Le propone a Baty, Dullin, Jouvet y Pitoëff, seguir "las directivas
artísticas revolucionarias de Moscú" (360). Finalmente, en "Ultimas
novedades teatrales de París" (1930), continúa con sus **leitmotivs**: el
"sempiterno" repertorio de la Comédie Française, la "asfixiante
producción de bulevar" y los experimentos fallidos de la "vanguardia"
(420).

Los comentarios de Vallejo sobre la Comédie Française
demuestran que ésta no pasa de ser una ocasión para la práctica del

---

[73] Este drama fue escrito originalmente como crítica a las medidas tomadas en 1910
por Aristide Briand en contra de huelguistas ferrocarrileros. Al ser reescrita en 1925,
Mussolini es la principal referencia. Dirigida por Jouvet, se estrena el 5 de octubre de
1926 en la Comédie des Champs-Elysées (Fowlie 1965: 77).

fumisme.[74] En sus crónicas, él trata a la Comédie Française como a la Academie Française. En "El verano París" (1925), escribe lo siguiente: "La Comedia Francesa se ha convertido en un museo pútrido de la retórica del siglo XVII y de la pedantería andrógina de los Molière de nuestros días, que son tan grandilocuentes y tontos como el antiguo. ¿Y los actores? Albert Lambert en su rol de 'Alcestes' del Misántropo, verbigracia, se pone a perorar necedades, con una voz de gallo, salpicada de disonancias patéticas o iracundas, amenazando con el brazo, gritando y gesticulando con toda su humanidad de ahora tres siglos, hasta arrancar al pobre público una ovación...¡Retórica! ¡Retórica!" (54).

La principal crítica que le hace Vallejo a la Comédie Française es que resiste la modernización y la renovación de su repertorio. Críticas semejantes podría haberlas hecho de los teatros Noh y Kabuki. Como lo sostiene Fowlie, la Comédie-Française es una suerte de museo del arte dramático francés. En este sentido, "es lo opuesto de un laboratorio o de un teatro experimental" (33). Por consiguiente, siempre da la impresión de ser un evento arcaico. El no aprecia esta función y en repetidas ocasiones critica su repertorio y parodia especialmente a los **sociétaires**, los actores permanentes de la misma. Tampoco encuentra nada rescatable en el teatro de **boulevard** ni en dramaturgos tales como Sacha Guitry.

En 1925, Vallejo escribe una crónica a la que he hecho referencia anteriormente, "El verano en París," en la que hace dos planteamientos que concuerdan con ese afán por demostrar que París es la "ciudad que pasa por el centro del mundo." El primero es decir que el "teatro francés nunca ha pasado" de ser mediocre y que el moderno no es la excepción. En "Una importante encuesta parisien" (1927), reitera la misma evaluación: "En puridad de verdad--escribe Vallejo--, nunca ha tenido Francia un gran creador de teatro; pero en los últimos tiempos, el valor intrínseco de su escena es menos que mediocre" (250).[75] El segundo es decir que en París se desconoce en absoluto, por ejemplo, los nuevos teatros de Alemania y Rusia. A su

---

[74] En "Manuscritos inéditos de Descartes" (1926), Vallejo dice que "El mono de Mistinguette puede resultar, con el tiempo, un eminente miembro de la Comedia Francesa" (106).

[75] Vallejo no nombra en ninguna de sus crónicas a Alfred Jarry ni **Ubu roi**, estrenada el 10 de diciembre de 1896 en el Théâtre de l'Oeuvre, aunque sí al actor Firmin Gémier.

vez, "El año teatral en Europa" (1928) sugiere que esta situación no cambia hasta la temporada 1927-28, cuando se presenta en París la compañía dirigida por un tal Granovsky. Ambos planteamientos pretenden demostrar, más allá de esa temporada, la falta de modernidad que hay en el teatro francés. Esta posición no la va a cambiar ni siquiera cuando se acerque a Jouvet, Dullin, Baty y Pítoëff. Sus simpatías por el **cartel** sólo logran modificarla, como lo discutiré más adelante.

En cuanto al parroquialismo del que acusa al teatro francés, éste es difícil de aceptar, pese a que se refiere a compañías extranjeras que visitan París y no a dramas de escritores extranjeros puestos en escena por compañías francesas. Vallejo descuenta las giras de Pirandello en base a sus propios gustos. El comentario alude específicamente a compañías teatrales alemanas o rusas, y es probable que hubiesen pocas giras entre 1923-27, pero más allá de esto es una exageración. Hay giras del "nuevo" teatro ruso anteriores a su llegada. Sin lugar a dudas, las primeras giras no son aquéllas que comenta en "El año teatral en Europa" (1928). Stanislavsky realiza una gira con el KMAT (Teatro Arte de Moscú) en 1922-24 que incluye París. Yevgeny Vakhtangov visita París con el Teatro Habima antes de 1922. Vsevolod Meyerhold, realiza una gira a París y estrena, con la compañía de Ida Rubinstein, **Pisanello a la muerte perfumada** de D'Annunzio, el 11 de junio de 1913, con escenografía de Léon Bakst y coreografía de Michel Fokine, el coreógrafo que estrena el Théâtre des Champs-Elysées. En 1930 se presenta el TIM (Teatro Meyerhold) en el Théâtre Gaston Baty y en 1936 vuelve Meyerhold a París para solicitar la colaboración de Picasso en la puesta en escena de **Hamlet**. Vallejo también ignora el significado de la puesta en escena de **Parade** (1917), como experimento internacional en el que colaboran Stravinsky, Satie, Picasso y Cocteau. Esto último se debe, quizás, al menosprecio que siente por Cocteau, un escritor que para él "no es un gran poeta ni un hombre honrado" y que "no emociona con versos ni con actos" (353). La participación de Picasso, de la cual Vallejo sabe, no es suficiente para contraponer esto (209).[76] Finalmente, Vallejo no toma

---

[76] En "Manuscritos inéditos de Descartes" (1926), afirma que para Cocteau el "teatro es cuestión de mímica" (106). En "La visita de los reyes de España a París" (1926), reseña irónicamente la puesta en escena de **Orfeo** en el Théâtre des Arts (132). En "El nuevo estado religioso" (1926), señala que Cocteau se ha convertido al catolicismo "para

en cuenta las producciones teatrales que hay en las exposiciones internacionales que se realizan en París, como la de 1931 que tanto impresionó a Antonin Artaud.

Vallejo ignora también el efecto que tiene la apertura del Théâtre des Champs-Elysées a este respecto. El Théâtre des Champs-Elysées, inaugurado diez años antes, en 1913, provoca reacciones polémicas precisamente por abrir el repertorio en una dirección que es tanto experimental como "xenofílica." El estilo usado por el arquitecto Auguste Perret en la construcción de ese teatro y el programa con el que el empresario Gabriel Astruc inaugura el teatro, crean escándalos que se intensifican cuando Astruc declara que, a diferencia de la mayoría de los franceses, él es xenófilo.[77] Modris Ekteins sostiene que Perret, por su parte, es criticado por haber evitado el uso de ornamentos y por haber empleado sólo concreto reforzado con acero. Se dijo que el edificio no era una obra de arte sino de ingeniería. El repertorio fue todavía más controversial. Comenzó con la coreografía de **Le sacre du printemps**, de Igor Stravinsky, un músico admirado por Vallejo, que produce la compañía de ballet ruso que dirige Vaslav Nijinsky, a fines de mayo de 1913. El estreno termina en altercados e insultos que no impidieron programas posteriores semejantes producidos por la misma Societé Musicale, la agencia de Astruc. En los años siguientes, la agencia trae a Arturo Toscanini y al llamado Ballet Négre en el que debuta Josephine Baker.

La llegada del GMOCET (Teatro Estatal Judío de Moscú) es un evento clave en su lectura del teatro en Francia. En la compañía de Granovsky, Vallejo encuentra una vanguardia para la "vanguardia" del teatro francés. Después de la temporada 1927-28, postula que "todo el porvenir del teatro vendrá de Moscú" (304). En la misma crónica, explica el conflicto mayor que afecta al teatro: teatralizar al cine o cinematizarse. Estas son las tendencias a partir de las cuales examina en adelante cualquier nueva producción. En relación a estas dos tendencias, concepciones como las de Baty, siendo las más aceptables, son insuficientes. Aún después de 1927-28, cambia una sola de esas

---

que todo el mundo lo sepa y no, como los antiguos revelados para hundirse con la nueva luz en el fondo secreto de su alma" (144). En "Literatura a puerta cerrada" (1928), lo critica por hacerse la "pedicure" en lugar de tocar "temas caldeados y vivientes" (283).

[77] Cf. Modris Eksteins, **Rites of Spring: the Great War and the Birth of the Modern Age** (New York & London: Anchor Books, 1990), 16-21.

dos afirmaciones. Al igual que lo había dicho Jacques-Émile Blanche en noviembre de 1913, Vallejo piensa que París es todavía la **gare central** de Europa. Es decir, un centro para la exhibición de innovaciones y experimentos, pero no un centro productor de innovaciones. El parroquialismo y la "anquilosis" que percibe en el teatro francés contrasta con su lectura de los music-halls. Inmediatamente después de su llegada a París, Vallejo no encuentra en éstos ni anquilosamiento ni parroquialismo. Piensa que sólo hay originalidad en music-halls como el Ambassadeurs, el Palace y el Casino de Paris. En "El verano en París" (1925), luego de haberse burlado de los actores de la Comédie Française, dice que lo "único soportable y hasta encantador, si quiere, es el género teatral denominado **revista**" (54).[78] Le impresionan los "cuadros plásticos" y los "ingeniosos resortes" técnicos que la "ciencia teatral descubre día a día" y que los music-halls saben aprovechar ("Influencia del Vesubio en Mussolini," 92). Es en éstos que se producen los "descubrimientos" técnicos teatrales antes que en ningún otro lugar. A Vallejo le van a fascinar también las leyendas que se construyen alrededor de "artistas tan interesantes" como Loïe Fuller, Raquel Meller, Mistinguett (Jean Bourgeois), Florence Mills y Josephine Baker.

Hay otras razones igualmente importantes. En primer lugar, durante los años en los que escribe sus crónicas, continúa la revaloración de espectáculos populares como el music-hall y el circo entre intelectuales y artistas interesados en redefinir el llamado **great divide**.[79] En segundo lugar, los music-halls tienen convenciones como

---

[78] Vallejo agrega que prefiere "mil veces 'Sans Chemise' de los Ambasadeurs, al 'Triunfo de la medicina' de Jules Romains, por ejemplo, o a la 'Nuit des Amants' de Maurice Rostand. ¡Simplemente!" Esta es una crítica tanto del teatro de vanguardia como del **boulevard**. Romains estuvo vinculado a Copeau y fue uno de los principales dramaturgos de Jouvet. El título completo del drama al que se refiere Vallejo es **Knock ou le triomphe de la médicine**, estrenado por Jouvet en diciembre de 1923 en la Comédie des Champs-Elysées.

[79] En relación a este punto deben distinguirse posiciones como las de Piscator de las de Artaud. La diferencia está, sobre todo, en el público al que se quieren dirigir. Si lo que se buscaba era escandalizar al público, se necesitaba un tipo público como el de Astruc en el Théatre des Champs-Elysées. Por el contrario, en el caso de Piscator, por primera vez el público podía encontrar en el teatro recursos que conocía y gustaba, como los del circo y los music-halls. De acuerdo con Huyssen, la vanguardia rechaza las teorías y la práctica del "gran divisor" que insiste en la distinción categórica entre el arte

cualquier otro espectáculo pero están menos sujetos a las mismas. En tercer lugar, poco importa el texto y las expresiones verbales en las "escenas" de los music-halls. Como lo dice Bernier, los music-halls eran famosos entre "la parte menos intelectual del público" y los extranjeros, porque la mayor parte de las revistas carecían de expresiones verbales (1993:76). En cuarto lugar, en el music-hall trabajan artistas cuyas **personas** son más atractivas que las de cualquier "inmortal." En quinto lugar, los music-halls son los establecimientos menos reticentes a aceptar y promover a extranjeros. En sexto lugar, Vallejo encuentra "genial" el music-hall porque tiene la capacidad de tocar "a las masas y a las élites" (164). Finalmente, el music-hall, junto con el cine, son los espectáculos más baratos de la época.

7

El año 1926 es un año en el que se aprecian algunos cambios importantes en el discurso de Vallejo. Esa es la fecha en la que comienza a modificar parcialmente la trama que ha construido. Ese año, Vallejo declara la yuxtaposición de dos épocas: una en vías de ser clausurada que llama "menor" y otra que comienza de "renacimiento." París se convierte en el epicentro de ese renacimiento. Para que pueda cumplir con las necesidades de esta nueva época, París tiene que evolucionar o, más bien, Vallejo tiene que reconceptualizar su visión de París, redefiniendo sus atributos. El mismo año en el que escribe sobre las "rachas ideológicas" que hay en París en "El nuevo estado religioso," escribe "El crepúsculo de las águilas" (1926), crónica en la que llega al climax descriptivo opuesto: "El contenido cósmico y cosmopolita de París es tan grande--escribe Vallejo--, su riqueza psicológica y social es tan universal, que en esta urbe se encuentran contenidas todas las demás urbes. París es New York, Berlín, Londres, Roma, Viena, Moscú y, además, París" (168-69). Luego precisa ese "contenido" diciendo que París "ha progresado y evolucionado hasta convertirse en ciudad cósmica," en la que "ocurren cada día mil cosas raras, que marcan por su rareza, los matices polares y las inquietudes extremas de la convivencia humana" (169). Lo

---

y la cultura popular. Cf. **After the Great Divide** (Bloomington e Indianapolis: Indiana UP, 1986).

extraordinario de París también está en que, a diferencia de cualquier otra ciudad, ciudadanos y extranjeros se asimilan a una cultura universal que trasciende la cultura francesa.[80] Incluso el clima subraya lo exceptional que es la ciudad, convirtiéndola en "teatro de un extraño torneo de absurdos astronómicos" ("La muerte de Claude Monet," 184).[81] En "El crepúsculo de las águilas," explica a continuación cuáles son las demandas que impone esta ciudad "cósmica" sobre los extranjeros. Los extranjeros son "huéspedes" de largo plazo cuyos "intereses materiales y espirituales" no conservan su sello de origen, porque llegan "a un género de convivencia más permanente, más homogénea, humana y universal." Los extranjeros "adoptan el ritmo social de París." Los extranjeros no llegan a París en busca de diversiones ni riquezas sino "para vivir más amplia y noblemente, es decir, para permanecer" (169). Si lo que buscan es hacerse **parvenus**, Buenos Aires es la ciudad apropiada.

Dos años más tarde, en "El disco de Newton" (1928), retoma el mismo argumento. Escribe que París les permite a los extranjeros mantener "formas autóctonas de existencia" con la condición de que ninguna de estas "disciplinas aborígenes" se haga dominante. París les concede incluso el derecho a poseer territorios en los que puedan ejercer dichas "disciplinas" pero, al mismo tiempo, les impone restricciones que Vallejo considera aceptables y beneficiosas. El árabe--por ejemplo--puede mantener sus vestimentas, consumir sus brebajes autóctonos, practicar su religión, su modo de ser musulmán, pero su estilo de vida y sus concepciones están sujetas a un "molde extraño" que las controla: "En el momento que ya se creía en plena Arabia--escribe Vallejo--, un detalle cualquiera en la avenida de la Opera, un trance suave en la conversación con un transeúnte o una circunstancia inesperada en su roce espiritual con los demás, le golpean misteriosamente el pecho, recordándole que no está en el Asia y ni

---

[80] "El crepúsculo de las águilas," 168-69. En "El disco de Newton" (1928), Vallejo enfatiza la misma idea: "París no encarna el espíritu nacional y no es una ciudad francesa sino una urbe universal" (310). Exactamente lo que temía Faguet.

[81] A propósito del clima de París, véase tres crónicas de 1926: "La fiesta de las novias de París," "La muerte de Claude Monet" y "La justa distribución de las horas." Estas crónicas lo describen en términos menos espectaculares y más depresivos.

siquiera en Europa sino simplemente en París" (310).[82] Salvo en el caso de los latinoamericanos, a quienes acusa de ser los más reacios a asimilarse a esta universalidad, por su extremado nacionalismo, no explica cómo es que se adaptan los "extranjeros" a este mandato hecho en nombre de la universalidad y la coexistencia armoniosa. Tampoco precisa cuál es ese "molde" cultural que lo administra todo. No obstante, los únicos "roces" que hay son calificados por Vallejo de "espirituales." Ninguno de estos roces provoca conflictos porque sólo le recuerdan al extranjero, no al **métèque**, que está "simplemente en París."

Cuando escribe "El disco de Newton" (1928), quedan casi como notas marginales los eventos que había narrado en "Crónica de París" (1925), en la que contrasta un desfile de modas con el tratamiento recibido por "obreros chinos" en París (45-47), o en "Carta de París" (1925), donde les increpa a los franceses poner "todo el espíritu de su raza" incluso en las encuestas (58). Vallejo descuida la tesis planteada en "Un gran libro de Clemenceau" (1925), crónica en la que argumenta, como dije anteriormente, que "todo el caos contemporáneo se reduce simple y llanamente a un problema de razas" (86) o su discusión en "Oriente y occidente" (1927) de la "xenofobia justa" sustentada por Louis Massignon. Olvida también la oposición que existe al matrimonio de francesas con **métèques**, la intolerancia hacia la diversidad lingüística, la represión de la que es objeto el "monstruo" Abd el-Krim y fórmulas que él mismo fabricó, a la manera de Vasconcelos, en "Un gran libro de Clemenceau" (1925).[83]

---

[82] Vallejo critica a los latinoamericanos de "nacionalistas" por rehusar asimilarse a este tipo de universalidad. También los critica por no sobrepasar los límites de la Comédie Française. Véase "Contra el secreto profesional" (1927), "Una gran reunión latinoamericana" (1927), "Las nuevas disciplinas" (1927), "El espíritu universitario" (1927), "Sociedades coloniales" (1928), "La juventud de América en Europa" (1928), "La megalomanía de un continente" (1929), "Los creadores de la pintura indoamèricana" (1929).

[83] "De mí sé decir que mi creencia es firme en que nuestra evolución irá acercándonos más y más a la latinidad y que si América llega a ser el centro de la civilización futura, ello se hará a base de nuestro contacto con el pasado, por medio de la raza latina" (87). En una carta que le escribe a Pablo Abril de Vivero escribe lo siguiente: "Vasconcelos ha sido tema de nuestras charlas y he logrado que al fin Víctor Raúl convenga en que ese hombre es mal elemento en América" (121). En "Menos comunista y menos fascista" (1926), Vallejo fundamenta su posición: "El idioma no constituye prueba de nacionalidad. Ni siquiera de raza. El idioma ya no preocupa a

La nueva imagen que construye de París en "El disco de Newton" es la que hubiera deseado encontrar Darío treinta años antes. Darío hubiera deseado no ser tratado como **sauvage**. Tal vez de esa manera habría evitado frecuentar la bohemia "inquerida" o sólo la habría visitado ocasionalmente. No obstante, las cartas que escribe durante la misma época y lo que ha escrito en crónicas publicadas hasta 1928, son suficientes para desconfiar del clima de tolerancia que Vallejo describe. En las cartas que escribe entre 1926-28, París es la residencia en la que se harta de aburrimiento y se arrepiente del "nocivo optimismo." Es también el lugar de sus depresiones periódicas. La ciudad que quiere abandonar por New York o Moscú. No hay nada en sus cartas que ilustre en la vida diaria de Vallejo lo que él mismo publicita en las crónicas que publica. Sin embargo, no puede decirse que sus cartas desmientan lo que dice en las crónicas.

Especialmente entre 1923-26, Vallejo ha puesto todo el énfasis o demasiado énfasis en esa trama que requería de él hacer de etnógrafo. A partir de 1926 esta trama comienza a agotarse, aunque no desaparece abruptamente. Reaparece crónicamente pero Vallejo tiene que buscar una trama diferente que lo llevará a un nuevo oficio. Si no se toma en cuenta "Ultimas novedades teatrales de París" (1930), que debería haberse titulado "No hay novedades teatrales en París," sus crónicas sobre Rusia son, a este respecto, la última entrega de ese discurso etnográfico al que me he estado refiriendo. El último episodio consiste en responder a quienes hacen de New York la ciudad más moderna del mundo--como lo dice en "París renuncia a ser el centro del mundo" (1926)--, haciendo él de Moscú, el ocupante de ese centro. Varios de los reportajes que escribe en 1930 para **Bolívar**--"Revelación de Moscú," "Tres ciudades en una sola" y "Moscú en el porvenir"-- comparan veladamente a Moscú con París para subrayar la aparente modernidad de Moscú.[84] En "Tres ciudades en una sola," por ejemplo, explica cómo Moscú (al revés de París) no tiene una escenografía moderna. Moscú es, más bien, una "gran aldea medieval," pero a pesar de ello predominan relaciones sociales modernas. No obstante ser una "gran aldea," como lo son muchas

---

nadie como factor de política nacional y étnica, señor Vasconcelos" (158).

[84] "Revelación de Moscú," que en **Bolívar** se publica como la tercera entrega de un reportaje escrito en Rusia, es reeditado posteriormente en **El Comercio** con "ligeras variantes," como lo explica Jorge Puccinelli en una de sus notas a **Desde Europa** (404).

ciudades de América Latina, en Moscú se solucionan expeditivamente
problemas sociales que no pueden ser resueltos aún en París.[85] En
Moscú no hay nacionalismo, ni celos, ni surmenage como lo explica
detalladamente en **Rusia en 1931**.[86]

En "Revelación en Moscú," vuelve a un tópico que le ha
llamado la atención anteriormente. Explica cómo ha respondido el
gobierno soviético a problemas derivados del tráfico moderno. A pesar
de una densidad demográfica comparable a la de otras ciudades
europeas--dos millones y medio de habitantes--el tráfico en Moscú es
impecable: "Ningún embotellaje. Ningún espectáculo de desorden, de
disputas e imprecaciones del público, motivado por la gestión de la
multitud" (406). El crédito le corresponde al gobierno soviético que
promulga un nuevo calendario. No hay multitudes en la calle porque
el gobierno ha creado un horario que las impide. No hay tampoco
demasiados automóviles porque éstos son ahora un medio de transporte
destinado "al trabajo, al comercio y a los espectáculos públicos."[87]

Esta venturosa, excitante y promisoria visión de Moscú no es
confirmada en sus cartas, donde tiene que explicar por qué no puede
quedarse a vivir en Rusia, como al parecer lo había planeado. Hacia
fines de 1928 le escribe dos cartas a Pablo Abril de Vivero que tocan
este asunto. En la primera, del 19 de octubre, confiesa no haber
hallado su camino en París y piensa que lo hallará "quizás" en Rusia,
a donde viaja ese mismo día (139). Dos meses más tarde, el 27 de
diciembre, le explica por qué está de vuelta en París: "El idioma y las
dificultades materiales de un medio pobre en recursos fundamentales de
vida, me obligaron a volver grupas inmediatamente. El problema de
la habitación es, por si solo, insoluble, aun para alojar al mismo Stalin"

---

[85] En "Moscú en el porvenir," critica la teoría hidrográfica de Lucien Romier, porque
ésta le resta posibilidades a ciudades como Moscú por no estar ubicada próxima al mar
y a un gran río. En **Rusia en 1931** vuelve sobre el mismo punto. En "Sociedades
coloniales" (1928), Vallejo dice que "las mejores ciudades de América no son sino
aldeas" (274-75).

[86] "He podido advertir un hecho muy significativo y que acaso puede explicar en
parte la ausencia de celos, tanto en los hombres como en las mujeres rusas. Son
románticos en la acepción vital de la palabra" (131). Otras comparaciones interesantes
sobre el "amor" y la esfera pública las hace en 100-01 y 109.

[87] Vallejo también dice en "Revelación en Moscú" lo siguiente: "La dación de un
nuevo calendario destinado a organizar científicamente las exigencias modernas del
movimiento urbano, no puede venir sino de un gobierno socialista cuya gestión se apoya
en la síntesis organizada y realmente soberana de los intereses colectivos" (406).

(189).[88] Estas informaciones contradictorias subrayan que en su bienaventurada visión de Moscú, vale tanto la curiosidad o el cambio que dice experimentar, como el deseo de crear una desatención más hacia París.[89] Aún cuando escribe sobre Moscú, Vallejo está escribiendo sobre París para reiterar que los personajes que transitan por esa escenografía moderna mantienen, a pesar de las apariencias, relaciones sociales **demodé**, propias de una época "menor," o **désaxé**. Sin embargo, el deseo de encontrar un hábitat moderno que le sea propicio desplaza lo que había sido su principal trama desde 1923. A partir de 1926, da casi por concluida su misión no confesada de vengar a Darío. De alguna manera ha redimido al **sauvage**. Comienza a cambiar de público.

8

       "La locura en el arte" (1927), comienza con una alegoría en la que Vallejo declara la existencia del "violín" de Ingres (259-60).[90] En la misma crónica Vallejo identifica a Max Jacob, Francis Picabia, Charles Chaplin, Charles Lindbergh, Maritte de Rauwera, como poseedores de este tipo de violín, pero ocurre que este violín no es un artefacto. No es una propiedad sino una argucia mediante la cual le quita genialidad a los artistas con el propósito de redistribuirla entre el común de las gentes, porque tener este tipo de violín no es un mérito sino una cualidad que le da o le debería dar sentido a la vida de todo ser humano. No se puede comparar, por tanto, el violín de Ingres con

---

[88] Curiosamente, el asunto de la vivienda provoca un cambio de actitud radical en su apreciación de Panait Istrati. En "Sobre el proletariado literario" (1928), lo elogia por ejercer más de un oficio pero en "Panait Istrati" (1930) lo critica por sus "impresiones ultra-individuales."

[89] En la carta que le escribe a Pablo Abril de Vivero el 27 de diciembre de 1928, le dice que se va sintiendo "revolucionario por experiencia vivida, más que por ideas aprendidas" (190).

[90] Vallejo se refiere al violín de Ingres en diferentes crónicas. La primera es "La Rotonda" (1924), a propósito de Emilienne d'Alençon (13). En "El Salón de Otoño de París" (1925), menciona a Ingres pero no al violín (74). En "La locura en el arte" (1927), dice: "La Condesa de Noailles tiene su violín de Ingres en la pintura. Max Jacob y Francis Picabia tienen el suyo también en la pintura. Charles Chaplin tiene el suyo en la composición musical. Lindbergh tiene el suyo en el canto...Maritte de Rauwera tiene su violín de Ingres en la danza clásica" (259).

un Stradivarius.[91] La generalidad del fenómeno se debe a que el
"hombre no entrega nunca sus dos brazos a una sola vocación, sino que
reserva siempre el izquierdo para lo que por un instante pudo haber
sido" (259). Esta vocación que se reserva es el violín de Ingres.
Vallejo establece así el principio de que ningún ser humano debe
reducirse a una sola vocación. El ser humano debería tener tanto la
posibilidad de adiestrarse en otra vocación como las condiciones para
ejercerla.

Vallejo considera habitual que se aprecie sólo aquella vocación
que podría llamarse principal o primaria. Los nombres que
proporciona a modo de ejemplo demuestran que esa otra vocación no
es debidamente percibida. El procura cambiar los hábitos.
Marie-Laure de Noailles, por ejemplo, no lo tiene (el violín de Ingres)
en organizar fiestas ni en patrocinar sérénades o experimentos
artísticos, como los filmes de Buñuel, sino en la pintura; algo semejante
ocurre con el escritor Max Jacob; Charles Chaplin lo tiene en la
composición musical; y el aviador Charles Lindbergh en el canto. En
todos estos nombres propios, el "violín de Ingres" es la otra vocación.
Por eso es irónico que la pintura sea esa otra vocación para el pintor
Francis Picabia. Pero esta otra vocación que se reserva no es
secundaria ni se limita a personalidades. Esta otra vocación se realiza
de manera excepcional en gente corriente o en quienes han sido
recluidos. Cuando esa otra vocación se realiza de una manera
sorprendente o cuando no se materializa, Vallejo recurre a nombres
comunes pero excepcionales.

Cuando Vallejo escribe, por ejemplo, de las **catherinettes**,
dice que en sus cadáveres no será posible encontrar "ni siquiera un
violín de Ingres" (177).[92] ¿Quiénes son esas **catherinettes**? No son
aquellas mujeres "modernísimas" de las que escribe en "Las mujeres
de París" (1924), a quienes acusa de haberse "desnaturalizado" por
trabajar en oficinas, ni las "vírgenes locas" que describe en "La tumba
bajo el arco del triunfo" (1926). No son éstas tampoco las que han

---

[91] El "violín de Ingres" pudo haber sido el Stradivarius de Ingres, porque se usaba
darle el nombre del propietario a los Stradivari o Guarneri fabricados en Cremona, Italia,
a fines del siglo XVII. De ser así, se trataría de un Stradivarius que habría pertenecido
a Ingres y después a d'Alençon.

[92] Las **catherinettes** son mujeres solteras que celebran el día de Santa Catalina al
cumplir 25 años. La expresión **coiffer sainte Catherine** significa dedicarse a vestir
santos. Santa Catalina cumple la función que en otros lugares le toca a San Antonio.

reemplazado el lecho por el diván, ni las **trabajadoras** a las que se refiere una tal señora Michaelis, que Vallejo cita en "La diplomacia directa de Briand" (1926).[93] No son tampoco las que han hecho del automóvil un espacio erótico. Son las "pobres obreritas" (costureras, fabricantes de sombreros, dependientes) que a duras penas siguen la moda que sale de su trabajo como costureras o vendedoras, y que celebran "dramáticamente" el día de Santa Catalina. En "La fiesta de las novias en París" (1927), Vallejo explica por qué el festejo ha adquirido ese carácter "dramático." Como se verá, el dramatismo está en que no pueden realizar su violín de Ingres.

Vallejo examina cómo ciertos factores han alterado la celebración de esta fiesta en la que es central la participación de las **jeunes filles**. Distingue varios grupos sociales en las **jeunes filles** que celebran dicha fiesta: las **midinettes**, las "bohemias" y las que habitan "palacios" lujosos.[94] Las migraciones hacia París y la guerra han provocado una nueva demografía por lo que esta tradición ha sido abandonada por una clase y apropiada por otra. Quienes más participan en esta fiesta son ahora las **midinettes**. Las **midinettes** han hecho suya una tradición que antes no lo era. Se las llama así porque en su mayor parte provienen del sur de Francia, del **midi**, de donde han partido en busca de una vida mejor--de ser así, serían las "cholas" de Francia--o porque su almuerzo era modesto. Las **midinettes** han hecho de esta fiesta parisina un evento que sólo "concierne a las clases populares." Al no poderlo evitar, las **jeunes filles** de la burguesía y la aristocracia han optado por ponerse al margen de la misma.

Vallejo llama a las **midinettes** "obreritas" de la urbe, novias pobres que viven pensando en novios ilusorios. La ilusoriedad se debe a que la primera guerra mundial redujo la oferta de novios

---

[93] Madame "Michelis cree--escribe Vallejo--que llegan tiempos en los que las mujeres se dividirán en dos grupos: uno formado por las **madres**, que educarán a la familia bajo la jefatura del hombre, como en el pasado; y otro, formado por las **trabajadoras**, que ganarán por sí mismas su vida y podrán, en consecuencia, 'disponer libremente de sus cuerpos.'" (116).

[94] Para Weber, las **midinettes** son "pobres muchachas" que trabajaban, por ejemplo, como costureras. Se las llamaba así porque su almuerzo (**repas de midi**) no pasaba de un modesto **dinette** (1986:64).

especialmente en Francia, donde la mortandad fue cuantiosa.[95] No hay novios para todas estas mujeres, como Vallejo lo examina a poco de su llegada, en "Las mujeres de París" (1924). A falta de éstos, estas mujeres disputan--según Vallejo--inclusive la compañía de aquéllas que tienen un aspecto "sutilmente" varonil (176). La importancia que tienen los novios para las **midinettes** radica en la vocación que--de acuerdo con Vallejo--éstas reservan: tener familia. Al no poder realizar esta vocación, terminan compartiendo la suerte de las "bohemias," i.e. la de aquéllas que habiéndose prostituido, o siendo "vírgenes locas," no tienen "la esperanza de un amor."[96] Ninguna tendrá familia.

La guerra, la región de la que provienen y la clase social a la que pertenecen ha creado un nuevo estado civil para ellas. Viven modestamente, como se aprecia en las fotografías que tomó de ellas André Kertész. Aún más grave, la guerra ha hecho que las "novias" terminen siendo **catherinettes**. Por eso, no se sabe si celebran la fiesta de las novias o si conmemoran su indeseable soltería. La guerra y el estar fuera de sus pueblos las condena a **coiffer sainte Catherine**. Pero no sólo la guerra y su estado de advenedizas en París convierte a todas estas jóvenes en **catherinettes**. Dos años antes, en "Carta de París" (1925), Vallejo ofrece una explicación adicional. La soltería y la esterilidad de estas mujeres francesas también se debe a la xenofobia de los franceses, que los hace desestimar a los extranjeros como posibles pretendientes (58). Desechan así la posibilidad de que los extranjeros subsanen el déficit de novios. Sería inimaginable una fiesta así celebrada por **midinettes** y **métèques**. En "Las mujeres de París" (1924), Vallejo había pensado que la "escasa población infantil" se debía, más bien, a que las mujeres habían "violentado el ritmo espiritual de su sexo" al cambiar de motu propio el rol que solían tener (26).

---

[95] Según Bernier, la población de Francia después de la guerra es significativamente menor que la anterior a 1914. El índice de natalidad es mucho más bajo que en Alemania, Austria o Italia. Francia no se recobra de la pérdida demográfica ocasionada por la guerra, de casi un millón cuatro cientos mil personas, contando a aquéllas que habían fallecido o habían quedado incapacitadas (1993:49).

[96] "En materia de amor, por ejemplo--escribe Vallejo en "La tumba bajo el arco del triunfo" (1926)--, ya no existen las 'vírgenes locas' de antes, candorosas, románticas, que se enamoraban y se dejaban seducir a toda máquina, sin reparar en las consecuencias" (102).

En circunstancias como las expuestas en 1927, la fiesta de las novias se convierte en un evento dramático. Las **midinettes** están condenadas a la soledad. No pueden realizar su "violín de Ingres" que, como lo sugiere la crónica, debía estar puesto en tener familia. Sólo las sigue, concluye Vallejo, aún más allá de la muerte, la "hiena fosforosa del destino." A propósito de la "rubia del restaurant Colbert," escribe Vallejo: "Está llorando su perenne soledad, sin duda, sus días de trabajo inútil, sus estériles esperanzas. Está llorando sus cuarenta años futuros, sin hogar, sin hijos, sin amor ¡ay! sin eternidad..." (177). Sin familia la vida se torna precaria. La experiencia se reduce. No podrán experimentar lo que hay de **suite** y **contrepoint** en toda relación amorosa. Desaparecida la bohemia que Darío llamaba "inquerida," tampoco podrán hacer de **grisettes**.[97]

A diferencia de lo que ocurre con las **midinettes**, que destacan por habérseles extraviado su violín de Ingres, hay quienes sobresalen en esta otra vocación. Para Vallejo, los locos son quienes más destacan en el empleo del violín de Ingres. También menciona a los sordomudos pero sin elaborar demasiado, salvo el decir que los sordomudos tienen esa vocación adicional en la escultura y los locos (como la condesa de Noailles) en la pintura.[98] La locura es el "motivo fundamental" en la vida de cualquier loco. Sin embargo, para no aburrirse "sorprenden una nueva dimensión a las artes plásticas" porque, a diferencia de los artistas, ignoran el aprendizaje de técnicas. A la hora de pintar "ignoran cuál es su mano izquierda y cuál es su derecha, cuál es la luz y cuál la sombra, cuál es el simple punto y cuál la línea" (260). La sorpresa no es en ellos una convención intelectualmente fabricada, como lo es, por ejemplo, para los surrealistas.

---

[97] Según Seigel, el nombre de **grisette** se debió probablemente a los vestidos grises usados por muchas jóvenes de provincias que trabajan como costureras en París. Lejos de sus familias, fueron objeto de una mitología que hacía admirable su estilo de vida, visto como independiente, atractivo y libre de restricciones. Durante el siglo XIX, se las asocia con el barrio latino convertidas en amantes pasajeras de los estudiantes, sabiendo que tendrían finalmente como maridos a artesanos (1986:39-40).

[98] Darío también escribió sobre la condesa Mathieu de Noailles, aunque más extensamente que Vallejo en "A propósito de Mme. de Noailles" a raíz de un libro de poemas que ésta publica. Es una elogiosa reseña de esa "mujer moderna con alma antigua" que tiene "alma e inteligencia masculinas" (I: 300-08).

A diferencia de los cuerdos, los locos se dedican con igual entusiasmo a practicar ambas vocaciones. En los locos queda demostrado que la práctica de esa otra vocación no es una vocación secundaria. Por eso, esta otra vocación no corre el riesgo de ser sacrificada como ocurre muchas veces con los cuerdos. En los locos, el violín de Ingres está a salvo. Son otros, aquéllos que practican, por ejemplo, esa literatura que Vallejo llama "wagon lit"--que alude a los viajes que hacen escritores como Paul Morand--, quienes postergan ad infinitum o desestiman la práctica de esa vocación que es indispensable para que la vida tenga sentido.[99] No ejercitar el violín de Ingres equivale a perder el sentido que tiene ser escritor.

El violín de Ingres no es un violín sino un alegato contra la reducción de la experiencia. Si a Vallejo le preocupa la suerte de las midinettes o si sorprende a sus lectores al elogiar la destreza de quienes no son artistas, como también lo hicieron los surrealistas, hay en este violín otro propósito. Le permite discutir las condiciones en las que trabajan los que sí son reconocidos en la esfera pública como artistas. Para él, el aparato cultural moderno le obliga al escritor a renunciar al violín de Ingres. A diferencia de Ingres, el escritor "moderno" se dedica exclusivamente a aquella actividad por la cual es reconocido en la esfera pública como artista y por la cual recibe una periódica remuneración. A este respecto, la demarcación que establece entre Ingres y escritores como Paul Morand, Maurice Barrès e incluso Jean Giraudoux, es clave, porque estos últimos son el mejor ejemplo del tipo de escritor o artista que se adapta complaciente a las demandas del mercado moderno.

Vallejo termina "La locura en el arte" (1928) sin preguntarse dónde tenía Ingres su "violín," pero el instrumento al que alude indica o hace más evidente la referencia que ha hecho. Ingres tiene violinistas o violines en algunos de los cuadros que pinta--piénsese por ejemplo en su retrato del músico Nicola Paganini--, pero él mismo fue violinista. Ingres es violinista además de pintor. Además de ser pintor es escultor, arquitecto y músico. Como violinista llega incluso a dar conciertos en un teatro de Toulouse. Es hijo de un sastre. Es tan "inmoral" como Picasso, quien lo admira no por esto sino por sus cualidades como dibujante. Tiene una concepción del retrato que Vallejo hubiera encontrado semejante a la de Joseph Decrefft: no era

---

un retratista sino un **peintre d'histoire.**[100] Pese a su reputación de clasicista, incluye estilos que exceden el repertorio europeo. Su método de trabajo es semejante al de Chaplin: repite hasta lograr lo que para él es perfecto. Es un artista controversial: Baudelaire lo trata de clasicista (para defender la modernidad de Delacroix) y Gautier sostiene que no lo es. Théophile Silvestre dice que es "un chino perdido en las calles de Atenas."[101]

Quizás a Picasso se deba el Ingres de Vallejo. Tal vez el interés de Picasso por Ingres sea la fuente para esta expresión que él construye. Pero usar el nombre de Ingres no es un gesto arbitrario o inexplicable. Ingres no sólo fue menos etnocéntrico que otros artistas sino que fue menos "profesional" como también lo fueron Erik Satie-- que se negaba a ser músico y se identificaba como "fonometógrafo," i.e. grabador de medidas de sonido--o André Kertész--quien decía no ser un **métier.**[102] Ingres había tenido más de un oficio. La apología del violín de Ingres es el preámbulo para la denuncia del **métier** aunque éste, como señalé anteriormente, fue defendido finalmente por Murger. En Vallejo, la mala literatura no es aquella que escribe un artista sin genio sino el profesional. La "mala" literatura es el delito que comete el **métier.** Ese delito debe ser sancionado por lo menos en alguna **ficción,** como ocurre en "El asesino de Barrès" (1926) (111-13). Delfau--el protagonista de esta crónica--traslada a la literatura la práctica política de los anarquistas: "A los malos escritores hay que asesinarlos, como se asesina a los gobernantes" (113). Pero si bien Delfau es como personaje el asesino en ciernes que Vallejo inventa, Vallejo es el autor intelectual del crimen que Delfau desea cometer,

---

[100] "España en la Exposición Internacional de París" (1925), 65-68.

[101] **In Pursuit of Perfection: The Art of J.-A.-D. Ingres** (Louisville, Kentucky: The J.B. Speed Art Museum, 1983). Patricia Condon, Marjorie B. Cohn y Agnes Mongan, eds. En el **Salón de 1845,** Baudelaire llega a decir que Delacroix es el pintor más original de todos los tiempos.

[102] Véase Seigel 1986: 327-28.

como se aprecia en "El secreto de Toledo" (107-09).[103] Atovof, el protagonista de "El juicio final," será una réplica de Delfau.

En las crónicas hay una campaña contra la profesionalización que no es una campaña contra la división del trabajo ni se reduce al arte. En "El apostolado como oficio" (1927), denuncia a los apóstoles que se han prostituido al profesionalizarse (226). En cuanto a los escritores, se profesionalizan quienes se someten a las "casillas" en las que los "norteamericanos" están subdividiendo la actividad humana.[104] Se profesionalizan también quienes conciben el arte como **sport**. No obstante, es un físico norteamericano el que diseña una alternativa que le parece aceptable. En "Ultimas novedades teatrales de París" (1930), escribe lo siguiente: Thomas "Edison ha dicho que cada hombre debería tentar todos los destinos y todas las actividades. Deberíamos, aún viejos ya, dejar un oficio para ensayar otro, a ver si en este nuevo nos hallamos mejor y nos realizamos con mayor plenitud."[105] Su principal crítica a Giraudoux es, precisamente, haberse olvidado de este principio.

En la misma crónica, Vallejo aboga por el aprendizaje de la "técnica total del trabajo" que requiere probar los trabajos más diversos y simplificar y perfeccionar los métodos de trabajo (420). En "La gran

---

[103] El único **métier** que Vallejo respeta es Juan Gris. En "Retorno a la razón" (1927), escribe que la muerte del "gran muchacho" suscita merecidos "homenajes" por haber "creado una pintura noble, seria y vital y no, como se creía hasta ayer, falsa, barroca e insignificante" (228). En "Sobre el proletariado literario" (1928), lo adscribe a la tradición baudelaireana (273). En "Los maestros del cubismo" (1928), elogia su "conocimiento concienzudo y científico de la pintura. Quiere que el pintor sepa a conciencia lo que pinta y que disponga de una técnica sabia y de un 'métier' vigilante con los cuales aproveche debidamente los dones naturales" (298-99). En "El pensamiento revolucionario" (1929), critica el "inconsciente" político de artistas "puros" como Gris, pero en "La nueva poesía norteamericana" (1929) lo cita para subrayar la importancia que tiene la disposición de "los materiales más simples y elementales de la obra" (372).

[104] En "Las fieras y las aves raras en París" (1925), califica a los norteamericanos de "especialistas" por haber "dividido y subdividido la actividad humana en inumerables casillas" (70).

[105] De acuerdo con Vallejo, esto ocurre en los Estados Unidos, país del cual dice que es "un laboratorio multánime en el que cada hombre está tentando constantemente todas las fórmulas de vida y los más variados oficios. Raro es el que se detiene en una profesión o empleo para siempre. El propio Edison ha sido labriego, ebanista, amanuense, enfermero, mecánico, profesor, etc...Así, pues, aquel extranjero que vaya a los Estados Unidos a buscarse la vida, no sabrá de antemano qué va a ser de él ni en lo que puede convertirse" (419).

piedad de los escritores de Francia" (1926), explica las posiciones que adoptan diferentes intelectuales frente a la indigencia en la que se encuentran algunos escritores. Hay quienes quieren ayudarlos pero hay también quienes se oponen a que se haga algo porque piensan, como Barrès, que si están desempleados es porque carecen de talento. Pero hay también quienes se oponen a la "piedad" por otras razones con las que él concuerda. Pese a que detesta la posición desde la que Barrès habla, favorece una "corriente doctrinaria" que asume una posición aparentemente semejante a la de Barrès. La diferencia es importante: quienes defienden esta corriente no piensan que el mercado esté castigando con el desempleo a quienes supuestamente no tienen talento. Vallejo fundamenta esta corriente en base a declaraciones hechas por Sandburg y Hamp, en el sentido de que "los escritores padecen un error muy grave al pretender ganarse la vida exclusivamente con la pluma y no ya en otro oficio o actividad" (162). También piensa que se trata de un grave error: "El poeta, el novelista, el dramaturgo, de este modo, se han parcializado, sustrayéndose a la hermosa pluralidad de trayectorias de la vida y amputándose así otras tantas múltiples vías de sabiduría y riqueza emocionales. Se han profesionalizado. Están mutilados. Están perdidos" (162-63).[106] Arthur Rimbaud es el mejor ejemplo del escritor que no está perdido.

Cómo adherirse a esa "hermosa pluralidad de trayectorias" es un asunto debatible, aunque los casos de Arthur Rimbaud--muerto un año antes de nacer Vallejo--y Paul Morand, sirven de marco. Ambos hicieron de sus viajes una concepción, pero los dos no produjeron el mismo efecto en Vallejo. Morand fue percibido como el escritor que haciendo de turista cree tener acceso a "múltiples vías de sabiduría" pero lo cierto es que Morand nunca abandona ni París ni su especialidad a pesar de recorrer el mundo. Su gusto por las "trayectorias diferentes" no pasa de la búsqueda de lo exótico. Morand no se hubiera atrevido a destruir sus escritos porque él los concibe como mercancías. Tampoco se hubiera atrevido a cometer las transgresiones de las que fue capaz Rimbaud. Rimbaud es el escritor que sale del oficio de escritor para hacer de marino, traductor, legionario, campesino, contrabandista, albañil o periodista. Cuando lo hace, no está buscando materiales para sus trabajos sino expandiendo

---

[106] "Están perdidos" es un frase que Vallejo también usa en "El pájaro azul" (1923), para referirse a los hábitos culturales que predominan en París (9).

su universo geográfico y conceptual. Rimbaud regresa forzado de sus viajes por lo que ahora es Indonesia, Turquía, Etiopía y Yemén, además de Europa, después de dejarle París a escritores como Paul Verlaine o a los **métèques**.

Vallejo acepta la conclusión de que "Si hay una actividad de la que no debe hacerse profesión, esa es el arte. Porque es la labor más libre, incondicionable y cuyas leyes, linderos y fines no son de un orden inmediato como los de las demás actividades" (163). A diferencia de otros oficios, el artista debe "hacer tabla rasa de las divisiones del trabajo, **practicándolos todos**" [subrayado mío]. Arthur Rimbaud es el ejemplo más reciente de esta "corriente doctrinaria" que Vallejo suscribe. En "La gran piedad de los escritores de Francia" (1926), afirma que en Rimbaud se demuestra la teoría de que el "escritor ha de estar dotado de fuerzas para hacerlo todo" (163). Rimbaud es también el ejemplo de quien alcanza "libertad absoluta" al poseer--según escribe en "La dicha en la libertad" (1927)--, como artista, un "sentimiento superior de humanidad."[107] Mallarmé es el único escritor al que Vallejo le perdona su reclusión.[108]

Vallejo entiende que el violín de Ingres no es un segundo oficio. El segundo oficio no es una vocación sino un trabajo por el que puede recibirse un sueldo o un salario. El "violín de Ingres" es, en cambio, una vocación. El oficio es necesario como defensa frente al riesgo que implica convertir el arte en una profesión. En este sentido, el oficio es un seguro o una ventaja pero este segundo oficio no exime al escritor de responsabilidades. Vallejo establece diferencias, por ejemplo, entre quienes como periodistas reciben sueldos o salarios. En "César Vallejo en viaje a Rusia" (1929), afirma sin ambigüedades que él es un "obrero intelectual" que no gana un "sueldo" (351). Quienes ganan sueldo no tienen independencia, porque tienen que agradar los gustos, prejuicios o instrucciones de quienes los han empleado. Frente

---

[107] "Rimbaud quemó toda su obra, de lo bella que era. Porque un hombre que ha creado un poema magnífico, ha alcanzado un plano de libertad suma y puede, por consiguiente, hacer de ese poema lo que él quiera, inclusive destruirlo" (258).

[108] Cualquier comentario amistoso escrito por Vallejo en crónicas o cartas, se convierte en un pretexto para hacer una demostración contra el **métier**, la voluntad y la profesión. Esto se observa en "Contra el secreto profesional" (1927), así como en las cartas que dirige a Pablo Abril de Vivero el 16 de julio de 1925 (77-8), a Emilio Armaza el 10 de diciembre de 1926 (131-32) y a Juvenal Ortiz Sarálegui el 18 de agosto de 1928 (180-81).

a quienes están en esa situación, defiende la independencia del **free-lance**. No recibir salario también le permite evitar que su trabajo periodístico se convierta en una profesión.

Sin éste segundo oficio, el escritor se ve obligado a bajar "tarde o temprano" de la cruz para sentarse en la mesa de Heliógabalo (272). Preferible es la cruz porque en la mesa de Heliógablo los escritores tienen que modificar su escritura de acuerdo a las demandas del mercado o de acuerdo a las demandas que los editores fomentan. Como Heliógabalo, los editores son crueles y ambiciosos. Al igual que el emperador, convierten a los escritores a su propia religión cuyos valores son los del mercado. La mesa de Heliógabalo no es su propia mesa sino la mesa a la que bajan los escritores para negociar con Heliógabalo.[109] En este intercambio comercial, los lectores poco cuentan salvo por su inercia y complicidad.

Vallejo conceptualiza en el violín de Ingres una tendencia que está tanto en sus teorías como en sus trabajos artísticos. Lo paradójico del caso está en que escoge precisamente a un pintor vituperado por Baudelaire para sustentar una tradición literaria que asocia al nombre de Baudelaire. Sería inexplicable que Vallejo no hubiese buscado realizar su "violín de Ingres." Puede discutirse dónde lo tuvo pero no si lo tuvo o no. Opuesto a tener una sola vocación, a profesionalizarse, reserva su brazo izquierdo "para lo que por un instante pudo haber sido." Su trabajo como periodista no lo es porque el periodismo es para él su segundo oficio como para Cocteau lo fue ser banquero. Además, porque rehúsa verse a sí mismo como crítico tanto o más que como profesional. El periodismo es la actividad con la que se gana la vida pero no "lo que por un instante pudo haber sido." No obstante, las crónicas le ayudan a ser "lo que por un instante pudo haber sido. "Una de las tesis de este libro es que la tuvo en el teatro. El teatro es

---

[109] Según Edward Gibbon, el nombre no es Heliógabalus sino Elágabalus (**helios**, que significa sol, reemplaza a **ela** que significa dios). Elágabalus es el nombre que adopta Antonius, natural de Emesa, Siria, sucesor del emperador Caracalla del 218 al 222 d.C. Impone el culto del dios sirio-fenicio llamado Elágabalus y construye un templo en el Monte Palatino para la adoración de una piedra negra cónica que supuestamente había caído del sol. Los rituales incluyeron "los más ricos vinos, las víctimas más extraordinarias y los aromas más raros." Fue asesinado por la guardia pretoriana. Se le conoce también por haber sido el primer emperador en usar túnicas hechas completamente en seda. Cf. **The Decline and Fall of the Roman Empire**, vol.1 (New York: The Modern Library), 126-130.

la vocación que Vallejo reserva. Así como la vocación principal de los
locos es la locura, la suya fue la de ser poeta. Pero si él tuvo su
"violín de Ingres," como cualquier ser humano, Vallejo es más que su
poesía. Sin ese "violín de Ingres" no puede apreciarse en su justa
medida lo que fue su vocación principal.

CAPITULO 2

Teatro y drama en los escritos de Vallejo[1]

En un ensayo sobre los textos dramáticos de Charles Baudelaire, Roland Barthes comenta la "vocación de fracaso" que él encuentra en ellos. Su teatro carece de teatralidad, afirma Barthes. Le falta ese "espesor de signos y sensaciones que se edifica en la escena a partir del argumento escrito, esa especie de percepción ecuménica de los artificios sensuales, gestos, tonos, distancias, sustancias, luces, que sumerge el texto bajo la plenitud de su lenguaje exterior."[2] Al escribir dramas desprovistos de ese "lenguaje exterior," Baudelaire no ha sabido ser dramaturgo. Aunque Barthes no lo señala explícitamente, sugiere que Baudelaire fracasa por haber escrito dramas como si hubiera estado escribiendo poemas o quizás ensayos, por haber ignorado los recursos que el medio ofrece, y por no haber aprehendido lo que es el "teatro sin el texto."[3]

Entre Baudelaire y César Vallejo es posible establecer comparaciones diversas, como lo sugiere el propio Vallejo en "Sobre el proletariado literario" (1928), donde él se reconoce parte de una "tradición baudelaireana." Su pertenencia a esta tradición, que

---

[1] Este capítulo se basa en una ponencia presentada ante el Coloquio Internacional César Vallejo (1988), organizado por Roland Forgues en la Universidad Stendhal (Grenoble, Francia) y en una segunda versión que será publicada por la editorial Milla Batres.

[2] **Ensayos críticos** (Barcelona: Editorial Seix Barral, 1967), 50. Véase "El teatro de Baudelaire," 49-56.

[3] Keir Elam plantea en **The Semiotics of Theatre and Drama** una distinción que hago mía entre teatro--el "complejo de fenómenos asociados con la transacción entre el actor y la audiencia: es decir, con la producción y comunicación de significados en la representación misma"--y el drama--"el modo de ficción diseñado para la representación teatral y construido según convenciones (dramáticas) particulares." (London & New York: Methuen, 1980), 2.

construye con tanta idiosincracia, puede discutirse en áreas muy variadas. Una de éstas es la marginalidad en la que se sitúan sus escritos teatrales. Dicha marginalidad no es sólo el resultado de la valoración de estos trabajos o del tipo de recepción que han tenido. La explica el impasse de haberse quedado en dramas que proyectan posibilidades (teatrales) que no llegan finalmente a materializarse. Se quedan en dramas frente a una producción poética que no tiene limitaciones.

Vallejo y Baudelaire tienen en común, primero, el hecho de que el afán puesto en experimentar lleva a que no completen todos o muchos de los dramas que emprenden (Vallejo sólo termina la mitad de los que escribe). En segundo lugar, en ambos casos es quizás poco relevante especular sobre las posibilidades que dichos dramas hubieran abierto; más importante es discutir la manera como responden a los requerimientos y expectativas de una misma institución en Francia, desde la posición respectiva de Vallejo como **sauvage** y de Baudelaire como **flâneur**. En tercer lugar, ningún drama fue puesto en escena porque el "horizonte de expectativas" no les fue propicio a ninguno de los dos. Finalmente, carecer de contratos no impidió que esta escritura afectase y estuviese afectada por la estética que cada cual formula y por sus demás escritos.

Respecto a lo dicho por Barthes, hay, no obstante, una diferencia que debe subrayarse: Vallejo no se acerca al teatro como espectador, ensayista o poeta. Sus dramas no carecen de teatralidad. Sin embargo, también debe aceptarse que Vallejo no alcanzó como dramaturgo el nivel destacado que logró Federico García Lorca o Xavier Villaurrutia. Hay también fracaso en Vallejo pero éste tiene una "vocación" diferente. Identificar dicha "vocación" es crucial para explicar, por ejemplo, por qué cuando está mejor capacitado y bien dispuesto para escribir dramas se queda sólo en el diseño de algunos esbozos cuya legibilidad depende del ejercicio de la intuición.

Lo que me propongo hacer en este capítulo es responder a las preguntas que se derivan de esa comparación. Voy a dejar de lado a Baudelaire y voy a concentrarme en los escritos "teatrales" de Vallejo. Examino lo que sostiene en sus crónicas, en sus "libros de pensamientos," en **Notes sur une nouvelle esthétique théâtrale** y en **Temas y notas teatrales**. Dejo para los capítulos siguientes la discusión de sus dramas, que son considerables si se los pone en el contexto de lo que serían las "obras completas" de César Vallejo. Me

interesa llamar aquí la atención sobre cómo evolucionan sus
concepciones teatrales desde que llega a Francia a mediados de 1923
en tres tipos de documentos: (1) las crónicas que escribe entre 1923 y
1931, es decir, entre la reseña de **El pájaro azul** y la de **El brillo de
los rieles**; (2) los llamados "libros de pensamientos," **Contra el secreto
profesional** y **El arte y la revolución**, sus respectivas series de
"carnets," y **Rusia en 1931**; y (3) **Notes sur une nouvelle esthétique
théâtrale** y **Temas y notas teatrales**.

1

A. Prolegómeno teórico

        Un ruso llamado Léon Theremin inventa un pequeño aparato
radioeléctrico capaz de reproducir los sonidos de cualquier instrumento
musical. Es uno de los varios intentos realizados a comienzos de siglo
para sintetizar en un sólo aparato los sonidos de diferentes instrumentos
musicales. Otros son las **ondes musicales** de Maurice Martenot, el
spharophon de Jorg Mager y el trautonium mixto de Oscar Sala.
Fácilmente se observa el entusiasmo con el que reacciona Vallejo. En
"La dicha en la libertad" (1927), se refiere en los mismos términos a
las "invenciones" de Einstein y Theremin, como creaciones que
procuran la felicidad del ser humano. En "La locura en el arte"
(1927), elogia la creatividad del "célebre" Theremin, sólo superada por
el "violín de Ingres" de los locos. Finalmente, en "El año teatral en
Europa" (1928), señala la "música radio-eléctrica de Theremin" como
uno de los hechos extraordinarios de la temporada.
        De las cualidades que encuentra en este aparato y de su
funcionamiento se tiene un apretado resumen en "La música de las
ondas etéreas" (1927). Apenas se "agita la mano derecha en el aire,
ante una antena vertical del aparato y la izquierda, ante una antena
circular del mismo--escribe Vallejo--y ya empezamos a oir sinfonías
admirables, de una ejecución limpia y nobilísima, acaso más humana
y profundamente musical que la música de cualquier instrumento
conocido...Una cosa admirable, ¡incomprensible!" (257). A pesar de
lo irónico y poco entusiasta que suele ser respecto a muchas
"invenciones" o "novedades" científicas, tecnológicas o artísticas, él

considera el invento de Theremin un acontecimiento sorprendente. No obstante ser también poco proclive a elogiar imitaciones, le llama la atención este aparato. Le atraen las posibilidades que permite en las artes a partir de la relación que Vallejo establece entre este aparato, los instrumentos musicales y la renovación de las composiciones musicales. Cabe suponer que cree que el oscilador puede provocar una modificación semejante a la provocada por la fotografía o el cinema.

Los defectos de este aparato son menores comparados con las deficiencias que observa en los instrumentos musicales. Comparado con los sonidos que emiten pianos, violines y trombones, este aparato es capaz de producir sonidos "más puros y directos." Vallejo llega incluso a sostener--también en "La música de las ondas etéreas"--que mediante estos aparatos se alcanza un grado tal de "pureza" que ocasionará "nada menos que la muerte de todos los instrumentos musicales." Para él, este aparato soluciona un problema que ningún instrumento ha podido resolver: la representación de lo que el músico ha compuesto. El compositor no necesita de instrumentos musicales, cuya materialidad altera la representación de lo que el músico ha compuesto, ni de ejecutantes. Basta con el aparato que ha construido Theremin. La mediación de este aparato crea un nuevo orden en la medida que no está contagiado de los problemas de que adolecen los instrumentos musicales. A esto último obedece el calificativo de "directo."

Aparentemente, se trata de un aparato que podría reemplazar a toda una orquesta sinfónica, perfeccionando la ejecución de los instrumentos que la componen, y produciendo, además, sonidos que ningún instrumento está todavía en la capacidad de emitir. La renovación en las composiciones musicales es posible con este aparato gracias a que se impone una mediación diferente. El oscilador no es un mero sintetizador o un instrumento musical más sino una máquina capaz de recrear todos los instrumentos posibles. Por eso puede producir sonidos desconocidos y articularlos en composiciones que Vallejo califica de "admirables." Este es el lado más creativo del aparato.

Más allá de lo interesado que pueda estar en decretar la defunción de los instrumentos musicales, el objetivo de Vallejo no parece ser el de escandalizar o sorprender a sus lectores. Lo atrae la oportunidad que le ofrece una tecnología que aún carece de convenciones. Lo lúdico del argumento le resta importancia al hecho de que declare difuntos prematuramente los instrumentos. En este sentido, las ambigüedades y los vacíos de su argumento, tampoco debilitan su propósito. Cuando escribe de "deficiencias" no se sabe si se refiere al afinamiento o a la construcción de algunos instrumentos. Por otro lado, si pianos y violines tienen deficiencias, aparatos como el oscilador tienen las suyas. Vallejo no acepta que cada instrumento funciona en base a sus propias limitaciones. La destreza del compositor se muestra en cómo saca provecho de esas limitaciones; algunas sinfonías que él aprecia han sido compuestas en base a las mismas. Sobre estos presupuestos no podía el oscilador desplazar a los instrumentos musicales.

En medio de todo lo lúdico hay un propósito diferente que es serio.[4] El aparato de Theremin es un recurso que le permite sistematizar una posición que sobrepasa las cualidades que pudiesen o no tener instrumentos musicales o aparatos como el de Theremin. Por eso, poco interesa aquí insistir en lo deficiente que son sus afirmaciones si se aprecia lo instrumentales que son en un debate que las trasciende. Cuando Vallejo cita a un tal Monsieur Sauvage, da una de las claves. "M. Sauvage aventura...la creencia--dice Vallejo--de que a base de este invento, la danza cambiará los términos fundamentales de su estética" ("La música de las ondas etéreas," 257). La música no "inspirará" el baile "sino el baile la música."

Las ideas que Vallejo le atribuye a Sauvage no están lejos de las suyas. Siendo el oscilador un aparato que depende de movimientos realizados en su periferia para la emisión de sonidos, el baile creará su propia partitura. Algún programa previo habrá, puesto que para Vallejo la improvisación no le da autonomía a la danza, pero éste no impedirá la creación de nuevas convenciones que harán de la música una derivación de la danza. Pero él también acepta que la danza pueda lograr identidad propia al bailar sinfonías, como lo hace Isadora Duncan.[5] El mérito de Duncan no está sólo en bailar sinfonías que no se pensaron bailables sino en haber escogido sinfonías compuestas por músicos que independizan la música de la literatura. Combinadas las vías asociadas con Theremin y Duncan, la independencia de la danza será posible.

---

[4] Anteriormente, en "El más grande músico de Francia" (1926), Vallejo acepta que cualquier instrumento musical puede ampliar sus límites en base a un conjunto de posibilidades que sólo teóricamente es finita.

[5] "Los funerales de Isadora Duncan" (1927), op.cit., 244-46.

A Vallejo le interesa la independencia de todas las artes. Así
como la danza debe independizarse de la música, lo propio debe lograr
la música. En "La revolución de la ópera de París" (1927), sostiene
que "Un paso queda dar a la música y es su independencia completa de
las demás artes" (202-3). Dentro de esta tendencia, Beethoven es el
que "menos se ha salido de la música propiamente dicha." Incluso
Ravel, Fauré y el mismo Satie han caído en eso que Vallejo llama
"zancadilla." En el oscilador de Theremin, también encuentra una
excelente oportunidad para que la música se "purifique" de expresiones
artísticas que la han contaminado. La contaminación no proviene de la
aplicación de una tecnología moderna, que en este caso favorece, sino
que tiene orígenes remotos, en el clasicismo precapitalista.

A Vallejo no le preocupa (al menos esta preocupación no es
evidente en sus artículos) el efecto que la electrónica provoca al separar
al público del músico. Al músico le está ocurriendo lo mismo que le
ha ocurrido al poeta desde la invención de la imprenta y aún más desde
la conversión del libro en mercancía. Esa separación siempre había
existido en sociedades (como las capitalistas) donde la asistencia a una
sinfonía, por ejemplo, era una muestra pública de poder más que de
buen gusto. Las relaciones sociales podían entenderse no sólo mediante
la posición que cada cual asumía frente al proceso de producción sino,
en un terreno menos conceptual y más cotidiano, por el acceso y
ubicación que cada cual tenía o no en la audición de una sinfonía.
Diseños de teatros, como el de Wagner en Bayreuth, pretendían
solucionar estas distinciones sociales. Lo que a Vallejo le preocupa son
los dominios culturales, las relaciones de poder que existen en las artes,
el dominio de unas sobre las otras.

Vallejo precisa bien su planteamiento en su reseña sobre **El
retablo de Maese Pedro**, una composición de Manuel de Falla que se
considera "madura." **El retablo de Maese Pedro** (1923) era una ópera
en un solo acto para tres voces que requería de una pequeña orquesta.
Se basaba en un capítulo de la novela de Cervantes. En "Falla y la
música de escena" (1928), defiende a Falla frente a las protestas del
público. Entre los atenuantes que encuentra para el fracaso de Falla
está la mala disposición que tiene la sociedad francesa. A diferencia
de la alemana, la francesa no está dispuesta a sufragar el costo que una
ópera demanda. Pese a esta defensa, tampoco le convence **El retablo
de Maese Pedro** aunque por una razón que el público no advierte.

Para Vallejo, Falla no se atreve a ser músico. Schumann había dicho algo parecido de Wagner. Según Vallejo, "Falla--no visto sino oído como deben serlo todos los músicos--produce una evidente sensación de grandeza" (276-7). Llega a recomendarle que abandone la ópera lírica si quiere ser músico. En su reseña, trata de rescatar al músico Falla del "drama lírico" al que éste tanto esfuerzo le ha dedicado. Critica al "libretista" Falla, pero más que una crítica al libreto de Falla en particular es una crítica al libreto en la música, como se nota en "El verano en París" (1925), donde escribe que "Para oír un drama lírico, no vale la pena de asarse durante tres horas." El alude así al tiempo que la gente debía esperar a fin de presenciar la adaptación hecha por Claude Debussy--el músico francés de mayor prestigio durante esos años--de **Pélleas y Mélisande** (53-5). No habría dicho lo mismo si se tratara de Falla.

Para Vallejo, Debussy había cometido todas las equivocaciones posibles: había convertido un drama en una ópera; había compuesto una partitura en base a una concepción ajena (de Erik Satie); y había simplificado la recepción del drama en esta ópera. El drama del mismo título lo había escrito Maurice Maeterlinck y había sido puesto en escena por vez primera en 1892. Maeterlinck emplea símbolos para dar cabida a fuerzas que activan el inconsciente. Asimismo, incluye la **natura** en los **dramatis personae**, creando la impresión de que los demás personajes son pasivos. El vacío dramático que este cambio crea debe ser cubierto por el público. Lo que Debussy había hecho, a su turno, era intensificar el empleo de símbolos, un recurso literario que Vallejo aprecia poco. También había compuesto una partitura que asistía al público en la construcción de asociaciones que facilitaban la comprensión de los símbolos.

En **Pélleas y Mélisande**, Vallejo critica uno de los encuentros más exitosos (Maeterlinck-Debussy). Por el contrario, rescata otro encuentro que es un fracaso (Cervantes-Falla). Falla y Debussy adaptan textos literarios pero a Manuel de Falla lo protegen dos factores: en primer lugar, los símbolos están bajo control y su uso es limitado; en segundo lugar, la composición musical de Falla no depende del texto literario, de ahí que la partitura sea rescatable en sí misma. Si bien Falla y Debussy han adaptado textos literarios, sólo Falla ha logrado darle cierta vitalidad "musical" porque ésta se basa en una estética que no es parasitaria. La originalidad de Falla podría ser comparada a la de García Lorca. Debussy no sólo se ha apropiado de

una estética ajena, creada y abandonada por Erik Satie, sino que ha
tergiversado sus presupuestos.   En Debussy no hay nada rescatable
porque la música ha sido compuesta como servicio del drama.   Hay una
tendencia errada en el drama y la música cuando una de las dos se
subordina a la otra.
        Vallejo no disculpa en Manuel de Falla lo que lo hace
semejante a Debussy.   La distinción que hace entre ambos pierde
importancia cuando precisa la visión que tiene de la ópera y que se
aplica a la llamada "sinfonía poética."   Para Vallejo, la ópera no tiene
nada de sinfonía ni de poética, mientras que la sinfonía poética tiene
poco de música y nada de poesía.   La ópera es el paradigma de lo que
el arte no debe ser.   El drama "lírico" condensa en su hibridez, de un
modo extremo, lo que encuentra estética y artísticamente nocivo, por
la jerarquía a la que responde.   Vallejo no lo examina pero los orígenes
de la ópera son igualmente cuestionables por ser ésta una expresión
artificiosa creada, a principios del barroco, por intelectuales de
"bufete."   Estas dudosas credenciales se notan también en el tipo de
público que tiene.   A diferencia del público "cosmopolita" que tiene un
compositor como Satie, la ópera tiene un público que Vallejo
menosprecia, turistas, por ejemplo.   Según lo afirma respectivamente
en "El más grande músico de Francia" (1926) y "El verano en París"
(1925), el público de Satie es en su mayoría nórdico, mientras que el
de Debussy está compuesto de "norteamericanos y burgueses del
mediodía" (53-5, 120-3).
        A Vallejo le disgustan los símbolos en Maeterlinck, pero aún
más la conversión del drama, cualquier drama, en una ópera.   El que
sea un drama lírico compuesto por Debussy en base a un drama de
Maeterlinck, es un fenómeno circunstancial.   No hay nada más opuesto
a él conceptualmente que el drama lírico.   En este sentido, también la
crítica que hace al repertorio de Chaliapin--en "Chaliapin y el nuevo
espíritu" (1929)--es algo episódico, porque pese a limitarse a un
reclamo que es más social que musical--la parcialidad del repertorio--,
transmite la poca atracción que siente por la ópera.   Dada la manera
como el libreto mediatiza la composición musical en la ópera, Vallejo
es de la opinión que ésta no tiene cómo superar la crisis en la que se
encuentra.   Esta es una diferencia central entre la ópera y las demás
artes.   Todas las demás tienen que laborar arduamente para lograr su
independencia (de la literatura).
        La discusión que realiza Vallejo sobre el oscilador de
Theremin es una instancia en el desarrollo de sus concepciones teatrales

y estéticas. Sus comentarios a este tipo de tecnología son significativos porque representan un episodio en la revisión de las artes que lleva a cabo en sus crónicas. El oscilador de Theremin adquiere, por tanto, funciones que no habían sido previstas: por un lado, libera al baile de la música (inclusive de sinfonías como las de Beethoven); y, por otro lado, contribuye a liberar la música de la literatura. Más importante aún, expone la existencia de dominios que prevalecen en las artes y llama la atención sobre cómo esos dominios pueden ser trastocados beneficiosamente.

Pese a lo ocasional y casual que parece ser su revisión de las artes, hay en ella preocupaciones recurrentes. Quizás la más importante sea su discusión sobre posibles modificaciones en la estética, entendida ésta no como un campo de reflexiones trascendentales sino como un campo en el que hay dominios. Vallejo intenta esto al menos de tres maneras: en primer lugar, al darle mayor atención a las instituciones en el funcionamiento de las artes; en segundo lugar, al revisar aquellas artes que sirven de espectáculos, i.e. aquéllas formas de expresión artística que requieren de la presencia inmediata de un público; y en tercer lugar, al darle flexibilidad al campo de lo estético, a fin de que tengan cabida nuevas formas de expresión artística tales como el cine.

En las crónicas se observa cómo Vallejo favorece (respeta) una taxonomía de las artes que se adapta bastante bien a la elaborada por Charles Batteux en **Les Beaux-Arts réduits à un même principe** (1747), texto que ha definido el campo moderno de la estética en la filosofía europea. Según la taxonomía de Batteux, son siete las artes: pintura, escultura, música, poesía, danza, arquitectura y elocuencia.[6] Vallejo hace suyo el protocolo de esta clasificación, salvo en dos instancias: la **eloquentia**, que, a diferencia de Darío, él aprecia poco, y el cine. Vallejo está entre aquéllos que reconocen en el cine al "séptimo" arte, cuando se cumplen determinadas condiciones. Hasta aquí, Vallejo parece no cuestionar los aspectos centrales de esta taxonomía. Se limita a actualizar la taxonomía de Batteux tomando en cuenta variables (tecnológicas) que éste obviamente desconocía a mediados del siglo XVIII.

---

[6] Según Wladislaw Tatarkiewicz, las bellas artes se convierten sólo en "artes" cuando Batteux, en su estudio, excluye de éstas a las artesanías y las ciencias. **A History of Six Ideas, an Essay in Aesthetics** (Warszawa: Polish Scientific Publishers, 1980), 21.

La reforma mayor que introduce Vallejo es la exigencia que le impone a las artes de ser modernas, no sólo mediante la renovación de convenciones sino también mediante la transformación de las relaciones de poder. No se trata de ser "responsable," como lo hará en su intervención en el II Congreso Internacional de Escritores (1937), sino de denunciar los marcos institucionales que regimentan las relaciones entre las artes y las instituciones. A diferencia de Batteux, Vallejo entiende las artes como un sistema más o menos clausurado y restrictivo que funciona en base a jerarquías y dominios. Esa dependencia que existe entre las artes le parece criticable al no haber reciprocidad. Las artes integran un sistema que subordina e impone onerosas obligaciones. Vallejo está interesado en reclamar derechos para las artes más que en cultivar la fijación de la estética como campo filosófico. En tanto sistema, el arte está compuesto de diferentes entidades y oficios que funcionan entre sí según ciertas posiciones jerárquicas. Cada arte es una entidad que le da ocupación al artista, sin que esta ocupación se entienda estrictamente en un sentido económico, como empleo. Sólo una de estas entidades desempeña el rol hegemónico, trayendo consigo la pérdida de libertad de expresión en las demás. Las instituciones son las que hacen posible el funcionamiento del sistema porque mantienen bajo su control a todas las artes. Las instituciones que hacen posible el funcionamiento de este sistema le quitan autoridad a los artistas. Estas instituciones son las que han fundado un régimen casi feudal en el que una de las artes ha sido impuesta autocráticamente como modelo sobre las demás.

Nada de lo que Vallejo escribe da a entender que este sistema haya carecido de transformaciones, de ahí que sus pocas precisiones no prueben una falta de sentido histórico. Sin embargo, no historifica orígenes ni variaciones en esa hegemonía. Señala, eso sí, que la literatura está cumpliendo ese papel hegemónico en una etapa muy particular del desarrollo de ese sistema. Otros intelectuales contemporáneos a Vallejo, próximos a él, tales como Gaston Baty--uno de los pocos directores de teatro elogiados por Vallejo--ofrecen esa historificación que hace falta en Vallejo. De acuerdo con Baty, se trata de un sistema que tiene sus orígenes en el Renacimiento, pero que se acentúa durante el siglo XVII. Una concepción como la de Baty está implícita en la lectura que hace de las artes, desde "En Montmartre" (1923) hasta "Tendencias de la escultura moderna: el escultor Fioravanti" (1935), crónica en la que afirma insatisfecho haberse "educado" en una "civilización" que califica de literaria y archi-intelectual (438).

No podemos saber si Vallejo piensa que habría existido un sistema sin hegemonías, en algún tiempo remoto, como lo entendían Wagner y Baty, para quienes habría existido un estado primordial, asociado con los griegos, en el que esas jerarquías habrían sido desconocidas. Lo que parece evidente es que para él puede, incluso debe, llegarse a un sistema en el que este tipo de dependencias sean superadas o disueltas, haciendo ociosa la imposición de un modelo. En tanto no se llegue a ese punto, la modernidad estará fuera de alcance. Esta es la crisis de la que escribe en sus crónicas, donde también busca signos que anuncien su superación. Cambios tecnológicos como los introducidos por el oscilador de Theremin, o la fotografía durante el siglo XIX, muestran la vulnerabilidad de este sistema.

Vallejo piensa que debe crearse un espacio "arqueológico" al interior de la estética, para depositar, por ejemplo, aquellos estilos (e.g. el realismo) que predominaron durante el siglo XIX. Esta arqueología es el espacio para lo **demodé**, aquello que en su discusión del retrato-- en "España en la Exposición Internacional de París" (1925)-- denomina, a **grosso modo**, "estética interpretativa." En la otra margen está la "estética creadora," que puede hacer del retrato, por ejemplo, una expresión artística que trasciende las apariencias, porque la **persona**-- escribe Vallejo en la mencionada crónica--no es la máscara de alguna esencia que está encerrada sino la historia condensada. En el retrato está sintetizada la relación entre arte e historia. La arqueología es, pues, el archivo en el que debe ser depositado todo arte que haya perdido o extraviado su sentido histórico y que, tal vez a sabiendas de sus propios prejuicios o valores, tampoco se propone recuperarlo. Toda práctica artística que coincida con ese espacio es vista como un anacronismo, como una experiencia opuesta a la modernización de las artes.

Vallejo es consciente de que esto que debería ser un residuo histórico, todavía controla la normativa en base a la cual se regimenta la valoración de textos y artefactos. Hay incluso artes que reproducen concepciones que aceptan preceptivas rezagadas y le dan preferencia a valores caducos. Se mantienen intactas las instituciones que hacen posible la operatividad de dichos valores en la producción artística. A esto se debe la crisis. Su crítica a la literatura es, a este respecto, significativa porque las artes son una suerte de sistema feudal en el que

la literatura "reina".   Esto se expresa en la teatralización del cine, en
la dramatización del teatro, así como en la imposición de esquemas
narrativos sobre la pintura y la música.

La literatura traba el "renacimiento" buscado por Vallejo. La
literatura es una de esas artes que quizás por "reinar" no evoluciona.
Son otras artes--la escultura, la pintura, la música y el cine--las que dan
señales de evolución. Vallejo piensa que la literatura se ha convertido--
dentro de una etapa que está por superarse--en el vehículo mediante el
cual se ha impuesto un modelo en el que predominan formas de
expresión verbal (sobre todas las artes). De sus críticas a la función
institucional de la literatura--la literatura es en buena cuenta la
responsable por la falta de modernidad en las artes--se puede entender
que no viese beneficio alguno para la literatura misma en el desempeño
de ese rol hegemónico. Al igual que las demás artes, también la
literatura se encuentra en crisis, porque no se moderniza, o porque
cuando se moderniza lo hace en direcciones que Vallejo cuestiona.
Pese a todas sus exageraciones, la evaluación que hace de la literatura
"burguesa" en "Duelo entre dos literaturas" (1931), no es sino la
actualización de una idea que ha estado siempre presente: la literatura
es un arte en decadencia. Las polaridades son también las mismas a las
que todo lector de sus crónicas está acostumbrado, no importa que éstas
hayan sido escritas antes o después de hacerse marxista.

Gracias a esa fórmula, las demás artes se han convertido casi
en géneros literarios. Violando sus propias posibilidades, se han
impuesto sobre las artes preceptivas que exigen estructuras narrativas.
Se las hace verbalizar o narrar aquéllo que no necesita ser verbalizado
o narrado.   Cuando Vallejo califica algún texto, artefacto o
composición, de "literario," las asociaciones que provoca son siempre
negativas. Otro tanto ocurre con el empleo del vocablo "intelectual"
porque lo "literario" y lo "intelectual" grafican el predominio de formas
de expresión verbal sobre otros medios de expresión artística

Charles Baty asume por entonces una posición semejante:
"Nosotros deseamos encontrar un teatro basado en la fé, el entusiasmo
y una deliberada pobreza...Si hoy en día el teatro está en decadencia,
la causa debe encontrarse en los avances del racionalismo y del
intelectualismo--en una palabra, de la literatura--que comenzaron con
el Renacimiento, y que ha empeorado particularmente desde el siglo
XVIII." La conclusión que saca Baty es muy próxima a la de Vallejo:
el teatro es el arte que padece las consecuencias más negativas de este

modus operandi; para salvar al teatro es necesario desprenderse de la literatura.[7]

El teatro es visto por Vallejo como arte y como institución. En tanto institución, el teatro hace suyos privilegios y censuras. La crisis del teatro no es responsabilidad exclusiva de dramaturgos, actores, técnicos, **regisseurs** o directores, sino también de instituciones que resguardan la subordinación del teatro respecto al drama, en última instancia de la literatura. El teatro es el ejemplo mayor y más extremo de la falta de autonomía; el arte en el que se expresa la dependencia con destacada intensidad. El teatro fue, en algún momento "primitivo" de su historia, un arte, pero se convirtió posteriormente en un género literario. Por lo menos desde el neoclasicismo, la participación de cada arte en el teatro ha sido puesta al servicio de una concepción que busca controlar esa área que Aristóteles denomina **opsis,** el espectáculo. El teatro ha sido supeditado al drama para que el espectador se concentre en la escritura, particularmente en los diálogos. El espectáculo no debía distraer al público de ese ejercicio cultural que perseguía educarlo y moralizarlo.

En los artículos que escribe a partir de 1923, se nota que Vallejo observa cómo ese proceso de liberación artística se va dando en diferentes artes, excepto en el teatro. Por eso son raras las ocasiones en las cuales él escribe reseñas elogiosas de una puesta en escena. De esta rutina sólo se salvan algunas compañías extranjeras--rusas casi siempre--o francesas ligadas a lo que posteriormente se llamaría el "cartel de los cuatro." Por lo general, reitera la falta de creatividad, incluso de Pirandello, el dramaturgo más importante de la época. En "La nueva generación en Francia" (1925), sólo le reconoce a Pirandello haber explicitado la oposición entre dos estéticas, la de la vida y la del "tablado" (52).

El desprendimiento que han logrado la música y las artes plásticas, parece no haber servido como catalizador de un movimiento semejante en el teatro, que todavía es controlado por la literatura. Todavía cuando escribe **Notes sur une nouvelle esthétique théâtrale** (1934), constata que el teatro, comparado con cualquier otro arte y con cualquier género literario, no ha desarrollado sus recursos expresivos. A excepción del teatro, las demás artes tienen libertades "enormes."

---

[7] **Le rideau baissé** (Paris: Bordas, 1949). Citado por Harold Hobson en **French Theatre since 1830** (Dallas: Riverrun Press, 1979), 143.

La explicación está, como se ha dicho, en que el teatro había sido institucionalizado y regimentado a un grado tal que lo hace incomparable. El teatro necesita un nuevo tipo de dramaturgia.

Vallejo piensa que es posible la superación de la crisis en todas las artes, incluso en el teatro. La crisis le sirve de preámbulo para elaborar alternativas que la superen. Critica todo aquello que no favorece el movimiento hacia la modernidad. Busca siempre señales de "renacimiento" que anuncien un nuevo sistema. El "renacimiento" y la modernidad no son conceptos que se excluyan mutuamente. Para él es imposible la modernidad sin ese "renacimiento." El "renacimiento" al cual alude con tanta frecuencia, es la transición hacia la modernidad. No es una etapa en sí misma sino un conjunto de señales dispersas. La crisis hace necesario el "renacimiento." Espera que el nuevo sistema acabe con las dependencias. La superación de la crisis se logrará cuando cada arte se desarrolle autónomamente. El nuevo sistema será estable y equilibrado. Vallejo rehúsa concebirlo como una revolución permanente.

En su lectura de las artes plásticas, la música y la literatura, encuentra señales de que esa crisis es superable. La música está logrando superar su dependencia de la literatura gracias a compositores que habían sabido o sabían ser músicos (Beethoven, Satie). En la pintura, nota un cambio semejante con los cubistas. La danza también estaba creando su propio lenguaje. A su manera, tanto Isadora Duncan como Leon Theremin habían proporcionado la solución: Isadora Duncan al bailar sin vestuario, música ni escenografía, y Leon Theremin al construir un aparato que fabricaba notas musicales. Estas señales no le impiden reconocer que la evolución es desigual (entre las artes) e incluye regresiones.

Una prueba de regresión se lo da la escultura. En "Salón de las Tullerías de París" (1924), plantea que los "futuros nódulos" para la pintura y la arquitectura "nacerán" de la escultura (30-1). Se refiere a esculturas de artistas que ahora son apenas recordados: Jacques Lipchitz, André Sabory, Ossip Zadkine, Rego de Monteiro y Valdo Barbey. Una década más tarde, la situación ha cambiado radicalmente. En "Tendencias de la escultura moderna: el escultor Fioravanti" (1935), critica la escultura por no haberse renovado y carecer de originalidad (437-40). A diferencia de la pintura--escribe Vallejo--, la escultura no ha logrado todavía desprenderse de una concepción "figurativa" o "discursiva." Según Vallejo, la escultura no cuenta aún con una "estética nueva." Para obtenerla, debe abandonar su "vasallaje" respecto a la pintura. En diez años, la pintura ha mejorado mientras que lo opuesto ha ocurrido con la escultura. Lo que no ha cambiado es el criterio con el que valora estos artefactos: la regresión o los avances que se dan en cada arte siguen dependiendo de la genialidad del artista. Esta genialidad no tiene nada que ver con la existencia de genios o con la inspiración. Se define por el modo como el artista se relaciona con las instituciones que legitiman convenciones y estilos. El teatro, por su parte, demuestra que la evolución es desigual.

En la superación de la crisis del teatro hay falsas salidas. Una de ellas es la que denomina Vallejo "wagnerismo." El wagnerismo no se reduce a Wagner aunque como categoría es una derivación. Hay "wagnerismo" en toda tendencia que busque crear una totalidad en la que haya hegemonía. La totalidad no tiene que ser simbólica o alegórica. El wagnerismo es la tendencia a la absorción de toda expresión artística en un solo arte. No hay wagnerismo en el teatro sino en la medida que se establezca la hegemonía de alguno de sus contribuyentes. En el teatro pueden participar todas las artes pero ninguna debe constituirse a expensas de las demás. El teatro no necesita sacrificar a ningún arte (para liberarse de la literatura), ni anular u obstruir la tendencia hacia la diferenciación.

El "wagnerismo" es un concepto que Vallejo también emplea para referirse a espectáculos asociados con el culto del primitivismo. Usado en este sentido es una excepción. El alude a la existencia de un wagnerismo "bastardeado" que opera fuera de la esfera institucional que protege al teatro, en un área próxima al vaudeville, un género en el que, como dice, predominan los "yanquis." En "La conquista de París por los negros" (1925), subraya "la gran envergadura espiritual del Africa," y describe, contagiado de un cierto gusto por lo exótico, las cualidades de lo que podría ser "un wagnerismo bastardeado a favor del clarinete del deseo" (75). Lo "bastardeado" alude a Wagner más que a la discutible procedencia africana de un "ballet negro" venido de Estados Unidos.

El teatro es una coyuntura en la que concurren signos variados cuya combinación es posible, como ocurre en el cine, como no ocurre en la literatura, como no debe ocurrir en la música, como ocurre perjudicialmente en la ópera. A Vallejo lo tiene sin cuidado la mezcla de géneros o la conservación de los mismos. El escribe poemas en prosa pero no concibe que el teatro sea o deba ser el punto de encuentro para la creación de una nueva entidad que de alguna manera absorba y anule artes tales como la música y la literatura. Su oposición a normas y convenciones como las que se imponen mediante la Comédie Française, no lo lleva a favorecer la combinación de artes o la producción de una suerte de arte "total." Nada más ajeno a Vallejo que un proyecto como el propuesto por Wagner, que buscaba "sumergir" al drama en "la mágica fuente de la música." Este rechazo de un arte "total" supone--por lo menos en la acepción que le había dado Wagner--la subsistencia de hegemonías. Para él no hay ninguna necesidad de crear una "obra de arte total" (**Gesamtkunstwerk**), como la define Wagner en "La obra de arte del futuro."

La reunificación de las artes propuesta por Wagner desde la publicación de **Die Kunst und die Revolution** (1849) y **Das Kunstwerk der Zukunft** (1850), buscaba remediar--según lo explica Marvin Carlson--un largo proceso de corrupción, del cual la literatura era una evidencia. El teatro había devenido en algo "muerto" que era la literatura. En otras palabras, la literatura era el teatro una vez que éste había perdido su proyección "ecuménica." Esto había ocurrido con la tragedia que, según Wagner, había sido en sus orígenes un arte unificado. Con la decadencia de Atenas, el arte se había fragmentado y la filosofía había reemplazado al arte. Romanos y cristianos habían reprimido el teatro hasta que reaparece en el Renacimiento como entretenimiento de poderosos y ricos; no del pueblo, como originalmente había ocurrido. Por su parte, artistas y público habían hecho del arte un negocio como cualquier otro. Para que las artes recobrasen una función significativa que fuese "universal," Wagner piensa que es necesaria la restauración de la estructura y popularidad que solían tener en una época ya desaparecida.[8]

Las explicaciones que ofrece Vallejo no son históricamente tan elaboradas como las de Wagner, aunque está interesado, al igual que Wagner, por el pueblo (el **volk**). No obstante, el discurso es semejante. Las metáforas que elabora Vallejo denuncian relaciones de poder, como lo hace también Tristán Tzara en "Le dadaisme et le théâtre" (1922). Sin embargo, dos áreas en las que se notan las diferencias entre Vallejo y Wagner son, por un lado, la posición que asumen frente a la división del trabajo y, por el otro, la alternativa que diseñan para superar la crisis. Vallejo no ve en la división del trabajo algo culturalmente nocivo o un índice de decadencia, en tanto no derive

---

[8] Marvin Carlson, **Theories of the Theatre: A Historical and Critical Survey, from the Greeks to the Present** (Ithaca & London: Cornell UP, 1984), 254-255.

en una posición intelectualista porque ésta gratifica la fragmentación de la experiencia. Por eso ve en la diferenciación de las artes la clave para superar la crisis en la que se encuentran todas, en diferente grado. Por otro lado, Vallejo rechaza cualquier arte "total" que establezca jerarquías; más aún si auspicia el predominio del "principio dramático" porque éste es el que mantiene al teatro en la crisis. El único principio que puede sacar al teatro de la crisis es el "cinemático," como lo había anunciado en 1925.

En "Un gran libro de Clemenceau" (1925), reseña elogiosamente **L'Homme au sable**, que se presenta en el Music Hall con la actuación de Loïe Fuller (86-88). Los elogios se deben a que no hay diálogos ("nada hablado"), argumento, palabras ni leyendas escritas. Todo "sucede a base de combinaciones de luces y sombras" (87)--una convención que Vallejo hace suya en **Notes**. Los elogios también se deben a que "no hay ningún simbolismo y los valores de acción son directos, simples, escuetos, vivos por sí mismos, sin intelectualismo alguno" (88). "Ni una hebra de razonamiento a lo Maeterlinck." Vallejo es categórico al afirmar que esa "comedia" iba a revolucionar el teatro. Pero más importante que el pronóstico es que la sitúa "entre el teatro y el cinema." Participa de ambos. Del cine porque, como se dijo, no hay diálogos y porque "el decorado y los ambientes son múltiples y se suceden vertiginosamente" (88). Vallejo anticipa que esa "comedia mágica," en la que todo es posible, "puede ser el punto de partida de un arte nuevo, cuyos fundamentos irán delineándose y afirmándose poco a poco" (87). Esta lectura es el punto de partida de **Notes** y de algunos de sus últimos dramas, por eso debe precisarse a qué cine se refiere.

Los directores de cine que menciona en sus crónicas son contados (Chaplin, Eisenstein, Gance, Lang) para un ambiente cinematográfico como el de París. Según Roland Armes, la producción de filmes en Francia llega a 92 filmes anuales en 1930. Sobrepasa después las 100 películas hasta bajar a 90 en 1939.[9] En 1923, las empresas francesas Pathé y Gaumont controlan el mercado internacional. Esta situación no cambia hasta la segunda guerra mundial. El revés que supone la introducción del sonido, una tecnología patentada por dos empresas norteamericanas, RCA y

---

[9] **French Cinema** (New York: Oxford UP, 1985), 68.

Western Electric, no tiene efectos inmediatos duraderos.[10] Francia es también el centro de la experimentación, como lo ha sido desde que Meliés y Lumiére inventaron el cine. Después de 1922 se forman dos grupos que renuevan el cine francés, aunque ninguno está formalmente establecido. El primero lo integran Abel Gance, Marcel L'Herbier, Jean Epstein, Germaine Dulac y Louis Delluc; el segundo René Clair, Jean Gréemillon, Claude Autant-Lara, Jean Renoir, Dimitri Kirsanoff, Alberto Cavalcanti, Jean Cocteau, Marcel Pagnol, Jean Vigo y Luis Buñuel. Trabajan para empresas establecidas como Pathé y Gaumont, para otras que son desprendimientos de éstas, o para nuevas (Albatroz). Publican revistas tales como **Cinéa** (Delluc) y **Cahiers du film** (Pagnol), y libros con reseñas, ensayos o guiones.

El cine se ha convertido en espectáculo e industria. En 1923, las empresas Pathé y Gaumont, implantan un sistema de producción basado en estudios. La actuación está modelada en el teatro pero es menos pretenciosa. A diferencia del teatro hay poco interés por una narrativa continua. Incluso directores de teatro como André Antoine, cuyo trabajo cinematográfico se extiende entre 1914 y 1921, promueven el desarrollo de medios propios en el cine. Antoine, por ejemplo, recomienda el abandono de escenarios y técnicas de actuación (e.g. actuación frontal) ya abandonadas por el teatro. Sugiere, más bien, una mayor flexibilidad en el manejo de la cámara para que siga las acciones, y enfatiza--como señala Armes--la filmación en exteriores (Armes 1985:39-40).

Las primeras décadas del cine francés no están exentas de "tentaciones" teatrales en la actuación y la escenografía. Incluso se forma la compañía Film d'Art (1908) con el propósito exclusivo de adaptar dramas franceses o clásicos. Pero también hay otras que cierran esa posibilidad porque quieren garantizar la originalidad de sus producciones (Gaumont). No obstante, en todas subsiste un estilo que proviene del teatro. Un segundo momento en el que se siente la amenaza de la teatralización del cine ocurre con la introducción del sonido. Cineastas como Gance, Epstein, Buñuel, Clair y Guitry plantean fórmulas diversas a fin de que eso no ocurra. No siempre tienen éxito. En "Ensayo de una rítmica en tres pantallas" (1928),

---

[10] Todavía en 1931 sólo menos de una cuarta parte de las salas de cine en Francia tenían instalaciones de sonido.

comenta, por ejemplo, las fallas de Gance en **Napoleón**. Vallejo
prefiere otros experimentos de Gance.

Para Vallejo, el cine es un arte que ha pasado por la
experiencia de ser dominado por la literatura indirectamente, por medio
del teatro. El cine es un arte que ha sabido superar ese sometimiento.
El cine había logrado ser reconocido como arte, o estaba cada vez más
próximo a conseguirlo. Había logrado salvaguardar sus medios
expresivos, que en lo fundamental no eran verbales. Sin proponérselo,
la deficiente tecnología de la época le había proporcionado al cine
ciertas ventajas que le permitían una mejor defensa frente a la
teatralización. Gracias a la ausencia de sonido, el cine había
experimentado con otros medios: el montaje, el manejo de la cámara,
los marcos. Esto lo había logrado el cine sin contar con sonido ni
"color," o gracias precisamente a no contar con ninguno de estos
recursos.

La posición de Vallejo frente al sonido no puede ser menos
ambivalente; el color es una tecnología que no comenta porque todavía
no es muy usada. A él le basta rechazar la introducción del sonido con
un argumento que es entonces bastante común. Para él, el
cinematógrafo es la única máquina que ha creado un ambiente social en
el que impera el silencio. Con la introducción del sonido en el cine,
el "ruido universal" invade ese ambiente. "Se olvida--escribe Vallejo
en "Contribución al estudio del cinema" (1927)--que la música debe ser
excluida radicalmente del cinema y que uno de los elementos esenciales
del séptimo arte es el silencio absoluto" (252). Pero este "ruido
universal" no es su única preocupación. Vallejo no especula sobre
las posibilidades que esa tecnología permite pese a que ciertas
concepciones poéticas suyas le hubiesen sido últiles. Un ejemplo de
esto lo da su "Ficha del nuevo rico," donde plantea que "La
presentación gráfica de los versos no debe servir para sugerir lo que
dice ya el texto de tales versos, sino para sugerir lo que el texto no
dice. De otra manera, ello no pasa de un pleonasmo y de un adorno
de salón de nuevo rico."[11] Quienes están comprometidos directamente
en la producción de filmes, tienen que barajar opciones inmediatas para
evitar lo que parece preocuparles más, el retorno al naturalismo,

---

[11] **El arte y la revolución** (Lima: Mosca Azul, 1973), 30. Según los editores,
Vallejo pensó suprimir esta nota en algún momento.

siguiendo una dirección semejante a la que formula en "Ficha del nuevo rico."

En Francia, Gance y Epstein favorecen una "fusión poética" entre la perspectiva y la distorsión del sonido. Buñuel contrapone la música clásica e imágenes agresivas o violentas. Clair hace un uso "alternado" de la imagen y el sonido que se asocia con la misma, y acepta la música pero rechaza los ruidos. Sacha Guitry, hace de imágenes sin diálogos la ilustración de una narración que las antecede a modo de contrapunto.[12] Fuera de Francia se debate el mismo problema. Pudovkin reconoce que "Uno de los más importantes elementos en la solución de los problemas del cine sonoro [es] el conocimiento y la habilidad para dominar las posibilidades ofrecidas por el cinema en la dualidad del ritmo del sonido y de las imágenes."[13] Para Balázs "el cine sonoro debería no sólo añadir sonido al cine mudo y así hacerlo más semejante a la naturaleza, sino que debería aproximarse a la realidad de la vida desde un ángulo totalmente diferente abriendo un nuevo tesoro para la experiencia humana."[14] Luego de un manifiesto suscrito con Pudovkin y Alexandrov--en el que se advertía que la nueva tecnología haría del cine un "fotorretrato hablado"--, Eisenstein propone la des-sincronización de sonidos e imágenes.[15] Rudolf Arnheim sostiene que imágenes y sonido deberían complementarse para tratar el mismo asunto de un modo diferente.[16]

Vallejo culpa al cine de los Estados Unidos por esto que considera una regresión. "El cine hablado--escribe en "El año teatral en Europa" (1928)--empieza a ser tentado por New York. Se quiere teatralizar la pantalla, descinematizándola en lo que ella tiene de privativo y original, como arte independiente del teatro. Se quiere que los actores en la pantalla, como los actores de las tablas, actúen no ya en silencio--que es lo distinto y propio del cinema--sino por medio de palabras" (304). "El cinema--escribe Vallejo en "Ensayo de una

---

[12] Armes 1985: 69, 70, 74 y 93.

[13] V.I. Pudovkin, **Film Technique and Film Acting** (New York: Grove Press, 1960), 308.

[14] Béla Balázs, **Theory of the Film: Character and Growth of a New Art** (New York: Dover, 1970), 197.

[15] **Reflections on the Cinema** (London: Kimber, 1953), 44. El "Statement on the Sound-Film" aparece en **Film Form** (New York & London: HBJ, 1977), 257.

[16] **Film as Art** (Berkeley: University of California Press, 1974), 25-6.

rítmica en tres pantallas" (1928)--de reducirse a estos baratos expedientes reproductivos de la realidad, tendría muy mediocre consistencia estética.   Recrear un ambiente, de tiempo o de lugar, con mayor o menor realismo, no demandaría una ciencia especial.   Un séptimo arte" (279).

Vallejo añade a sus explicaciones un criterio más.   El cine había logrado la traductibilidad que cree imposible especialmente para la poesía.   Comparado con la literatura, el cine (mudo) es "políglota" y "accesible."   De la misma opinión era Chaplin.[17]   Los obstáculos habían sido superados creativamente con el manejo de la cámara, el montaje y la actuación.   Lo "cinemático" está precisamente en la capacidad que tiene el cine mudo para solucionar cualquier impedimento lingüístico como ningún otro arte.   Después del cine, aunque en menor escala, el teatro es el arte más próximo a lograr esa capacidad.

Vallejo se queja frecuentemente del sonido en el cine (incluso de la música), en base a principios estéticos y consideraciones culturales.   No rechaza su empleo por ser una tecnología todavía deficiente sino porque perturba la capacidad expresiva que tiene el cine. Como ningún otro arte, el cine puede producir imágenes sin palabras o sonidos.   Esta es una capacidad única que él destaca en el trabajo de Charles Chaplin, Abel Gance, Fritz Lang y Sergei Eisenstein.   El teatro puede sacar provecho de esta situación tomando como paradigma al cine.   El teatro debería proceder de manera análoga.   Al desvalorarse los diálogos y las expresiones verbales, se revalorarían los gestos, los movimientos, la escenografía.

Vallejo encuentra en el cine llamado mudo la misma cualidad que elogia antes en **L'Homme au sable** y después en **El brillo de los rieles**.   En ambos casos las expresiones verbales tienen poca importancia, sea porque no hay sonido o palabras, o porque se dialoga en un idioma que se desconoce.   Lo curioso del asunto es que en ninguno de estos casos se pierde expresividad o capacidad comunicativa.   Todo lo contrario.   Pero la argumentación de Vallejo no es impecable.   Cabe preguntarse, por ejemplo, por qué no reacciona ante el cine sonoro (en un idioma extranjero) como lo hizo con **El**

---

[17] "Una buena película muda--escribe Chaplin--tiene un atractivo universal tanto para el intelectual como para el pueblo." **My Autobiography** (New York: Simon & Schuster, 1964), 324-5.

brillo de los rieles. La diferencia sólo podría estar en que la puesta en escena de **El brillo de los rieles** no se reduce al drama porque el texto tiene una función muy limitada. Bastaba, quizás, que alguien explicase brevemente la "fábula materialista." Por el contrario, en el cine sonoro "tentado por Hollywood," los diálogos adquieren una importancia sólo comparable a la del teatro que está en crisis. Quizás por eso piensa que ese tipo de cine se está teatralizando, o mejor dicho, dramatizando. De esta tendencia son responsables el "novelista de chaiselongue" [novelista de hamaca] Maurice Dekobra, para quien "el cinema no pasa de una simple rama del teatro" ("D'Annunzio en la Comedia Francesa") y también Abel Gance, quien en **Napoleón** reduce el cinema "a un simple arte de **mise-en-scène**" al propiciar "máxima verosimilitud" ("Ensayo de una rítmica en tres pantallas").

En el discurso de Vallejo, "cinematizar" se convierte en un concepto que sintetiza un proyecto artístico cuyos efectos sobrepasan al cine. Cuando habla de "cinematizar" el teatro, no se refiere específicamente al posible uso de filmes en el teatro, aunque encuentra aceptable lo que hace Piscator. Tampoco emplea "cinemático" en el sentido que le da Nikolai Okhlopkov, como corte rápido en la transición de una escena a otra. Por cinematizar entiende una manera de recuperar mecanismos expresivos semejantes a los que se vio obligado a desarrollar el teatro francés una vez que Francisco I le asignó a la Confrérie de la Passion el monopolio sobre la actuación en París (1518), y aún más cuando Luis XIV prohibió el uso del francés a cualquier compañía teatral que no fuese la Comédie Française (1680).[18]

B. El teatro francés y el ruso como paradigmas de la crisis

Las generalizaciones en las que incurre Vallejo, así como la manera un tanto abstracta en la que explica el funcionamiento de ese sistema jerárquico en las artes, tiene en la cultura francesa una evidencia concreta. El estado ha construido con sumo cuidado todas las

---

[18] Véase: Frederick Brown, **Theater and Revolution: the Culture of the French Stage** (Ney York: The Viking Press, 1980), 41-82, y Peter Brooks, **The Melodramatic Imagination: Balzac, Henry James and the Mode of Excess** (New Haven & London: Yale UP, 1976).

instituciones que hacen posible la regimentación del funcionamiento de las artes, particularmente cuando son espectáculos públicos. Entre todas esas instituciones, el teatro es la institución que ha estado más expuesta al control estético y político desde el siglo XVI. Sin embargo, el estado no ha podido sostener sus prohibiciones indefinidamente. Se han formado compañías que han creado un circuito alternativo en los **boulevards**. Posteriormente se forman **ateliers** que agregan un circuito más. La excepcionalidad del mercado francés también está en que a París llegan como transeúntes "teatros" de los más variados, desde la **revue négre** hasta Stanislavsky. En París se muestran estos teatros que no se radican.

Francia le ofrece a Vallejo el modelo más acabado del **modus operandi** que critica. La Comédie Française--creada en 1680 por Luis XIV--es un modelo de control impuesto sobre un arte visto con suspicacia. El no se equivoca al hacer de ésta el objeto de sus críticas puesto que la Comédie Française ha surgido como instrumento de control. Como tal llega a ser modelo para otras sociedades de lo que debería ser un teatro nacional. La Comédie Française fue creada para facilitar la regimentación monárquica del teatro. La república no altera esta función. La manera como es organizada y la rigidez de su programa, facilitan la fijación de un canon y la legitimación de ciertas tradiciones teatrales. El estado la protege imponiendo prohibiciones sobre otras compañías que se ven forzadas a operar fuera de París, a no usar el francés y a pagar rentas. Un buen ejemplo de este control es el decreto imperial emitido por Napoleón en 1812 para la "Surveillance, l'Organisation, l'Administration, la Comptabilité, la Police et la Discipline du Théâtre-Français."[19]

Las prerrogativas de la Comédie Française se mantienen hasta que en 1864 se eliminan una serie de prohibiciones que reglamentan los contratos, el repertorio y el derecho a construir y explotar un teatro en París.[20] Se libera a la "industria del espectáculo" de estos gravámenes pero el estado continúa dándole su protección a la Comédie Française, pese a constantes déficits que perduran hasta 1936. Su función

[19] Anne Surgers, **La Comédie-Française. Un théâtre au-dessus de tout soupçon** (Paris: Hachette, 1982) 115-129.

[20] Dominique Leroy, **Histoire des arts du spectacle en France: aspects économiques, politiques et esthétiques de la Renaissance à la Première Guerre mondiale** (Paris: L'Harmattan, 1990), 83-97.

simbólica sobrepasaba cualquier inconveniente. Asimismo, continúa
más o menos inalterable el prestigio social de quienes pertenecen a la
Comédie Française como **sociétaires** o **pensionnaires**. Gozan de
privilegios (e.g. pensiones del estado al jubilarse) y se los tiene como
modelos para la actuación. Vallejo es especialmente sarcástico con la
imagen pública de estos actores.

En "El verano en París" (1925) escribe que "La Comedia
Francesa se ha convertido en un museo pútrido de la retórica del siglo
XVII y de la pedantería andrógina de los Moliére de nuestros días, que
son tan grandilocuentes y tontos como el antiguo" (54). Los
comentarios que hace de actores como Albert Lambert no son mejores.
De la actuación de Lambert dice que "se pone a perorar necedades, con
una voz de gallo, salpicada de disonancias patéticas e iracundas,
amenazando con el brazo, gritando y gesticulando con toda su
humanidad de ahora tres siglos, hasta arrancar al pobre público una
ovación...¡Retórica! ¡Retórica!" En "El secreto de Toledo" (1926),
comenta irónicamente las convenciones que rigen en la Comedia
Francesa, a partir de un acto que se presenta en el Moulin Rouge.
Como el teatro parece ser cuestión de mímica, "El mono de
Mistinguette--escribe Vallejo--puede resultar, con el tiempo, un
eminente miembro de la Comedia Francesa" (106).

Otra manera de criticar este tipo de repertorio y actuación, la
encuentra Vallejo en sus comentarios sobre casos penales. En "El
asesino Barres" (1926), compara la reacción del público en el teatro y
en las audiencias judiciales sabiendo que en ambos se han fijado
convenciones estrictas que deben repetirse. La retórica que se emplea
en los dos es la prueba de un ritual en el que la **eloquentia** y la
pomposidad son destrezas o habilidades igualmente valoradas. En
ninguno de los dos casos el público se comporta como "audiencia."
Pero también hay diferencias: las audiencias se han convertido en un
espectáculo del cual sale el público satisfecho; lo contrario ocurre en
el teatro. En ninguno de los dos se aprende pero al menos las
audiencias juidiciales logran entretener al público. Las audiencias
judiciales son un espectáculo en el que se suceden todos los géneros
teatrales en un sólo juicio; en el teatro se sigue respetando la separación
de los géneros. Finalmente, como espectáculo, una audiencia judicial,
es el más barato de todos, más barato incluso que los café-concert.
Ningún otro espectáculo es gratuito, ni siquiera el cine que entonces

cuesta aproximadamente 5 francos, mientras que el teatro y la ópera, por el contrario, son los espectáculos más caros de la época (111-3).[21] De lo que dice Vallejo podría concluirse equivocadamente que el teatro estaba al borde de la quiebra como empresa. No es así, el teatro es todavía un espectáculo muy lucrativo. Especialmente para dramaturgos por las regalías que éstos reciben cuando sus dramas son puestos en escena. Dominique Leroy estima que durante 1937, 3.5 millones de personas asisten al teatro. Entre 1864-1924, el número de teatros y café-concert aumenta de 26 a 61 y de 34 a 61. El incremento es notable aun si se lo compara al aumento de salas de cine entre 1904-1924: de 3 a 159. El número de asientos disponibles en 67 salas de teatro (55 mil aproximadamente) no disminuye sino después de 1925-1928. En 1923-1924, Leroy nota las siguientes tendencias en París: predominio de la comedia-vaudeville; declive del drama y la ópera; no hay cambios en la opereta y la revista, a pesar del limitado número de establecimientos.[22] La opiniones de Vallejo señalan estas mismas tendencias, pero de estas no se desprende, como se ha dicho, que el teatro fuese un mal negocio.

En "Influencia del Vesubio en Mussolini" (1926), sostiene que la Comedia Francesa y los teatros del **boulevard** están a la espera de innovaciones que sólo ocurren en la revista. Antes, a poco tiempo de llegar a París, había escrito en "El verano en París" (1925) que "Lo único soportable y hasta encantador, si quiere, es el género teatral denominado **revista**, porque no tiene ninguna pretensión trascendental, y solamente busca un efecto decorativo y ligero, de innegable gracia y colorido" (54). Comentando escenas del Music Hall, escribe que "Se trata de pequeños cuadros plásticos, a cuyo servicio se pone los más ingeniosos resortes que la ciencia teatral descubre día a día" para luego concluir en que "no debemos olvidar que los más frescos descubrimientos del arte escénico aparecen antes que en los teatros llamados serios, en los Music-Hall." Afirma también que provocará una "revolución en la escena" (92). Todo lo contrario ocurre con la Comedia Francesa. Lo irónico del caso está, además, en que las

---

[21] En 1930, el precio de una entrada al cine equivale a las más baratas de otros espectáculos. Las más caras son las de los teatros "subvencionados" (de 23 a 61 francos en 1929). Hacia 1929-1930, las entradas para revistas aumentan, dejando a los cafés-concert y cinemas como los más baratos (Leroy 1990: 179-180, 165).

[22] Leroy 1990: 156, 169, 171.

"revistas" son --según lo escribe en "En un circo alemán" (1929)--un
género que califica de "yanqui." En éstas se han hecho famosas Loïe
Fuller, Josephine Baker y Florence Mills. Esto es demasiado para un
teatro que era, de acuerdo con Napoleón, "la gloria de la nación."[23]

En "Una importante encuesta parisien" (1927), le niega a
Francia haber tenido en toda su historia "un gran creador de teatro"
(250). No encuentra nada rescatable en la rivalidad habida entre la
Comedia Francesa y los teatros de **boulevard**. Años más tarde--en
"Ultimas novedades teatrales de París" (1930)--, califica de
"asfixiantes" las producciones de **boulevard** y de anquilosadas las de
la Comedia Francesa (420). Halla desproporcionada la atención
"oficial" que reciben algunos dramaturgos extranjeros en Francia tales
como el mencionado Pirandello y más aún D'Annunzio. En "El verano
en París" (1925), critica a la cultura francesa de parroquial por ignorar
los experimentos teatrales que se realizan particularmente en Rusia y
Alemania (54).

Conforme llegan a París compañías teatrales rusas y alemanas,
abandona esta crítica al parroquialismo francés. Algo que no modifica
es su apreciación del teatro francés como el mejor exponente de un
sistema en decadencia. Lo que comenzó como una crítica a la
"sensibilidad" se convierte posteriormente en una crítica de las
concepciones que proliferan en el teatro francés. Para Vallejo, pese a
que la crisis del teatro es superable, no hay señales de que eso esté
ocurriendo en Francia.[24] El encuentra poco o nada rescatable en ese
teatro que sirve todavía de modelo en América Latina. Quiere probar
que no hay nada moderno en ese teatro que, por tanto, debería ser
abandonado como modelo. Incluso piensa que la buena reputación del
teatro francés es inmerecida.

Vallejo piensa que el teatro francés se caracteriza por la
mediocridad. En "Una importante encuesta parisien" (1927), llega a
dos conclusiones que se complementan: la primera es que la crisis del
teatro se debe a la "decrepitud" del "género literario;" la segunda es
que "En Francia, más que en todos los países, el género teatral se ha
estancado totalmente, por la ausencia de grandes dramaturgos. En

---

[23] En "De Rasputín a Ibsen" (1929), acusa a quienes "transitan" por el arte de haber
introducido elementos de corrupción también en los music-hall.

[24] En "materia de teatro lírico como en comedia--escribe Vallejo en "El verano en
París"--, me parece que se ha llegado a una crisis inneglable" (54).

puridad de verdad--agrega Vallejo--, nunca ha tenido Francia un gran
creador de teatro; pero en los últimos tiempos, el valor intrínseco de
su escena es menos que mediocre" (250). De esta norma no se escapa
Moliére o Racine; mucho menos dramaturgos contemporáneos a él tales
como Paul Raynal, Jean Giraudoux, Sacha Guitry, Tristán Bernard y
Paul Geraldy. Esta misma posición se reitera en "Ultimas novedades
teatrales de París" (1930). Sólo en "El decorado teatral moderno"
(1929) advierte que en la escenografía se nota una concepción teatral
moderna, pero ésta se debe a experimentos que se están realizando no
en Francia sino en Rusia.

Un caso especialmente interesante es el de las compañías
dirigidas por quienes se agruparían en el llamado "Cartel de los
cuatro."[25] Me refiero a Louis Jouvet, Charles Dullin, Gaston Baty y
Georges Pitoëff. La influencia de éstos se extiende al Vieux
Colombier, la Comedia de los Campos Elíseos, el Atelier, la Maison
de l'Oeuvre, el Teatro Pitoëff y el Studio de los Campos Elíseos. Se
podría esperar que Vallejo viese en ellos la excepción de la regla
porque conoce personalmente a algunos y porque encuentra méritos en
sus trabajos; a ellos se deben los cambios que se observan desde 1923
en el "decorado." No obstante, concluye "El decorado teatral
moderno" (1929), con una recomendación inesperada. Sostiene que
para modernizar el teatro y el gusto del público, estos "teatros de
vanguardia" cuentan para eso con "las directivas artísticas
revolucionarias de Moscú, cuya grandeza teatral y posibilidades
creatrices inmediatas no tienen en estos momentos rivales en el
mundo." A lo cual agrega: "Todo esto permite esperar que los teatros
vanguardistas de París lograrán muy en breve renovar en lo posible la
actual escena francesa" (360). No hay nada halagador en esta
insinuación. No es difícil imaginar cómo hubiera reaccionado él si
alguien le hubiese dicho que para renovar su poesía contaba con las
"directivas artísticas revolucionarias de Moscú."

En su revisión del teatro francés, Vallejo incurre en omisiones.
El medio que emplea y el objetivo que se propone lo obliga a ser
selectivo. Para explicar la crisis del teatro, depende de un esquema al

---

[25] De acuerdo con Harold Hobson, le cartel des quatres se forma cuando Baty,
Dullin, Jouvet y Pitoëff son llamados, en 1936, a dirigir Comedia Francesa. Cf. French
Theatre since 1830 (Dallas: Riverrun Press, 1978), 141. Hay quienes dan fechas más
tempranas.

que llega seleccionando información. Debió contar con más datos pero las crónicas no permiten tampoco un gran despliegue. La variedad de tópicos tampoco ayuda porque las crónicas no se especializan como las de Miguel Angel Asturias, concentradas en la etnografía de Guatemala, o las de Alejo Carpentier, en la música. En las de Vallejo es difícil precisar cuál sería el área de mayor interés. De haberla, el teatro o los espectáculos serían una buena posibilidad aunque no la única.

En las crónicas se observa la ruta que sigue Vallejo en sus reseñas teatrales. No demora en descubrir la importancia que tiene lo teatral en el teatro, pero este asunto no está presente desde un primer momento.   Debido a su formación, comienza dándole especial importancia a elementos más vinculados a la escritura de dramas. Critica en los dramas, aspectos o recursos literarios que no usaría en su poesía.   Un ejemplo de esto es el empleo de símbolos.   Vallejo luego le presta mayor atención a elementos teatrales.   Analiza la actuación aunque sin profundizar demasiado; reacciona críticamente frente a métodos declamatorios o naturalistas.   Lo opuesto ocurre con el "decorado" porque su atención por este asunto es constante.   El interés por la escenografía no es casual.   Desde que ésta se convirtió en una especialidad, cuando el "decorado" dejó de ser una ocupación secundaria de pintores, la escenografía adquiere cada vez más importancia.   El teatro europeo es propicio para este tipo de discusión porque si bien hay quienes mantienen el **statu quo**, también hay quienes buscan nuevas maneras de concebir la escenografía, rescatando, a veces, tradiciones teatrales ajenas a Europa.

Vallejo también observa en Europa que ciertos cambios políticos crean posibilidades diferentes para los teatros "nacionales." No todas las instituciones (políticas) se comportan de la misma manera. La revolución rusa, por ejemplo, ha terminado con el sistema impuesto por Nicolás I, quien había creado a principios del XIX teatros imperiales siguiendo el modelo de Francia.   Según este modelo, el emperador custodia estos teatros mediante su "director de repertorio." Este vigila la producción, por ejemplo, del Bolshoi (para óperas y ballet), el Maly (drama) y el Mikhailovsky (dramas extranjeros). El teatro es un monopolio del estado que decide contratos, producciones y ensayos, y que supervisa la conducta de los actores. Sólo a partir de la formación del Teatro Arte de Moscú en 1898 (fundado por Konstantin Stanislavsky y Vladimir Nemirovich-Danchenko), ese sistema comienza a ser desafiado. El Teatro Arte de Moscú es el primero en instalarse como una institución independiente alternativa, fuera del aparato y de los métodos auspiciados por el emperador, fuera de la burocracia.

Frente al gusto imperial por el romanticismo y el melodrama, el Teatro Arte de Moscú (MKAT) opta por convenciones realistas. Algunas de las reformas que introduce son las siguientes: simplifica la retórica y los movimientos de los actores (no hay posturas declamatorias, los actores pueden darle la espalda al público); no emplean objetos simulados en la escenografía (se abandonan los paisajes y ambientes pintados); buscan darle autenticidad a las emociones; usan sonidos naturales y se emplea el silencio. Los mayores cambios se producen en la actuación y la escenografía. En relación a la actuación, Stanislavsky crea un método para entrenar el cuerpo y la voz del actor. Les enseña técnicas para caracterizar a los personajes en base a observar la realidad y hacer uso de su "memoria de emociones." Los actores debían estudiar concienzudamente el guión tomando en cuenta circunstancias y encontrando la línea que le daría sentido a todo. En cuanto a las jerarquías, debían subordinar su ego a las demandas del régisseur y del dramaturgo.

Después de la revolución, el gobierno soviético hace del teatro una actividad al alcance del pueblo. Le sirve como vehículo de propaganda. Se crea un departamento de teatro adscrito al comisariado de educación que jefatura Anatoly Lunacharsky de 1917 a 1929. Lunacharsky, quien es también dramaturgo, tiene una posición favorable frente a experimentos como los de la Proletkult (Organización Educacional para la Cultura Proletaria)--a la cual se encuentra ligado--e incluso de constructivistas como Meyerhold, pero a diferencia de éstos o de algunos de sus integrantes (por ejemplo, de Kirillov), él defiende la continuidad en la tradición cultural, un mejor trato de los llamados "compañeros de viaje" y la aceptación de tendencias diferentes. Pese a que es de la opinión que debe fomentarse un arte y una literatura "proletarios," piensa que esto no podrá suceder sobre la base de negar tradiciones teatrales ya existentes. A eso se debe que Lunacharsky apoye, por ejemplo, los teatros que habían sido subsidiados por el emperador, que después de la revolución son llamados "académicos."[26]

En 1920, Lunacharsky nombra secretario del departamento de teatro a Meyerhold quien promueve oficialmente un tipo de teatro que llama "octubre." Este "teatro octubre" tiene las siguientes características: (1) el director asume el rol más preponderante; (2) se prefieren adaptaciones o improvisaciones a dramas ya escritos que, de ser usados, son tomados como materia prima; (3) se borran los límites entre el teatro y la sala, los actores y el público; (4) en lugar de diálogos dramáticos se prefiere la pantomima, la danza, la música, la acrobacia, es decir, todo cuanto puede ser asociado técnicamente con el circo; y (5) se rechaza completamente el realismo en la escenografía. Poco tiempo después de asumir el cargo, Meyerhold se ve obligado a abandonarlo por discrepancias con Lunacharsky y otros miembros del Partido Comunista que, como Trotsky, van a calificar de elitistas, experimentos como los mencionados.

Pese a los conflictos entre Lunacharsky y sectores de la Proletkult o los promotores del "teatro octubre," éstos continúan teniendo apoyo institucional, debido a la política cultural que favorece Lunacharsky. Tanto la Proletkult como intelectuales asociados a Meyerhold (Tairov, Vakhtangov), van a tener mucho poder e iniciativa durante los primeros años de la revolución. Pese a las diferencias que hay entre los experimentos de los constructivistas y la "factografía" que fomentan Eisenstein, Vertov o Maiakovsky, ambas tendencias van a cuestionar los métodos y las concepciones, por ejemplo, del Teatro Arte de Moscú. Por lo menos hasta 1925 se asocia al MKAT con el teatro anterior a la revolución, pese al rol que éste había desempeñado en la oposición a los teatros imperiales. Las concepciones de Meyerhold, en lo tocante a la actuación y al decorado, adquieren

---

[26] La información respecto al teatro ruso la he sacado de fuentes diferentes. Algunos datos provienen de Wolfgang Kasack **Dictionary of Russian Literature since 1917** (New York: Columbia UP, 1988); Victor Terras, ed., **Handbook of Russian Literature** (New Haven y London: Yale UP, 1985); Konstantin Rudnitsky, **Meyerhold the Director** (Ann Arbor: Ardis, 1981); Robert Leach, **Vsevolod Meyerhold** (Cambridge: Cambridge UP, 1989); Charles A. Moser, ed., **The Cambridge History of Russian Literature** (Cambridge: Cambridge UP, 1989); y Norris Houghton, **Moscow Rehearsals: An Account of Methods of Production in the Soviet Theatre** (New York: Harcourt, Brace and Co., 1936).

mucha popularidad.[27] Sin embargo, durante el primer plan quinquenal (1927-1932)--que coincide con los viajes de Vallejo a Rusia--, la Proletkult, a la que está vinculado Eisenstein y el Teatro de la Revolución, al que está asociado Meyerhold, están perdiendo la influencia que solían tener.

En 1923, Lunacharsky hace un llamado que lo separa todavía más del Proletkult y del "teatro octubre." Plantea la vuelta a Alexander Ostrovsky (1823-86), un dramaturgo a quien se acreditaba como el iniciador del teatro ruso, y a un repertorio que era visto como "clásico." La Proletkult abogaba, en cambio, por un repertorio totalmente "proletario" y por el desmantelamiento de los teatros "académicos" (Bolshoi, Alexandrinsky, Maly). En 1925, el Comité Central del Partido Comunista los critica por reclamar "hegemonía proletaria" y por su intolerancia hacia los "compañeros de viaje." Lenin mismo los había criticado en 1920 por quererse mantener organizados autónomamente. Como consecuencia de este giro que le es adverso, en 1928 la Proletkult tendrá que cambiar de nombre por el de Asociación Pan-Rusa de Escritores Proletarios (RAPP). Finalmente, en 1932 se los obligará a disolverse.

Vallejo llega a Rusia cuando Lunacharsky está a punto de abandonar el comisariado de educación y cuando posiciones como las asumidas por la Proletkult son intensamente criticadas. Lo mismo ocurre con los experimentos de Meyerhold, a pesar de que muchas de las convenciones planteadas para el "teatro octubre" se han hecho standard. Entre 1928 y 1932, estas tendencias pierden el poco poder que les queda. Por el contrario, durante los mismos años hay una revaloración de las concepciones y métodos de Stanislavsky. A su vez, los teatros "académicos" recuperan el prestigio que habían solido tener. Este período coincide también con una política cultural en la que el estado soviético promueve a quienes Norris Houghton llama "propagandistas," debido al énfasis que ponen en narrar lo que hay de nuevo en Rusia, en la construcción del socialismo. La "estética del

---

[27] Meyerhold plantea un modelo con tres componentes: (1) el "constructivista" en la construcción de la escenografía para acabar con el empleo de "cuadros" y cortinas; (2) la "biomecánica" en la actuación, para que el actor transforme racionalmente la espiritualidad en expresiones físicas; y (3) la "sociomecánica" que infunde en el público actitudes sociales apropiadas.

trabajo," en la cual hay una fascinación por la industria y por la heroicidad del trabajador, forma parte de esta campaña.

Las crónicas que escribe muestran un conocimiento parcial de esta historia. Vallejo menciona poco de la historia del teatro ruso anterior a la revolución. Omite nombres que en la época son importantes. Salvo en una nota a pie de página que aparece en **Rusia en 1931**, pero no en "El Nuevo Teatro ruso," nombra teatros pero no a los régisseurs vinculados a los mismos. Nombra al Teatro Stanislavsky pero no a Stanislavsky; al Teatro Kamerny pero no a Tairov; al Teatro Experimental; al Teatro de la Juventud; y al Teatro Meyerhold pero no a Meyerhold. No nombra al Teatro Habima o a Vakhtangov, ni al Teatro Realista, dirigido por Oklopkov, ni al Teatro Maly.[28] Nombra a quienes ahora son ilustres desconocidos y que aun en la época se desvanecen (e.g. Granovsky). Pese a que se entrevista con Meyerhold--según lo ha dicho Georgette Vallejo--sólo documenta en sus crónicas su encuentro con Maiakovsky, quien para Vallejo es deslucido poeta y dramaturgo. Meyerhold es quien pone en escena casi todos los dramas que escribe Maiakovsky.

Pese a que sólo le interesan "las grandes líneas generales y representativas del fenómeno ruso," Vallejo halla en el teatro ruso renovaciones en dos áreas que para él son fundamentales: el "decorado" y las instituciones. Sin embargo, en su visión del teatro ruso hay que diferenciar su comparación entre el teatro francés y el ruso, de la manera como observa la evolución del teatro ruso. La primera es inequívoca y constante. El está convencido de que Francia ofrece todas las señales que tipifican la crisis por la que atraviesa el teatro. Por el contrario, en el teatro ruso identifica las señales que hacen posible la superación de esa crisis. Llega al convencimiento de que la renovación del teatro no proviene ni siquiera del music-hall, como ocurre en Francia, sino del teatro ruso.

En Rusia se ha creado un nuevo orden, al dársele un apoyo más limitado a los teatros que habían sido subvencionados por el emperador y mucho mayor apoyo a compañías experimentales de

---

[28] Vallejo 1965: 126, nota 1. Vallejo califica de "revolucionarios" a los teatros Stanislavsky, Experimental, Kamerny, Juventud y Meyerhold. El Teatro de la Juventud que menciona debió ser uno de los Teatros de la Juventud Obrera (TRAM). La nota termina con una disculpa aceptable: "No entra dentro del carácter de este libro un ensayo detenido sobre el teatro soviético."

formación reciente. En Francia, el gobierno subvenciona a un número muy limitado de compañías (Opéra et Théâtre Italien, Odéon, Comédie-Française, Opéra-Comique). En Rusia, el gobierno subvenciona a todas, incluso a compañías no vistas como "revolucionarias." No clausura ninguna. En otras palabras, mientras que en Rusia el gobierno soviético apoya toda suerte de experimentos que Vallejo encuentra promisorios e interesantes, el estado francés sólo subvenciona un sistema teatral que él considera caduco.[29]

Vallejo favorece en sus crónicas los cambios políticos que afectan el desempeño de las instituciones teatrales. Igualmente, favorece sistemas que se apartan de los del Teatro Arte de Moscú. Pero en este favoritismo hay una evolución que es compleja. Inicialmente, Vallejo cree encontrar la solución para la crisis del teatro en métodos y concepciones vinculadas al "teatro octubre". Posteriormente, se distancia de éste. La crítica póstuma que hace de Maiakovsky, muerto en 1930, puede entenderse también como una velada crítica de Meyerhold tras el fracaso de la puesta en escena de **La Chinche** (1929) y **El baño** (1930). Esta evolución se observa muy bien al compararse "El año teatral en Europa" (1928) y "El nuevo teatro ruso" (1931). Estas crónicas permiten el reconocimiento de ciertas etapas en la manera como Vallejo aprecia el teatro ruso.

"El año teatral en Europa" es la primera reseña que escribe de una compañía rusa en gira por Francia. No hay ninguna anterior salvo "El verano en París" (1925), donde se quejaba de cómo se desconoce el teatro ruso en París. ¿Llega Vallejo a la conclusión de que "todo el porvenir del teatro vendrá de Moscú" basado en el repertorio de una sola compañía? Vallejo pierde, como dije anteriormente, muchas de estas visitas, algunas de las cuales se realizan antes o poco después de llegar a Francia, de tal manera que todo parece indicar que la temporada del Teatro Estatal Judío de Moscú (MGOCET)--que comenta en "El año teatral en Europa" (1928)--es la primera oportunidad que tiene él de observar el teatro ruso. Los efectos duraderos que la misma

---

[29] "Ultimas novedades teatrales de París" (1930) y "El nuevo teatro ruso" (1931), ilustran lo contrapuesta que es su visión de ambos teatros pese a las semejanzas, por lo menos en lo toca al "naturalismo" de los dramas que comenta.

le produce se aprecian incluso en "El decorado teatral moderno" (1929).[30]

Lo que antes había sido una mera curiosidad (me refiero a su deseo de conocer el teatro ruso), se convierte a partir de 1928 en una pieza clave para su lectura del teatro europeo porque le resuelve problemas fundamentales en la relación entre drama y teatro. Esto se nota en el breve lapso que va de "El año teatral en Europa" (escrito en agosto de 1928) a "El decorado teatral moderno" (escrito entre abril y mayo de 1929). Para Vallejo, como se observa en esta última crónica, el "decorado" se ha convertido en un "aspecto fundamental" al que se le debe prestar toda la atención necesaria. Sin esta mediación, el texto no consigue la mejor exposición posible y se pierde la autenticidad en la "emoción escénica" que se espera provocar. A estas conclusiones llega, como se ha dicho, tras las temporada teatral que dirige Granovsky, quizás porque, como él mismo lo admite, basta ver una puesta en escena para darse cuenta "del sentido y alcance de un movimiento o de un movimiento teatral cualquiera."

Cuando escribe "El nuevo teatro ruso" (1931), ha estado en Rusia tres veces y ha visitado ciudades como Moscú y San Petersburgo, en las que residen algunas compañías teatrales conocidas en París y otras completamente desconocidas. En esta crónica, ofrece su segunda reseña de una puesta en escena rusa, a tres años de "El año teatral en Europa" (1928). Durante el tiempo que ha transcurrido (agosto 1928-junio 1931), se han producido cambios importantes en la política cultural de Rusia que en 1931--año en el que realiza su tercer viaje--son evidentes. Vallejo encuentra un medio ambiente en el que se critica a "escuelas" como la de Meyerhold y organizaciones como la Proletkult. Meyerhold acaba de tener dos fracasos recientes que serán aún más dramáticos por el suicidio de Mayakovsky. Hay una revalorización, como dije, del realismo y el método Stanislavsky. A pesar de este cuadro, todavía piensa en 1931 que el teatro ruso ofrece soluciones a la crisis. No es parte del problema, como sí lo sostendrá en **Notes sur une novelle esthétique théâtrale.**

---

[30] 1987a: 359-60. En esta crónica Vallejo califica al "decorado" de "aspecto fundamental del teatro." La temporada teatral rusa que "acaba de ver" se lo comprueba. Más adelante dice que "Mientras más arte y atención se pone, pues, en organizar todos estos detalles y recursos plásticos de una representación [gestos, vestuario, escenografía], mejor logrado será el texto de la obra, más grande, auténtica y redonda la emoción escénica" (360).

En "El nuevo teatro ruso," Vallejo escribe nuevamente sobre el "decorado." Se pone en escena un drama titulado **El brillo de los rieles**, con personajes y ambientes (populares) que antes sólo hubieran tenido cabida en comedias. El decorado es "realista" pero, a diferencia del teatro europeo del XIX, las "residencias burguesas" han sido desplazadas por el "aparato de la producción." La actuación se compone de movimientos "grandes y angulosos." El diálogo "errátil y geométrico". Le "fascina" y "entusiasma" esa "sinfonía de voces ininteligibles mezcladas a los estallidos de las máquinas." También le sorprende gratamente la emoción que provoca sobre los espectadores. Lo atrapa esa "fábula materialista" que podría haber sido concebida o dirigida por Nikolai Okhlopkov.[31] También señala hitos en la historia del teatro con la finalidad de explicar esta "fábula materialista y viviente del proletariado." En la historia del teatro representaría una etapa última que ha sucedido a "los dioses de la tragedia griega," "la hagiografía del drama medioeval," la "mítica nibelunga del teatro wagneriano" y la "simbología de la escena burguesa" (432).[32]

No obstante, la descripción que hace del tema de **El brillo de los rieles** ("en torno a la conciencia revolucionaria del obrero bolchevique"), así como del "centro dramático de la acción" (el obrero que sacrifica a su familia por la revolución), señalan lo próximo que se encuentra esta "fábula materialista" del melodrama. La racionalización que hay detrás de este gusto por dilemas morales es la siguiente: las "exigencias provisorias" de la revolución han creado situaciones terribles. Vallejo no observa que **El brillo de los rieles** también prueba que la producción de melodramas es una de esas "exigencias provisorias" porque para él, éste tiene más de tragedia social contemporánea que de melodrama. Se sujeta "al mismo realismo y al mismo determinismo del conflicto," acorde con la tragedia que está recreando (124). Los agentes que emplea ("de origen proletario") son

---

[31] Al igual que Meyerhold y Vakhtangov, Nikolai Okhlopkov (1900-1966), se forma dentro del MKAT pero se separa del mismo en 1927. En 1932 es nombrado director del Teatro Realista. Elimina la plataforma central usando, en su lugar, cualquier espacio dentro del teatro. El sonido proviene de toda dirección posible. Sus producciones son "cinemáticas" por el corte rápido que había entre las escenas. Busca la unidad emocional entre actores y espectadores a partir de temas coyunturales conflictivos.

[32] Víctor Fuentes analiza la reseña de Vallejo de **El brillo de los rieles** y la "dimensión mítica" de **Lock-out** en un ensayo publicado por **Cuadernos Hispanoamericanos** (véase bibliografía).

propios también de una concepción que ha hecho del trabajo una
estética (116-126).

El dramaturgo de **El brillo de los rieles** era Mikháylovich
Vladímir Kirshón (1902-1938). Vallejo, que escribe el apellido de
maneras diferentes, no proporciona información sobre él ni sobre la
puesta en escena más allá de lo que he comentado. En la crónica ni
siquiera da su nombre. También falta información relativa al lugar
donde se presenta **El brillo de los rieles**. El lector de la crónica pierde
así la discusión en la que esta reseña se inserta en **Rusia en 1931**.[33]
De leerse el capítulo IX de ese libro, el lector se entera de que Vallejo
vio esta puesta en escena en 1928 ó 1929, durante sus dos primeros
viajes a Rusia, en el Teatro de la Unión Profesional de Moscú (o
Teatro de los Sindicatos, según lo llama Norris Houghton en **Moscow
Rehearsals**).[34] En **Rusia en 1931**, Vallejo identifica al dramaturgo,
dice que Kirshón es un "obrero metalúrgico" que ha escrito
anteriormente **La herrumbre (Konstantin Terekhin**, 1926), un "éxito
resonante" en Berlín, París y Londres (116).[35]

En "El nuevo teatro ruso," mantiene una cierta ambigüedad en
cuanto al lugar donde el drama es puesto en escena. El lector podría
pensar que se trata de una compañía teatral rusa en gira por París,
especialmente cuando sostiene que no se presenta en el lugar apropiado.
Podría pensarse que Vallejo no diría eso de un sindicato. Algo de
"impropio" podría haber también en la composición del público. Pero
lo inapropiado alude, en realidad, a concepciones que no pueden
todavía materializarse. Hay rezagos materiales de los que aún no
pueden deshacerse los productores. Hasta no tener el lugar apropiado,
se ven obligados a usar convenciones que conceptualmente ya han
abandonado, tales como el telón.

La ausencia de referencias concretas facilita la lectura de **El
brillo de los rieles** como ejemplo de "líneas generales" y
"representativas." Vallejo no procura reseñar **una** puesta en escena,

---

[33] "El nuevo teatro ruso" fue escrito en junio y publicado en julio, en Buenos Aires.
Rusia en 1931, es un texto publicado en en Madrid en 1931. Las páginas de **Rusia en
1931** que corresponden a "El nuevo teatro ruso" son 124-130.

[34] Op.cit., 218. Según Houghton, este teatro es fundado hacia 1925 con el propósito
de producir sólo dramas soviéticos para un público trabajador. Los dramaturgos que
Houghton menciona, además de Kirshon, son Bill-Byelotserkovsky y Finn.

[35] Primer drama escrito por Kirshón, en colaboración con Andrei Upensky. Pese a
haber sido un "exito resonante" en París, Vallejo no lo reseñó.

entre otras, sino hacer un perfil de **todo** el teatro ruso.   Esto no ocurre
en la versión de **Rusia en 1931** donde el evento se convierte en un
cuadro que permite describir las nuevas costumbres.   Explica, por
ejemplo, las disposiciones que regulan la distribución de las entradas
y la rotación de las butacas, dado que todavía no se han construido
teatros "estrictamente soviéticos" (119).   Identifica la composición
social de los espectadores agrupándolos en dos sectores: por un lado,
obreros, y por el otro, **nepmans**, diplomáticos y "concesionarios" de
empresas extranjeras (117).

Si bien Vallejo no reseña muchas puestas en escena rusas--son
apenas dos--no puede verse en estos comentarios algo casual.   Esto se
explica especialmente en el caso de "El nuevo teatro ruso."   En ambas
versiones--me refiero a la crónica y a la sección correspondiente de
Rusia en 1931--la elección de **El brillo de los rieles** es la más
conveniente.   Este drama mejor que cualquier otro destaca lo que
diferencia al teatro ruso del francés.   En el teatro ruso todo es todavía
inapropiado: los edificios no responden a las necesidades de las nuevas
concepciones teatrales; el público apenas tolera el transtorno del
decorum en la distribución de los asientos y en el comportamiento que
se espera del espectador (éste responde con consignas en lugar de
aplausos).   En el Teatro de los Sindicatos, Vallejo encuentra la mejor
ilustración de los cambios que están ocurriendo.   Poco importa que
todavía se use el telón.   Los demás teatros no habrían ofrecido la
misma distinción.   Con los teatros que habían sido "imperiales," con
los "académicos" o con los experimentales, el lector habría encontrado
variables de lo que le era familiar.

En la lectura que realiza en "El año teatral en Europa" y "El
nuevo teatro ruso," se han procesado otros cambios que deben
explicarse.   Hay un contraste notable entre la puesta en escena del
MGOCET a la que asiste en París, y la del Teatro de los Sindicatos,
a la que asiste en Moscú.   El MGOCET experimenta con adaptaciones
de dramas judíos escritos por Sholom, Aleikhem, Abraham Goldfaden
y Karl Gutzkov, mientras que el Teatro de los Sindicatos pone en
escena "fábulas materialistas" escritas por proletarios como el
mencionado Kirshón.   El idioma que emplean es diferente: yiddish en
el MGOCET y ruso en el Teatro de los Sindicatos.   Todavía más
importante es la diferencia en la actuación y la escenografía.   Las
puestas en escena del MGOCET, especialmente después de 1923,
responden marcadamente a las concepciones de Meyerhold; las del

Teatro de los Sindicatos han creado un sistema alternativo a
Stanislavsky y Meyerhold, y están más próximas a las del Teatro
Realista.

El tipo de teatro que comenta en "El nuevo teatro ruso," es
aquél empeñado en la construcción de "fábulas materialistas." Es un
tipo de teatro que responde al llamado de Lunacharsky para que se
vuelva a Ostrovsky, un dramaturgo asociado al repertorio del Teatro
Maly. Sin embargo, el teatro ruso que ve en gira por París, antes de
su primer viaje a Rusia, es otro, como se aprecia en "El año teatral en
Europa" (1928). Según Vallejo, la escenografía usada por Granovsky
participaba del "movimiento plástico del music-hall y del circo. La
acción teatral no se produce tanto por medio de diálogos ni
declamaciones coreográficas" (303). Luego agrega: "Los trapecios se
mueven según las peripecias internas del dolor de un amante; los
grupos y las altitudes se hacen y se deshacen, cambian de dirección
colectiva o de velocidad individual según la palabra que no dice una
bruja o según el canto que olvida un mercader" (303-04). Es un tipo
de teatro que "funde en la escena los recursos elípticos del music-hall,
del circo, de la danza y del cinema conjugados" (304). Lo opuesto
ocurre en **El brillo de los rieles.** En 1931, encuentra su propia
compensación o alternativa en la "fonética" de un idioma que ignora y
en las "fábulas materialistas" (432).

Cuando escribe "El nuevo teatro ruso," Granovsky reside en
París. El MGOCET, que se había adaptado muy bien a las directivas
de Lunacharsky, al producir dramas que fomentaban la cultura de una
nacionalidad oprimida por los zares, pasa una etapa difícil cuando no
se adapta al cambio político promovido oficialmente después de 1928.
Serán criticados por mantener un repertorio que no enfatiza la
construcción del socialismo. Este conflicto se agudiza aún más cuando
Granovsky no regresa de la gira de 1928.[36] Por otro lado, Okhlopkov
gana la influencia que Meyerhold pierde. Cuando Vallejo asiste a la
puesta en escena de **El brillo de los rieles,** la correlación de fuerzas ha
cambiado, se impone el repertorio "clásico" o las "fábulas
materialistas," vistas estas últimas como los experimentos de la
"doctrina general" del realismo "heroico." A esta concepción responde
El brillo de los rieles.

---

[36] Véase K. Rudnitsky, **Meyerhold the Director** (Ann Arbor: Ardis, 1981), 440; y
P. Leach, **Vsevolod Meyerhold** (Cambride & New York: Cambridge UP, 1989), 24.

Hay algo de ironía en la elección de Granovsky y Kirshón como modelos, por la suerte adversa que tuvieron ambos. Tras la mencionada gira de 1927, Granovsky se radica en París. Por otro lado, Granovsky y Kirshón están asociados a dos de las tendencias (la de la Proletkult y la de Meyerhold) criticadas por los escritores soviéticos con los que se reúne en San Petersburgo.[37] Kirshon está entre quienes han escrito el programa que la Proletkult formula en 1928. Vallejo no advierte estos hechos, le resta importancia o decide ignorarlos. Algo igualmente paradójico es que la puesta en escena del drama de Kirshón lo lleva a elogiar métodos (Stanislavsky) y convenciones que anteriormente ha desaprobado (verosimilitud, profundidad psicológica, drama moral) o de los que se ha distanciado (Meyerhold).[38]

Uno de los elementos distintivos de "El nuevo teatro ruso" así como de otras crónicas escritas en 1931, es la defensa que hace del realismo. Particularme en su encuentro con los "escritores soviéticos," Vallejo no tiene reparos en admirar convenciones realistas cuando éstas no son las conocidas. No obstante, en la crónica no racionaliza su nuevo gusto. Sólo en **Rusia en 1931** sostiene que "la literatura soviética participa, en cierta medida, del antiguo realismo y del antiguo naturalismo...los excede en sus bases históricas y en sus secuencias creadoras" porque son "un trance viviente y entrañable de la vida cotidiana" (91). Esta explicación da a entender que Vallejo ha aprendido, finalmente, a diferenciar un teatro como el de Okhlopkov (al que no nombra), del realismo o el drama burgués en Francia. Pero esta defensa es inhallable en la crónica, a la que él le da un final diferente: "Preguntas mías hay que no obtienen respuestas formales y concretas. Otras no logro precisar y muchas, en fin, se pierden entre anécdotas risueñas, digresiones espirituales y humaredas de cigarrillos" (419). En **El arte y la revolución** sucede algo parecido. Escribe la siguiente nota a pie de página: "añadir al final, una especie de crítica

[37] Cf. Vallejo 1987a: 412-414, "Un reportaje en Rusia. VI: Vladimiro Maiakovsky," y 416-419, "Una reunión de escritores soviéticos;" **Rusia en 1931**, 85-91. Publicadas como crónicas, respectivamente, en **Bolívar** (Madrid) y **El Comercio** (Lima), y en **El Comercio** (Lima) y **Nosotros** (Buenos Aires). La versión de ambas en **Rusia en 1931** parece ser posterior.

[38] Un dato que Vallejo parece desconocer es la recepción de los dramas de Kirshón. A diferencia de **La herrumbre**, la recepción de **El brillo de los rieles** fue adversa debido, en parte, a la vinculación de Kirshón con la RAPP.

de lo que dicen esos escritores. Corregir las enseñanzas y ejemplos, los defectos o lagunas, de lo que dicen y hacen estos escritores" (117). En **Rusia en 1931**, sigue pacientemente el **tour** literario que le dan esos escritores. Obvia cualquier desacuerdo. No está en condiciones de hacer explícita su oposición a las concepciones de estos escritores que tienen como maestro a Sergéy Adámovich Kolbásyev. Mantiene en el texto central sólo aquello que subraya los acuerdos. Un tal Vigodsky guía a Vallejo por el "laberinto" de la literatura soviética. Para estos "jóvenes" escritores, Sadofieff es el más destacado "poeta proletario." Se oponen: a la metafísica, la psicología y el surrealismo; a Bergson y Freud; y a las escuelas (futurismo, constructivismo). Afiliados sólo al FUDER (Frente Unico de Escritores Revolucionarios), asumen como doctrina el "realismo heroico" y la estética del trabajo. Se oponen al bohemio y al escritor de bufete o levita.

En **Rusia ante el segundo plan quinquenal**--texto que Vallejo termina a fines de 1931 o comienzos de 1932 pero que queda inédito-- Kirshón reaparece como parte de una "velada revolucionaria" en el club obrero en la que se presenta una escena de **Cinco millones de San Antonios** (87). Esta vez, Kirshón no le merece ningún comentario especial. Vallejo prefiere elogiar la sencillez con la que un grupo de obreros discute "los más arduos problemas sociales" (95). Un tal Kirshen/Kirchon todavía aparece en "Duelo entre dos literaturas" (1931) y **El arte y la revolución**, para ejemplificar la diversa extracción de quienes están creando una literatura proletaria.[39]

En todas las crónicas que escribe entre 1928-1931, encuentra múltiples evidencias de que el teatro no está desprovisto de "elementos de evolución," como lo pensó un año antes, al escribir "Una importante encuesta parisien" (1927). Vallejo encuentra prueba de esto en tendencias tan opuestas como las de Granovsky y Kirshón. Para probarlo incluso varía su posición frente al realismo; hay un tipo de realismo que a él no le parece anticuado. Pero también hacia 1931 surge la idea de que Granovsky no es tan importante como le pareció en 1928. No obstante, en 1931 sigue pensando, como tres años antes, que "todo el porvenir del teatro vendrá de Moscú." En 1931 ese porvenir no viene de Granovsky (Meyerhold), sino de Okhlopkov y Kirshón, a quienes no logra identificar en el debate que culmina en 1932. El problema que surge después, en **Notes** y en los "carnets" de

---

[39] Ver 1987a: 435; 1973b: 98.

Contra el secreto profesional, es que de esa "estética del trabajo" sólo pueden salir dramas "bolcheviques."[40]

2

En "Salón de otoño" (1924) propone realizar en una fecha todavía indeterminada la tarea de explicar en "pocas pizarras" su "obra poética en castellano" (17). Posteriormente parece desestimar esta posibilidad en "Un gran libro de Clemenceau" (1925), donde escribe que nunca le ha gustado discutirse ni explicarse. La lectura de sus crónicas y cartas demuestra que este disgusto es una verdad a medias, como también lo es el cuidado que pone para no ser reconocido como crítico. En sus llamados "libros de pensamientos"--**Contra el secreto profesional** y **El arte y la revolución**--, Vallejo discute y explica su trabajo artístico sin limitarse a su "obra poética." Explica y discute poéticas diversas que circulan en el mercado o intentan subvertir su funcionamiento.

En el estudio de **Contra el secreto profesional** y **El arte y la revolución** es necesario discutir cinco problemas que están vinculados entre sí por el **tempo** y la manera como estos textos fueron compuestos. Esos problemas son: (1) la fuente de estos "pensamientos"; (2) los cambios estilísticos que introduce en éstos; (3) la demarcación que hay entre los dos; (4) las modificaciones que proyecta realizar en ambos; y (5) la cronología de estos dos libros. Todos estos problemas afectan la escritura de **Notes.** Una buena manera de entender el significado que tiene **Notes** consiste en examinar, previamente, las diferencias que hay entre **Contra el secreto profesional** y **El arte y la revolución** en el contexto de lo que ha escrito anteriormente en sus crónicas. La escritura de estos "libros de pensamientos" se ha hecho en medio de una encrucijada que tiene a un extremo las crónicas y al otro los "carnets." **Notes** representa la resolución de esa encrucijada.

Cuando en 1973 se publican por vez primera **Contra el secreto profesional** y **El arte y la revolución,** Georgette Vallejo los llama "libros de pensamientos." Al corpus central de estos textos se

---

[40] De aquí en adelante me voy a referir a **Notes sur une nouvelle esthétique théâtrale** con el título abreviado de **Notes** y a **Temas y notas teatrales** como **Temas.**

les agrega "carnets" como parte de la edición.[41] Hay dos series de
"carnets," una publicada en Contra el secreto profesional y la otra en
El arte y la revolución. Cada una de estas series toca los años 1929,
1929 (20 de setiembre)-1930, 1932, 1934, y 1936-37-¿38?. No hay
libretas para 1931, 1933, 1935.[42] La decisión de que estos "carnets"
acompañasen el corpus de Contra el secreto profesional y El arte y
la revolución fue tomada por los editores de estos libros. Pese a las
notas introductorias de Georgette Vallejo, la decisión no fue explicada
suficientemente. La decisión parece respaldada por una de las
correcciones que Vallejo piensa realizar en El arte y la revolución.
Planea "añadir los temas del cuaderno verde." Este cuaderno es el
"carnet" de 1929-1930 de la serie que acompaña a El arte y la
revolución.[43] Su inclusión responde, por tanto, a una comprensible
decisión editorial que, no obstante, se presta a equívocos. Por eso es
necesario subrayar que ambas series son contemporáneas, pero
independientes entre sí y de Contra el secreto profesional y El arte
y la revolución.

Estas libretas son una suerte de adversaria scripta que reúne
notas escritas por Vallejo a lo largo de casi una década. Son una suerte
de archivo al que recurre Vallejo para revisar la composición de sus
"libros de pensamientos." No son comentarios al corpus de los dos
libros ya mencionados. De haberlo sido, habrían creado una suerte de
antítesis, una impresión que se corrobora cuando se comparan los
"libros de pensamientos" con Notas para una nueva estética teatral.
Cuando se publican póstumamente estos textos, se establece una
separación entre las libretas y el corpus de los libros. Dicha separación
es menos clara en Contra el secreto profesional porque sólo en El
arte y la revolución las libretas son incluidas como apéndices. Además
de ser ésta una indicación inequívoca, el corpus central de El arte y la
revolución va precedido de una página firmada por el mismo Vallejo
que es clave porque esa nota hace evidente que ninguna de estas

---

[41] Georgette Vallejo los llama "carnets," en su acepción de "petit livre de notes," que
equivale a libreta o cuaderno. Vallejo también usa esta palabra.

[42] El arte y la revolución también incluye un documento titulado "Apuntes para un
estudio" que no está fechado, en el que hay una sección, la XXVI, en la que tiene
anotaciones breves sobre una ópera cómica de Cocteau y Milhaud, las relaciones entre
cinema y teatro, el mimodrama, el melodrama, el teatro del gesto y el teatro del silencio.

[43] Pese a ser el único "cuaderno verde," hay una cierta unidad temática entre los
"carnets" de esta serie.

versiones fue definitiva.[44] Esa página, que precede el corpus de **El arte y la revolución**, indica los cambios que habrían hecho posible una versión definitiva de ambos "libros de pensamientos." En esa página, él plantea modificaciones que habrían de alterar la versión que se pensaba final de **Contra el secreto profesional** y **El arte y la revolución**.[45] Vallejo plantea una serie de posibles cambios o extensiones a **El arte y la revolución** que no logra realizar. Para darle mayor unidad al libro quiere "suprimir" todo cuanto no se relaciona con la revolución. El excedente pasaría a **Contra el secreto profesional**. Asimismo, se propone añadir aquellos temas del "cuaderno verde" que no había tratado todavía en **El arte y la revolución**. Además de dichas correcciones, hay también otras planteadas a pie de página, en **El arte y la revolución**. Estas también confirman la existencia de correcciones que quedan pendientes, dándole a ambos textos un carácter provisorio.[46] Los cambios propuestos tenían sentido. De haberse materializado, **El arte y la revolución** habría adquirido un perfil más propio, menos dependiente de las crónicas y quizás más crítico de concepciones como las de los "escritores soviéticos."

Las libretas tienen su propio marco que, como indiqué, no debe ser confundido con el corpus de **Contra el secreto profesional** o **El arte y la revolución**. La diferencia no es siempre cronológica, aunque los "carnets" cubren un período mayor al de **El arte y la revolución** y son posteriores a **Contra el secreto profesional**. Los diferencia la génesis de estos textos. De acuerdo con la información que proporcionan los editores, y particularmente Georgette Vallejo, César Vallejo termina de escribir **Contra el secreto profesional** en 1929 y **El arte y la revolución** en 1934. Los comienza en 1928 y 1929, respectivamente. Por su parte, las primeras libretas datan de 1929 y las últimas de 1937. Los editores conjeturan la posibilidad de que la última llegue hasta 1938 (a eso se deben los signos de

---

[44] En Vallejo: **allá ellos, allá ellos, allá ellos!**, Georgette Vallejo sostiene que Vallejo consideró terminado **El arte y la revolución** en 1932 (51). La fuente del malentendido puede haber sido el mismo Vallejo.

[45] Los textos publicados en 1973 son ligeramente diferentes a los archivados en la Sala de Investigaciones de la Biblioteca Nacional del Perú.

[46] Notas así no hay en **Contra el secreto profesional**, pero las correcciones planteadas en **El arte y la revolución** son suficientes para aceptar como inevitable la redefinición de **Contra el secreto profesional**.

interrogación).[47] De estos datos se deduce que comienza a redactar sus "carnets" el mismo año que termina de escribir **Contra el secreto profesional** y que comienza **El arte y la revolución**. Pese a la diferencia de fechas, hay elementos que aproximan estos dos "libros de pensamientos." Uno de éstos es la fuente que emplea en cada texto.

Pese a que la escritura de **El arte y la revolución** se extiende de 1929 a 1934, el corpus central de este libro remite a las crónicas que escribe y publica regularmente hasta 1931. Muchos de los "pensamientos" que incluye en **El arte y la revolución** provienen de crónicas o textos suyos publicados entre 1928 y 1931. Vallejo se limita muchas veces a corregirlos en función de criterios que han sido advertidos por José Miguel Oviedo y Keith McDuffie: giros ocurridos en la política cultural de Rusia después de 1931.[48] En este sentido, muchas de las entradas que contiene **El arte y la revolución** son versiones corregidas o aumentadas de crónicas que Vallejo había escrito y publicado.[49] En **Contra el secreto profesional** Vallejo recurre al mismo procedimiento, aunque las crónicas que reescribe son anteriores a 1928 ó 1929. Excepciones tales como "Teoría de la reputación,"

---

[47] De ser así, contradiría lo dicho por Georgette Vallejo en múltiples ocasiones. La **piedra cansada** no sería lo último que Vallejo escribió.

[48] Cf. Keith McDuffie, "Todos los Ismos el Ismo: Vallejo rumbo a la utopía socialista," **Revista Iberoamericana** (Pittsburgh), N.91, abril-junio, 1975; y José Miguel Oviedo, "Vallejo entre la vanguardia y la revolución (primera lectura de los libros inéditos)," **Hispamérica** (Maryland), II:6, abril, 1974.

[49] En paréntesis están los títulos de las crónicas y fuera los de **El arte y la revolución**: "Función revolucionaria del pensamiento" ("El pensamiento revolucionario"), "Ejecutoria del arte socialista," "Profecía y creación o el adivino y el trabajador" ("El caso Víctor Hugo"), "La obra de arte y el medio social" ("La obra de arte y la vida del artista"), "La danza sin música" ("La revolución de la ópera en París"), "Obreros manuales y obreros intelectuales," "Literatura proletaria," "Universalidad del verso por la unidad de las lenguas" y "Poesía e impostura" ("Se prohíbe hablar al piloto"), "Mi retrato a la luz del materialismo histórico" ("España en la Exposición Internacional de París"), "Electrones de la obra de arte" ("La nueva poesía norteamericana"), "Autopsia del superrealismo," "Política afectiva y política científica" ("Panait Istrati, político"), "Literatura a puerta cerrada o los brujos de la reacción" ("Literatura a puerta cerrada"), "Acerca del concepto de cultura" ("Tolstoy la nueva Rusia"), "Los doctores del marxismo" ("Las lecciones del marxismo"), "El duelo entre dos literaturas," "Poesía nueva," "El caso Maiakovsky" ("Vladimiro Maiakovsky"), "Función transformadora del movimiento" ("Ensayo de una rítmica en tres pantallas"), "Lo que dicen los escritores soviéticos" ("Una reunión de escritores soviéticos"). Debo aclarar que esta lista, como la de la nota siguiente, no pretende ser completa.

publicada originalmente como "Un atentado contra el regente Horty" en noviembre de 1928, son pocas.

No todos los "pensamientos" de **Contra el secreto profesional** y **El arte y la revolución** provienen de las crónicas. Hay "pensamientos" inéditos pero la mayor parte son extractos que provienen de sus crónicas sin acabar siendo citas textuales. En casi todos los casos, Vallejo cambia los títulos.[50] Los nuevos títulos dan una idea de la dirección que impone a las modificaciones. Esto no ocurre con los libretas. Buena parte de los apuntes que éstas contienen son originales. Como tales se mantienen hasta ser publicados como **addenda** a **Contra el secreto profesional** y **El arte y la revolución.** Los "carnets" son, pues, independientes de esas crónicas en el sentido de que Vallejo no se cita. Por el contrario, mediante los "carnets" Vallejo se distancia conceptualmente de las crónicas sin renunciar completamente a ellas.

Hay algunos factores que explican la originalidad de las libretas. La escritura de los "carnets" (que comienza en 1929), coincide con el período en el que Vallejo disminuye la redacción de crónicas. Como se explicó anteriormente, el número de éstas se reduce ostensiblemente después de 1929.[51] A partir de 1930, escribe cada vez más espaciadamente. Escribe para editores y públicos diferentes de los que había tenido. Ahora son los de España, Francia, Argentina, Costa Rica; antes eran los del Perú. Interrumpe sus colaboraciones para **Mundial** y **Variedades** y se compromete en otras que serán pasajeras y ocasionales. Oportunidades tan limitadas lo llevan a colaborar en determinadas coyunturas que restringen los temas que toca. Por eso da la impresión de que abandona como tópicos de discusión, la modernidad francesa y las novedades culturales europeas.

---

[50] "Concurrencia capitalista y emulación socialista" ("La vida como match"), "De Feuerbach a Marx" ("De los astros y el sport"), "Explicación de la historia" ("El secreto de Toledo"), "Individuo y sociedad" ("Un extraño proceso criminal"), "Explicación del ejército rojo" ("Explicación de la guerra"), "Negaciones de negaciones" ("Las pirámides de Egipto"), "Teoría de la reputación" ("Un atentado contra el regente Horty"). En cuanto a textos que carecen de título en **Contra el secreto profesional,** las pp. 9-10, provienen de las crónicas "De los astros y el sport" y "Aniversario de Baudelaire," p. 18 (segundo texto) de "Se prohíbe hablar al piloto," p. 37 de "Entre Francia y España," pp.38-9, de "Religiones de vanguardia" y "El sombrero es el hombre." A esto hay que agregar algunos poemas en prosa.

[51] En 1929 escribe aproximadamente 40 crónicas. En 1930 no llegan a 20 y de éstas, 10 reaparecen en **Rusia en 1931.**

Muchas de las crónicas que escribe tienen que ver con Rusia y el Perú.
En este sentido, se crea una brecha en su discurso que va a cubrir de
alguna manera con los "carnets" para no hacer de **Contra el secreto
profesional** o **El arte y la revolución** una mera repetición de sus
crónicas.

Vallejo saca de las crónicas que había escrito todo lo que
considera rescatable, pero esto es insuficiente, sobre todo si se piensa
que está a la búsqueda de un editor para **Contra el secreto profesional**
y **El arte y la revolución**. Es insuficiente también si se toma en cuenta
que las demandas que tienen ambos proyectos exceden lo que ha escrito
en sus crónicas. En sus crónicas, por ejemplo, todavía es muy
respetuoso de los "escritores soviéticos" y poco autocrítico. Por el
contrario, las libretas están llenas de posibilidades. Darle una versión
más definitiva y estructurada a ambos libros requería tomar como base
algunos textos provenientes de las crónicas y desarrollar lo anotado en
los "carnets." Estos "carnets" son, por eso, archivos que contienen
"pensamientos" que todavía no ha incorporado en proyectos más
concretos. No obstante, no pertenecen a un archivo único porque los
que hubiesen tenido cabida en **Contra el secreto profesional** no lo
habrían tenido en **El arte y la revolución**. En ambas series de
"carnets," reflexiona sobre la posición del artista ante las demandas del
mercado y la sociedad civil en la esfera pública. Pese a coincidir
cronológicamente, difieren entre sí por los asuntos que tocan. Cada
una tiene su propia línea discursiva. Una discute los deberes
(artísticos) del artista ante las demandas de un capitalismo en expansión
y de un aparato cultural moderno; la otra sobre los deberes (políticos)
del artista ante la revolución.

Los "carnets" de **El arte y la revolución**, contienen
"pensamientos" que no se refieren siempre al arte. Vallejo se extiende
a veces en discusiones doctrinarias, más que filosóficas, en las que toca
nombres (Saint Simon, Proudhon, Freud, Gide) y lugares comunes para
militantes comunistas durante esos años: definiciones de lo que es el
bolchevismo; defensa de Rusia; crítica de escritores e intelectuales
burgueses (Kipling, Maeterlinck, Jacques Deval, Breton, Larrea) por
ser sólo rebeldes, por contemplar la realidad, por ser insensibles con
la clase obrera, y por evadir "el problema más agudo y grande del
momento;" y crítica de los movimientos en los que algunos de éstos

participan (surrealismo).[52] Pero también critica a sus camaradas: por no saber conceptualizar el rol de la técnica (140-1); por no reconocer el carácter múltiple de la obra de arte (150); y por no aceptar que cada sociedad requiere de una literatura "revolucionaria" que le es particular (156). Critica en particular a la Proletkult por su idealización del obrero y por la atención desproporcionada que le presta a los "temas." Plantea una "estética" basada en el trabajo entendido como instinto superior al sexual o al de sobrevivencia.[53]

Las anotaciones contenidas en las libretas de **Contra el secreto profesional** son más dispersas. Algunas recuerdan poemas que escribe durante esos años. Crea situaciones ficticias e irónicas. No faltan reflexiones teóricas sobre el cine y una nueva "estética teatral." Reitera críticas a intelectuales como Valéry, por la insensibilidad social de su rebeldía, como las que ha formulado en los "carnets" de **El arte y la revolución**. También hay aforismos que sin embargo están alejados de una reflexión doctrinaria del tipo que se da en **El arte y la revolución** ("Yo amo a las plantas por la raíz y no por la flor"). Cita a Mariátegui, a propósito de sus técnicas literarias, para compararse él mismo con Ford. Hay también introspecciones y testimonios, como su visita al cementerio de Montparnasse el 7 de noviembre de 1937 en compañía de Georgette.[54] Si hay una crónica que pueda servir como precedente de estos "carnets," ésa es "Se prohíbe hablar al piloto" (1926), publicada originalmente en **Favorables París Poema**, de la cual quedan algunos extractos en **El arte y la revolución** (62-3).

Las libretas son escritas durante la década en la que escribe todos sus dramas, algunas crónicas, dos libros sobre Rusia, **El Tungsteno**, **Paco Yunque**, poemas que serían incluidos en **Poemas Humanos** y dos textos en los que programa un nuevo teatro. Esta lista no es exhaustiva pero muestra las contradicciones a las que está expuesta la escritura de Vallejo entre 1928-1938. Más concretamente, lo contradictorios que son dos textos que escribe casi simultáneamente en 1934: **El arte y la revolución** y **Notes**. Dado que repudia en **Notes**

---

[52] Sin embargo, reconoce que Breton ha hecho de Rimbaud el modelo del artista que es revolucionario en temas y técnicas, en lo humano y lo artístico (150).

[53] Hay otros apuntes más marginales. Por ejemplo, afirma que Perú no tiene sociedad civil (partidos políticos) y que también sufren los cholos y los blancos, no sólo los indios. En cuanto a España describe posibles escenas que podrían ser vistas como dramáticas.

[54] Georgette Vallejo hace su propio relato de una de esas visitas en 1978: 140.

una concepción poética que le parece aceptable en **El arte y la revolución**, y que había considerado passée en sus crónicas, Vallejo tiene que vérselas con estas variaciones que afectan la producción y recepción de sus trabajos.   Uno de los propósitos de **El arte y la revolución** consiste en resolver teóricamente esa ambivalencia que no es sólo conceptual, como lo prueban dramas y narraciones suyas posteriores a 1928 y anteriores a 1932.   Particularmente aquéllos que escribe en España, tras ser expulsado de Francia a fines de 1930.

El arte y la revolución se propone sistematizar y hacer "congruentes, concéntricas y complementarias," nociones estéticas semejantes a aquéllas por las que Vallejo afirma que Rusia ha "caído" en una gran confusión después de 1917.[55]   Pero en esta confusión no sólo ha caído Rusia sino Vallejo mismo y muchos otros como él, de modo que hay también una necesidad personal en esta empresa que parece ser sólo académica.   Los ensayos que procuran superar el desorden son: "Función revolucionaria del pensamiento," "Estrategia y táctica del pensamiento revolucionario," "¿Qué es un artista revolucionario?", "Ejecutoria del arte bolchevique," "Ejecutoria del arte socialista," "Escollos de la crítica marxista," "¿Existe el arte socialista?", "El arte socialista es un movimiento y está en marcha," "Literatura proletaria," "El arte revolucionario, arte de masas y forma específica de la lucha de clases."[56]

Vallejo encuentra en la taxonomía que propone en **El arte y la revolución** una manera de superar la "confusión" en torno al arte revolucionario.   Dicha confusión se origina en un equívoco conceptual, que también ha sido suyo.   Para superarlo no basta diferenciar las "misiones" del artista.   Cuando esa misión no está en discusión, lo que debe determinarse es la misión de lo que el/la artista ha producido.   De acuerdo con la taxonomía de Vallejo, habría un arte de "proclamas, mensajes, arengas, quejas, cóleras y admoniciones," al que llama "bolchevique," y otro cuya "preocupación esencial no radicaba en

---

[55] En "Escollos de la crítica marxista," escribe Vallejo que "Nadie sabe, a ciencia cierta, cuándo y por cuales causas peculiares a cada caso particular, un arte responde a una ideología clasista o al socialismo." **El arte y la revolución**, 32.

[56] El título de "El arte socialista es un movimiento y está en marcha" consta sólo en el manuscrito correspondiente que está archivada en la Sala de Investigaciones de la Biblioteca Nacional del Perú. Debería estar entre el segundo y tercer párrafo de la pág. 38 de la edición de 1973, antes del párrafo que comienza "El arte socialista no es, entonces, una realidad que vendrá..."

servir a un interés de partido o a una contingencia clasista de la historia sino al que vive una vida personal aunque no individual," al que llama "socialista" (26-28). Se diferencian en tanto el arte "socialista" no es "un trance espectacular, provocado a voluntad y al servicio preconcebido de un credo o propaganda política, sino...una función natural y simplemente humana de la sensibilidad" (28-29). Otra diferencia importante es que el arte "bolchevique" es ante todo "didáctico" y quizás por eso cuenta con más público (26-27). Comparten una exigencia que Vallejo les impone: en toda sociedad, estos tipos de arte podían y debían ser "revolucionarios" artística y políticamente.

No obstante admitir la legitimidad de ambos, Vallejo valora más el arte "socialista" y por eso se refiere a "escalas." Determina la pertenencia a categorías diferentes que, a su vez, dan lugar a escalas, según la perduración que una obra de arte tiene. Esto se entiende mejor por la duración que les atribuye. La suerte del arte "bolchevique" depende de acontecimientos políticos y por eso es calificada de "cíclica" y "episódica." Una vez que triunfe la "edificación socialista mundial, el arte "bolchevique" pierde toda influencia social y estética (26). De esta argumentación se deduce que cada período histórico ha tenido un arte "bolchevique," del que quedan rastros pero nada memorable, y también un "gran arte," que embrionariamente era socialista. El arte socialista carece de vencimiento o "ciclos," como los que explica en "Función revolucionaria del pensamiento" (16). No es un arte contingente porque trasciende la parroquia para dirigirse a toda ecumene. Los artefactos que produce responden a un concepto universal de "masa" así como a "sentimientos, ideas e intereses comunes a todos los hombres sin excepción" (37).

Al momento de historificar esta clasificación, Vallejo incurre en una riesgosa paradoja. Afirma que no hay todavía arte "socialista" en Rusia pese a haber habido arte "socialista" desde la antigüedad. De esto se desprende que la única sociedad en la que se está construyendo el socialismo carece de arte "socialista" mientras que otras sociedades, incluso precapitalistas, habrían desarrollado expresiones artísticas "socialistas." Así como Marx, Engels y Mariátegui habían encontrado formas socialistas embrionarias o "comunismo primitivo" en la antigüedad, Vallejo encuentra arte "socialista" en las composiciones de Beethoven y Bach, las telas del Renacimiento, las pirámides de Egipto-- porque fueron fabricadas por la colectividad--, las estatuas de Asiria y algunas películas de Chaplin (37). Por el contrario, gran parte de lo que se produce en Rusia--incluido **El acorazado Potemkin**--no pasa de ser "bolchevique." Está absorbido dentro del ciclo que llama "centrífugo."[57]

Vallejo tiene una concepción teleológica del arte "socialista" que si no fuera secular podría ser considerada providencial. Anticipa la superación de esa dicotomía entre arte "bolchevique" y "socialista" en la sociedad socialista del futuro. Si se piensa en término de escalas, el arte de la sociedad socialista será más "socialista" que el arte "socialista" anterior. La diferencia estriba en que los artistas "socialistas" de épocas pasadas sólo pudieron tocar "lo que hay de más hondo y común en todos los hombres, **sin aflorar a la periferia circunstancial de la vida**" [subrayado por Vallejo]. Esta última es una "zona" marcada por la "sensibilidad, las ideas y los intereses clasistas del individuo." Cuando desaparezcan las clases desaparecerá esta cláusula. En una formulación que recuerda el universal concreto de Hegel, sostiene que en el "futuro" los artistas "socialistas" operarán de otro modo: "en lo profundo y en lo contingente de todos los individuos" ("¿Existe el arte socialista?", 42). Para entonces, lo contingente, la sensibilidad y las ideas, no estarán contaminadas por los "intereses clasistas del individuo."

Una clasificación como la expuesta, no le impide a Vallejo calificar de "revolucionario" tanto al arte que llama "socialista" como al "bolchevique." En "Escollos de la crítica marxista" cubre todas las posibilidades: (1) el artista puede ser revolucionario en política y no serlo en arte; (2) el artista puede ser revolucionario en arte y no serlo en política; (3) el artista que es revolucionario en arte y en política; y (4) el artista que no es revolucionario ni en arte ni en política.[58] De cuantificarse estas ocurrencias, se llegaría a la conclusión de que hay una mayor incidencia de artistas que no son revolucionarios en nada y de que son excepcionales quienes lo son en el arte y en la política. Con estos criterios, cubre todas las posibilidades, demarcando como esferas separadas la actividad política--"resultante de una voluntad consciente, liberada y razonada"--y la artística--que escapa "a los

---

[57] Vallejo niega la existencia de arte "socialista" en Rusia porque en éste no se expresan todavía "las formas de una nueva sociedad" ("¿En qué medida el arte y la literatura soviéticos son socialistas?" 43-44).

[58] La cuarta posibilidad se deduce de las anteriores (34-35).

resortes conscientes, razonados, preconcebidos de la voluntad" (35). Todavía no se plantea la necesidad de crear un tipo de arte que una ambos y en los que el componente "socialista" esté claramente protegido. Por el momento, el arte "bolchevique" y el "socialista" deben resguardarse como esferas separadas.

Estilísticamente hay dos rasgos interesantes en su explicación del arte "bolchevique." En primer lugar, Vallejo tiende a prescindir de individuos en la definición de lo que es el arte "bolchevique." Desaparecen los nombres de los "escritores soviéticos" con los que se ha reunido en San Petersburgo pese a que su definición se basa en lo que éstos le han dicho. Los nombra en la crónica y en **Rusia en 1931** (85-87), pero no en el ensayo correspondiente de **El arte y la revolución.** En segundo lugar, se apoya considerablemente en manifiestos y proclamas.[59] El manifiesto de la Unión de Escritores Revolucionarios es reproducido textualmente al final de "Función revolucionaria del pensamiento" (17-20). Las consignas de la plataforma del congreso de Kharkov de la Unión Internacional de Escritores Revolucionarios son transcritas en "Estrategia y táctica del pensamiento revolucionario" (22-23). Al hacer esto, se coloca en la posición de quien endosa la necesidad de un tipo de arte cuyos méritos no son cuestionables a pesar de su carácter efímero. Sin embargo, este recurso estilístico no lo protege completamente.

Vallejo no fue ajeno a concepciones como las de los escritores soviéticos que él entrevista en San Petersburgo. Hay mucho de Vallejo en los "escritores soviéticos" y mucho de "escritor soviético" en Vallejo. En **El arte y la revolución** es posible encontrar un "pensamiento" suyo por cada afirmación hecha por los "escritores soviéticos" de San Petersburgo. Este es el caso de: "Estrategia y táctica del pensamiento revolucionario" (21-3); "¿Existe el arte socialista?" (37-8); "Comunismo integral" (51-2); "Estética y maquinismo" (54-6); "Obreros manuales y obreros intelectuales" (57-8); "Literatura proletaria" (59-61); "Autopsia del superrealismo"

---

[59] Los nombres que menciona en en las crónicas publicadas en **Bolívar** ("Un reportaje en Rusia, VI: Vladimiro Maiakovsky") y **El Comercio** ("Una reunión de escritores soviéticos"), no aparecen en **El arte y la revolución**, 113-7. Sólo nombra a "Kolvasieff" en "El caso Maiakovsky." Este cambio deliberado se debe--según lo explica-- a que, en el juicio de las "cosas literarias, más le interesan los "modos colectivos" que las individualidades (418-9).

(72-9); "Literatura a puerta cerrada o los brujos de la reacción" (84-5); "Función revolucionaria del pensamiento" (11-20); "El duelo entre dos literaturas" (94-9); "Poesía nueva" (100-1); "El caso Maiakovsky" (104-10); "En torno a la libertad artística" (118-121); y "El arte revolucionario, arte de masas y forma específica de la lucha de clases" (122-5). Las preferencias artísticas y los criterios de éstos coinciden con los de Vallejo. Un ejemplo de esto es la opinión que tienen de Maiakovsky, a quien consideran un "histrión de la hipérbole." El corrobora esta opinión, que también es suya, en su entrevista con Maiakovsky.

La mayor afinidad está en relación a la taxonomía que emplea Vallejo del arte. Escritores como Kolbásyev--Vallejo lo llama Kolvasiev o Kolvasief(f)--se preocupan tanto como él por la técnica y por lo que Vallejo llama arte "socialista." Hay también un implícito consenso en torno a lo necesario y provisional que es el arte "bolchevique." La manera como comienza "El arte revolucionario, arte de masas y forma específica de la lucha de clases" es, a este respecto, sugerente: "En el **actual período social** de la historia, por la agudeza, la violencia y la profundidad que ofrece la lucha de clases, el espíritu revolucionario congénito del artista no puede eludir, como esencia temática de sus creaciones, los problemas sociales, políticos y económicos" [subrayado mío] (122). Coincidencias como las explicadas demuestran que Vallejo tiene en estos escritores los interlocutores que necesita. El anonimato al que los somete en **El arte y la revolución** puede tener otras explicaciones, además de las ya ofrecidas; puede tener que ver con la poca suerte que tuvieron algunos de esos escritores que, como Kolbásyev, fueron perseguidos hasta ser póstumamente "rehabilitados."[60]

Vallejo promueve la práctica de un arte "bolchevique" y consiente asumirlo en su producción artística. No obstante, sus

---

[60] De los ocho escritores que Vallejo nombra (Chitzanov, Erlich, Kolvasief, Lipatoff, Sadofief, Sayanov, Verzint, Vigodsky), sólo he encontrado información de Sergéy Adámovich Kolbásyev (1898-1942?) y V.M. Sayánov, seudónimo de V.M. Makhlín (1903-59). Wolfgang Kasack describe a Kolbásyev como preocupado por procedimientos técnicos, afiliado desde 1928 a la Asociación de Escritores Militares, coleccionista de jazz, marino, diplomático y autor de libros de ciencia popular para jóvenes. Arrestado en 1937, muere en prisión. Fue posteriormente rehabilitado. A Makhlín (1903-1959), lo conoce Vallejo cuando es miembro de la RAPP en Leningrado. Según Kasack, fue corresponsal durante la segunda guerra mundial. En 1948 recibe el premio Stalin.

teorizaciones facilitan, por otro lado, la crítica de la política cultural aprobada por el primer congreso de la Unión de Escritores de la URSS (1934). Las críticas son explícitas, aunque el lector tenga que encontrarlas en notas a pie de página de **El arte y la revolución**.[61] Las más importantes son las siguientes: en Rusia se ignora la diferencia conceptual que hay entre arte "bolchevique" y "socialista;" se confunden los deberes del artista al imponerle como única actividad la producción de un arte "bolchevique;" se ignora que el arte "bolchevique" es provisorio; no se acepta que ha habido arte "socialista" en sociedades precapitalistas y que no lo hay todavía en Rusia donde "sólo desde un punto de vista dialéctico se denomina socialista al artista bolchevique;" no se admite que la estética marxista está por escribirse. Después de haber elogiado a los artistas rusos por renovar el teatro y la narrativa, los acusa de no valorar la técnica, y de forzar a los escritores a hacer de su arte una impostura, como ha ocurrido con Maiakovsky.

Vallejo acepta, como se ha indicado, la misión que tiene el artista de hacer arte "bolchevique" en ese período y hace llamados para que los artistas se agrupen en organizaciones dedicadas a este tipo de arte.[62] A ese arte "bolchevique" se dedica él casi exclusivamente durante su estadía en España. Pero al mismo tiempo, admite que ésa es una misión pasajera para quien es un artista "socialista." En las libretas de **El arte y la revolución**, este argumento es persistente. Allí critica concepciones que establecen como modelo al arte "bolchevique." Sin nombrarlo, defiende el territorio del arte "socialista." Esta es una crítica que todavía no se atreve a hacer en **El arte y la revolución**, texto que comparado con los "carnets" parece más la continuación de los libros sobre Rusia. En las libretas todo se hace más evidente, especialmente sus críticas a la Proletkult. No insiste más en la necesidad de un arte "bolchevique" y advierte que cada sociedad (como la española, quizás) requiere de una literatura "revolucionaria," la cual

---

[61] Estas críticas coinciden con la clausura del primer plan quinquenal (1928-1932) y la apertura del segundo (1933-1937).

[62] "Estrategia y táctica del pensamiento revolucionario" es casi un anuncio de la Unión Internacional de Escritores Revolucionarios (21-3). Según lo afirma en una nota a pie de página, "Ejecutoria del arte bolchevique" es un breviario sobre el rol del poeta o artista "bolchevique" (26-7).

no puede ser reducida a un esquema único.[63] En el "carnet" de 1936-37-¿38?, luego de seguir algunos rituales de la época (criticar a André Gide, por ejemplo), escribe lo siguiente: "Hay la literatura revolucionaria rusa y la literatura revolucionaria que combate dentro del mundo capitalista. Los objetivos, método de trabajo, técnica, medios de expresión y materia social varían de la una a la otra. Esta distinción nadie la ha hecho todavía dentro de la crítica marxista" (156). A crear esta distinción se avocará Vallejo.

Vallejo insiste en la existencia de dos tendencias en el arte, según el mayor énfasis puesto en "temas" o "técnicas." No cuesta mucho intuir la relación que hay entre estas tendencias y los tipos de arte mencionados. El asocia "revolución temática" con Rusia y "revolución técnica" con París.[64] En sus crónicas ha sido inequívoca su posición en torno a la técnica, que él considera central. Vallejo se las agencia para que su inocultable afiliación política no altere esa posición. Recuérdese que la cita que más le ha llamado la atención de Mariátegui es una en la que éste comenta las técnicas literarias de Vallejo.[65] Frente a las demandas de organizaciones a las que se vincula, recurre incluso a Lenin para salvaguardar una posición como ésta: "La técnica--escribe elocuentemente en "Dime cómo escribes y te diré lo que escribes"--, en política como en arte, denuncia mejor que todos los programas y manifiestos la verdadera sensibilidad de un hombre. No hay documento más fehaciente ni dato más auténtico de nuestra sensibilidad, como nuestra propia técnica" (**El arte y la revolución**, 67).

---

[63] Nada de esto hay en los "carnets" de **Contra el secreto profesional** que oscilan entre lo que fue "Prohibido hablar al piloto" y lo que está escribiendo en **Temas y notas teatrales**.

[64] "Hay la revolución en literatura (que no es necesariamente revolución en política: Proust, Giraudoux, Morand, Stravinsky, Picasso) y hay la revolución en literatura (que es necesariamente revolución en política: Prokofief, Barbusse, Diego Rivera). Esta última revolución es de **temas** y, a veces, va acompañada de técnica. La primera es de **técnica** y, a veces, va acompañada de **temas**. En Rusia sólo se tiene en cuenta o, al menos, se prefiere, la revolución temática. En París, la revolución técnica" (carnet de 1929-30, 141).

[65] El único comentario sobre su propia poesía es una cita de Mariátegui en la que éste describe la técnica de Vallejo como aquélla que está "en continua elaboración," a lo que él agrega que su técnica es comparable a la "técnica industrial y la racionalización de Ford" (139).

Los textos literarios y dramáticos de Vallejo prueban que fue "bolchevique" y "socialista." **El arte y la revolución** cumple así dos cometidos igualmente importantes: por un lado, explica teóricamente la necesidad de un arte coyuntural que respondiese a las necesidades "centrífugas" y "centrípetas" del momento; y por el otro, aboga por un "gran" arte que no estuviese sujeto a esas necesidades. La conservación de ese "gran" arte debía ser garantizada. Su expectativa mayor está puesta en una etapa en la que el arte "bolchevique" sea inútil; una etapa en la que sólo habría arte "socialista" y éste tendría el ambiente social propicio para su desarrollo. Una conceptualización así racionaliza la coexistencia de poéticas que eran contradictorias en función de las legítimas exigencias del arte y la política. Con un argumento así, lo que escribe en España--especialmente **Moscú contra Moscú, Lock-out, El tungsteno, Paco Yunque**--, conserva sus méritos precisamente por responder a una concepción "bolchevique" del arte. No hay necesidad de autocriticarse. Lo que nunca ha estado en cuestionamiento son aquellos trabajos escritos de acuerdo con una concepción "socialista" del arte.

El esquema hermenéutico y axiológico que elabora Vallejo en **El arte y la revolución** es demasiado conveniente y pragmático, aun tratándose de un intelectural como Vallejo que sorprende cuando emplea criterios basados en polaridades. Este esquema es poco convincente para quien se ha forjado de una poética muy definida en **Trilce** y de la cual hay señas en las crónicas que escribe hasta 1928. Además, es un esquema que deja sin resolver algunos problemas. Por ejemplo: ¿A cuál de estas concepciones responden los dramas que deja inéditos? ¿Qué ocurre con sus teorías sobre el teatro? Un texto como **Notes** es, a este respecto, clave, porque resuelve a su manera--diferente a la de **El arte y la revolución**--estas contradicciones. **Notes** no es sólo una "nueva estética teatral" sino la poética de **España, aparta de mí este cáliz** y como tal está más próxima a **Contra el secreto profesional**. No son frecuentes ni numerosos los ensayos o apuntes sobre teatro y drama en **Contra el secreto profesional** o **El arte y la revolución**. El balance es semejante en los "carnets" aunque hay en éstos muchas más anotaciones alusivas. La serie que acompaña a **Contra el secreto profesional** sobresale a este respecto. Los apuntes de estos "carnets" que aluden al teatro se distinguen porque no provienen de los "libros de pensamientos" ni de las crónicas. Tampoco están entre los apuntes que Vallejo inserta en **Notes**. Quizás la conexión más aceptable sea aquélla que se puede establecer entre las libretas de **Contra el secreto profesional** y **Temas y notas teatrales,** porque en ambos imagina escenas para posibles dramas.

Tomadas en su conjunto, son modestas y poco numerosas las referencias que hace al drama o al teatro en sus "libros de pensamientos" y "carnets." Pese a las limitaciones, es notoria la variedad que tienen los aspectos que se tocan y las ideas o proyectos que se sugieren o mencionan. Establecen códigos que facilitan la comprensión de **Notes** tales como la explicación que da de lo que es "obra de poeta" en "Profecía y creación o el adivino y el trabajador" (**El arte y la revolución,** 45-46). Hay "pensamientos" que coinciden con lo que escribe en **Notes** o **Temas,** tales como su discusión en torno a la improvisación como técnica de actuación en **Contra el secreto profesional.** Hay ideas que ha desarrollado en crónicas o dramas escritos previamente, como sus comentarios en torno a las dos clases sociales que hay en Moscú, un asunto tocado en sus crónicas sobre Rusia, en **Moscú contra Moscú,** así como en la descripción que hace del público en **Rusia en 1931.** También hay "pensamientos" que corresponden a proyectos en los que ha comenzado a trabajar tales como **Dressing-room.** Hay reflexiones que quedan sin ser desarrolladas o proyectos que no se van a concretar como aquéllos que tienen que ver con episodios de la guerra civil española.

Uno de los "pensamientos" que incluye en **El arte y la revolución,** y que ya había aparecido en una de sus crónicas, es "Así crea el teatro bolchevique," texto en el que reconoce que éste ha introducido "numerosos elementos nuevos a la plástica escénica" (31). Vallejo sostiene, a partir de algunos ejemplos, que "Todos estos son inéditos resortes plásticos y cinemáticos del teatro, con evidente significación política y hasta económica, revolucionaria" (31). Esta idea no es nueva, pero ahora es debatible, si se toma en cuenta lo dicho en el "carnet" 1929-30: "En Rusia sólo se tiene en cuenta o, al menos, se prefiere, la revolución temática" (**El arte y la revolución,** 141). Esto lo dice en una libreta que data del mismo año en que, según Georgette Vallejo, finaliza las revisiones de **Contra el secreto profesional,** y un año antes de escribir "El nuevo teatro ruso" (1931). Vallejo advierte que se contradice y por eso indica en una nota a pie de página que "Así crea el teatro bolchevique" debe ser "suprimido." De haberlo hecho, hubiera resaltado aún más la idea de que al teatro soviético--podría decirse que después de 1932--sólo le preocupa la "revolución temática."

En **Contra el secreto profesional** no hay apuntes que merezcan un comentario especial, salvo aquél en que se refiere a Chaplin. Ese "pensamiento" es importante porque plantea la necesidad de improvisar ("texto, decorado, movimiento escénico"), para que el teatro no desaparezca (40). Al reclamar este método, le concede a los actores un poder que es extraordinario para la época al plantear que éstos "deben ser también autores y 'regisseurs' de las obras que representan." Que la improvisación fuese el método empleado por Chaplin es discutible, pero este error no altera la posición que asume Vallejo. Tampoco parece afectarle que Meyerhold o Stanislavsky se hubieran opuesto a emplearlo excepto como ejercicio y se hubieran negado a que el actor hiciese de "autor" o **régisseur**. Meyerhold y Stanislavsky reclamaron todo el poder para los directores como una manera de proteger a los dramaturgos. Ellos hubiesen visto en la improvisación o en la mezcla de funciones, una violación de los sistemas que ellos habían desarrollado y establecido. De Chaplin habría reaccionado del mismo modo, según los testimonios de Max Linder y Elsie Codd, ya conocidos en la época.

Los "carnets" de **Contra el secreto profesional** tocan asuntos que repercuten igualmente en la escritura o lectura de **Notes** o **Temas**: la actuación--"El actor que un día cesó de ser él para ser uno de los personajes que encarnaba en escena" (69); temas de sus primeros dramas--"Las dos clases sociales de Moscú buscan algo: la una de noche; la otra de día" (70); personajes--"un ciego que dice y siente cosas formidables para los que tienen sus ojos" (73), o el médico Guevara que sin saberlo se encuentra con Mussolini de incógnito y le habla **sans façon** (74); o formulaciones teóricas más generales--"Una estética teatral nueva: una pieza en que el autor convive, él y su familia y relaciones, con los personajes que él ha creado, que toman parte en su vida diaria, sus intereses y pasiones. No se sabe o se confunden los personajes teatrales con las personas vivas de la realidad" (94).

Casi todas las ideas que he mencionado en el párrafo anterior reaparecen en **Notes** y **Temas**, a veces con modificaciones, un poco más elaboradas. No provienen de las crónicas porque en los "carnets" Vallejo asume otra función, no la del artista que hace las veces de crítico teatral a regañadientes, sino la del intelectual que propone una estética nueva a la que se adjuntan proyectos dramáticos y convenciones teatrales que responden a esa "nueva" concepción. Esa transición que se nota en los "carnets" no se aprecia en los "libros de pensamientos." Como se ha dicho, **Contra el secreto profesional** y **El arte y la revolución** todavía recuerdan las crónicas que había publicado como periodista.

En cuanto a los proyectos que va a desarrollar, hay cuatro que merecen ser comentados con mayor amplitud. Tres de éstos guardan relación directa o indirecta con dramas que se discutirán en el tercer capítulo. Son dramas que Vallejo sólo esboza. Me refiero a **Dressing-room, Songe d'une nuit de printemps** y **Suite et contrepoint.** El cuarto ni siquiera cuenta con un título posible. Tiene relación con España, pero en algún momento fue abandonado por Vallejo. Como se sabe, en relación a la guerra civil española, Vallejo escribe unas cuantas crónicas en 1937 ("Las grandes lecciones culturales de la guerra española," "América y la 'idea de Imperio' de Franco") y **España, aparta de mí este cáliz,** pero no dramas, pese a habérselo propuesto.[66] No obstante, hay una serie de fragmentos que prueban que este proyecto existió, por eso interesa explicar a qué se debe que Vallejo desista de escribirlo.

En el último de los "carnets" de **El arte y la revolución** (1936-37-¿38?), Vallejo elabora ideas para posibles escenas de un drama sobre España. Las escenas están relacionadas, sin excepción, con la guerra civil: (1) "Los rebeldes [franquistas] tapan la boca de una mina en que se han refugiado centenares de obreros huidos de Gijón. ¡Horror!"; (2) "El miliciano fue fusilado por los rebeldes con otros prisioneros, pero herido gravemente solamente, se salvó, huyendo de entre los otros cadáveres"; (3) "La niña o marquesa que prefiere ganar políticamente y perder a sus hermanos. Sus ideas fascistas antes que sus sentimientos de hermana"; (4) El "rojo" que "prefiere que pierdan sus compañeros una guerra, por envidia de otros de ellos, que subirían si se triunfa" (158-9).

Escenas como éstas explican el motivo por el cual se trunca el proyecto. Pertenecen al ámbito de **El arte y la revolución** y no al de **Notes.** Al ser escenas preconcebidas casi como "fábulas materialistas," Vallejo corría el riesgo de repetir una experiencia por la que ya había pasado con **La Mort** o **Entre las dos orillas corre el río.** La única

---

[66] Según Georgette Vallejo, César Vallejo proyectaba escribir un "libro sobre la guerra civil de España...desde diciembre de 1936" que nunca empezó (1978: 105).

manera de no repetir dramas tan poco "socialistas" como **Moscú contra Moscú**, en lo tocante a la guerra civil española, era escribir poesía, un género en el que Vallejo no admitía fácilmente el arte "bolchevique." Escenas como las mencionadas aparecen sólo veladamente en **España, aparta de mí este cáliz**. Así como en la poesía hay una implícita proscripción del arte "bolchevique," él la hace extensiva al teatro una vez que escribe **Notes**. Por eso es que estas escenas quedan en los "carnets" sin pasar, ni siquiera como posibles proyectos, a **Temas**.

Para la escritura de **Dressing-room**, es importante contrastar y contraponer las imágenes de Chaplin y Charlot. En el "carnet" 1934 hay dos pasajes que son pertinentes: uno que se refiere al testimonio de Clare Goll sobre Chaplin; y otro, aquél en el que Vallejo imagina una escena para este drama.[67]   En este último caso, "Un ambulante pregona su mercadería--la elocuencia popular y el espíritu de feria" (**Contra el secreto profesional**, 91-92).[68]   Más adelante, en el "carnet" 1934, explica lo que sería una de las concepciones de una "estética teatral nueva," la cual puede relacionarse con **Dressing-room**: "No se sabe o se confunden los personajes teatrales con las personas vivas de la realidad" (94).

En cuanto a **Songe d'une nuit de printemps**, en el último de los "carnets" de **Contra el secreto profesional** hay una escena que es típica de ese drama: "Un hombre recuerda su pasado feliz y relata sus éxitos, delante de otro que recuerda un pasado doloroso y relata paso a paso sus fracasos" (99).[69]   En las libretas de **El arte y la revolución** hay otros tres pasajes: el primero se refiere a un grupo de obreros en dos situaciones diferentes que define, respectivamente, como "socialismo de la producción" (trabajar) y "socialismo de consumo" (comer) (133); en el segundo, critica a Maeterlinck, Kipling y Larrea

---

[67] En el "carnet" 1934 de **Contra el secreto profesional** comenta con interés una reseña aparecida en la **Revue Hebdomadaire** sobre la biografía de Chaplin escrita por Clara Goll. "Hay que leer esto," dice Vallejo, porque "Se ve allí cuán diferente es Chaplín de Charlot" (91). Un comentario semejante había hecho en "Religiones de vanguardia" (1927).

[68] "Un camelot débite sa marchandise--l'éloquence populaire et l'esprit de la foire. Scene à traiter dans 'Vestiaire'" (91). La traducción al español es de los editores.

[69] Vallejo califica esta situación de "contraste terrible." En **Songe d'une nuit de printemps** se aleja de las oposiciones que Vallejo ha preferido; aquéllos que se dan entre parejas (e.g. Charlot contra Chaplin, Moscú contra Moscú, Mampar y Lory, **Suite et contrepoint**).

por no dar cuenta de la clase obrera en sus escritos (137-8); y en el
tercero, expone que "El caso más elocuente de solidaridad social, es
ver varios obreros que levantan una gran piedra" (145).[70]

Casi todas las referencias a **Suite et contrepoint** están en los
"carnets" de **Contra el secreto profesional**: (1) "El amor me libera en
el sentido que **puedo** dejar de amar. La persona a quien amo debe
dejarme la libertad de poder aborrecerla en cualquier momento"
[subrayado en el original] (76); (2) "Es curioso: creí que ese hombre
era yo. Es igualito a mí. A tal punto que cuando volví la cara estaba
seguro de que era yo y casi choco conmigo mismo" (78-9); (3) "El
único que dice la verdad es el mentiroso" (83); (4) "Espinoza parece
disfrazado de él mismo, de Espinoza" (84); (5) "El amor y los
caracteres de los amantes. La tragedia moderna entre los derechos del
hombre y los de la mujer" (94); (6) "El marido y la mujer disputan
porque cuando estuvieran en el paraíso, él le quitaría a ella la buena
plaza que le corresponde y ella le quitaría a él la suya. Madame Jhal.
Cómico" (98); y (6) su visita al cementerio con Georgette donde
discuten sobre la "dialéctica del egoísmo-altruismo" (99).

En ningún caso hay en estos libros, o en los "carnets,"
proyectos definidos o planteamientos teóricos sistemáticos. Tanto los
proyectos como los planteamientos son todavía tentativos y ocasionales.
No se entrevé aún en qué momento llega Vallejo a la conclusión de que
los proyectos deben ser desarrollados y sus teorías comunicadas en un
formato más definido y especializado. El rol de **Contra el secreto
profesional** y **El arte y la revolución** es más bien preparatorio. En
Contra el secreto profesional, comienza a elaborar, muy
incipientemente, lo que sistematizará en **Notes** y **Temas.** En los
"carnets" de **Contra el secreto profesional**, adelanta proyectos que
incluirá en **Temas.** **El arte y la revolución** es escrito para resolver la
"confusión" estética en la que está inmerso después de sus viajes a
Rusia. Racionalizan también el costo personal que ha tenido para
Vallejo al haber dedicado buena parte de sus energías a construir un
arte "bolchevique" que, como él bien lo sabe, no perdurará. A ese arte
le ha dedicado prácticamente toda su estadía en España.
Paradójicamente, cuando llega el turno de España como tópico para un
drama, el proyecto ya es extemporáneo. Ya no tiene cabida en una

---

[70] Esta es una idea que vale la pena tener presente en relación a **La piedra cansada.**
Volveré sobre este punto en el capítulo 4.

estética como la de **Notes**.   Este proyecto es sacrificado pero otros pasan la prueba.

Ninguno de los dos "libros de pensamientos" le ha servido para retirar su producción dramática del arte "bolchevique." Para lograrlo necesita un tipo de conceptualización teórica que supere la hibridez y dramas que prescindan de "fábulas materialistas" o del "realismo heroico." En el corpus central y en los "carnets" de **El arte y la revolución**, hay todavía una notoria ambigüedad: la creencia de que quizás es necesario un arte "bolchevique" con otras características. En **El arte y la revolución**, aún no se ha convencido del todo de que como partidario de un arte "socialista" debe llenar el vacío dejado por una concepción filosofía que carece de estética. En Rusia se ha suplido esa carencia de estética con doctrinas y preceptivas. La guerra civil española pone a prueba esa preceptiva y demuestra que el arte "bolchevique" no tiene la capacidad de responder ni siquiera a las necesidades políticas del momento.

En **El arte y la revolución** o en los "carnets," todavía no está tampoco en condiciones de autocriticarse o retractarse. Ese momento coincide con la escritura de **Notes** y **Temas**. En estos dos textos, especializados en asuntos teatrales, Vallejo pone en contacto dos preocupaciones que han sido centrales en su discurso, desde que escribiera las crónicas: por un lado, la crisis del teatro moderno, que a su manera es también la crisis del drama burgués, el melodrama, el clasicismo y la vanguardia; y por el otro, el desarrollo de una "estética" que la supere, teniendo en cuenta necesidades muy diferentes a aquéllas que había encontrado en Rusia, adonde había ido "antes que nadie." El necesita de una estética que haga posible el desarrollo de un arte "socialista" más allá de las fronteras de Rusia, donde no hay socialismo. Por qué no, en países como España o Francia.

Notes es precisamente el documento que necesita el escritor "socialista." Aquél que puede prescindir de una escritura "bolchevique." Para este escritor, el arte "bolchevique" ha cesado de tener una función revolucionaria. Los personajes no "deben dar la apariencia de restituir la realidad extra teatral sino que deben actuar una comedia independientemente del mundo real, la cual es posible sola." El teatro no debe ser más "espejo de la realidad" sino "reverso de ella." El teatro debe sentirse satisfecho con una verdad que es "independiente de la verdad real y en un sentido cósmico e intemporal, más verdadera que la verdad real." Todos estos postulados recuerdan

afirmaciones hechas por Vallejo en sus crónicas a propósito de
Pirandello.   Reelaboradas en **Notes**, no se convierten en la restauración
de un gusto premarxista sino en la prédica de un artista que creyó ser
"socialista" antes de leer el **Manifiesto Comunista.**

3

        En 1930, Vallejo interrumpe la entrega regular de crónicas a
revistas peruanas. El pago por ellas había sido su principal sustento y
su principal medio de comunicación. A partir de 1931, continúa
escribiendo crónicas pero lo hace esporádicamente. Las crónicas
aparecen en publicaciones de Madrid (**La Voz, Cenit**), París
(**Germinal, Beaux-Arts, Nuestra España**), Buenos Aires (**Nosotros**)
y San José de Costa Rica (**Repertorio Americano**). Cambia también
el público que solía tener. Al carácter esporádico de estas crónicas se
agrega una reducción drástica en los tópicos que trata. Vallejo discute
mayormente asuntos que tienen que ver con la historia del Perú y su
situación política, o con la guerra civil española. Hay una crónica
sobre arte ("Tendencias de la escultura moderna: el escultor
Fioravanti"), pero salvo "El nuevo teatro ruso" (1931), no escribe más
reseñas teatrales.
        La interrupción crea una brecha difícil de subsanar. Se pierde
una fuente de información y como consecuencia, ahora se sabe poco de
cuáles son sus observaciones después de 1930. En relación a esta falta
de información, hay dos textos que suplen el vacío: **Notes sur une
nouvelle esthétique théâtrale** y **Temas y notas teatrales**. Ambos son
documentos valiosos.   Permiten reconstruir la evolución de sus
concepciones teatrales entre 1931 y 1938. Son los únicos documentos
en los que es posible apreciar dicha evolución. Al mismo tiempo, son
indispensables para entender cómo Vallejo procesa sus
responsabilidades como escritor y sus gustos durante esos años.
        El interés de Vallejo por el teatro no es un impromptu. Tiene
precedentes en las reseñas que inserta en crónicas como las discutidas
en la sección anterior de este capítulo.   Estas reseñas exceden
experiencias anteriores, como la de su tesis de bachiller **El
romanticismo en la poesía castellana** (1915), porque prefiere discutir

el teatro conforme es producido en un teatro.[71] En **Notes,** desarrolla
criterios que ha empleado en las reseñas teatrales que escribe antes de
1929, sin limitarse a éstas. En este sentido, reestablece la narración
interrumpida por **El arte y la revolución** pero la lleva a un nivel
diferente.

De haberse quedado en lo que había escrito en sus crónicas,
Notes habría sido una repetición. En **Notes** no son frecuentes las citas,
ni siquiera modificadas, de artículos que él había escrito para revistas
y periódicos, tales como **El Norte, Mundial, Variedades, El
Comercio, Nosotros, Bolívar, Claridad** y **La Voz.** En **Notes,** no
hace comentarios más o menos casuales, como lo hace en las crónicas.
A diferencia de sus reseñas, formula una nueva manera de hacer teatro
en la que continúa valorando la experimentación y supera el
esquematismo de **Entre el arte y la revolución.** Por otro lado, a
diferencia de **Contra el secreto profesional** y **El arte y la revolución,**
hay en **Notes** originalidad; muchas de sus formulaciones son inéditas.

Otro aspecto que distingue claramente a **Notes**--si se lo
compara con **El arte y la revolución** (1973) o **Contra el secreto
profesiomal** (1973)--es que reúne apuntes especializados en asuntos
teatrales. Lo propio debe afirmarse de **Temas y notas teatrales.** Esto
merece subrayarse puesto que Vallejo no realiza empresa semejante en
poesía o narrativa, aunque notas relativas a éstas abundan en sus
crónicas y "libros de pensamientos." En el caso de la poesía, dichas
notas permanecen dispersas, sin ser sistematizadas. Otro antecedente
importante, aunque menos tangible o documentable, es su labor como
dramaturgo.

Las crónicas le dan la experiencia necesaria para tentar la
escritura de algunos dramas (e.g. **Les Taupes**) en relación a una
"estética" que en dichas crónicas es todavía incipiente o tentativa. A
este ejercicio le sucede una serie de experimentos fallidos con
concepciones dramáticas a las que él ha estado expuesto en Rusia. En
este contexto escribe **Moscú contra Moscú, La Mort, Lock-out.** Por
diversas fuentes se sabe lo interesado que está en ver producidos

---

[71] En las crónicas también se nota cómo Vallejo abandona categorías literarias en su
crítica teatral o musical, un punto que toca explícitamente en "La revolución de la ópera
en París (1927) y cómo redefine la relación entre drama y teatro. En "El decorado
teatral moderno" (1929), sostiene que "la suerte y el valor de uno dependen del valor y
destino del otro" (359).

teatralmente algunos de sus dramas en España y Francia. En España, cuenta con la asistencia de Federico García Lorca. En Francia, consigue que algunos régisseurs franceses que conoce personalmente, Louis Jouvet, y tal vez Charles Baty, lean uno o varios de sus dramas.[72] Todo esto indica que llegado el momento de escribir **Notes** y **Temas**, Vallejo es un dramaturgo con alguna experiencia.

    Notes sur une nouvelle esthétique théâtrale fue escrito en francés en diciembre de 1934. **Temas y notas teatrales** fue escrito en tres fases, según se registra en el original: 1931-2, 1933-4 y 1933-36-37. La primera habría sido escrita parcialmente en España.[73] Como se observa en las fechas, la coincidencia cronológica es limitada: **Notes** es de fines de 1934 y **Temas** fue escrito entre 1931-1937. Más que coincidir cronológicamente, coinciden en demostrar lo convencido que está, casi a diez años de haber llegado a París, de estar en condiciones de proponer una "nueva" estética a la que no le faltan proyectos dramáticos o teatrales.   Ambos textos contienen además datos suficientes para poder reconstruir su recepción de presentaciones teatrales que se producen en París y Moscú. Debido a esto, conviene distinguir tres áreas en la discusión de estos textos: la primera es la lectura que hace del teatro que le es contemporáneo; la segunda es su rol como dramaturgo; y la tercera, sus teorías.   La primera está claramente subordinada a las otras dos. Son áreas que se entrecruzan pero que pueden ser analizadas por separado en el contexto de lo que él ha escrito en sus crónicas y "libros de pensamientos."

---

[72] Por la copia facsimilar de la carta de Louis Jouvet reproducida en **Teatro completo** (t.I, entre las págs. 16 y 17), fechada 2 de Setiembre de 1930, se sabe que éste leyó **Les taupes**. Jouvet llama **Mampar** a **Les Taupes** y califica de "bella pieza" este drama que Vallejo le había enviado a fin de que lo considerase para la temporada 1930-31 en la Comédie des Champs-Elysées. Georgette Vallejo no registra esta información aunque recuerda, quizás equivocadamente, que Gastón Baty habría leído **Moscú contra Moscú** en 1936 (1978:92-3).

[73] En relación a **Notes** habría que diferenciar la fecha en la que escribe cada nota de la composición de **Notes**. En el texto sólo se precisa esta última. Sin embargo, comentarios como el que hace de **Les Cenci**--estrenado en mayo de 1935--, prueban que hay notas posteriores a 1934. Según Ronald Hayman, la primera lectura de **Les Cenci** es de febrero de 1935. Por una carta a Gide se sabe que Artaud termina su "tragedia" el 10 de febrero. Véase **Artaud and After** (Oxford, London & New York: Oxford UP, 1977), 96-99. En cuanto a **Temas**, los "temas" y "notas" de la segunda fase (1933-4) son pocos, comparados con los de 1931-2 y 1933-36-37. Cabe suponer que la última fase excluye los años 1934-5.

Notes y Temas comparten el énfasis que pone Vallejo en la teatralidad de este arte. Comparten, además, la misión de contribuir al "renacimiento" que desea. Tienen como punto de partida un idéntico malestar.[74] No obstante, hay diferencias importantes entre estos textos. Cada uno tiene una función muy específica pero que es complementaria. Notes es una "estética teatral." Temas es más la recopilación de "temas" (proyectos teatrales) que de "notas" (concepciones teóricas).[75] Temas es, ante todo, un documento en el que el dramaturgo anota proyectos posibles. Notes es un texto en el que formula criterios estéticos. Temas es un texto que acompaña a Notes, en la medida que materializa la "nueva estética teatral" que Vallejo conceptualiza en Notes. Notes es más un ensayo teórico en el que conceptualiza, compara, establece diferencias y definiciones que sirven de marco para sus propios proyectos. Si bien hay algo de esto en Temas, este aspecto es secundario. Como fundamento de Temas, Notes adquiere una significación muy especial: en Notes Vallejo asume la posición de hacerse de una estética teatral propia que es nueva a pesar de que no ha variado el diagnóstico del cual parte.

A. Notas para una nueva estética teatral

En Notes Vallejo muestra tener un conocimiento del teatro mayor al demostrado en sus crónicas. Demuestra estar enterado de muchas de las convenciones teatrales que se emplean o se exhiben en Rusia y Francia. No excluye ningún circuito teatral de París. Pese a ser un documento poco extenso, menciona a Erwin Piscator, (Ferdinand) Bruckner, Vsevolod Meyerhold, Nikolay Evreinov, Antonin Artaud, Eugene O'Neill, Maurice Maeterlinck, Luigi Pirandello, Jean Giraudoux, Paul Raynal, Jean Cocteau, Henry Bernstein, Steve Passeur, Sutton Vane, Mary Dugan, G.K. Chesterton, Sacha Guitry, Marcel Pagnol, Percy B. Shelley, Edmond Rostand. Algunos habían sido nombrados en sus crónicas con desigual frecuencia (Rostand, Maeterlinck, Pirandello, Cocteau), y otros, pese a su importancia, no habían sido nombrados anteriormente (Piscator,

---

[74] "A eso he llegado--escribe Vallejo--, empujado y exasperado por las dificultades propias de la manera actual de considerar el teatro" (170).

[75] Empleo categorías sacadas del título de de estos textos para diferenciar las concepciones teóricas (que llamo "notas") de los proyectos dramáticos ("temas").

Artaud, O'Neill). A partir de estos nombres, Vallejo construye su propio mapa para fundamentar su propuesta.

En relación a este mapa, hay algunos puntos de interés. A pesar de todo el tiempo que ha pasado en España, no menciona a ningún dramaturgo español. Vallejo no encuentra un sólo dramaturgo español para su "nueva" estética. Es posible que habiendo salido de España a comienzos de 1932, desconociese las actividades de La Barraca y del Teatro del Pueblo, y las producciones de Federico García Lorca y Alejandro Casona, posteriores a su partida. No hay datos que permitan certificar su conocimiento de **Bodas de sangre** (1933), **Yerma** (1934) o **La casa de Bernarda Alba** (1935). Dado el menosprecio que tiene por la literatura de España y la poca atención que le presta, a pesar de su estadía desde fines de 1930 a comienzos de 1932, la omisión del teatro español responde más a los prejuicios de Vallejo que a su desconocimiento.[76]

Vallejo no omite referirse al teatro de los Estados Unidos. A diferencia de "La nueva poesía norteamericana" (1929), las referencias que hace en **Notes** son imprecisas y hasta gratuitas. Nombra junto a Eugene O'Neill, al dramaturgo Sutton Vane y a una tal Mary Dugan, sin dar los títulos de ninguno de sus dramas. Sutton Vane sólo escribió dos dramas, **Outward Round** (estrenado en 1923) y **Overture** (estrenado en 1925). **Outward Round** fue traducido al español (**El viaje infinito**) y al francés (**Au grand large**) y fue presentado en el Teatro Victoria de Madrid (1926), y en la Comédie Champs-Elysées de París (1927), en este último bajo la dirección de Louis Jouvet.[77] Nombra también lo que parecen ser tres compañías teatrales--Special Edition, 145 Wall Street, Periferia--pero sin dar mayor información de las mismas.[78] Si **Outward Round** sirve de indicio, la referencia hecha por Vallejo del teatro de los Estados Unidos, incluido O'Neill, un dramaturgo con un estilo tan errático como el suyo, no pasa de ser una digresión.

Igualmente significativa es la ausencia de los directores que integrarían el **Cartel des Quatre** (Baty, Dullin, Jouvet, Pitoëff). En

---

[76] En "Estado de la literatura española" (1926) no hace Vallejo la más mínima mención del teatro español.

[77] Estas versiones han sido publicadas en **Comedias** N. 12 (1926) y **La Petite Illustration; Revue Hebdomadaire** N. 181 (1927).

[78] La posibilidad de que fuesen dramas, remitiría a **Peripherie** de Lawrence Langer.

Notes son irrelevantes. Por el contrario, nombra a otros, dramaturgos
más que **régisseurs**, que en sus crónicas había criticado por estar
vinculados al teatro de **boulevard** o a concepciones teatrales que
considera **passé** o con las que está en desacuerdo, tales como Henry
Bernstein, Jean Cocteau, Jean Giraudoux, Sacha Guitry, Maurice
Maeterlinck, Marcel Pagnol, Steve Passeur y Paul Raynal. En un
pasaje de **Notes**, sostiene que Giraudoux y Cocteau no han aportado
nada al teatro. Esto puede entenderse como una crítica de los **ateliers**
y el teatro de vanguardia, a sabiendas del rol desempeñado por Cocteau
en **Parade** (1917) y de lo central que fueron los dramas de Giraudoux
para el repertorio de Jouvet.[79] Estos comentarios parecen indicar lo
distante que se encuentra Vallejo, cuando escribe **Notes**, de la
"vanguardia" del teatro francés.

Estas variantes respecto a sus escritos anteriores se explican
por las contradicciones que le preocupan a Vallejo. No desaparece el
problema del poder en el teatro--en **Notes** sostiene que de "derribarse"
una serie de "fronteras" se lograría "la liberación del teatro de los
yugos y trabas actuales, estrechos y que condenan a la escena a un
anquilosamiento de momia" (170)--pero le preocupa más cómo salir de
la crisis. A diferencia de sus crónicas, donde critica especialmente el
repertorio de la Comédie Française y del teatro de **boulevard**, en **Notes**
su principal preocupación son los movimientos que se han desarrollado
desde la segunda mitad del siglo XIX. Para Vallejo, igualmente
importante es contraponer su estética teatral al realismo/naturalismo que
a los movimientos de vanguardia. En **Notes** se hacen constantes
alusiones a estos dos tipos de teatro de los que él quiere diferenciarse
de la manera más clara posible. Para cumplir con este propósito,
descuida darle un sentido más histórico a sus enjuiciamientos. **Notes**
no es el lugar adecuado para reconocer los méritos, por ejemplo, del
Théâtre Libre de André Antoine, o del Teatro Arte de Moscú de
Konstantin Stanislavsky y Vladimir Nemirovich-Danchenko, a quienes
ni siquiera nombra. Para Vallejo, las concepciones de éstos, más que
las del boulevard o de la Comédie-Française, son el principal obstáculo
para superar la crisis.

---

[79] La afirmación es más extraña en el caso de Giraudoux que en el de Cocteau,
porque Giraudoux también escribe en base a relaciones binarias, salvo que Vallejo no las
reconcilian. En relación a Cocteau, sólo hay mitos en **La piedra cansada**.

En **Notes**, Vallejo debate persistentemente concepciones realistas y naturalistas porque confunden la "estética de la vida" con la "estética del tablado."[80] Piensa que estas concepciones predominan en la escritura de dramas, en la escenografía y la actuación. Por eso insiste en derogar "para siempre los eternos tres actos y 20 cuadros," no ve en esta estructura la modernización o modificación de una convención renacentista. El continuo uso de convenciones como ésta, pese a que dramaturgos como Shaw y Pirandello la han abandonado, lo lleva a asumir una postura radical e intransigente. Uno de los motivos por los que Vallejo elogia en **Notes** tradiciones teatrales, antiguas o modernas, es precisamente porque cuestionan y hasta se "burlan" de concepciones en las que se respalda el empleo de dichas convenciones.

Así como Vallejo es pertinaz en su ataque al teatro realista/naturalista, igual tenacidad pone en criticar a los teatros de vanguardia. Muchas veces los ignora adrede. Vallejo no considera rescatables los experimentos de Jean Cocteau o Antonin Artaud. Aquí el punto de mayor discrepancia es la función que debe tener el espectador en el nuevo teatro. No favorece el asedio del público bajo el pretexto de que es burgués. Rechaza el uso de convenciones cuyo objetivo fuese, por ejemplo, "sorprender" o "asustar" al público. En este sentido, no cambia la opinión adversa que expresara sobre los surrealistas desde "La nueva generación de Francia" (1925). A él lo ahuyenta la "afición" que tienen éstos por el escándalo fuera y dentro del teatro.[81]

Vallejo ignora y desprecia al futurismo y al surrealismo, con los que a su manera ha arreglado cuentas en dos textos publicados en **El arte y la revolución**: "Estética y maquinismo" y "Autopsia del

---

[80] Esto lo afirma en "La nueva generación de Francia" (1925). También reseña la gira del Teatro de Arte de Roma en París y la presentación de **Seis personajes en busca de autor**, que "plantea la crisis del teatro contemporáneo" porque "la situación dramática sustancial consiste por entero en la oposición insoluble que hay entre la verdad estética de la vida y la verdad estética del tablado. Lo demás es secundario" (52).

[81] También critica a los "buenos sobrinos de Dadá" por querer "imponerse a puñetazos," pese a que en "Cooperación," escrita meses antes, Vallejo encuentra necesarios los "puñetazos" para imponer la cooperación entre Europa y América Latina (16).

superrealismo."[82]   Vallejo comparte con otros la idea de que estos
movimientos de vanguardia no han aportado nada significativo en el
teatro.   Lo propio ocurre con dramaturgos que él asocia con estos
movimientos.   Este es el caso de Antonin Artaud, pese a haber sido
exluido del surrealismo por André Breton en 1929.   La última entrada
de Notes está dirigida precisamente a atacarlo: "Artaud ha intentado,
por lo que dicen, renovar el teatro, pero ¿qué ha hecho?   Se contenta
con atacar la puesta en escena y eso es todo.   Retoma, en efecto, una
pieza, 'Les Cenzi' (?) de Schiller, concebida de modo clásico, y la
realiza (?) en el escenario de una manera grandilocuente, mórbida, a
golpe de "monstruosidades," de sangre, de gritos, de campanas de
vuelo, de verdugos, en fin, de personajes y hechos degenerados, de
pesadilla.   Ha querido "asustar" a la gente y eso es todo.   ¿Qué ha
hecho, a fin de cuentas? Nada."

Algunos errores de información han sido advertidos por Carlos
Garayar en su traducción de Notes; el más importante es la autoría de
Les Cenci (1819) que Vallejo atribuye erróneamente a (Friedrich)
Schiller (1759-1805).   El lapsus sugiere poco salvo que Vallejo no
conocía la versión a la que hace referencia.   Schiller ha quedado en la
historia del teatro como escritor de dramas históricos escritos según
convenciones clásicas, aunque influenciado también por Shakespeare.
Hay un punto de contacto sólo en el hecho de que Schiller fue un
escritor elogiado por románticos como Percy B. Shelley (1792-1822),
quien, con Stendhal, escribe una adaptación de Les Cenci en 1819.[83]
Sin embargo, Artaud no puso en escena ningún drama de Schiller ni
tampoco la versión de Shelley y Stendhal de Les Cenci.   Artaud
escribe su propia versión en la que--de acuerdo con Sylvère Lotringer--
experimenta con sus teorías sobre la cruauté, en el "espíritu del teatro
isabelino."   Esta es la versión que Artaud estrena en el Thèâtre des
Folies-Wagram.

---

[82] El arte y la revolución, 54-6, 72-8. Vallejo está a la búsqueda de otro tipo de
transición para la escritura, una manera diferente de resolver la pérdida del público a raíz
de la separación entre la "estética" de la vida y la del arte.

[83] Según Sylvère Lotringer, Les Cenci es originalmente una historia renacentista
sobre incesto y asesinatos en una familia aristocrática romana. Antes de ser reescrita por
Artaud, fue adaptada por Stendhal y Shelley. Cf. "1935, 6 May: Antonin Artaud Stages
the First of Seventeen Performances of Les Cenci at the Thèâtre des Folies-Wagram",
A New History of French Literature (Cambridge, Massachusetts & London: Harvard
UP, 1989), 927.

128 Teatro y drama

El comentario de Vallejo sobre **Les Cenci** concuerda, extrañamente, con la recepción que tuvo **Les Cenci** en París al momento de estrenarse (6 de mayo de 1935). Al igual que muchos críticos, él no acepta en este caso disculpas. Vallejo no encuentra que el Thèâtre des Folies-Wagram es inapropiado para esta tragedia. Tampoco discute las dificultades que tiene toda teoría en ser asimilada por actores reacios y poco diestros como Iya Abdy o Cécile Bressant. No valora la intervención de personajes que, como los asesinos, no hablan. Pasa por alto también otros aspectos de esta producción tales como la estilización del maquillaje y de la escenografía (diseñada por Balthus), que incluían caras todas grises y mesas en forma de triángulo. Ni siquiera simpatiza con Artaud por las dificultades que éste enfrenta en cuanto al financimiento de esta producción de la que es director. Para descalificar **Les Cenci** de Artaud, le es suficiente criticar los "personajes y hechos degenerados."

Vallejo tampoco toma en cuenta la trayectoria de Artaud. En 1920, Artaud se había incorporado al Thèâtre de l'Atelier, dirigido por Charles Dullin y posteriormente a la Comédie des Champs-Elysées (en 1923). Descontento con el empleo de convenciones realistas se separa de estas compañías para fundar el Thèâtre Alfred Jarry (1926). Trabaja en el cine donde encuentra las principales nociones de lo que es la teatralidad; Artaud hace de Marat en **Napoleón** (1927), un filme de Abel Gance que Vallejo reseña negativamente en "Ensayo de una rítmica en tres pantallas" (1928). Cuando el cine se hace sonoro, lo abandona regresando al teatro; al igual que Vallejo, Artaud encuentra el cine sonoro algo estúpido, absurdo, la negación de lo que es el cinema.[84] Esta trayectoria muestra una serie de puntos comunes entre Artaud y Vallejo; entre éstos, la crítica del drama realista y de la primacía de problemas psicológicos o sociales en individuos o grupos.

No obstante, la animadversión de Vallejo tiene también sus explicaciones. Se explica, por ejemplo, por la complicidad conceptual que hay entre movimientos de vanguardia como el surrealista y Artaud. En Vallejo, como se verá, hay una concepción diferente de lo que sería el **doble** y el sueño. La crueldad no conjura problema humano

---

[84] Véase Lotringer (1989: 925-26), y Hayman (1977:xii-xiii, 96-9).

alguno.[85]   No concuerdan en la manera como deben atacarse las nociones de sociedad, orden, justicia, religión y patriotismo, quizás porque Vallejo no las ve como "supersticiones." De manera especial, Vallejo tiene una concepción muy diferente de lo que es la tragedia, y de dónde ubicarla.   No es que a Vallejo le parezca criticable que Artaud no consiguiese satisfacer sus objetivos--Artaud pronosticó una reacción violenta del público que no se produjo--sino que los considera banales.   Nada más opuesto a Vallejo que hacer del teatro el escenario para el asalto al público, por más que este asalto buscase drenar sentimientos destructivos.   A él no le interesa quebrar las defensas del público ni expiar sus represiones, sino sacar provecho de sus emociones.   En el logro de este objetivo, es inútil recurrir a la sorpresa.

En **Notes,** Vallejo pone mucho cuidado en nombrar a dramaturgos franceses con el propósito de descalificarlos.   De esta norma no se salva ni siquiera Artaud.   Si se toma en cuenta el tratamiento indirecto que reciben los miembros del Cartel, se llega a la conclusión de que para Vallejo sigue sin haber nada rescatable en el teatro francés.   Una de las víctimas de esta percepción es Pirandello.   Respecto a Pirandello, Vallejo asume posturas rígidas que son engañosas.   Creo que no debe tomarse al pie de la letra lo que escribe cuando afirma que Pirandello "no ha inventado nada" por haber abstraído sus personajes de la realidad.   El problema radica en que confunde un tanto arbitrariamente a Pirandello con el "pirandellismo." Esta confusión no le permite reconocer en **Notes** la deuda que tiene con Pirandello.

Luigi Pirandello es el dramaturgo que Vallejo nombra más en **Notes.** Lo mismo ocurre en sus crónicas.   La frecuencia no se debe a que le interese demasiado el teatro italiano, sino a la importancia de Pirandello en Francia.   En **Notes** Vallejo reitera la valoración que hizo de Pirandello en sus crónicas.   Le reconoce el haber expuesto las deficiencias del teatro naturalista o realista, pero considera que críticas como las de Pirandello se quedan en la antítesis.   Son buenas como críticas de convenciones teatrales que no deben ser aplicables más pero no como premisas de una estética teatral que las supere.   Más allá de

---

[85] Lotringer define la crueldad en las teorías de Artaud, como "el instinto implacable y excesivo que estimula conflictos para conjurar la faz sombría e irracional--el 'doble'-- del espíritu humano."

haber desbaratado el naturalismo y el realismo no hay nada original en
Pirandello. Para la superación del naturalismo y el realismo había que
seguir el ejemplo del teatro fantástico, el teatro chino, los misterios de
la Edad Media, el guiñol de niños (172).

Vallejo había llegado a Francia casi al mismo tiempo que Luigi
Pirandello, en 1923, año en el que se estrena **Sei personaggi in cerca
d'autore** en la Comédie des Champs-Elysées. Escribe de Pirandello
dos años más tarde, en "La nueva generación de Francia" (1925),
donde reconoce que es "la comedia más valiosa de Pirandello." En
esos dos años que median entre el estreno en París de **Sei personaggi**
y la reseña, los dramas de Pirandello han logrado desplazar a los de
quienes entonces eran los dramaturgos franceses de mayor prestigio:
Maurice Maeterlinck, Eugène Brieux, Jules Renard, Edmond Rostand,
Georges de Porto-Riche y Henry Bernstein. En este cambio, hay dos
aspectos a tener en cuenta: en primer lugar, quienes introducen los
dramas de Pirandello en París son los que van a integrar desde 1927 el
Cartel des Quatre; en segundo lugar, uno de los efectos que tiene la
aceptación y popularidad de Pirandello en París es el surgimiento de
una modalidad de escribir dramas y hacer teatro, a la que se denomina
"pirandellismo." Thomas Bishop define el "pirandellismo" como la
"hechicería dramática que encubría la ausencia de una sustancia
básica." Es una burda imitación, paródica sin proponérselo, del juego
entre realidad e ilusión y del teatro en el teatro.[86]

En su rechazo de este "pirandellismo," Vallejo no distingue
entre "copias inferiores" y "absorción creativa" de las convenciones y
planteamientos introducidos por Pirandello. Reduce el aporte de
Pirandello a la tesis anteriormente mencionada y se desentiende
teóricamente de todo vínculo con las concepciones de Pirandello, pese
a que hay algunos dramas, así como postulados de **Notes**, que son
comprensibles sólo si se toma en cuenta a Pirandello y al pirandellismo
como dos fenómenos relativamente independientes. De Pirandello sólo
está explícitamente presente el "pirandellismo," como una derivación
que tiene más relación con la recepción y consumo de Pirandello en
París que con las teorizaciones del propio Pirandello en **Teatro e
letteratura** (1918) y **Teatro nuovo e teatro vecchio** (1922).

Lo que sostiene Vallejo en **Notes**, no le impide rescatar de
Pirandello problemáticas que le son útiles en **Temas y notas teatrales,**

---

[86] Véase **Pirandello and the French Theatre** (New York: New York UP, 1960), 51.

aunque sin darle el crédito que le corresponde. Las notas relativas a los personajes--notas que discutiré más adelante--se entienden mejor en relación al tipo de personajes que Pirandello imagina. Ciertas técnicas de actuación que Pirandello desarrolla tales como el llamado **construirsi**, que consiste, según Bishop, en la adopción de una nueva personalidad basada en el engaño de otros y de uno mismo, está presente en algunos dramas de Vallejo.[87] Asimismo, hay dramas "pirandellianos," escritos y producidos por franceses durante la década de 1920, cuyas concepciones (melodramáticas) discute implícitamente en **Notes**.[88] Estas intervienen en la conceptualización de **Suite et contrepoint** y de otros proyectos incluidos en **Temas**. A pesar de las críticas y las negativas, en **Notes** se nota el beneficioso diálogo que establece con Pirandello **in absentia**.

Finalmente, debe examinarse, en relación a quién es quién, los nombres de dramaturgos y **régisseurs** alemanes (Bruckner, Piscator) y rusos (Meyerhold, Evreinov). Estos nombres describen una transición que se concreta en **Notes**, por ejemplo, en la manera como aprecia el trabajo de Ferdinand Bruckner [Theodor Tagger] (1891-1958). En **Notes**, elogia las "escenas múltiples y simultáneas" de Bruckner, un aspecto que ni siquiera toca en "Ultimas novedades teatrales de París" (1930), crónica en la que reseña la puesta en escena de **Los criminales** (1928) en el Thèâtre de Art. En esta crónica, Vallejo ni siquiera considera el "decorado." Se limita a criticar el drama dirigido por Georges Pitoëff (a quien no nombra), por lo que tiene de "zolesco" (420-21). En cuanto a la parte acusatoria del drama, la tilda de "panfleto." Lo único rescatable que encuentra Vallejo es que plantea "problemas y conflictos de innegable interés humano." En **Notes**, obvia esta vez la concepción teatral a la que Bruckner está ligado. El "naturalismo ortodoxo" al que alude no es otro que el neorrealismo propugnado por el movimiento **Neue Sachlvohkeit** en el teatro alemán. A Vallejo no le incomodan más estas asociaciones. De Bruckner se

---

[87] "Así, la gente--explica Bishop--asume máscaras cuya doble función es ofrecerle a los demás un aspecto placentero y darle al espejo el misericordioso pero engañoso reflejo que el portador debe a menudo mantener sujeta a su cara" (1960:28).

[88] Me refiero a **Intimité** (1922) de Simon Gantillon y **L'Image** (1927) de Denys Amiel.

queda con las escenas "múltiples" y "simultáneas."[89] Sorpresivamente, el teatro alemán y no el ruso, comienza a ser importante por el "decorado."

Meyerhold y Erwin Piscator (1893-1966) son los **régisseurs** más nombrados en **Notes**. En la lectura de **Notes**, ambos son cruciales: Meyerhold porque es una figura que va desapareciendo de los escritos teatrales de Vallejo; Piscator porque se convierte en una suerte de aparición. Vallejo no lo da por conocido en sus crónicas donde no lo menciona ni siquiera una vez.[90] En **Notes**, Meyerhold es apenas mencionado por su empleo de "monigotes o muñecos" e, indirectamente, por el tipo de puesta en escena "automática e instantánea" del Teatro de la Revolución. Piscator es nombrado con relativa frecuencia en relación al "concurso del cinema," la composición de las escenas y la escenografía. Sólo de Piscator hace una afirmación que es fundamental: "Este ha hecho, a fin de cuentas, algo verdaderamente renovador, pero sobre todo en el campo del decorado y nada más" (172).

Lo casual que parece ser esta cita no le debe quitar la importancia que tiene. En primer lugar, Vallejo, que había descubierto la teatralidad por medio del "decorado," ahora la entiende de una manera más completa. El que diga "nada más" no quiere decir que crea que el "decorado" es poca cosa. El sabe bien que no es así. En segundo lugar, acepta que ha habido "renovación" en la escenografía y el uso de "sobre todo" sugiere que ha habido renovación también en otras áreas. En tercer lugar, corrige una afirmación hecha anteriormente en más de una ocasión: quien ha renovado el "decorado" no ha sido el teatro ruso (constructivista o social-realista) sino Piscator. En quinto lugar, lo que más destaca en Piscator es su renovación del decorado pero su renovación del teatro no se limita a la escenografía.

---

[89] En **Temas y notas teatrales** también alude a Bruckner en una nota a pie de página donde comenta, sin dar detalles, el comienzo de **Razas**, a propósito de "un nuevo sistema de motivos psicológicos." Según John Willett, **Razas** fue prohibido en Viena, Praga y Londres (1988: 191, 193 y 199).

[90] Piscator viaja--según Willett--de Moscú a París en el verano de 1936 para establecer la central de la Organización Internacional de Teatros Revolucionarios (MORT), que se constituye en 1932. Desde 1935, Piscator trata de unificar en un frente a los surrealistas franceses y a lo que queda en Francia de los grupos de agitación y propaganda. Publica **The International Theatre**. Reside en París hasta finales de 1938, preocupado principalmente por la guerra civil española (1988:194-95).

Hasta 1931 Vallejo había elogiado con igual entusiasmo escenografías "realistas," semejantes a las empleadas por Stanislavsky desde 1906, o "constructivistas." Recuérdese que en "El año teatral en Europa" (1928), escrito antes de su primer viaje a Rusia, cuando comenta las temporadas de dos compañías rusas en los teatros Odeón y Porte San Martin, llega a la conclusión de que "todo el porvenir del teatro vendrá de Moscú" (304). Hasta la escritura de Notes todo indica que le atribuye al teatro ruso el haber logrado la renovación del decorado, y en el teatro ruso particularmente a Meyerhold. En Notes, sus referencias al teatro ruso están subsumidas en interrogaciones; ignora al teatro social-realista y expresa reservas frente a las convenciones introducidas por Meyerhold.

De compañías teatrales alemanas que estuvieron en gira por París Vallejo no da cuenta en sus crónicas. En "El verano en París" (1925) había escrito que del "nuevo" teatro alemán no se sabía "nada" en París (54). Cuando escribe sobre Bruckner en "Ultimas novedades teatrales de París" (1930), sugiere un cambio del que no ofrece mayores indicaciones. No obstante, es de suponer que a partir de 1928, quizás después de 1930, entra en contacto con el teatro alemán. El contacto se puede haber dado en París, por donde efectivamente pasan compañías teatrales alemanas en gira, o en ciudades de Alemania, por las que él transita en viaje a Rusia. Por sus cartas y por el testimonio de Georgette Vallejo se sabe que estuvo en Berlín; se sabe poco de lo que hizo en esa ciudad pero su estadía no se limitó a un mero trasbordo.[91]

Excepto Bruckner, Vallejo no menciona en sus crónicas de manera más o menos extensa, a ningún dramaturgo alemán, ni reseña ninguna compañía teatral alemana. El silencio se explica por el desconocimiento del teatro alemán en París--durante los mismos años en los que Piscator dirige el Volksbühne (1924-1927) y el Piscator Theater (a partir de 1927)--o por hechos nada fortuitos tales como su expulsión de Francia.[92] Esta situación debió cambiar después de 1932, cuando Hitler es nombrado canciller (1933), porque a raíz de su

---

[91] Hizo una primera parada en Berlín entre el 19 y 24 de octubre de 1928, como lo indica su carta a José Varallanos (Vallejo 1982: 140). El 27 de setiembre de 1929 se encuentra nuevamente en Berlín. El 19 ha salido de París. El 5 de octubre ya se encuentra en Leningrado (199-201).

[92] La ópera de los dos centavos de Brecht se estrena en París en 1931, cuando Vallejo está exiliado en España.

nombramiento aumenta el número de compañías teatrales y dramaturgos alemanes que hacen giras o se exilian en París. Entre éstos se cuentan Brecht y Piscator.[93] Si se toma en cuenta que son precisamente los integrantes del Cartel quienes ponen en escena varios dramas de Brecht, es del todo posible que Vallejo fuese espectador de éstas, o de los filmes en los que Brecht y Piscator participan, pero que no les diese la debida importancia hasta que regresa de su última visita a Rusia en 1931.[94]

Todos los posibles contactos que he mencionado hacen menos intempestivo el desplazamiento hacia Piscator. De Piscator recoge en **Notes** la utilización de filmes y tiras cómicas para las puestas en escena, así como la segmentación de la escenografía. Igualmente, propone una participación equitativa en la puesta en escena. No favorece dictadura alguna para garantizar la unidad de la producción. También hay una aproximación a la tradición o al repertorio anterior semejante a la de Piscator. Vallejo no realiza adaptaciones de dramas "clásicos" pero rescata segmentos a ser usados en escenas de sus propios dramas. Ninguno se siente inclinado a aceptar o promover, como cuestión inmediata, la gestación o existencia de un teatro o literatura proletaria. Ambos tienen que construir teatros fuera de Rusia. En lo que no hay tanta afinidad es en los siguientes aspectos: (1) en cuanto a las técnicas de actuación, no es explícito en su rechazo de estilos basados en la experiencia o la expresión, pero no habría reducido la actuación a la presentación objetiva de materiales, al estilo de los manifiestos políticos; (2) en cuanto al público, valora, al igual que Piscator, sus gustos y preferencias, pero no los ve como recipientes para la propaganda.

---

[93] Piscator sale de Alemania en 1933 pero permanece en Europa hasta que se marcha a los Estados Unidos en 1939.

[94] El desencuentro con Brecht es curioso. Vallejo habría perdido el estreno en París de **Los siete pecados mortales de la pequeña burguesía (Anna Anna)**--ballet-drama estrenado en el Théâtre des Champs-Elysées (1933)--, **Los fusiles de la señora Carrar**--dirigido por un búlgaro apellidado Dudow en octubre de 1937, con actores de un grupo que trabajaba en cabarets, llamado Die Laterne--, y **La ópera de los tres centavos** que--según Willett--fue producido en francés por E.J. Aufrich durante la Exposición Internacional de 1937. Un mes después de fallecer Vallejo se estrena en París **99%** (escenas de **Temor y miseria del Tercer Reich**). Cf. Martin Esslin, **Brecht, a Choice of Evils**, 4a. ed. (London & New York: Methuen, 1984) y Willett (1988).

La prominencia que obtiene Piscator se debe también a que no hay en Francia ninguna agrupación teatral que esté haciendo lo que hace Piscator, ni siquiera aquellas compañías que pertenecían al circuito del Cartel des Quatre. Nadie se compara a Piscator en hacer del teatro un espectáculo. Poco conoce Vallejo de otros teatros y poco interesado está en aprehender lo que en España hace Federico García Lorca. En este sentido, por paradójico que sea, concepciones como las de Piscator, no obstante los desacuerdos, son las que Vallejo encuentra como más próximas a su "nueva estética." Por el contrario, el interés que había mostrado por el teatro ruso tiende a desvanecerse.

No obstante haber sido el teatro ruso la experiencia teatral más impactante para Vallejo--especialmente si se toma en cuenta que no valora demasiado el teatro de Pirandello--, poco o nada de lo que le pareció encomiable en "El nuevo teatro ruso" (1931) o en "El año teatral en Europa" (1928), se mantiene en Notes. Me refiero al "decorado," la actuación o las "fábulas materialistas. Incluye apenas algunas convenciones que los régisseurs rusos podían no haber inventado, pero de las que se habían apropiado con un entusiasmo que no admitía comparación en Europa, tales como la participación de los espectadores en la puesta en escena (planteamiento hecho por la Proletkult), o la eliminación del telón. La escenografía que propone no es realista ni constructivista; la actuación no es bio-mecánica ni apela a la "memoria emocional" del actor; no hay incentivo alguno para un melodrama materialista como el de El brillo de los rieles. Ese tipo de "estética del trabajo" ha sido completamente relegada.

En Notes sólo queda un elemento de su lectura de El brillo de los rieles: el efecto que producen voces en un idioma que desconoce. Vallejo explica en su crónica lo contento que se sintió con "la fonética de las palabras." A lo cual agrega: "Sin embargo--acaso, justamente por eso--esta sinfonía de las voces ininteligibles mezcladas a los estallidos de las máquinas, me fascina y entusiasma extrañamente" (432). En Notes se mantiene sólo uno de los ingredientes de la "mezcla. Los "estallidos de la máquina" han sido dejados de lado pero queda la "sinfonía" vocal a la que se ha referido. Esta produce en su densidad, una "cierta coherencia arbitraria, confusión aparente" (171). Del teatro ruso parece quedar sólo este efecto producido por la combinación de una escenografía realista, opuesta a la simulación, con una circunstancia lingüística. Vallejo piensa que puede lograr el mismo efecto sin esa escenografía. Convierte así en una técnica deliberada algo que en sus comienzos no fue una convención teatral.

Las crónicas que escribe hacia 1930-1931, particularmente después de su penúltima visita a Rusia, están marcadas por estas contradicciones, como lo están **Rusia en 1931** y **Rusia ante el segundo plan quinquenal.** Vallejo visita Rusia en un momento de transición, en el que se gesta e intensifica un debate que se aprecia en la reunión de "escritores soviéticos" de San Petersburgo de la cual escribe en **Nosotros** (1930), **Rusia en 1931, Contra el secreto profesional** y **El arte y la revolución.** Tras los cambios que se producen en Rusia entre 1932 y 1934, se desvincula del teatro "soviético" y de sus concepciones. **El arte y la revolución** no es sino una racionalización **a posteriori** de lo ya escrito. **Notes** es, más bien, un **a priori** para el que poco cuenta el teatro "soviético." Distanciarse de Meyerhold es una necesidad, más que una conveniencia. No obstante, el teatro ruso le ha mostrado una variedad tal de convenciones que sin esta experiencia y la tenida en Francia, la escritura de **Notes** no hubiera sido posible. Vallejo ha aprehendido las novedades del teatro europeo (Appia, Piscator) por medio de un teatro ruso en expansión. Esto es especialmente cierto para explicar la manera como llega al teatro alemán.

Cada nombre es significativo para la lectura de **Notes.** Poco importa la frecuencia: Piscator, por su decorado y el empleo del cinema; Chesterton, por la necesidad de representar a un personaje "mejor que éste;" Artaud, para declarar nula la contribución de la vanguardia en el teatro; Rostand, Maeterlinck, Aristófanes, Bruckner, Meyerhold, para preguntarse sobre las libertades del teatro; Evreinov, para expresar dudas sobre lo renovadores que son los "autores soviéticos." La lista podría haber sido más larga pero la idea hubiera sido la misma: pese a encontrar rescatables técnicas o convenciones asociadas con la mayor parte de esos nombres, éstos son insuficientes para la composición de una estética **nueva.** Esto explica que agrupe en forma un tanto curiosa a Rostand, Maeterlinck, Aristófanes, Bruckner y Meyerhold. Pero los nombres no son sólo funciones sino señales que deben ser explicadas.

Hay también rasgos estilísticos que contrastan con sus crónicas posteriores a 1929 y con **El arte y la revolución.** **Notes** es un documento que admite conjeturas e interrogantes. Estos cumplen diferentes propósitos: indican que ha superado su rol de comisario--no

acusa a nadie de estar desorientado ideológicamente como hizo con
Bruckner en "Ultimas novedades teatrales de París" (1930); advierten
los límites de ciertas concepciones teatrales y la falta de libertad en el
teatro; sirven para crear colectividades estilísticas de ciertos individuos
con quienes está en desacuerdo ("los Giraudoux"); enfatizan el carácter
provisorio de propuestas que todavía no lo convencen plenamente y que
no están bien definidas ("¿Los personajes deben recitar lo que
quieren?"). Sin embargo, a veces sus conjeturas son sólo preguntas
incluidas para hacer afirmaciones preconcebidas, o para cuestionar
concepciones con las que está en desacuerdo ("¿Por qué ese debe
ser?").[95]

No cabe duda de que **Notes** es un texto en el que Vallejo
continúa auspiciando el "renacimiento" del teatro en base a recuperar
convenciones observadas en espectáculos tan diversos como los
"dibujos animados" y el music-hall.[96] Del music hall, por ejemplo,
aprovecha la combinación de luces y sombras, que Vallejo ve como una
técnica que altera las "leyes naturales." Pese a esto, el rol del music
hall en **Notes** no es el que había previsto en "Un gran libro de
Clemenceau" (1925). Para "revolucionar" el teatro necesita mucho más
de lo que pueden ofrecer las revistas como se observa en las
convenciones y tareas que propone en **Notes**, de las cuales ofrezco una
decripción esquemática a continuación. Son convenciones y tareas que
deberán tomar en cuenta quienes hagan de dramaturgos, **régisseurs**,
actores y público:

---

[95] El párrafo en el que discute las "libertades" de algunas artes concluye con estas
preguntas: "¿Y el teatro? ¿Qué hace él en este dominio? ¿Chanteclair? ¿El pájaro azul?
¿Los pájaros, de Aristófanes? ¿Las escenas múltiples y simultáneas de Brückner? ¿La
ficción bonachona de los telones de fondo móviles de los decorados? ¿Los juegos de luces
a la manera del Pigalle? ¿El empleo de monigotes o **muñecos** (peleles) a lo Meyerhold?
¿La puesta en escena automática e instantánea del teatro de la revolución, en Moscú?
¿Qué más?...¿Pero el teatro...?" Para Vallejo, ninguna convención, nueva o "clásica,"
asociada con estos dramaturgos ha sido suficiente para liberar al teatro.

[96] Aquí la referencia es nuevamente al cine francés en el que hubo directores, como
Emile Cohl (1857-1938), que destacaron en los dibujos animados (Armes 1985:20).

Régisseur:

(1)   aplicar las leyes del sueño;

(2)   producir en el público, una vez "interpretada la pieza", una "emoción final" que será "caótica";   para lograrlo no debe sorprenderse al público; tampoco debe producirse en el espectador una impresión "instantánea" ante la escena;

(3)   apoyar el "juego escénico" en un "juego de luces y sombras" hecho con reflectores;

(4)   cambiar radicalmente el decorado;

(5)   no aceptar la imposición forzosa de ninguna convención;

(6)   no "buscar verificar o identificar" el teatro con la realidad; teatralizar el "material teatral" para burlarse de "las leyes y convenciones del mundo corriente";

(7)   crear una "confusión aparente," una "suerte de sinfonía tupida y densa" mediante la construcción de personajes y la construcción de escenas;

(8)   personajes:
(a) introducir "personajes divertidos" (fantoches, marionetas) que "cruzan la escena sin lazo aparente con las vedettes";
(b) hacer intervenir como personajes a actores que tengan algún tipo de incapacidad física; "crear" enanos;

(9)   escenas:
(a) "sembrar" escenas-relámpago en la "acción principal"; escenas que no están ligadas "visiblemente" al tema aunque "formen parte integrante de él"; "hechos o fragmentos de acontecimientos que atreviesan la escena aferrándose también en la acción principal";
(b) construir "segundas" escenas en las que sus personajes reaccionen sobre la "acción principal", aludiendo a ésta directa o indirectamente, para equilibrar o armonizar ideas, pasiones o hechos que pertenecen a la "acción principal";
(c) preparar escenas invisibles cuyas expresiones verbales o sonoras se aferran a escenas visibles;
(d) establecer escenas "capilares" en las que los personajes ignoran a los personajes de escenas adyacentes;
(e) mezclar actos de diferentes dramas;
(f) servirse del cinema;

(10)   adaptar dramas dándole "una dirección o sesgo teatral diferente".

Dramaturgo:

(11)   subjetivizar la "obra escénica" derribando fronteras:
          (a) entre géneros;
          (b) entre objetividad y subjetividad;
          (c) entre autor y drama;
(12)   usar la intervención del dramaturgo para enfrentar a los personajes "para hacer a éstos vivir y obrar de otro modo";
(13)   contemplarse sin mediaciones pero también mediante los personajes;
(14)   no "buscar verificar o identificar" el teatro con la realidad;
(15)   "Derogar para siempre los eternos tres actos y 20 cuadros" [subrayado en el original];
(16)   escribir un "marco de diálogo", quizás sólo un esquema;
(17)   no respetar ninguna unidad;
(18)   construcción de personajes:
          (a) construir personajes que conviven sin percibirse mutuamente;
          (b) inventar un personaje que como el coro antiguo coordine las escenas desde afuera;
          (c) hacer personajes de sí mismo, la esposa y su familia;

Actores:

(19)   un actor advertirá al público de las convenciones;
(20)   la actuación de los personajes "deben dar la impresión de no restituir la realidad extra teatral";
(21)   "retirarse a las galerías" cuando los espectadores intervengan en la escena;
(22)   representar su personaje "mejor que éste;"
(23)   no aceptar la imposición de un texto;
(24)   imaginar o inventar réplicas en base al "marco de diálogo" escrito por el dramaturgo.

Público:

(25)   debe intervenir en la escena;
(26)   organizar y sintetizar la emoción "final" que se va a producir
        una vez "interpretada la pieza";
(27)   salir del teatro "lleno de emoción, pleno de un sentimiento de
        síntesis cósmica";
(28)   basándose en las diferentes escenas, sintetizar mentalmente el
        tema o unidad de conjunto;
(29)   educarse, prestarle mucha atención visual a las escena, tener
        mucha paciencia, guardar silencio.

Estos planteamientos pueden analizarse de acuerdo a su definición del
teatro, la función del componente "cinemático," la recepción, el
"decorado" o la escenografía, el aparato, las relaciones entre
dramaturgia y puesta en escena, y la determinación de la "originalidad"
de esta nueva estética.

Definición del teatro.   Pese a que él se opone a que se sorprenda al
público en las puestas en escena, hay en **Notes** afirmaciones que
desconciertan.   Así como Piscator es un **régisseur** que aparece de
improviso en **Notes**, algo semejante ocurre con la definición que
propone del teatro.   Esta podría ser calificada de casual y hasta de poco
afortunada, especialmente si se la asocia con Artaud o Maeterlinck.
Otra asociación posible es obviamente con Freud, pero nada hace
pensar que Vallejo se hubiese retractado de lo dicho sobre Freud en **El
arte y la revolución.**   Freud no es una evocación permisible, como lo
prueba el cambio impuesto sobre "El pensamiento revolucionario"
(1929).[97]   Sin embargo, la definición de Vallejo podría basarse en
Freud tanto como en Maeterlinck o Chesterton.[98]
        Vallejo comienza **Notes** con esta definición: "El teatro es un
sueño."   Luego pasa a explicarla.   Según él, el dramaturgo debe

---

[97] En la crónica, hace de las teorías de Darwin, Marx y Freud, "las bases más
hondas" del comunismo" (348).   En "El pensamiento revolucionario" (**El arte y la
revolución**), elimina toda referencia a Freud o Darwin, e inserta citas de Eastman,
Lunacharsky y Lenin, para concluir con la cita textual de un documento de la Unión de
Escritores Revolucionarios.
[98] Me refiero a "The Meaning of Dreams" (1905) de Chesterton.

escribir como sueña, o mejor dicho, como quien sueña sabiendo que el sueño tiene "leyes." El dramaturgo debe aplicar esas leyes sin respetar la arbitrariedad y libertad que tienen los sueños. El resultado es un drama en el que pueden distinguirse dos niveles: la superficie es al desorden lo que la esencia es al orden (desorden en la superficie, orden en la esencia). Lo que diferencia al drama del teatro no son estos niveles. De hecho, teatro y drama, aunque inseparables, deben limitarse a la "superficie," i.e. al desorden. La existencia del otro nivel impide la promoción del caos. Este desorden del que escribe, se obtiene básicamente mediante la composición de las escenas y las relaciones que se establecen entre las mismas.

Vallejo también explica que drama/teatro tienen una lógica que es "profunda." Esa lógica interviene obviamente en la escritura y la puesta en escena del drama. De ésta depende que el público desempeñe un rol activo en la práctica de aprehender esa esencia-orden que transciende el drama aunque depende de éste. Es responsabilidad tanto del dramaturgo como del **régisseur** construir la superficie, pero ninguno de los agentes que intervienen en la puesta en escena, o en la escritura del drama, está en condiciones de controlar la producción de esa "lógica profunda." A estos agentes les pertenece la superficie-desorden cuya metamorfosis es incoherente y contradictoria, pero en la que es posible absorber, más allá de las apariencias, narraciones estables (lógica profunda, dialéctica subterránea, orden esencial). No obstante, en tanto carezca de público, en tanto no sea puesto en escena, el drama permanece fuera de toda percepción y racionalización. El desorden no depende de la escritura sino de la teatralización del drama. La "metamorfosis" sólo se materializa en tanto se produzcan relaciones de comunicación que son sólo posibles con una audiencia.

La analogía que establece es todavía mayor puesto que las leyes del "pensamiento" son iguales a las del sueño, i.e. incoherentes, contradictorias, espontáneas. A este argumento responde también la mención hecha por Vallejo de **El hombre llamado jueves**, de Chesterton, en "La inoculación del genio," donde alude a estas leyes e indirectamente a **Suite et contrepoint**: "Dichosos ellos que, al menos, pueden así divorciarse de las necesidades de la lógica. Hay otros que no se divorcian ni de sus mujeres." (207). Este mismo "divorcio" de la lógica había sido formulado como "estética de Picasso" en el **carnet** de 1929-30: "no atender sino a las bellezas estrictamente

poéticas, sin lógica, ni coherencia" (**Contra el secreto profesional,**
74). Su definición de "El teatro es un sueño" se comprende con mayor
precisión teniendo en cuenta esta "estética" que es de Picasso tanto
como suya. La analogía que establece entre el teatro y la naturaleza
también sugiere que en la emergencia de un fenómeno la función del
teatro no consiste en ordenarlo sino en mostrar el proceso.
La "estética" de Picasso explica sólo el método de exposición
a seguir. Al hacer del "sueño" una técnica, Vallejo le quita toda
espontaneidad a la escritura del drama. La estética de Picasso es
estética precisamente en la medida que formaliza esa técnica. Al
hacerlo, se la convierte en un **a priori.** Lo que Vallejo pretende es
evitar que el dramaturgo o el **régisseur** construyan totalidades de
antemano. Este racionamiento recuerda la rutina del psicoanálisis, pero
en Vallejo ésta no deriva en la terapia o en la catarsis, sino que se
convierte en un recurso dirigido a postergar la construcción de
totalidades. El dramaturgo o el **régisseur** pierden control; de ello
depende el entrenamiento pero no el aprendizaje.
La existencia de niveles, diferenciados según el orden o
desorden que los caracteriza, así como la existencia de una lógica
"profunda," más allá de la "superficie," se explica mejor teniendo en
cuenta la teoría psicoanalítica de Freud. Esa lógica "profunda" es
llamada indistintamente "orden esencial" aunque podrían ser
diferenciadas. La "lógica profunda" alude a las relaciones que se
establecen entre elementos pasivos o activos que intervienen en la
puesta en escena. El "orden esencial" es un estado al que es posible
acceder. La "lógica profunda" depende de los agentes que intervienen
en el drama/teatro. El "orden esencial" depende de la recepción. La
lógica "profunda" podría ser, más bien, equivalente a la "dialéctica
subterránea" y como tal explicar las relaciones que se establecen entre
"superficie" y "esencia." La puesta en escena es la teatralización de un
sueño que exige del público una interpretación que explique la relación
existente entre la esencia y la superficie. El dramaturgo debe incluir
en el drama su cuadro familiar. En el **carnet** de 1934 se decía, a
propósito también de otra posible "estética teatral nueva" lo siguiente:
"una pieza en que el autor convive, él y su familia y relaciones, con los
personajes que él ha creado, que toman parte en su vida diaria, sus
intereses y pasiones." Vallejo insiste en que la puesta en escena debe
ser "subjetivizada" para que el dramaturgo "pueda contemplarse a sí
mismo" (170). Su objetivo es crear situaciones equívocas en las que

se confundan "los personajes teatrales con las personas vivas de la
realidad" (**Contra el secreto profesional**, 94).

En **Notes**, formula no una sino dos estéticas teatrales, ambas
calificadas de "nuevas," que coexisten sin mayores dificultades. En
una, recurre a una terminología psicoanalítica que no se confiesa; y en
la otra, que señala como marginal, insiste más en otra cualidad, no la
estética de Picasso, sino aquélla que podría ser llamada la estética de
Ford si se relacionan dos comentarios hechos por Vallejo. "'Su técnica
está en continua elaboración.' Como la técnica industrial y la
racionalización de Ford." En **Notes** esta misma idea es formulada de
la siguiente manera: "La eterna elaboración artística. Ese es otro
asunto, diferente al teatro es un sueño" (170). Sin embargo, algo en
común tienen para que este apunte fuese incluido en **Notes**. Lo que
tienen en común es que para ambas estéticas es provechoso "enfrentar,"
en la puesta en escena a los "autores" con los "personajes" a fin de no
clausurar definitivamente el **dénouement**.

Paradójicamente, esta nota marginal explica mucho mejor la
producción dramática de Vallejo. El teatro como sueño carece de
referentes incluso en los bosquejos que dejó inconclusos, o
especialmente en éstos. En ningún caso interviene el dramaturgo en el
drama que escribe como personaje. No hay ningún drama ni "tema"
que materialice esto, pese a que nombra, como posibles personajes,
algunas personas vinculadas a él tales como Juan Larrea y Pablo Abril
de Vivero. Tampoco hay ningún personaje que advierta de algo al
público. Por el contrario, las evidencias de la "estética Ford" son
múltiples, aunque ésta no explique las concepciones teatrales de Vallejo
sino el acratismo de su estilo y su gusto. Si se deja de lado el drama
concebido como el drama que sueña el dramaturgo y se piensa, más
bien, en la composición de las escenas y las relaciones entre las
mismas, el servicio metafórico del sueño adquiere sentido.

El componente cinemático. Aunque las estéticas asociadas con
Picasso y Ford explican parcialmente lo que Vallejo define como
técnicas y convenciones propias de su nueva estética, la relación entre
cine y teatro sigue siendo decisiva. Sigue vigente la necesidad de
teatralizar al teatro. El encuentra en la cinematización del teatro un
estímulo. Desde "Un gran libro de Clemenceau" (1925), había
planteado la posibilidad de que se escribiesen dramas cuya puesta en
escena se ubicase "entre el teatro y el cinema" (88). Vallejo sigue sin

acoger la construcción de "una obra de arte maestra" o **Gesamtkunstwerk.**[99] El arte que él vislumbra supone la creación de un espacio adicional que no anule al teatro o al cine. Una empresa así es posible porque él asume que toda taxonomía de las artes es arbitraria y diacrónica. Así como se ha agregado la fotografía y el cine a la clasificación de Batteux, Vallejo plantea la posibilidad de incluir un nuevo arte que "participe" tanto del teatro como del cine. El agrega en la misma crónica que los fundamentos de ese nuevo arte "irán delineándose y afirmándose poco a poco."

Ese arte deseado por Vallejo no se formó, pero él mantuvo la exigencia de que el cine rescatase el teatro. El objetivo sigue siendo cinematizar el teatro. El encuentra, al menos, tres maneras de lograrlo: la primera consiste en emplear filmes, como lo está haciendo Piscator; la segunda consiste en reducir al mínimo la comunicación mediante expresiones verbales; y la tercera consiste en asimilar en el teatro los principios que rigen la construcción de las escenas en el cine. De estos tres recursos, los más importantes son el segundo y el tercero. En **Notes**, alude mínimamente al segundo, en la medida que disminuye la función del drama en la puesta en escena. El tercero es el que explica con gran detalle, incluyendo en su explicación la relación que debe establecerse entre las escenas en la puesta en escena. Por este último asunto alude a Vertov.

Tanto en **Notes** como en el "carnet" de 1934 Vallejo menciona **El operador** de Tziga Vertov. En el "carnet," explica una estética que también es calificada de "nueva," al igual que había hecho con las de Picasso y Ford. La estética asociada por él con Vertov consiste de poemas "cortos" y "multiformes." En **Notes**, recupera esta estética pero sin limitarse a la duración o temática que tendrían estos poemas o escenas. En **Notes** Vallejo comenta favorablemente, también a propósito de **El operador** de Vertov, el empleo de "imágenes intercaladas, la inserción de las imágenes entre ellas mismas, la superposición de unas sobre las otras." El problema que trata de resolver en **Notes** es cómo llevar a cabo la transición de estos supuestos a un arte como el teatro que no puede contar con los recursos técnicos

---

[99] Vallejo evita nuevamente en **Notes**, las concepciones de Wagner, usadas por muchos intelectuales franceses para atacar al realismo. Por eso se diferencia también de Mallarmé y Serge Diaghilev, quienes aceptan la teoría de Wagner aunque disputan el rol que éste le asigna a la música.

del cine. El problema está en cómo aplicar un **montaje** como el cinematográfico en el teatro. Entendido así, la "estética Vertov" alude no sólo a un determinado tipo de escenas, en las que se evoca o anticipa, sino también a un principio en base al cual se organiza la puesta en escena.

Vallejo jerarquiza las escenas en "principales" y secundarias. No hay secuencia entre ellas porque pueden desarrollarse simultáneamente. Aunque todas están de una manera u otra "aferradas" a la acción principal, las secundarias tienen que ver con "otros acontecimientos." El se refiere a "fragmentos de acontecimientos que atraviesan la escena." La duración de algunas escenas debe ser brevísima y "sin relación aparente con el tema de la pieza". Habrá escenas invisibles aunque sonoras que pueden consistir de simples ruidos o palabras. Otras escenas serán "capilares" porque estarán encerradas en sí mismas a pesar de desarrollarse simultáneamente junto a otra con la que comparte el mismo espacio. También habla de escenas "cambiantes" sin dar mayores precisiones. No hay tampoco continuidad narrativa entre las escenas de modo que la narración no las puede relacionar directamente. La narración no se establece mediante la escenografía o los gestos sino en la recepción. Los espectadores construyen a **posteriori** un relato previamente inexistente. La puesta en escena proporciona de manera dispersa elementos que sin estar sincronizados harán posibles esa narración. Esos elementos están sujetos a la dislocación en la que se ambientan. Las escenas compiten por capturar la lectura del espectador a fin de fijarse en el centro de su narrativa.

Pese a la necesidad de cinematizar al teatro, en **Notes** Vallejo es consciente también de que hay ventajas en cada una de estas artes; hay particularidades que no pueden ser mutuamente aprovechables. En el **carnet** de 1932 había escrito que la "ventaja del cinema" estaba en que los espectadores ven "cara a cara a los artistas, mientras que ellos no nos ven" (**Contra el secreto profesional**, 86). En **Notes** sostiene que quizás la única diferencia que haya entre el cine y el teatro sea que en el teatro los espectadores pueden intervenir en la escena y los actores pueden "retirarse a las galerías" (170). Esto también ocurre en la feria, pero en ésta el público es llamado sólo para darle "autenticidad" o "belleza" a una prueba determinada. Quizá sin darse cuenta, acepta como una cualidad del cine una convención que era típica de la "cuarta pared" naturalista o realista, salvo que en ese tipo de teatro, los actores optan por ignorar a un público visible (sin darle la espalda). Esta nota es significativa porque a pesar de haber el deseo de crear ese "nuevo" arte partícipe del cine y el teatro, Vallejo se preocupa por distinguir cualidades que no podrían ser transferidas.

La recepción. De acuerdo con **Notes**, no se debe sorprender al público. En otras palabras, no debe hacerse lo que están haciendo los teatros de vanguardia (Cocteau, Artaud). Para que esto no ocurra, recurre a una variedad de recursos relacionados con la actuación y el público. Un actor descubre las convenciones que definen la puesta en escena: "Un actor debe advertir al público de lo que se trata--escribe Vallejo en **Notes**--, de que va a asistir a un sueño en forma de pieza y que no hace falta que los espectadores se sorprendan de lo que van a ver" (169). Esta tarea que realiza un actor forma parte del entrenamiento a que debe someterse al público para que tenga la "paciencia" necesaria frente a un drama que no está **bien hecho**. A los espectadores se les exige, además, que cambien sus expectativas. Sólo así podrán cumplir con lo que esta nueva estética espera de ellos: que tengan la capacidad de construir el "tema" de la puesta en escena, una vez que ésta haya concluido. La puesta en escena se convierte así en el prolegómeno de un ejercicio intelectual que depende del espectador; ejercicio que de emprenderse no niega el entretenimiento.

Vallejo no adopta una posición pasiva frente al espectador. No obstante, ha superado esa actitud hostil que en América Latina se hizo popular entre escritores a partir del Modernismo. Para él, el público ya no está compuesto de "hipócritas" lectores, a pesar de que sigue tratándolos como semejantes. Esto no quiere decir que sea complaciente con el público. En **Notes** es claro que busca transformar las expectativas de cada espectador, obligándolo a redefinir su competencia. A eso se debe que quiera entrenar al público. Para conseguir que **nada** sorprenda al espectador, éste tiene que ser sometido a un entrenamiento intenso. No aclara si la intervención del público en la escena supone igualmente un entrenamiento previo o si basta la competencia que ha adquirido como espectador de este tipo de dramas.

El actor que se dirige al público no le va a contar a éste secretos acerca de la historia. Tampoco va a interpretar los eventos o a construir un relato de los mismos, como hacían los **benshi** en el cine japonés. Tampoco pone orden, a la manera de un **raisonneur**. Su misión es más bien didáctica en un teatro que no es didáctico ni a la manera clásica ni a la de Brecht. Este actor le explica al público las convenciones en base a las cuales ha sido escrito el drama que, con su intervención, ha comenzado a ser puesto en escena. De esta manera, el actor explicita la convencionalidad del espectáculo. El relato de este actor, que no por su relato deja de ser un personaje, no se va a repetir durante la puesta en escena; queda sólo como un prólogo cuyo cometido es hacer del espectador un espectador ilustrado. Podría pensarse entonces en una suerte de distanciamiento, como el planteado por Brecht, pero ocurre que pese a esta introducción no se excluye la respuesta emotiva del público.

En el público debe forjarse una reacción emotiva que irá progresando hasta intensificarse en una demostración final. "Pero en todo esto, ¿cuál sería la meta de conjunto de este tipo de teatro?-- pregunta Vallejo en **Notes**--Interpretada la pieza, ¿cuál sería la **emoción final** que se desprendería de la representación? Respuesta: esa **emoción** sería una **emoción caótica** debiendo organizarse y sintetizarse en el espíritu de cada espectador" [subrayado mío] (170). Es importante precisar a qué tipo de emoción se refiere Vallejo. ¿A la que experimentó junto a muchos otros al final de la puesta en escena de **El brillo de los rieles**? ¿A una suerte de catarsis? La búsqueda de este tipo de recepción no concuerda con el efecto de las "fábulas materialistas," ni se contrapone a los planteamientos de otros dramaturgos y **régisseurs** marxistas como Brecht. La sóla búsqueda de esa "emoción final" no hace de la "nueva estética" vallejiana partícipe de una concepción "aristotélica," como calificó el mismo Brecht a algunos de sus propios dramas (e.g. **Los fusiles de la señora Carrar**).

La emoción no conduce a la empatía. Para Vallejo la emoción es un estado del cual se han privado los intelectuales. La emoción es un estado que pudiendo ser temporal afecta disposiciones que no son inmediatas; genera actitudes hacia sujetos y objetos particulares. En definitiva, la emoción es un mecanismo cognoscitivo indispensable, una manera de conocer, sin cuyo servicio la razón se priva de experiencias que son fundamentales. A este tipo de concepción se debe que no relacione la emoción con la empatía sino con un caos necesario. Sin la emoción no hay conocimiento. Entendida de esta manera, en **Notes** se restaura la emoción como una instancia epistemológica sin la cual no es posible ningún tipo de racionalidad discursiva.

El proceso por el que atraviesa el público es entonces el siguiente: percibe desorden o "coherencia arbitraria" en la puesta en escena; el efecto que produce es una "emoción caótica"; tras ésta, el público accede a una "síntesis cósmica" en la que pone todo en orden; finalmente, fija el tema (que no está fijado de antemano). La clave de la puesta en escena está precisamente en cómo se afectan las emociones de los espectadores porque es por medio de éstas que el público aprehende, individualmente, el sentido de esta puesta en escena. En la escritura o en los diálogos, aunque dentro de ciertos límites, el dramaturgo dispone contradicciones y desplazamientos que no deben ser ordenados por el **régisseur**. Se ordenan en la recepción individualizada que--como se ha dicho--controla el espectador. Este ordenamiento es **post factum**.

Vallejo también busca cambiar radicalmente la rutina del espectador. El opone a las reacciones "instantáneas" que son "producto de un solo golpe," las "impresiones" de quien lee novelas o poemas. Las diferencia el ritmo "paulatino" en el que progresa la lectura de textos narrativos o poéticos (170-1). Se ha dado por supuesto que en el teatro la "impresión del espectador" es idéntica al "relámpago," explica Vallejo. En cambio, él favorece la subversión de esta convención haciendo que el espectador siga la rutina del lector de poemas o narraciones, aunque él no favorezca la escritura de dramas para ser leídos.[100] Todos estos requisitos o presupuestos, proyectan la idea de que la estética de Vallejo necesita un público al que debe reeducarse o educarse en áreas diferentes. Para dicho reentrenamiento cuenta poco la experiencia lingüística de los espectadores. Puede incluso prescindirse de ésta. Lo contrario ocurre con su capacidad emotiva.

La escenografía. No hay nada en **Notes** que muestre o indique que ha cambiado su apreciación del "decorado" desde las puestas en escena de Granovsky. En "El año teatral en Europa" (1928), había elogiado ese decorado "plástico" y "dinámico" que "participa" del music-hall, el circo, la danza y el cinema, conjugando sus "recursos elípticos." Concluye igualmente que los movimientos visibles (la kinestesia) han

---

[100] De acuerdo con Marvin Carlson, "La presencia física del actor mantenía la atadura más pertienaz con la realidad diaria y tentó a Mallarmé, así como a Lamb en Inglaterra a principio de siglo, hacia un teatro para el lector solitario." Op.cit., 291.

desplazado la dicción (diálogos, declamaciones). En la escenografía empleada por Granovsky hay trapecios, escaleras, andamios, en una estructura que cambia para crear significaciones. Vallejo encuentra "genial" el espectáculo por el "entusiasmo delirante" que despierta por igual en las élites y el pueblo.[101] El "decorado" es también lo que más le impresiona en la puesta en escena de **El brillo de los rieles**, pese a que éste responde a convenciones social-realistas muy diferentes a las constructivistas empleadas por A. Granovsky.

No obstante, después de todo lo que él ha insistido en la importancia del "decorado" en sus crónicas, casi no hay referencias a la escenografía en **Notes**. En **Notes**, se obsesiona con otros aspectos de la puesta en escena y la dramaturgia a tal punto que se echa de menos lo que su "nueva" estética propone en lo tocante al "decorado." Quizás por la misma importancia que le ha dado a la escenografía desde 1928, no está todavía en condiciones de fijar una propuesta y opta por abstenerse. Se limita por el momento a establecer que su teoría "supone cambiar mucho el decorado" pero sin indicar todavía cómo. Para haber hecho de la "materia teatral" el núcleo de su nueva teoría, deja sin resolver un área de trabajo artístico que es central. El lector de **Notes** es forzado así a deducir qué tipo de escenario saldría de su estética teatral.

La sala teatral que requiere para su escenografía no es la que se asocia con la llamada sala a la italiana. El escenario debe permitir el desarrollo simultáneo de más de una escena. Asimismo, debe tener recursos mecánicos (como los del music-hall o como los empleados por Piscator) para hacer posible el cambio de escenas. Subsiste la demarcación entre escenario y sala, pero el escenario debe facilitar, como se recuerda, la intervención del público en las escenas, y la retirada de los actores a la sala. Por la misma razón, las candilejas han desaparecido en favor de "reflectores" cuyo emplazamiento se desconoce. Otro recurso que debe estar a disposición del **régisseur** es el de proyectores que permitan el uso de filmes. Pese a todas estas indicaciones, es difícil intuir el conjunto de su propuesta escenográfica, dados los puntos que deja pendientes.

---

[101] Op.cit., 303-4. Algo que reconoce recién en **Notes**, todavía no en la crónica mencionada, es que este tipo de "participación" la había iniciado Piscator en Alemania.

El aparato.   En su afán por liberarlo, Vallejo le permite al teatro libertades que no habría tolerado en ningún otro arte.   Su falta de entusiasmo por un proyecto como el de Wagner, no le impide ver al teatro como arte "ecuménico," conforme lo califica Barthes, o "sintético," como lo denominan Tairov, Komissarzhevsky, Piscator, Brecht y otros dramaturgos y **régisseurs** contemporáneos a Vallejo. No obstante caer a veces en la tentación de hacer de algún elemento "apoyo" de otro u otros (e.g. la iluminación), concibe el teatro como la unidad de elementos cuya disparidad y falta de sincronización debía mantenerse.   Una concepción así del teatro es conflictiva porque pone a prueba los límites que las instituciones resguardan entre los espectáculos.[102]   A su vez, la buena o mala disposición de las instituciones repercute en la disponibidad de fondos que administran dichas instituciones, como bien lo reconoce en "Falla y la música de escena" (1928).   En Notes, no pasa por alto tampoco la mediación que ejercen dichas instituciones.

Las expresiones que emplea para describir las instituciones se mantienen dentro del marco diseñado en sus crónicas.   El diagnóstico es semejante si no idéntico.   De acuerdo con este diagnóstico, el teatro se encuentra en un "atolladero" del cual hay que sacarlo.   A Vallejo le exasperan "las dificultades propias de la manera actual de considerar el teatro."   Junto a esta idea del impasse subsiste la percepción de que hay relaciones de poder como las que discutió en las crónicas.   El teatro está sometido a "yugos y trabas" que lo condenan al "anquilosamiento." Hay instituciones que imponen como deber el empleo de ciertas convenciones.   Una lectura somera de una publicación como **La Petite Illustration; Revue Hebdomadaire** explica por qué insiste en exigir la derogación de convenciones (e.g. los tres actos) que podrían pensarse como ya obsoletas a fines de la década de 1920.   Notes propone, por eso, el rompimiento de "leyes" caducas cuya derogación **debe ser** "final y definitiva."

Vallejo sabe diferenciar bien los tres circuitos teatrales mayores que hay en el teatro francés de París hasta la segunda guerra mundial.   Indudablemente piensa que los **ateliers** del **cartel** han dado señales de una dirección que él favorece aunque cree insuficiente.   No recibir subvenciones del estado, les ha permitido tener mayor apertura

---

[102] Recuérdese que una de las propuestas de Notes consiste en "derribar esta frontera entre subjetivo y objetivo, entre lírica y épica, entre autor y obra creada" (170).

en el repertorio y flexibilidad en el aprovechamiento de técnicas y
convenciones, pero estas ventajas no son irrestrictas. La estabilidad de
estas compañías depende del mercado. Tienen que calcular muy bien
sus programas a fin de que su situación financiera no se torne precaria.
En los teatros subvencionados, si escasean recursos se debe, más bien,
a las concepciones y normas que regimentan su funcionamiento y no a
límites en el presupuesto. Los teatros de **boulevard** dependen mucho
de fórmulas que han probado ser exitosas comercialmente. Raras veces
están dispuestos a correr los riesgos de un experimento. A Vallejo se
le presenta entonces el problema de cómo viabilizar su estética teatral
no en Rusia o en la República de Weimar, sino en un mercado
capitalista con características como las descritas. El sabe bastante bien
que cualquier drama escrito en función de una estética "nueva" tendrá
que vérselas con un mercado en el que tiende a disminuir el número de
salas de teatro.

Según lo recuerda Georgette Vallejo, César Vallejo tuvo
grandes expectativas en su actividad teatral desde que escribiera **Entre
las dos orillas corre el río** y **Lock-out** (43). Se contacta con
régisseurs que, como Charles Dullin, Gaston Baty y Louis Jouvet,
favorecen un repertorio más amplio. Ellos incluyen en sus temporadas
a dramaturgos extranjeros que no son europeos, a los de los Estados
Unidos de preferencia. Ellos tienen una relativa seguridad económica
en el público que se han creado. En general, pese a que hay señales
que advierten dificultades económicas que afectan por igual a la
Comédie Française y el Théâtre des Champs-Elysées, el teatro sigue
siendo como espectáculo un buen negocio. Las dificultades de las
compañías teatrales son mínimas si se las compara con las que tienen
compositores como Falla. En **Notes** se observa claramente que no
descuida la economía del teatro y que sabe en qué circuito tiene
mejores posibilidades.

En **Notes**, hace los cálculos que corresponden. La nota sobre
Artaud con la que termina **Notes** va precedida por la siguiente
afirmación, subrayada en el original: "**Evidentemente, toda esta nueva
estética sólo es posible con un capital financiero, para realizar las
obras y luchar con el público**" (176). Este comentario muestra que
pese a las expectativas puestas por Vallejo en los dramas que habrían
de derivarse de su estética, no ignora el funcionamiento del mercado.
Pensar en subvenciones hubiese sido inimaginable. Para él, la única
alternativa se la podían ofrecer productores franceses independientes,

no sólo porque había encontrado una cierta afinidad entre sus criterios y los trabajos de éstos, sino porque ellos se habían mostrado propensos a presentar dramas extranjeros. Además, tenían el público que él necesitaba. No es difícil comprender por qué Vallejo se acerca a ellos cuando toma en serio la posibilidad de ver producido alguno de sus dramas. Tampoco es inexplicable que sea Jouvet aquél con el que entra más directamente en negociaciones.

De los cuatro miembros del Cartel, Jouvet es el único que no ve con recelos ni reservas el teatro comercial. Según Harold Hobson, Jouvet no objeta la popularidad ni desdeña el gusto del público. Es el que goza de una mejor posición económica después de la puesta en escena del drama de Romains **Knock ou la triomphe de la médicine**, un drama de Jules Romains, en diciembre de 1923. Las extraordinarias ganancias que obtuvo le permiten subsidiar la presentación de otros dramas que eran vistos como comercialmente riesgosos. A Vallejo lo debió animar el hecho de que Jouvet había comenzado su trabajo como productor independiente con Jules Romains, un dramaturgo entonces desconocido. A todas estas ventajas, se agrega el aprecio que le tiene como **régisseur**. Vallejo recupera en **Notes** una técnica que Jouvet emplea en la puesta en escena de **Monsieur Le Trouhadec saisi par la débauche**, drama de Romains con el que Jouvet comienza su trabajo como director en marzo de 1923. Puede que también influya la buena disposición de Jouvet frente a una posición política como la de Romains, próxima a la de Vallejo.[103]

Dramaturgia y mise-en-scène. Dramaturgos, **régisseurs**, actores y público, asumen una función diferente en este "nuevo" tipo de teatro. Vallejo disminuye el papel del drama, no así del dramaturgo, y redistribuye las responsabilidades entre el dramaturgo y el **regisseur**, basado en una concepción que no separa el drama del teatro. Esa misma concepción la había explicado en "El decorado teatral moderno" (1929). En dicha crónica, él había destacado la dependencia mutua que había entre drama y teatro. En **Notes** se mantiene la misma concepción pero ahora está afectada por un rol más modesto para el drama en la

---

[103] De Romains escribe elogiosamente en "Ginebra y las pequeñas naciones" (1926). Dice que es un "osado" dramaturgo" por haber planteado "graves situaciones teatrales" en base a una ideología social audaz y comunista (181). En "Sobre el proletariado literario" (1928) lo incluye en la tradición baudeleaireana.

construcción de la puesta en escena.   Muchas de las propuestas que formula en **Notes** no están dirigidas sólo a los dramaturgos, pero éstos, al igual que los **régisseurs**, tienen un rol decisivo en la implementación de su nueva estética.

El dramaturgo tiene que escribir un "esquema" impregnado de atributos teatrales.[104]   El dramaturgo debe escribir un texto no para ser leído sino para ser puesto en escena.   El dramaturgo debe ser un poeta ("la obra escénica debe ser obra de poeta") para revertir o contrarrestar el excesivo poder que han tenido los narradores en el teatro realista y naturalista.   Los poetas deben recuperar la posición que perdieron en la escritura de dramas, lo cual no conduce a pensar que Vallejo crea que éstos deban escribirse en verso.   Se mantiene así una visión como la planteada por François Coulon hacia fines del siglo XIX, en el sentido de que sólo en el teatro podían sintetizarse todas las artes, haciéndole llegar al público la más grande visión poética.[105]

Este poeta es semejante a aquél que ha definido en **El arte y la revolución** en los siguientes términos: "El poeta emite sus anunciaciones... insinuando en el corazón humano, de manera oscura e inextricable, pero viviente e infalible, el futuro vital del ser humano y sus infinitas posibilidades.   El poeta profetiza creando nebulosas sentimentales, vagos protoplasmas, inquietudes constructivas de justicia y bienestar social" ("Profecía y creación o el adivino y el trabajador," 45-6).[106]   Una vez terminado su drama, este "poeta" debe llegar a un entendimiento con el **régisseur** porque es este último quien instrumentaliza el drama en el teatro.   El **régisseur** debe proporcionar las acotaciones que faltan en el "esquema" escrito por el dramaturgo.

Las relaciones de poder han cambiado, pero el **régisseur** tampoco controla todos los elementos necesarios para la teatralización del drama.   La actuación, por ejemplo, queda fuera de la esfera de influencia del **régisseur** y aún más del dramaturgo. La preocupación principal del **régisseur** es el montaje entendido como la labor que hace posible la articulación del trabajo de todos los participantes.   Cada actor

---

[104] Los actores no aceptan la imposición de un texto. El texto no es un libreto como lo son **Entre las dos orillas corre el río**, **Lock-out** o **Colacho Hermanos**. Tal vez sólo es un "marco de diálogo."

[105] "Essai de rénovation théâtrale," **Mercure de France** 6 (Oct.1892):158. Citado por Carlson, op.cit., 290.

[106] Lo mismo dijo en "El caso Victor Hugo" (133-4).

tiene el derecho de hacer lo más conveniente con su personaje pero no
con la totalidad de la puesta en escena.[107] La función del *régisseur*
consiste en darle sentido teatral a las construcciones dramáticas que
emplea. Es una suerte de garante del drama.

Originalidad de la "nueva estética." Para evitar malos entendidos y
tergiversaciones, Vallejo recomienda (se recomienda también a sí
mismo) que no se exagere la originalidad de su "sistema teatral." Esto
no quiere decir que carezca de originalidad. De ser así no la hubiese
calificado de "nueva." El quiere advertirle a cualquier posible lector
que no hay sistema teatral o artístico moderno que no dependa en
alguna medida, incluso considerable, de la apropiación de convenciones
o técnicas desarrolladas por otros espectáculos, y por otros dramaturgos
o *regisseurs*, contemporáneos o anteriores. Vallejo no se refiere aquí
al aprovechamiento que él favorece de pasajes provenientes de otros
dramas a ser insertados en sus propios dramas a modo de citas. La
alusión es más sencilla. No hay "sistema" teatral moderno que
prescinda de apropiaciones o préstamos. El robo no le quita
originalidad ni méritos a un drama; tampoco se los otorga
necesariamente.

El hurto no es un tópico ajeno a Vallejo. En sus crónicas, ha
hecho referencia a diferentes tipos de robo. La diferencia que establece
entre ellos es importante como se aprecia en "La nueva generación de
Francia" (1925) y "Contra el secreto profesional" (1927). En ambos
discute sobre la decencia y legitimidad del robo, así como sobre los
atenuantes que absuelven a quien roba, en contraposición a la falta de
decencia de quien plagia. Conservan su decencia quienes roban por
necesidad y confiesan sus robos. Lo opuesto ocurre, por ejemplo,
entre escritores latinoamericanos. Estos están acostumbrados a
practicar una "literatura prestada" (con estilos y técnicas provenientes
de la literatura europea) y a protegerse en la confidencialidad de su
profesión. Cabe entonces preguntarse si no hace en **Notes** lo mismo
que critica en "Contra el secreto profesional" porque es evidente que

---

[107] El actor debe representar a su personaje mejor que éste o ésta, y no como si fuera
éste o ésta. Lo opuesto del tipo de actuación que describe y critica en "Contribución al
estudio del cinema" (1927).

se ha apropiado de convenciones y técnicas desarrollados por otros dramaturgos y otros espectáculos.

Vallejo hace lo que está haciendo también Brecht, para quien este tipo de robo no es un recurso inapropiado. En **Notes**, Vallejo procura técnicas y convenciones que adquieren una identidad diferente y, al igual que el ladrón de Montmartre, alerta de esto al lector (175). ¿Roba acaso quien construye un **collage**? La originalidad está en la composición y no en convenciones que pueden ser identificadas con facilidad como ajenas, porque, al igual que ocurre con los colores, las técnicas están a disposición de quien las sepa utilizar con originalidad.[108] Este es un principio que ya señaló en "La nueva poesía norteamericana" (1929). No hay, por tanto, necesidad de autocriticarse por este tipo de apropiaciones, lo cual no obvia que haya una autocrítica muy importante en **Notes**.

Vallejo insiste con un énfasis exagerado en la gestación de un teatro que sea reverso de la realidad. Como se ha indicado anteriormente, él reitera críticas a quienes confunden la estética de la vida con la del tablado y elogia tradiciones teatrales que se habían burlado de la "verosimilitud" y el "sentido común" (el teatro primitivo, chino, los misterios medievales, la tragedia griega). Postula inequívocamente que el teatro es el "reverso" de la realidad y no su "espejo." "No hay que buscar verificar o identificar ésta en aquél" (170). La novedad está en que su diatriba contra el teatro realista o naturalista es también una suerte de autocrítica porque lo citado se aplica igualmente a dramas que él mismo había escrito (e.g. **La Mort, Entre las dos orillas corre el río, Lock-out**). Sin embargo, la autocrítica no se hace explícita pese a que es muy conciente de la repercusión que tiene esa crítica del realismo sobre sus propios trabajos artísticos.

La persistencia y exageración puesta en la crítica del realismo tiene que verse como una expiación de tentaciones en las que había caído al escribir algunos de sus dramas. Hacia el final de **Notes**, hace

---

[108] En "Ultimos descubrimientos científicos" (1927), Vallejo sostiene, a propósito de una discusión sobre el valor de los colores, que "no hay que atribuir a las cosas un valor beligerante de mitad, sino que cada cosa contiene posiblemente virtualidad para jugar todos los roles, todos los contrarios...en materia auditiva un gran ruido puede a uno quitarle el sueño o dárnoslo...uno puede volverse sordo a causa de oir un silencio excesivo" (op.cit., 189-90).

una afirmación que es lo más próximo a una autocrítica: "Sin duda hay que escribir un texto diferente de aquél de las piezas que he escrito hasta aquí." Luego agrega: "Las piezas que tengo no van en ese sentido" (175). De este modo, establece su propia ruptura con los dramas que completó hasta 1934, una ruptura para la que estuvo preparado desde que aceptó como inevitables "equivocaciones" en las "cosas espirituales."[109] Sin embargo, decretar esta ruptura con sus dramas no implica rechazar cuanto había aprehendido de espectáculos y lecturas.

Tomado en su conjunto, Notes es un collage en el que pueden identificarse propuestas y planteamientos hechos por dramaturgos europeos contemporáneos o anteriores a Vallejo, sin que esto perjudique la originalidad de su proyecto "renacentista." Como se ha dicho, Vallejo mismo es el primero en hacer evidentes préstamos y robos. La originalidad no está tanto en la confección de cada convención teatral sino en el conjunto que crea a partir de las mismas. Sin embargo, no puede pasarse por alto que convenciones teatrales que presenta como "nuevas" o novedosas en Notes, cuentan poco en algunos de los dramas que escribe antes o después de Notes--e.g. **Colacho Hermanos** y **La piedra cansada**. Estas inconsistencias son significativas, dado el tiempo que le toma componer Notes. Igualmente significativos son estos cambios si se los compara con **Entre el arte y la revolución, La Mort, Entre las dos orillas corre el rio** o **Lock-out**.

¿Es acaso exagerado el título de Notes? El título puede ser desmedido pero da una idea bastante precisa de las posibilidades que Vallejo le atribuye a sus concepciones y proyectos. Una "estética teatral" como la planteada por Vallejo hubiera necesitado de un teatro que sólo Bauhaus podría haber imaginado. Necesitaba de actores como Georges y Ludmilla Pitoëff. Hubiera requerido de un presupuesto semejante o mayor al manejado por cualquiera de los integrantes del Cartel des Quatre. Hubiera requerido de todos los recursos técnicos del music-hall. Hubiera requerido de espectadores que hicieran de audiencia más que de público. Hubiera requerido de un director de cine más que de teatro, así como de montajistas más que de

---

[109] Después de comentar en "Carta de París" (1925) los problemas materiales que tuvo Bonaparte durante su niñez, Vallejo escribe: "En cosas espirituales, después de todo, hay para equivocarse todo el día" (57).

escenógrafos. Finalmente, hubiera requerido de Vallejo como dramaturgo, porque nadie como él hubiese tenido el nivel de competencia estética necesaria para que esta empresa fuese exitosa, y porque él, mejor que nadie, podía llenar los puntos que había dejado pendientes. La impracticabilidad de una concepción como la suya, que depende del control y manipulación de la recepción, de un presupuesto que hubiera sido considerable, y de un cambio de expectativas por parte de espectadores e instituciones, es propio de una época plagada de proyectos desproporcionados como **La toma del palacio de invierno** (1919) dirigido por Evreinov.

B. Proyectos dramáticos

La escritura de **Temas** coincide y se complementa con los "carnets" de **Contra el secreto profesional** (1928-1929). Los apuntes de **Temas** parecen provenir parcialmente de esos "carnets." Pero también quedan en esos "carnets" ideas que Vallejo no recoge en **Notes** o **Temas**.[110] Esta procedencia es fácilmente detectable en los "temas" y "notas" de la tercera fase (1933-36-37), puesto que los de las dos primeras (1931-1934) no provienen de **Contra el secreto profesional**. Ejemplos de coincidencias son: (1) la sabiduría perceptiva de un ciego (**Contra el secreto profesional**, 73); (2) el personaje del médico Guevara (74); (3) el ambulante que vende mercadería (91); (4) la disputa entre esposos en torno al lugar que ocuparán en el paraíso (98); y (5) el diálogo entre dos hombres cuyos recuerdos contrastan radicalmente (99). Sin embargo, las fechas no siempre coinciden. El médico Guevara, por ejemplo, aparece en el "carnet" de 1929-1930 y en la fase 1933-36-37 de **Temas**.

Ninguno de los "temas" que menciona en las dos primeras fases de **Temas** es mencionado en **Notes**. Esto es especialmente llamativo en el caso de los "temas" de la segunda fase (1933-34). Más aún, sólo marginalmente son mencionados en **Temas** los bosquejos o esbozos dramáticos que escribe: **Dressing-room, Songe d'une nuit de printemps** o **Suite et contrepoint**. Por su parte, muchos de los llamados "temas" no pasan de ese estadio, i.e. no pasan ni siquiera a

---

[110] "El actor que un día cesó de ser él para ser uno de los personajes que encarnaba en escena" (69); "Un personaje teatral: un ciego que dice y siente cosas formidables para los que tienen sus ojos" (73).

ser bosquejados como lo fueron los dramas mencionados. Si se toman en cuenta los "carnets" y **Notes**, debe concluirse que en **Temas** no están recopilados todos los proyectos que ha imaginado. En **Notes**, tiene como proyectos ideas preliminares.

Temas y notas teatrales es un documento en el que registra "temas" (y asociaciones) que se le ocurren, en diferentes momentos, para la composición de posibles dramas que respondiesen a una nueva manera de hacer teatro. En **Notes** también hay "temas" pero éstos no aparecen como proyectos sino como ejemplos de tal o cual concepción. Al hecho de ser un registro de proyectos se debe que **Temas** tenga un título menos pretensioso. El hecho de que **Temas** fuese escrito durante un plazo que precede y excede a **Notes**, no impide señalar que dada la función de **Temas**, es un texto que está comprendido dentro de una estética que le sirve de marco: **Notes**. **Temas** es la realización de la "estética teatral" expuesta en **Notes**. De existir esta relación, habría violado uno de los presupuestos que mantiene con más celo en sus crónicas, aquél que planteaba lo "incómoda" que era la teoría para la creación.[111]   **Notes** prueba lo contrario, que la gestión fue beneficiosa.

Temas reúne un conjunto dispar de apuntes a disposición del dramaturgo. El **régisseur** cuenta poco en este documento. Como apuntes, pueden separarse en "temas" y "notas", según los clasifiqué anteriormente. Las "notas" deben su nombre a que mantienen un carácter teórico semejante a los apuntes de Vallejo en **Notes**. Los "temas" no son tanto temas sino ideas a ser desarrolladas por Vallejo en torno a la escenografía, los personajes, el movimiento, la actuación, los diálogos, los efectos.   Entre todas estas categorías las más desarrolladas son los personajes y la ambientación de las escenas. El área menos tocada es la actuación, como también ha ocurrido en sus crónicas. A este respecto, es una excepción lo que dice de un tipo de actuación en "Contribución al estudio del cinema" (1927).

En **Temas y notas teatrales** hay más "temas" que "notas." Hay pocas reminiscencias de lo que podría ser un teatro que siguiese los criterios del arte "bolchevique." La mayor parte de estos "temas" y "notas" fueron escritos en la última fase. El aspecto en el que más insiste Vallejo, es el tocante a los personajes. Estos se suceden en este

---

[111] "Las teorías, en general, embarazan e incomodan la creación," escribe Vallejo en "Los artistas ante la política" (1927).

texto sin mayor conexión. Hay algunos que se relacionan de alguna manera con **Dressing-room, Songe d'une nuit de printemps** y **Suite et contrepoint**. La mayor parte no fueron usados por Vallejo en los dramas que se conocen de él: ni en los que terminó ni en los que fueron sólo bosquejados; la mayor parte tienen que ver más con la crisis (social, económica, política) de Europa. Un dato interesante es la inclusión de algunos personajes "cómicos," que no son frecuentes en los dramas que él ha escrito.

¿Quiénes son los personajes en **Notes**? Además de los espectadores y de aquéllos que pertenecen a la esfera privada del dramaturgo, menciona personajes "divertidos" (posiblemente fantoches y marionetas). Otros son identificados por las funciones precisas que desempeñan: "coordinar" escenas o "cruzar" sin lazo aparente con los demás personajes. Otros serán invisibles entre sí aunque visibles para el público (como Jouvet lo había diseñado en **Monsieur Le Trouhadec**). Se incluirá también a quienes suelen ser marginados del teatro y se les niega ser actores (minusválidos, enanos). El propósito es siempre el mismo: evitar por todos los medios posibles que se restituya la "realidad extra teatral," a la manera del realismo o el naturalismo.

El archivo de personajes que sale de **Notes** y **Temas** subraya una narrativa en la que se abandonan momentos y sociedades con conflictos políticos intensos tales como crisis provocadas por revoluciones o disputas laborales, en favor de conflictos menos espectaculares. En estos "temas" no hay "fábulas materialistas." La revolución no es una tarea ni una responsabilidad omnipresente. Los temas son motivos para la reescritura o la subversión de melodramas y dramas burgueses en esferas que son casi privadas. La mayoría de estos personajes podrían haber encajado en cuadros de costumbres, con la salvedad de que son costumbres desarrolladas en épocas de crisis. Las crisis no son siempre las mismas: en las sentimentales se explora la existencia de leyes que parodian el melodrama (**Suite et contrepoint**); en las sociales, se le da cabida a cuadros depresivos en la clase obrera (**Sueño de una noche de primavera**); en las políticas, se revisa el funcionamiento de fetiches e imágenes en las relaciones contractuales que se establecen en la vida cotidiana (**Dressing-room**).

Sólo hay cuatro "notas" en **Temas**. Tocan, respectivamente, problemas relacionados con motivos psicológicos, la definición del teatro, la renovación del "material teatral" y el montaje. Todas coinciden con **Notes** a pesar de que fueron formulados entre 1931 y 1937. En **Temas**, Vallejo insiste que se debe "confundir" la ficción del dramaturgo con su realidad. En una "nota" escrita "hacia" 1933-34, establece uno de los elementos de su "nueva" estética teatral en los siguientes términos: "una pieza en que el autor convive, él y su familia y relaciones, con los personajes que él ha creado, que toman parte en su vida diaria, sus intereses y pasiones. Se confunden los personajes teatrales con las personas vivas de la realidad" (178). El escritor no pierde control sobre sus personajes, como ocurre en **Niebla** de Unamuno, ni compiten la identidad del personaje y el actor, como en **Enrique IV** de Pirandello. Se construye un ambiente único en base a todas las relaciones ficticias o "reales" del dramaturgo. En **Notes** se explicita esta idea: "El autor y aún su mujer y su familia intervienen en las peripecias del sueño, es decir, del drama que él sueña" (169). El objetivo no consiste en enfatizar lo autobiográfico de la puesta en escena sino en exhibir las convenciones en base a las cuales ésta se construye. Vallejo convierte en personajes agentes que en el teatro clásico, el melodrama o la **pièce bien faite**, quedaban al margen. Asimismo, confunde niveles para extender las posibilidades que tienen las convenciones. A esto apunta también su deseo de redefinir los códigos o lo que él llama "motivos psicológicos." Lo que él persigue es una redefinición de las asociaciones a las que el público se ha acostumbrado y en las que basa su competencia. Quiere establecer una nueva asociación, más alegórica que simbólica, entre gestos y acciones, por un lado, y emociones, por el otro.

Otra de las "notas" de **Temas** remite nuevamente a la función que pueden cumplir algunas convenciones provenientes de la ópera. A propósito de la renovación del material teatral, plantea, hacia 1933-36-37, que ésta puede lograrse "con nuevos elementos de acción y de conducta humana: el viento, la lluvia, el sol, las plantas, los animales y las máquinas, pasando o haciéndose sentir por la escena." Luego agrega: "El destino y la conducta y los actos del hombre influidos y modificados por todos estos nuevos elementos" (179). Salvo máquinas, los "nuevos elementos" que nombra son fenómenos naturales o animales, i.e. elementos que la ópera emplea para anunciar eventos o estados que afectan la conducta de los personajes, como ocurre en **La piedra cansada**. Empleados de esta manera, los "elementos" no catalizan las expectativas que el espectador ha aprehendido, sino que contribuyen a sacar al público de esa rutina. La tercera "nota" en **Temas** alude al montaje, uno de los aspectos más desarrollados en **Notes**. En el texto escrito "hacia" 1933-36-37, escribe acerca de "Una pieza teatral que se hará toda entera en una pieza al lado de las escena visible, con telón levantado. Se oye sólo las palabras o texto de la pieza" (179). Vallejo usa la palabra "pieza" en dos de sus acepciones, como espacio y como puesta en escena. Diseña una escena que está desdoblada a la manera de dos escenas simultáneas. No subraya, como lo hace en **Notes**, que son escenas independientes, pero lo son. Los personajes no están al tanto de esta otra escena, como sí lo está el público, a pesar de que los espectadores no establecen contacto visual con esta otra escena. De esta manera, el espectador está obligado a distribuir sus sentidos entre dos escenas. El problema no es tanto visual (a este nivel no hay necesidad de desdoblamiento alguno) sino auditivo. El público tiene que escuchar una escena que no ve, al mismo tiempo que debe escuchar y ver otra escena. No se le da al espectador la oportunidad de vincularse con estas escenas en secuencia. Vallejo adapta así al teatro un recurso que en el cine se logra mediante un montaje paralelo.

Los "temas" de los que escribe no guardan una relación directa con la situación política que prevalece en Europa entre las dos guerras mundiales. A diferencia de **La Mort**, **Entre las dos orillas corre el río** y **Lock-out**, muchos de estos "temas" trascienden o subliman conflictos en la esfera pública. Estos tienen ingerencia sobre conflictos en la esfera privada. El ha encontrado una manera diferente de hacer política en el teatro sin sacrificar al "poeta." Los "temas" de este texto se diferencian claramente por la insistencia que se hace en el empleo del humor y la ironía. En uno de los apuntes de **Temas** escribe: "Uno lee poemas a otro y éste le oye cabeceando mientras el primero se enardece leyendo muy gracioso. **Très rigolo**" (179).[112]

---

[112] Compárese esta descripción con la hecha por Georgette Vallejo a propósito de la lectura de **Moscú contra Moscú**: "Vallejo leyó sin la más mínima concesión de texto o de tono. Educadamente, las personas presentes escuchaban calladas pero no sin ocultar una expresión de reprobación. Imperturbable, Vallejo seguía leyendo. Las escenas se sucedían en un silencio de instante en instante más estrangulados. Terminada la lectura, Vallejo con el fólder apretado por la mitad en la mano, lo dirigió hacia los asistentes mudo y, lapidario, les dijo: 'Esto no existe al lado de lo que ha sucedido y sigue sucediendo aún en Moscú, y en todas partes en absoluto del mundo.' La frente demasiado blanca de la señora de la casa se enrojeció violentamente. Vallejo tuvo una leve sonrisa que me golpeó como alas de fierro" (op.cit. 62-3).

En contraste con sus poemas, donde hay ironía pero raras veces humor, en sus escritos dramáticos no parece tomar demasiado en serio los dramas, ni siquiera los suyos, de la vida cotidiana. Como se aprecia en la misma cita, escoge por ello un tono menos "neurótico" e introduce comentarios, generalmente elogiosos o complacientes, a sus propios "temas" o "notas."

Finalmente, otro aspecto que resalta en **Temas y notas teatrales** es la frecuente referencia que hace Vallejo a sus escritos para ejemplificar o explicitar "notas" o "temas." Dice, por ejemplo, "Acordarse de la escena de las máquinas en **Lock-out**," y da nombres (e.g. Lora de **Les Taupes**) o títulos puestos entre paréntesis. Este es un rasgo del que hay algunos antecedentes en sus crónicas. Entre los trabajos que menciona están **Trilce**, **Lock-out**, **Vestiare** (otro de los títulos usados inicialmente por Vallejo para **Dressing-room**), **Les Taupes** y **El cóndor de la tierra**.[113] De todos estos "temas" sólo tres, que en este texto son muy marginales, fueron desarrollados por Vallejo.

---

[113] "Acordarse de la atmósfera tropical--escribe Vallejo--de aquella mi novela **El cóndor de la tierra**" (179). Nada se sabe de esta novela.

CAPÍTULO 3

La nueva dramaturgia de Vallejo

En "Carta de París" (1925), Vallejo sostiene que el "verbo" está en crisis (56-9). Por "verbo" entiende aquello que revela, une y "arrastra más allá del interés perecedero y del egoísmo." La crisis se debe--según Vallejo--al apogeo de la "palanca de Arquímedes." Obviamente, no se refiere en particular a algún invento de Arquímedes sino al "entusiasmo groseramente positivo" que generan los inventos. En "La confusión de las lenguas" (1926), escrita cinco meses después, ofrece una explicación más compleja.   Dice que el "verbo" ha recuperado su "prestigio primitivo" pero que todavía resta poner bajo control el nacionalismo lingüístico en países como Francia e Italia. Para lograrlo, es necesario que el "verbo se desenvuelva dentro de una forma lingüística sintetizante, homogénea, universal, de acuerdo con los fines de armonía y solidaridad humana que aquél está llamado a realizar" (94).   En esta crónica, el "esperanto" no es entendido como el idioma inventado por un lingüista ruso, sino el idioma que se necesita en "días de entendimientos cordiales entre los pueblos" como los que él dice observar a principios de 1926.[1]

Vallejo reconoce que ese idioma "universal" es todavía un proyecto.   Lo concreto son situaciones como las que ocurren en París y en las fronteras.   La "confusión de las lenguas" es, en el caso de París, el resultado de la cohabitación de numerosos idiomas distintos en esa ciudad.   No precisa cuáles son esos idiomas pero dice que "Hay lugares en la gran urbe, donde el francés suena en tan corta dosis, que se diría una tímida lengua extranjera, un gallo en corral ajeno" (94).

---

[1] Pronto Vallejo abandona el pronóstico aunque no la invocación. En lugar de poner sus esperanzas en Wilson para la creación de ese "esperanto," las pondrá en el socialismo.

163

De ser así, lo que en tiempos de Darío ocurría sólo en las exposiciones, ahora ocurre por todas partes. La única salida que vislumbra es la de un "idioma universal," una fórmula que lo aproxima a planteamientos como los de Leibniz en torno a la llamada **characteristica universalis**, aunque los parámetros de Leibniz son, como era de esperarse, diferentes. Según Stephen Toulmin, el "sistema universal de signos" que construye Leibniz, pretendía impedir distorsiones en la percepción y en los procesos racionales del pensamiento, porque éstas eran el origen de las guerras. Como la multiplicidad de los idiomas era una de sus manifestaciones, la construcción de un "idioma universal" solucionaría cualquier conflicto posible, teológico o político.[2]

En "Menos comunista y menos fascista" (1926), discute un asunto que retomará posteriormente en "El nuevo teatro ruso." En las fronteras dice experimentar que el "nacionalismo lingüístico" disminuye y pierde importancia. No prueba la nacionalidad ni la "raza de nadie." La comunicación no se interrumpe a pesar de la cohabitación de tantas lenguas posibles como las que pueden haber en un viaje de tren entre Alemania y Rusia. "En las fronteras--escribe Vallejo--todos saben hablar y hacerse entender en cualquier idioma y nadie disputa ni se pega porque los otros se expresan en lenguas distintas" (158). Se produciría así un tipo de fraternización lingüística imposible de hallar en ciudades como París, donde abundan las recriminaciones contra quienes hablan otros idiomas o maltratan el francés. Hay "confusión" en los cafés o en los grandes bulevares de París pero no en las fronteras. Por el contrario, "Cuando se viaja al extranjero se vuelve uno menos patriota." En las fronteras la gente muestra tolerancia, interés y hasta curiosidad, hacia sus semejantes. En ciudades como París sucede todo lo contrario. Incluso a los **métèques** les preocupa el acento con el que se habla. Vallejo mismo se contagia de esos hábitos.[3] En cambio, las fronteras ofrecen el modelo que anuncia,

---

[2] Mientras que vive en París (1672), Gottfried von Leibniz intenta formalizar este idioma en base a experimentos hechos con símbolos matemáticos e idiogramas chinos. Ambos fracasan. Como dice Toulmin, la construcción de un "idioma universal" no era difícil sino completamente imposible (103). Véase S. Toulmin **Cosmópolis: The Hidden Agenda of Modernism** (Chicago: The University of Chicago Press, 1990), 98-105.

[3] Al igual que muchos franceses, Vallejo llama la atención (de sus lectores) del habla que no es correcta. Comenta el acento de quienes hablan con él en "mal" francés, ya sea un español "tarambana" en 1923 ("En Montmartre") o una rusa bolchevique en 1929 ("De Varsovia a Moscú" y "El movimiento dialéctico en un tren").

anticipa o desea ese nuevo tipo de universalidad. Una sociedad en la que sólo la burguesía tendrá problemas.[4]

En "Duelo entre dos literaturas" (1931), replantea el problema. No dice que el verbo está en crisis o que no está en apogeo, sino que distingue lo que ocurre con el "verbo" en la literatura que llama "burguesa" para contrastar su estado con el de la literatura "proletaria." En la "literatura burguesa" se evidencia que el verbo está "vacío." Este es uno de los signos que demuestra su decadencia: "Sufre de una aguda e incurable consunción social. Nadie dice a nadie nada. La relación articulada del hombre con los hombres se halla interrumpida. El vocablo del individuo para la colectividad se ha quedado trunco y aplastado en la boca individual...Es la confusión de las lenguas, proveniente del individualismo exacerbado que está en la base de la economía y política burguesas" (434). Lo opuesto ocurre en la literatura "proletaria": "El signo más importante está en que ella devuelve a las palabras su contenido social universal, llenándolas de un substractum colectivo nuevo, más exuberante y más puro, y dotándolas de una expresión y una elocuencia más diáfanas y humanas" (435).[5]

Podría pensarse que la discusión que plantea Vallejo en "Duelo entre dos literaturas" está reducida a esas literaturas o a la literatura, pero hay suficientes indicadores de que no se reduce a éstas. La discusión tiene que ver, nuevamente, con la gestación de una "lengua universal" y con el reestablecimiento de la comunicación. Vallejo caracteriza la "confusión" como un drama social del cual todos se han percatado: "Nadie comprende a nadie. El interés del uno habla un lenguaje que el interés del otro ignora y no entiende...Todos también nos damos cuenta de que esta confusión de lenguas no es, no puede ser, cosa permanente y que debe acabar cuanto antes. Sabemos que para

---

[4] En "Deauville contra Ginebra" (1927), Vallejo describe el balneario de Normandía en base a lo escrito por Roger Ducos, como una "asamblea que está abierta a todos los pueblos del universo" y a todas las clases sociales. A nadie le perturba los idiomas que se hablan (238-39). El propósito de parodiar a la Liga de las Naciones, le permite a Vallejo olvidarse de lo que escribió en "El verano en Deauville" (1925) e insistir en lo importante que es el dinero para el control de las fobias.

[5] Otro indicio de lo que Vallejo tiene en mente lo da su cambio respecto a las tesis de Julien Benda. A Benda lo tilda de "defensor arrogante de la inteligencia pura," en "El pensamiento revolucionario" (1929), un año después de haber escrito, en "La traición del pensamiento" (1928), que su libro, **Le trahison des clercs**, estaba "conducido de una dialéctica clara" (318, 348).

que ella acabe no hace falta sino una clave común: la justicia, la gran
aclaradora, la gran coordinadora de intereses" (434). Más adelante
insiste sobre la misma idea: "A la confusión de las lenguas del mundo
capitalista, quiere el trabajador sustituir el esperanto de la coordinación
y justicia sociales, la lengua de las lenguas"(435). Cuando este deseo
no es debidamente acogido en las relaciones sociales, se generan
"sordomudos" como aquéllos de los que escribe en "Cooperación"
(1923).[6]
     El problema no radica en la imposibilidad de controlar los
significados sino en la pérdida de todo significado posible. Vallejo cree
factible revertir la tendencia a la diferenciación lingüística. La solución
no está en promover una suerte de milenarismo lingüístico. Las
palabras recuperan la capacidad que tienen de significar mediante la
actividad de quienes pueden devolverle a las palabras el "contenido
social universal" que otros le quitan. Para crear ese "idioma universal"
que los pueblos necesitan, puede prescindirse de una lengua artificial
como la inventada por Zamenhof. Basta con que la gente restituya el
"substractum colectivo" que la comunicación solía tener. Una vez
logrado esto, será posible dar término a esa "confusión" creada por el
señor del "Génesis" o por el capitalismo.
     Parte de la solución depende de que se realice un tipo de
transferencia como la planteada en "Se prohíbe hablar al piloto" (1926).
Los "hacedores"--aquéllos que construyen imágenes, metáforas,
linduras y colmos--deben devolverle "las palabras a los hombres." De
esa manera se subsanará la anomalía de la que es responsable el
individualismo (165). Los escritores no deben posesionarse de las
palabras como si fueran propietarios de ellas, tan sólo para escribir
encerrados en sus bufetes, vestidos en pijama. Las palabras deben
recuperar el valor que han perdido para los demás. La gente común es
la que debe construir imágenes. Una situación así puede ser creada
sobre la base de dos supuestos que él menciona. El primero consiste
en que no hayan artistas o, en otras palabras, que todos lo sean. El
segundo implica un cambio en el modo de producir, en las relaciones
sociales y en el estado. El síndrome creado en Babel puede ser
solucionado, no mediante el esperanto o cualquier otro idioma

---

[6] De "Europa se nos responde con el silencio y con una sordez premeditada y torpe,
cuando no con un insultante sentido de explotación. Una sordez premeditada observa
Europa respecto a nuestra vida y agitaciones mozas" (16).

semejante, sino con relaciones sociales radicalmente diferentes. Condiciones políticas diferentes a las que existen en Francia, pueden solucionarlo, quizás, como se ha solucionado el problema del tráfico en Moscú. En "Universalidad del verso por la unidad de las lenguas" (**El arte y la revolución**), dice que esa universalidad "será posible el día que todas las lenguas se unifiquen y fundan, por el socialismo, en un único idioma universal" (62). Todas estas alusiones a la crisis del "verbo" y a la universalidad lingüística son indispensables no sólo para la lectura de su poesía sino también para la comprensión de sus concepciones teatrales.

"Un gran libro de Clemenceau" (87), "Contribución al estudio del cinema" (1927), "El año teatral en Europa" (1928) y "El nuevo teatro ruso" (1931), son crónicas en las que adelanta las preocupaciones básicas de su "estética" teatral.[7] Las afirmaciones que hace del music-hall, el cine y el teatro, en estas cuatro crónicas, reaparecen en otras pero en ésta sienta las premisas de las que parte para la composición de textos tales como **Notes sur une nouvelle esthétique théâtrale** y **Temas y notas teatrales**. En las dos primeras, hace comentarios sobre el music-hall y el cine, espectáculos que acostumbra incluir en sus balances del "año teatral" en París. En "Un gran libro de Clemenceau," reseña, como se recordará, **L'Homme au sable**, que produce el Music-hall des Champs-Elysées. Describe cuidadosamente el "maravilloso conjunto." Dice que es una "novedad teatral desconcertante" porque no tiene argumento. No se dice nada, "Ni Una palabra o leyenda escrita a la manera cinemática. Ni una hebra de razonamiento a lo Maeterlinck" (87). Para él, esta "comedia," en la que poco o nada se dice, revoluciona la escena (88). En "Contribución al estudio del cinema," retoma la misma idea. Discute el efecto del ruido en las ciudades modernas usando, a modo de preámbulo, las destempladas inflexiones vocales de Victor Francen en el Théâtre Saint-Martin. Le preocupa lo que describe como la invasión del "ruido universal." Para Vallejo, las orquestas o los pianistas fomentan la expansión de ambientes sórdidos. Esto trastorna una tendencia que él suscribe, según la cual las salas de cine son una suerte de refugio que protege al ser humano del "ruido universal." "Se olvida--escribe Vallejo--que la música debe ser excluida radicalmente del cinema y que

---

[7] Vallejo 1987a: 86-8, 251-52, 302-04, 431-33.

uno de los elementos esenciales del séptimo arte es el silencio absoluto"
(252).

En las otras dos crónicas, el teatro es un tópico mucho más
preciso. En "El año teatral en Europa," realiza un balance de todos los
espectáculos presentados en París (no en Europa) durante la temporada
que concluye en el verano de 1928. Comprende, por tanto, los
espectáculos producidos durante 1927-1928. Hace un planteo que tiene
como reverso lo que él escribe sobre la traducción en "La nueva poesía
norteamericana" (1929). Después de asistir a la puesta en escena de
un drama en yiddish, dice que "para saborear lo esencial de un drama,
no hace falta entender el idioma en que éste es representado." Esto lo
lleva a definir el teatro como "cinemático" porque es "accesible a todos
los públicos, sean cuales fuesen los idiomas que éstos hablen." Le
resta toda importancia a la palabra "en la escena o en la pantalla"
(303). Cuando la palabra adquiere demasiada importancia se produce
lo que él llama "celestinaje," i.e. la teatralización del cine (304).
Finalmente, en "El nuevo teatro ruso," después de asistir a la puesta en
escena de un drama en ruso, confirma el planteamiento hecho en "El
año teatral en Europa." Reitera la poca o nula importancia que tiene
el idioma para la comprensión de la "esencia" del drama. Le
impresiona la "estética del trabajo" que está dispuesta en la
escenografía, la "fonética" de las palabras y la actuación.

Implícita en todos los casos está una distinción entre poesía y
teatro que es central: (1) el teatro tiene la versatilidad o accesibilidad
que la poesía carece; (2) en la poesía es necesario entender el idioma,
porque debe aprehenderse "lo que se dice" y el "tono" en el que se dice
algo; (3) como en el teatro no es necesario entender el idioma, es
irrelevante traducir el drama, mientras que la poesía depende de la
traducción. El contraste puede entenderse también a partir de dos
planteamientos que Vallejo hace. En "La nueva poesía
norteamericana," explica que en un poema debe distinguirse "lo que se
dice" del "tono con que eso se dice." A esto agrega que también es
importante la manera como están dispuestas las palabras. Vallejo cita
a Gris como respaldo de lo importante que es la manera como están
dispuestos los elementos más simples. También podría haber
mencionado a Erik Satie, quien en **Sports et divertissements** (1914)
dispuso las notas musicales de tal manera que pudiesen ser apreciadas
visualmente.

La traducción es siempre insatisfactoria en la poesía porque el tono siempre queda "en las palabras del idioma original." Para que ese tono no se pierda, propone que sea leído "en su lengua de origen." Esta alternativa tiene también sus desventajas. Vallejo escribe de lo limitada que será la "universalidad de la emoción," pero otra desventaja es la siguiente: al depender de la oralidad, no podrá advertirse la manera como están dispuestas las palabras. Para él, la poesía no será traducible hasta que la traducción sea innecesaria, cuando exista la "lengua de las lenguas."[8] Mientras tanto, emprende con sospecha la lectura de cualquier traducción. Como lo dice a propósito de la poesía "estadounidense," ésta "debe ser, con toda seguridad, otra muy diversa de lo que nos dan a conocer los traductores franceses y españoles" (372).

La alternativa propuesta en "Universalidad del verso por la unidad de las lenguas" plantea un complejo intercambio entre competencia--en el sentido de conocimiento de la lengua y las reglas en base a las cuales opera--y ejecución (**performance**)--entendida como el uso específico de un idioma. Puede deducirse que la persona que lee deberá tener competencia lingüística en el idioma o la lengua en la que el poema fue escrito, porque ese poema no será traducido. El poema debe leerse en su "lengua de origen." Sin esa competencia, quien lo lea perdería "lo que se dice" y el "tono con que eso se dice," aunque es posible que ese tono pueda ser aprendido con la ayuda, por ejemplo, de una partitura o un libreto, como el que usan los cantantes de ópera. Sin embargo, la situación óptima no es ésa, sino la del lector o la lectora que sabe, por ser lingüística y culturalmente competente, tanto lo que se dice, como el tono en el que eso debe decirse. Quien escucha no necesita nada de esto. Le basta el conocimiento que se basa en su propia experiencia fonética. Sólo quien tenga competencia lingüística y la experiencia cultural de haber usado el idioma en el que el poema fue escrito, podrá aprehender la totalidad sin la mediación de un intérprete. Sólo esa persona podrá aprehender la "universalidad de la emoción."

---

[8] Para esta comparación, tomo como base lo que Vallejo dice en "La nueva poesía norteamericana" (1929) y en "Universalidad del verso por la unidad de las lenguas" (**El arte y la revolución**), que es una recomposición de "Se prohíbe hablar al piloto" (1987a:371-4; 1973:62; 1987a:164).

La situación del drama es completamente diferente. El valor de un drama no es análogo al de un poema, porque el drama pierde todo sentido sin el teatro. Vallejo piensa que "para saborear lo esencial de un drama no hace falta entender el idioma en que éste es representado." La palabra--que en el caso de la poesía es fundamental--en el teatro "es lo de menos." Califica al teatro de polígloto, no porque tenga la capacidad de hablar en todos los idiomas, sino porque las palabras no importan tanto como la "sinfonía" que se produce con la intervención de una serie de elementos que no son verbales. El movimiento es más importante que las palabras. Al no depender de las palabras para expresar, el teatro, como el cine mudo, es accesible a cualquier tipo de público. En 1931, llega a un experimento extremo, al asistir a una producción en ruso. Esta le comprueba que cuanto más se reducen las palabras a su dimensión fonética, mayor es el efecto que en él, como espectador, produce un drama puesto en escena.

Vallejo descubre en una situación un tanto fortuita, la asistencia a un espectáculo en el que se emplea un idioma que desconoce, un efecto que le permite corroborar la poca importancia que tienen o deben tener las expresiones verbales en una puesta en escena. Piensa incluso que esa falta de competencia lingüística favorece la recepción de la teatralidad. El espectador que ignora el idioma empleado por los actores percibe con mayor cuidado la "sinfonía" que produce la combinación de voces, ruidos, movimientos y todo lo que es parte de la escenografía. Si todos los espectadores estuviesen expuestos a condiciones similares a las que él experimentó en el Teatro de los Sindicatos, podría establecerse una comunicación que dependería sólo parcialmente de expresiones verbales. Para lograr este efecto, lo único que interesa de cualquier expresión verbal es la fonética o la sinfonía que puede producirse a expensas de cualquier gramática propia o ajena. La parte semántica es irrelevante, aunque en el caso de **El brillo de los rieles**, a él también le impresiona la historia.

En la medida que se minimiza la importancia del idioma, se democratiza también el espectáculo. Puede crearse un espectáculo que por tener la capacidad de tocar a masas y élites, es genial e insuperable ("Se prohíbe hablar al piloto," 164)--Vallejo sólo le reconoce esa capacidad al music-hall y al cine entre 1923 y 1928. El teatro no se reduce así a la ecumene o la parroquia del dramaturgo sino que se hace ecuménico. Tiene la posibilidad de superar un límite que para la literatura, y particularmente para la poesía, es insuperable. Al crearse un lenguaje teatral que prescinde de toda preocupación gramatical, Vallejo soluciona también toda confusión lingüística. Este tipo de lenguaje que depende tan mínimamente de las palabras, se sobrepone a cualquier crisis del "verbo" y no cede ante al "nacionalismo lingüístico." Se aproxima, por tanto, al socialismo, más de lo que podría hacer la poesía, porque el socialismo es visto por él como el tipo de sociedad que puede reparar la debâcle que se origina en Babel.[9] Un teatro así no está afectado por ninguna de las dos variables que afectan a la poesía: la tendencia hacia la confusión de las lenguas y la tendencia hacia la devaluación de las palabras.

Las instancias en las que Vallejo muestra mayor destreza como dramaturgo son aquéllas en las que sigue su proyecto de crearse esa gramática propia que explica en "Regla gramatical," en base a dos principios aparentemente contradictorios (**El arte y la revolución**, 64). Dice que cada escritor debe inventar su propia gramática pero que ésta no debe salir de los "fueros del idioma." Como el escritor tiene el derecho de cambiar la "estructura literal" y la "fonética" del idioma en el que trabaja, los "fueros" son los que garantizan la comunicación. Sin embargo, cuando Vallejo propone una convención como la de emplear la "fonética" de un idioma desconocido, pierde toda relevancia la sujeción a los mencionados "fueros del idioma." Es imposible mantenerse dentro de fueros si no se tiene competencia lingüística. Al no aplicarse este requisito en el teatro, cualquier gramática es aceptable.

En su oficio como dramaturgo, comienza haciendo uso de las "gramáticas" que circulan en las librerías, puestos de periódico o salas de teatro. Aprenderá a usarlas. Quedarán dramas como prueba de ese

---

[9] De acuerdo con el génesis, la tierra tenía un solo idioma y ese idioma tenía pocas palabras, cuando las naciones que descendieron de Noah, se asentaron en las tierras de Shinar. Fabricaron ladrillos con los que se propusieron construir una ciudad en la que hubiese una torre que debía alcanzar el cielo. Desde ese lugar se iban a esparcir por la tierra. Sin embargo, al Señor se le ocurre un plan diferente una vez que se da cuenta del poder que esta gente ha adquirido. Confunde las lenguas para que no entiendan lo que se dicen. Los esparce antes de que terminen la construcción de la ciudad y la torre. La ciudad queda con el nombre de Babel porque es el lugar en el que el señor confundió el habla de la gente y porque desde allí los esparció por toda la faz de la tierra. De lo contrario se llamaría, quizás, "la ciudad con la torre que llega el cielo" o "la ciudad donde no se confundieron las lenguas."

entrenamiento. La llamada "estética del trabajo" es una de esas
gramáticas. Sin embargo, llegará a darle toques casi finales a una
gramática de la cual no hay sino evidencias circunstanciales en los
dramas que no termina. Tampoco es necesario encontrarlas porque
más que concepciones fijas son prueba, más bien, de la importancia que
adquiere la teatralidad en su conceptualización del teatro, las artes y la
literatura.

En la procura de esa "gramática," Vallejo comienza asumiendo
el principio de que el teatro sea "cinemático" pero posteriormente se da
cuenta de que no lo puede ser. Cuando asiste a una puesta en escena
en un idioma que desconoce, cancela cualquier analogía posible entre
el cine (mudo) y el teatro porque en el teatro, el público puede actuar
sobre los eventos sin actuar en los mismos. Sólo el cine hablado podría
crear efectos como los que se consiguen con la "fonética de las
palabras," pero como espectáculo, el teatro es un fenómeno único. En
el teatro, el ejercicio puede ser repetido, se puede cobrar la misma
entrada todos los días, el costo de la producción puede ser invariable,
pero el programa es irrepetible y modificable. Además, en el teatro
interactúan la "fonética" y los gestos de quienes actúan con la
"fonética" y los gestos de quienes son sus espectadores.

                                    1

A los 37 ó 38 años de edad, Vallejo escribe sus primeros
dramas. Doce años después de haber publicado **Los heraldos negros**
y siete años después de haber llegado a París. No hay nada casual en
que sea ese inicio una suerte de desenlace que las crónicas han hecho
posible, porque en éstas ha aprendido a diferenciar el drama del teatro
y al dramaturgo del *régisseur*. Antes había tenido una visión muy
funcional del teatro como el lugar donde se pone en escena el texto que
el dramaturgo ha escrito. Al escribir "El pájaro azul" (1923), todavía
no cuestiona convenciones teatrales que calificará posteriormente de
anticuadas, salvo aquéllas que funcionan análogamente en poesía. En
este sentido, aunque no en su marco teórico, hay continuidad entre "El

pájaro azul" y su tesis "El romanticismo en la poesía castellana" (1915).[10]

Vallejo tiene una experiencia **teatral** bastante limitada en el Perú. El tipo de experiencia que permite la universidad o la visita esporádica de compañías españolas de teatro o zarzuela, cuyas giras ofrecen pocas novedades aunque satisfacen el gusto del público que paga por verlos. Por el contrario, en Francia encuentra espectáculos poco conocidos o desconocidos en el Perú, como el music hall, y una variada gama de géneros dramáticos. Asimismo, puede frecuentar una variedad de circuitos teatrales que mantienen repertorios clásicos o de **boulevard**, o más innovadores, como el de los **ateliers** del cartel. Puede asistir a las producciones de la Comédie Française o a las de teatros más experimentales. Si no asiste, puede leer sobre éstas en los periódicos. Vallejo se interesa por todos estos circuitos y por el music hall.

Vallejo llega a Francia teniendo una visión "literaria" del teatro que va a corregir dejando prueba documental de esto en sus crónicas. En Francia descubre: lo importante que es la teatralidad aun para la escritura de dramas; lo indispensable que es el teatro para el drama; lo problemática y disputada que es la transición entre drama y teatro; y la importancia que tiene el público no sobre la lectura de un texto sino sobre la puesta en escena del mismo. Muchas compañías y **régisseurs** insisten en lo importante que es la teatralidad en sus producciones pero ésta se concibe de maneras muy distintas. Hay también una variedad conflictiva de repertorios, métodos y "decorados." Todo esto lo obliga a definir sus propias concepciones aun cuando acoge las de otros.

Vallejo comienza a escribir dramas cuando ha alcanzado un satisfactorio nivel de competencia teatral. Comienza cuando ha superado su visión "literaria" del teatro. Sabe cuáles son algunos de los métodos más importantes, puede identificar qué teatros o **régisseurs** se asocian a las mismas y distingue con claridad convenciones, aunque no siempre puede trazar la genealogía de las mismas. Se preocupa por conocer a quienes trabajan en teatro. Observa todo tipo de públicos. Se entretiene en debates, reseñas, costumbres, episodios, biografías y detalles que le ayudan a crear su propia historia del teatro europeo

---

[10] Véase **España en César Vallejo**, t.2, J. Vélez y A. Merino, recopiladores (Madrid: Editorial Fundamento, 1984), 115-71.

contemporáneo.   Todo esto está documentado en sus crónicas que
también documentan que la intervención de Vallejo en todos estos
asuntos es un monólogo, porque los intelectuales franceses no se
enteran de lo que él afirma y porque lo que él dice, no pasa de ser una
mera curiosidad en el Perú.

    Vallejo anuncia muy temprano que se está marchando hacia un
nuevo orden en las artes. El teatro está luchando por su sobrevivencia.
Para sobrevivir, tiene que redefinir su protocolo, porque ya no es,
como lo fue en la época de Edmond Rostand, el arte de mayor
prestigio. Sin embargo, sus viajes a Rusia agregan una variable con la
que él creía haber zanjado en "El poeta y el político: el caso Víctor
Hugo" (1926), donde había insistido en la necesidad de distinguir al
poeta, que "no predica nada concreto," del político, que es un mero
expositor (133-34). Cuatro años después, su posición varía. En el
"reportaje" que escribe sobre Maiakovsky (1930), los políticos no
tienen la obligación de descifrar el "verbo universal y caótico" que
imaginan los artistas, o servir de mediadores entre éstos y las
"multitudes."   Por su parte, el artista debe colaborar en el
desciframiento de ese verbo "universal" que es profesado en común por
artistas y políticos.[11] Excepción hecha de **Les Taupes**, este último es
el principio que regirá la escritura de sus dramas.

    A diferencia de la cuarentena que impone sobre la publicación
de la poesía que escribe después de **Trilce**, Vallejo gestiona la puesta
en escena de sus dramas en París y Madrid. Para lograrlo recurre en
Madrid a quienes espera hagan de intermediarios (Gerardo Diego, José
Bergamín, Rafael Alberti y Federico García Lorca).[12]   En París,
confía en los miembros del Cartel. Ambas tentativas fracasan. Sin
embargo, consigue que García Lorca y Jouvet--a quienes él respeta--
lean dos de sus dramas. Estas lecturas tienen consecuencias inmediatas
porque le dan una idea de la débil aceptación que podrían tener esos
dramas entre **régisseurs**. En cuanto a la recepción del público, ésta es
aún más discutible. Ambos le ofrecen perspectivas diferentes, lo cual
no se debe sólo a que comenten dramas distintos: Jouvet, la del

----

[11] El sexto "reportaje en Rusia" está dedicado a Vladimir Maiakovsky (1987a:412-
414). El mismo texto está insertado en **El arte y la revolución**, 104-110.

[12] Véase carta a Gerardo Diego del 24 de enero de 1930 (1982:234). No nombra
todavía a García Lorca, porque éste está de gira por los Estados Unidos, México y Cuba
(1929-30).

régisseur que ha dirigido dramas escritos por extranjeros; y García Lorca, la del dramaturgo que ha cambiado radicalmente su repertorio tras una etapa de experimentación. Ambos conocen también el aspecto comercial del teatro moderno.[13]

La lectura de García Lorca--que no puede documentarse-- debió insistir en que un drama como **Moscú contra Moscú** no tenía cabida comercialmente en Madrid. El argumento pudo haber sido éste: que hubiese tenido éxito en España con **Rusia en 1931**, no garantizaba igual suerte para un drama que era el reverso de **La madre** de Gorki; que el público se hubiese interesado por el reportaje que Vallejo escribe sobre Rusia, no quería decir que estuviese igualmente interesado en pagar una entrada por un drama así. El rechazo editorial de "Paco Yunque" e incluso de **Rusia ante el segundo plan quinquenal**, eran una señal de cómo podía cambiar la administración de las expectativas. **Moscú contra Moscú** corría también el riesgo de desconcertar a quienes habían leído con entusiasmo la edición española de **Trilce**, mientras que los lectores de **Rusia en 1931** no necesariamente estaban interesados en un drama que sirviese casi de compañía a dicho libro.[14] No bastaba ser conocido como ensayista o poeta, para conseguir un productor o salvarse de un fracaso como el que había pasado el mismo García Lorca.[15] García Lorca le recomienda corregir "varios pasajes" antes de proseguir en la búsqueda de un productor. Por su parte, Vallejo concluye que no sirve "para hacer cosas para el público." Sólo la necesidad económica le obliga a escribir ese tipo de "comedias" (1982:142-3).

Para Jouvet el problema no está en que las expectativas del público o del **régisseur** no iban a ser satisfechas.[16] No hay ninguna

---

[13] El 27 de enero de 1932, Vallejo le dice a Gerardo Diego que García Lorca le está ayudando a conseguir un director. Se han entrevistado con Camila Quiroga, quien encuentra la "comedia" de Vallejo "fuera de su estilo" (1982:142-3).

[14] Georgette Vallejo cuenta la desaprobación que él obtuvo de un grupo de intelectuales españoles cuando les leyó **Moscú contra Moscú** (1978: 62-63).

[15] Anthony Geist sostiene en **La poética de la generación del 27 y las revistas literarias: de la vanguardia al compromiso (1918-1936)**, que hacia 1931 hay una convergencia hacia el teatro en poetas como García Lorca y Alberti porque piensan que el teatro les permite una relación más directa con el público y el pueblo (Madrid: Guadarrama, 1987), 185-6. Lo mismo puede decirse de Vallejo.

[16] No se sabe con precisión cuándo le da a Jouvet **Les Taupes**, pero por la fecha de la carta de Jouvet (2 de Setiembre de 1930), se puede suponer que éste la lee cuando Vallejo ha vuelto de su viaje por España (mayo-junio).

mención al hecho de ser extranjero. Vallejo tiene que solucionar problemas estructurales en **Les Taupes**. Para Jouvet, en **Les Taupes** no hay uno sino dos dramas. Esta no era una técnica "cinemática" sino la muestra de una escritura deficiente. El mensaje que trae la carta es que no basta ser un buen poeta para ser un buen dramaturgo. Necesita aprender mejor el oficio. Esta carta debió tener un impacto muy especial porque sólo en el caso de **Les Taupes** Vallejo abandona cualquier intento de reescribirlo. Incluso destruye el manuscrito. El debió estar convencido de que no era posible subsanar los problemas señalados por Jouvet.

La escritura de **Les Taupes** y **La Mort** (drama del cual se origina **Entre las dos orillas corre el río**) fue una experiencia clave para Vallejo porque con estos dramas comienza su aprendizaje del oficio. Son los primeros dramas que escribe y termina. En los dramas que escribe después, logra superar las deficiencias señaladas por García Lorca y Jouvet. El único impasse que Vallejo no podrá superar es el del público: aprende muy bien a ser espectador e incluso crítico, pero para ser dramaturgo le faltará siempre la experiencia directa de una puesta en escena. La teatralidad queda como un concepto porque contra sus mejores deseos, no podrá obtener la experiencia que sólo permite la reacción del público. García Lorca y Jouvet son lectores ejemplares pero no su público. Un dramaturgo puede insultar al público, si así lo desea, sólo si lo tiene allí presente en la sala. Vallejo nunca pudo tener una experiencia semejante.

2

Tomada en su conjunto, y comparados entre sí los dramas, la dramaturgia de Vallejo es dispar y contradictoria, aún más si se toma en cuenta la "nueva estética teatral" que formula en **Notes** (1934). A su muerte, deja un número considerable de dramas en diferentes estadios: algunos terminados, otros a medio hacer o recién comenzados. Termina **La piedra cansada**, un proyecto surgido abruptamente, y sin terminar **Dressing-room, Sueño de una noche de primavera** y **Suite y contrapunto**. La cronología de la escritura de estos dramas da cuenta de un proceso intenso y complejo; no se logra nada concreto si es que se busca en el establecimiento de fechas precisas el desciframiento de una trayectoria que es a todas luces dispareja. En este sentido, las fechas no pueden venir al rescate, aunque hacen más evidentes los problemas.

Pese a que todavía se carece de datos definitivos, puede establecerse que Vallejo no escribe ningún drama antes de 1930, es decir, antes del año en el que es deportado de Francia. Tres comenzaron a ser escritos en 1930: **Les Taupes**, **Lock-out**, **La Mort**. Sólo **Les Taupes** y **Lock-out** son terminados ese mismo año. De estos dos, sólo **Lock-out** se salva de ser destruido. De **Les Taupes**, el primer drama que escribiera Vallejo, queda sólo un texto mutilado. Posteriormente pensó hacer de **Les Taupes**, o de algún texto proveniente de **Les Taupes**, el primer acto de **Suite et contrepoint**. **La Mort** queda como "Tragédie en un acte," pero se convierte también en la matriz de una serie de versiones que fueron dando como resultado títulos tales como **Moscú contra Moscú** y **Entre las dos orillas corre el río**, este último de 1936.[17] A diferencia de lo que sucede con **Les Taupes**, Vallejo trabaja arduamente en la reescritura de **Moscú contra Moscú** (1931).[18] Los textos de **La Mort** y **Entre las dos orillas corre el río** documentan parcialmente este proceso, dado que se desconoce el paradero de **Moscú contra Moscú** o "El juego del amor y del odio."[19]

Colacho Hermanos, "farsa en seis actos," es escrito en 1934. La fecha precisa ha sido proporcionada por Georgette Vallejo en varias oportunidades, pero subsisten problemas relativos a la aceptación de la versión final de dicho drama. En tanto no se subsanen estos problemas, no puede aceptarse la fecha sin reservas. No obstante, la

---

[17] Renato Sandoval Bacigalupo ha realizado la traducción más reciente de **La Mort**. En la primera traducción, hecha por Víctor Li Carrillo, publicada en **Letras Peruanas** 6-7 (1952), Sandoval Bacigalupo ha encontrado incongruencias respecto a la versión original escrita en francés que aún se encuentra inédita.

[18] Esta fecha es más precisa que 1930-32. Cuando Vallejo le da a leer este drama a García Lorca, debió estar terminado, por lo que es posible deducir que **Entre las dos orillas corre el río** fue escrito entre 1931-1936. La historia de este drama responde a una temática tocada en "De Varsovia a Moscú" (1929), "el doble aspecto de la sociedad rusa" (Vallejo 1987a:386-387).

[19] Según Georgette Vallejo, en 1930 Vallejo reanuda su "labor creativa." Comienza **El arte y la revolución** y dramas tales como "Mampar" o "La cerbera," "Varona Polianova" (llamada después "El juego del amor y del odio", "El juego de la vida y de la muerte", "Moscú contra Moscú" y **Entre las dos orillas corre el río**) y, finalmente, **Lock out** (en francés) "sobre las huelgas" (1978:32).

fecha es más aceptable que la versión publicada en **Teatro completo**.[20] Al mismo año puede corresponder el único texto que habría servido de base para un guión cinematográfico que Vallejo escribe bajo el título de **Presidentes de América**, con personajes y situaciones que guardan relación con la historia de **Colacho Hermanos**. A diferencia del drama **Colacho Hermanos**, este guión es una "farsa cinemática," conforme la califica él mismo.

No puede determinarse con exactitud la fecha en la que Vallejo comienza o termina de escribir **Le songe d'un nuit de printemps**, **Dressing-room** y **Suite et contrepoint**. Pese a ello, es posible señalar que fueron escritos durante un lapso que se extiende por varios años, entre 1932 y 1935.[21] **La piedra cansada**, el último drama escrito por Vallejo, fue escrito en diciembre de 1937. Tanto en **La piedra cansada** (1937) como en **Colacho Hermanos** (1934), regresa al Perú en la ficción. Estos son los únicos dramas para los que se cuenta con fechas precisas. No obstante, también en relación a **La piedra cansada** hay problemas textuales que cuestionan la autenticidad de una de las dos versiones que han sido publicadas hasta la fecha, la de 1979. Pero estos problemas son más fáciles de resolver en el caso de **La piedra cansada** que en el de **Colacho Hermanos**.

Pese a no ser definitiva, la cronología de estos dramas plantea otros problemas. Excepción hecha de **La piedra cansada**, estos dramas fueron reescritos por Vallejo dando lugar a una variedad de versiones de la cual se conocen muy pocas instancias. En su mayor parte se cuenta sólo con una versión, aunque se sabe que existieron varias; y en el caso de **La piedra cansada** se cuenta con dos versiones, aunque se asume con razón que sólo debería haber una. Por eso, la legitimidad de algunas de estas versiones es discutible, especialmente en el caso de **Colacho Hermanos** y **La piedra cansada**. En ningún caso se conoce la secuencia completa, y en el caso de **Les Taupes**, como se ha dicho, sólo hay restos. Unicamente la mención de estos problemas hace prematura o aventurada, por ahora, la preparación de

---

[20] Excepción hecha de **Lock-out**, los dramas publicados en **Teatro completo** deben ser leídos con cuidado. Cuando las hay, son más confiables otras ediciones anteriores. A estos problemas me he referido en **César Vallejo: su estética teatral**, 99-116. Una explicación más reciente de las variantes de **Colacho Hermanos** la hace Enrique Ballón en **Cuadernos Hispanoamericanos** (Véase bibliografía).

[21] **Dressing-room, Suite et contrepoint** y **Sogne d'une nuit de printemps** no fueron publicados antes de 1970.

una edición crítica o completa de los dramas de César Vallejo, pese a que puede confiarse más en ediciones anteriores a 1970. Pero si la legitimidad o integridad del corpus está en cuestionamiento, hay otro asunto no menos importante: cómo darle coherencia a una trayectoria que parece no tenerla.

Si las fechas con las que se cuenta son el punto del cual debe partirse, se tiene que explicar cómo fue posible que Vallejo escribiese en un mismo año parte de lo que es **Dressing-room** e íntegramente **La Piedra cansada** (1937). Igualmente, que escribiese la "versión final" de **Entre las dos orillas corre el río** el mismo año de **Le songe d'un nuit de printemps** (1936). De lo que dicen estas mismas fuentes--que casi siempre conducen a Georgette Vallejo--se deduce que en 1935 habría estado escribiendo (simultáneamente o no) **Entre las dos orillas corre el río, Colacho Hermanos, Dressing-room, Suite et contrepoint** y **Le songe d'une nuit de printemps.**[22] No hay por qué dudar más allá de lo necesario respecto a estas fechas, ni siquiera en el caso de **La piedra cansada,** de manera que debe explicarse esa notable falta de consistencia. Me refiero a que las fechas no explican la conflictiva disparidad que hay entre las convenciones que Vallejo emplea en la escritura de estos dramas. La proximidad cronológica que hay entre éstos crea problemas adicionales en lugar de solucionarlos. Más aún si se toma en cuenta las revisiones a las que fueron sometidos.

Dramas como **Les Taupes, La mort, Entre las dos orillas corre el río, Lock-out** y **Colacho Hermanos** experimentan con convenciones que contradicen las ideas que esboza en sus artículos periodísticos hasta 1928 ó 1929. ¿Qué hay de común, por ejemplo, entre **Colacho Hermanos** y **Notes?** Estos dramas son escritos en base

---

[22] Las siguientes son páginas en las que Georgette Vallejo (1978) da información relativa al teatro de Vallejo: 32 (comienza **Les Taupes, La Mort, Entre las dos orillas corre el río** y **Lock-out** en 1930; destruye **Les Taupes;** títulos de **Entre las dos orillas corre el río**); 38 (¡**Alemania despierta!, Sueño de una noche de primavera, Suite et contrepoint** como ejemplos de su estilo de trabajo); 43 (traducción de **Lock-out** al inicio de 1932; lectura de **Moscú contra Moscú;** publicación fallida de **Entre dos orillas corre el río**); 47-48 (dramas escritos desde 1929); 62-3 (lectura de **Moscú contra Moscú** en España); 75-6 (entrega de dramas inéditos a la Legación); 86 (comienza **Colacho Hermanos** en 1934-5); 92-93 (guiones de cine escritos en 1935 en base a **Colacho Hermanos** y **Dressing-room;** revisa **Entre las dos orillas corre el río, Colacho Hermanos** y **Lock-out** en 1936; Gastón Baty lee **Moscú contra Moscú**); 109 (escribe **La piedra cansada** en diciembre de 1937).

a las convenciones del melodrama o del teatro político de la época.
Son dramas en los que hay diálogos en exceso. Las innovaciones
teatrales son modestas, aun cuando toma prestadas, en algunos casos,
concepciones escenográficas novedosas (e.g. **Lock-out**). Lo más
original que hay en estos dramas está en que Vallejo intenta reformar
o subvertir el melodrama y el drama burgués (e.g. **Les Taupes, La
Mort**), y modificar convenciones tomadas del social-realismo (**Colacho
Hermanos**). Esto último lo piensa lograr mediante la aplicación de
nuevas modalidades a la "estética del trabajo" (combinando
concepciones de Stanislavsky y Meyerhold, como lo intentaron hacer
Tairov, Evreinov, Vakhtangov y Komissarzhevsky), o la introducción
de toques "criollistas." Lo menos original está, sobre todo, en el
empleo de convenciones realistas.

Excepto **Colacho Hermanos** y **La piedra cansada**, los dramas
que Vallejo completa ofrecen poco. Me refiero a **La Mort, Entre las
dos orillas corre el río, Lock-out** y **La piedra cansada**. Esto es más
evidente si se los compara con dramas escritos por otros
latinoamericanos durante esos años, a los cuales Vallejo no conoce o
ignora en sus crónicas.[23] Vallejo mismo reconoce en **Notes** los pocos
méritos que tienen sus dramas: "Sin duda hay que escribir un texto
diferente de aquel de las piezas que he escrito hasta aquí. Un texto
nuevo, concebido según esta nueva concepción teatral. Las piezas que
tengo no van en ese sentido" (175). La imparcialidad del comentario
muestra no tanto deslealtad sino poco apego hacia dramas que
desestima. En este menosprecio intervienen las limitaciones y
deficiencias conceptuales y técnicas que éstos tienen. Pero ¿cuáles son
las **piezas** que ha escrito **hasta aquí** y cuáles son las que van en otro
sentido? Dado lo yuxtapuesta que está buena parte de su producción
dramática, y la vaguedad de las fechas, no puede hablarse con
propiedad de etapas, aunque pueden distinguirse textos que no comienza
a escribir antes de 1932, tales como **Dressing-room, Suite et**

---

[23] Son escasos son los comentarios que hace del teatro latinoamericano en sus
escritos. Tampoco dice haber visto en París, Madrid o Moscú, dramas latinoamericanos.
Igual ocurre con el teatro español, una omisión difícil de explicar, dada su estadía entre
1930-1931, y su proximidad a García Lorca, Valle Inclán y Alberti. Hay escuetas
referencias a dramaturgos peruanos en "Literatura peruana. La última generación" (1923)
(18-21). Menciona al cine mexicano de paso en **Presidentes de América**. Quizás la
explicación esté en que Rodolfo Usigli, Roberto Arlt, Xavier Villaurrutia y Emilio
Carballido, están recién comenzando.

contrepoint y **Le songe d'une nuit de printemps** (1985:169-313).
Quizás sea más apropiado hablar de dos conjuntos.   Estos conjuntos, que no se pueden distinguir cronológicamente, aluden a concepciones distintas.   Ninguno de estos conjuntos es homogéneo.   Un conjunto está compuesto por dramas escritos en base a convenciones que sabe que han quedado como prestadas sin que haya logrado darle una fisonomía propia.   Son muy evidentes las fuentes de las que provienen dichas convenciones.   A este conjunto pertenecen **La Mort, Entre las dos orillas corre el río, Lock-out** y **Colacho Hermanos**.   Al otro conjunto pertenecen dramas en los que también hay préstamos pero a los que Vallejo ha logrado imponerles, con menor o mayor éxito, una fisonomía diferente.   A este segundo conjunto pertenecen **Dressing-room, Songe d'une nuit de printemps** y **Suite et contrepoint**.

Algo que también dificulta la delimitación de estos conjuntos es lo dependiente que todavía está el propio Vallejo de convenciones de las que quiere desvincularse.   Un ejemplo de esto lo da su posición frente a la segmentación de los dramas.   En **Notes** ha hecho un inequívoco llamado a que se deroguen los (tres) actos, pero todos sus dramas, sin excepción, están estructurados en actos/cuadros (**Entre las dos orillas corre el río**), cuadros (**Colacho Hermanos**), o escenas (**Les Taupes, Lock-out**).   Lo propio ocurre en **Dressing-room** (3 actos/2 entreactos en una versión; 4 actos en otra) y **Suite et contrepoint** (3 actos).[24]   Sólo **Songe d'une nuit de printemps** carece de este tipo de estructura.   Pese a esta incongruencia, es notoria la proximidad entre **Notes** y dramas como **Dressing-room, Suite et contrepoint** y **Songe d'une nuit de printemps**.   Por el contrario, en dramas como **Entre las dos orillas corre el río, Lock-out, La Mort** y **Colacho Hermanos**, el dramaturgo controla buena parte de las interpretaciones que en **Notes** dependen del **régisseur** y de los actores, detalla la escenografía y da indicaciones más o menos precisas en relación al tono de la voz, los gestos y el vestuario.   Incluye también notas relativas al empleo de luces y sonidos.

---

[24] Lo propio podría decirse de **La piedra cansada** que, a pesar de haber sido escrito con posterioridad a **Notes** y a **Dressing-room, Suite et contrepoint** y **Songe d'une nuit de printemps**, está estructurado en base a actos y cuadros.

3

Cualquier comparación entre estos dos conjuntos corre el riesgo de ser irrelevante dada la desigualdad que existe entre los textos comparados, si es que no se resuelve la pregunta de si Vallejo terminó o no los dramas que pertenecen al segundo conjunto. En este sentido, el lector de estos textos, además de ser advertido por él mismo de la novedad de Notes, debe ser advertido de la discusión a que obligan propuestas como las hechas en Notes cuando se analizan dramas como **Dressing-room, Songe d'une nuit de printemps** o **Suite et contrepoint.**

Un primer problema a resolver en relación a este segundo conjunto es la naturaleza de estos dramas. A primera vista podría decirse que dada su extensión Vallejo no los termina, pero dado lo que plantea en Notes esta impresión debe corroborarse. En Notes, da a entender, aunque en medio de conjeturas, que su concepción de lo que es el drama como texto escrito, ha variado: "¿Los personajes deben recitar lo que quieren? Nada de texto impuesto por el autor. ¿Nada de réplicas aprendidas sino, sobre todo inventadas e improvisadas por el actor, siguiendo solamente un marco de diálogo, un límite, en profundidad y en extensión, propuesto por el autor? ¿Un esquema?" (173). El dramaturgo propondrá límites o marcos que no podrá controlar. En esta cita conviene distinguir las conjeturas de las afirmaciones. Vallejo solicita del dramaturgo únicamente un "marco de diálogo" o "límite." No hay nada definitivo o definido en relación al "marco de diálogo," pero es claro que la única afirmación del párrafo--"Nada de texto impuesto por el autor"--queda como proposición central. Como tal, no está afectada por las imprecisiones o tanteos. Sin embargo, ninguna de las alternativas que plantea (esquema, marco) es nueva, como él lo reconoce en el mismo párrafo. A mediados del siglo XVI, la Commedia dell'Arte no empleaba libretos sino esquemas y personajes fijos. A partir de ese esquema y del personaje se improvisaba.[25] Pero en el teatro contemporáneo a Vallejo había quienes intentaban reestablecer la jerarquía y autoridad

---

[25] Los actores improvisan a partir de un boceto breve no escrito de antemano. El guión toma en cuenta las **lazzi** (indicaciones sobre la interpretación) características de cada rol. Véase Patrice Pavis, **Diccionario del teatro; dramaturgia, estética, semiología** (Buenos Aires: Paidos, 1984), 81-83.

del drama y había también quienes querían enfatizar la teatralidad simplificando los diálogos o reduciendo el texto. Escribir dramas a modo de "esquemas" y no de guiones, como lo plantea en **Notes**, podría ser una manera de lograr esto último en la puesta en escena. El "esquema" es una manera diferente de escribir dramas. Se aproxima más a la manera como son escritos los libretos en el cine. No es la **fábula** ni un esquema en sentido estricto, sino un libreto en el que más importancia tienen las imágenes que los diálogos porque a ese libreto deben agregarse otros elementos directamente vinculados a la puesta en escena. De estos elementos son responsables el **régisseur**, los actores, los técnicos, e incluso los productores. Aun si se respeta el texto escrito por el dramaturgo y no se lo modifica, éste va a ser modificado por la mediación de agentes que el dramaturgo no controla. El dramaturgo plantea límites pero son otros los que tienen control de lo que se hace dentro de esos límites. El texto final, aquél al que están expuestos los espectadores, resulta, por lo menos, de la participación del dramaturgo, el **régisseur** y los actores.

Pensar que los textos de que se dispone, en el caso de **Dressing-room**, **Suite et contrepoint** y **Songe d'une nuit de printemps**, son el "marco de diálogo" o el "esquema" del que escribe en **Notes** sería una exageración. Como se ha visto en relación al uso de actos, cuadros y escenas, Vallejo no siempre aplica a la letra lo que ha planteado en **Notes**. En **Songe**, indica gestos y movimientos, además de dar cuenta del lugar en el que están los personajes ("el cruce de Montparnasse"). A este respecto, **Dressing-room** es un texto mucho menos desarrollado o más esquemático y no incluye acotaciones como las de **Songe**. Lo mismo puede afirmarse de **Suite et contrepoint**. Pero sucede que es precisamente en estos dos últimos dramas que emplea actos, aunque no telones, como hace en **Songe**. Nada de esto permite concluir que estos textos correspondan a la idea que tiene de lo que es un "esquema" o "marco de diálogo." Tampoco puede pensarse que habrían de convertirse en tales.

Conviene entonces tener presente que dramas como **Dressing-room**, **Songe d'une nuit de printemps** y **Suite et contrepoint** no pueden leerse como la realización puntual de la "nueva estética" que está elaborando. Vallejo no concibe **Notes** como una estética que depende, para su realización, del empleo de todas sus propuestas. Hay más de una "estética" en **Notes**. Cada una de sus propuestas mantiene una relativa independencia y no depende de las

demás. Esto no impide reconocer que estos tres dramas son los que
más se aproximan a la reforma que él desea introducir, a partir de
Notes, en su propia dramaturgia y en la de sus contemporáneos. En
este sentido, estos tres dramas son documentos extraordinarios que se
distinguen claramente de los demás dramas escritos por Vallejo.

4

Charles Chaplin está entre los pocos artistas que Vallejo
nombra con más frecuencia en sus crónicas. En "Una gran lucha entre
Francia y Estados Unidos" (1926), lo identifica como partidario del
progreso (100). En 1927 lo menciona en varias crónicas: en "Los
ídolos de la vida contemporánea," pone a Charlot entre quienes son
venerados por los "revolucionarios" (198); en "Religiones de
vanguardia," alude al debate que en torno a la personalidad de Charlot
y el "valor estético del cinema" había provocado el divorcio entablado
por Lita Grey (199); en "Los hombres de la época," lo compara a
Henri de Montherland; y en "La locura en el arte," sostiene que
Chaplin tiene puesto su violín de Ingres en la composición musical
(259). No obstante ser importantes todas estas referencias, es una
crónica escrita poco tiempo después, titulada "La pasión de Charles
Chaplin" (1928), la que mejor explica la lectura que hace de la
biografía y el trabajo de Chaplin (265-66). Esta crónica es en buena
cuenta una reseña de **The Gold Rush (En pos del oro)**.
Vallejo la escribe inmediatamente después del estreno de este
filme en París, casi dos años después de haber sido estrenado en los
Estados Unidos (1925). Según lo explica Charles Maland, el estreno
de **The Gold Rush** en los Estados Unidos coincide con una serie de
experiencias adversas para Chaplin, entre las que destaca el mencionado
divorcio de Lita Grey (Lillita McMurray).[26] De acuerdo con Maland,
el anuncio vitaliza un debate doble: sobre la imagen pública de Chaplin
y sobre la naturaleza del cine como arte. En cuanto al segundo,
obviamente se trata de un debate que no se reduce a Chaplin, pero tiene

---

[26] Según Maland, entre 1925 y 1931 (estreno de **City Lights**), a Chaplin lo afecta su
segundo divorcio, problemas de impuestos, los filmes sonoros y el comienzo de la Gran
Depresión." Cf. **Chaplin and American Culture: the Evolution of a Star Image**
(Princeton, New Jersey: Princeton UP, 1989), 94.

en esta coyuntura un episodio significativo. El intercambio tuvo sus particularidades en Francia y Estados Unidos, pero en ningún caso faltaron conflictos. No voy a detenerme en los pormenores del mismo pero debo subrayar, en lo tocante a Chaplin, un par de aspectos: en primer lugar, que según referencias ofrecidas por el mismo Maland, en Francia predominan los partidarios de Chaplin; y en segundo lugar, que Vallejo se cuenta entre éstos, como se comprueba fácilmente en la lectura de la mencionada crónica (1989: 102-3). Las razones que argumenta Vallejo son muy sui generis como se verá a continuación.

En la reseña que escribe sobre The Gold Rush destacan, por un lado, la proclamación que hace Vallejo de Chaplin como "sumo poeta de la miseria humana" y, por otro lado, la manera como responde a quienes intentan destruir el trabajo artístico de Chaplin a partir de enjuiciamientos morales. En ambos casos él trata de ignorantes e incompetentes a quienes critican el trabajo de Chaplin. Quienes no son artistas malinterpretan por igual lo que Chaplin hace en la esfera privada y en la pública. Para Vallejo, la mejor posición que puede adoptarse es mantener la separación entre el arte, en el que no tienen nada que decir políticos o moralistas, y la vida, en la que éstos tienen algo que decir. El va a participar en la defensa de Chaplin con los atributos que le da el ser artista.[27]

En los argumentos que emplea se nota que no está respondiendo exclusivamente a "moralistas" que ven en el cine un espectáculo que los amenaza o un vehículo de corrupción, en lugar de un arte cuyas posibilidades han expandido Chaplin y otros tales como Fritz Lang y Abel Gance. Algunas de las afirmaciones que hace en defensa de Chaplin se dirigen, más bien, a defenderlo de quienes le exigen una postura más radical que Vallejo considera innecesaria y perjudicial.[28] Para él, el trabajo realizado por Chaplin es prueba

---

[27] En el lapso que media entre "Religiones de vanguardia" (1927) y "Un reportaje de Rusia. VI: Vladimiro Maiakovsky" (1930), Vallejo se contradice al discutir el rol del artista como exégeta. En 1927 sostiene que sólo los "profanos" están autorizados para opinar cuando "se trata de situar el alcance libremente humano y extra-técnico del arte." En 1930 afirma que "no hay exégeta mejor de la obra de un poeta, que el poeta mismo. Lo que él piensa y dice de su obra, es o debe ser más certero que cualquier opinión extraña" (412).

[28] Lorenzo Turrent Rozas ejemplifica--según Maland--este tipo de crítica. En 1934, Turrent Rozas publica en México un artículo que se publicará en inglés como "Charlie Chaplin's Decline" en el que desaprueba el final "romántico" de The Gold Rush, tilda

suficiente de que está cumpliendo cabalmente con su misión de artista:
"Así, pues, sin protesta barata contra subprefectos ni ministros; sin
pronunciar siquiera las palabras 'burgués' y 'explotación'; sin adagios
ni moralejas políticas; sin mesianismos para niños, Charles Chaplin,
millonario y gentleman, ha creado una obra maravillosa de revolución.
Tal es el papel del creador." Lo opuesto llevaría a contagiarse de una
posición que no comparte y que atribuye a Diego Rivera, a quien había
criticado, también en 1927, por "prostituir" el arte, al hacerlo un "
medio de propaganda."[29] Vallejo trata a Rivera como si fuera
discípulo de Victor Hugo.

Aunque le cueste a otros aceptarlo, para Vallejo es
perfectamente comprensible que Chaplin fuese, como se ha dicho, el
"sumo poeta de la miseria humana," a pesar de ser "millonario y
gentleman" (165). Chaplin ha tenido la capacidad de "engendrar"
como personaje "al más desheredado y absurdo de los hombres, vestido
de quince sombreros de hongo, cinco trajes ajenos, siete pares de
'godillots' [botines] y cuatro cañas mágicas..." Para él, **The Gold
Rush** es "la mejor requisitoria de justicia social de que ha sido capaz
hasta ahora el arte d'après-guerre" (266). Méritos semejantes no
encuentra en Eisenstein, por eso no duda en calificar a Chaplin de
"comunista rojo e integral." Algo que también encuentra encomiable
en Chaplin es que pese a la prosperidad económica ha evitado
convertirse en un "nuevo rico," un **parvenu**. Más importante aún, no
se ha corrompido como artista.[30]

Frente a quienes quieren destruir el trabajo artístico de
Chaplin, exacerbando escándalos morales, Vallejo responde con igual
determinación. No acepta que enjuiciamientos "morales" tengan
relevancia para determinar las cualidades de los filmes de Chaplin.
Como lo había expuesto en "Picasso o la cucaña del héroe" (1927),
piensa (como Baudelaire) que los artistas tienen su propio fuero moral:

---

a Chaplin de "anarquista" y sostiene que a raíz de la gran depresión, es un "cómplice"
del capitalismo. Concluye que el **pathos** y el individualismo "desorientan y confunden
a los hombres que están luchando por la victoria final de los desheredados." La única
opción la ofrece el social realismo (1989:137-9).

[29] "Los artistas ante la política" (noviembre de 1927), 253-55. Crónica escrita dos
meses antes de "La pasión de Charles Chaplin" (enero de 1928), 265-66.

[30] Otros que no se han corrompido a pesar de la buena fortuna son los cubistas, como
se desprende de lo que dice de Picasso Salón de Otoño de París" (1925) y especialmente
en "Los maestros del cubismo" (1928) (73-74 y 297-99).

"Quien ha creado obra tan multánime e imperecedera, está en libertad de vivir, si le place, sentado en la propia nariz de Minerva, haciéndola chillar en ágoras y mercados. El genio tuvo siempre cogida por el rabo a la moral" (209). Pero aun si este fuero no es aceptado o reconocido, ningún criterio moral, menos aún si parte de un divorcio, debería tener ingerencia en la apreciación o valoración del trabajo de un artista. En su calidad de artista, Chaplin debe gozar de prerrogativas tales como las de tener derecho a ciertas inmoralidades, entre las que se puede contar ser millonario y adúltero. Es como si para Vallejo los artistas debiesen tener su propio código civil y su ética privada. En relación a esta ética, la única inmoralidad que le preocupa es la del artista que hace de su propio arte una mera mercancía.

La condescendencia con la que trata Vallejo a Chaplin no sólo responde a los méritos de éste último. De acuerdo con Maland, Chaplin hace un esfuerzo deliberado por acercarse a intelectuales como Vallejo. Muestra tener una información, interés, curiosidad y conocimiento de cuestiones culturales y problemas sociales que es inusual entre sus colegas. Maland piensa que Chaplin necesita de esta aproximación para contrarrestar el control impuesto por los grandes estudios, y el efecto que tiene sobre su imagen lo que dicen adversarios suyos, para quienes coger la moral por el rabo debe tener su precio (1989:70). El objetivo buscado por Chaplin es asegurarse la popularidad de la "estrella" de cine y el respeto de los intelectuales. De paso, usa la imagen de Charlot como protección.

Sería exagerado pensar que los intelectuales no tenían sus propios intereses en este acercamiento. Para los intelectuales, llegar a un acuerdo era igualmente importante dada la disputa que entonces había con quienes negaban que el cine fuera un arte o quienes intentaban reducirlo a un mero espectáculo. El lenguaje empleado en "La pasión de Charles Chaplin" muestra cómo se complementan los deseos de Chaplin y los de intelectuales como Vallejo. Pero en **Dressing-room**, tal vez porque fue escrito casi una década más tarde, sigue una estrategia diferente y hace caso omiso del acuerdo. Se aparta de lo que intelectuales franceses como Louis Delluc habían dicho en

188 Nueva dramaturgia

defensa de Chaplin.[31] Se aparta también de ese paralelo que ha construido entre Chaplin y Jesucristo en "La pasión de Charles Chaplin" (1928), donde escribía que "De modo subsconciente, acaso, los yanquis se han unido a Lita Grey para apedrear a Chaplin, como apedrearon los otros filisteos a Nuestro Señor, inconscientes también del sentido histórico de su odio" (266). En **Dressing-room**, Chaplin será asesinado.

En la escritura de **Dressing-room**, Vallejo reconstruye las ficciones de Charles Chaplin. Me refiero a las imágenes que Chaplin ha construido de sí mismo y de Charlot. Crea una contradicción muy particular entre Chaplin y Charlot que sólo es posible si retoca las imágenes de Chaplin y Charlot. No puede mantener la lectura que ha hecho de Chaplin y de Charlot en sus crónicas. **Dressing-room** ofrece una imagen inédita de Chaplin en base a desarrollar las "inmoralidades" a las que ha hecho referencia en sus crónicas. En **Dressing-room** se observa la explotación en eventos que fomentan la polaridad entre los protagonistas.

La diferenciación entre Chaplin y Charlot es un recurso narrativo que el mismo Chaplin emplea. En **The Idle Class**, por ejemplo, Chaplin desempeña dos papeles, el de Charlot y el de un millonario (Mr. Charles), aislado tanto de sus círculos sociales como de su esposa. En una de las escenas, Charlot enamora a la esposa de Mr. Charles, tal como Charlot hará en **Dressing-room**. Algo semejante ocurre en otros filmes de Chaplin, particularmente en **City Lights** (1931) y **Modern Times** (1936). En **City Lights** el millonario conoce momentos de generosidad sólo cuando está borracho, creando así una serie de situaciones equívocas para Charlot. En **Modern Times**, Chaplin emplea convenciones semejantes aunque contiene, según Maland, rasgos social-realistas. Sin embargo, no hay ningún filme en el que estén directamente enfrentados Chaplin, como empresario o director, y Charlot como empleado suyo. Tampoco entre

---

[31] En **Charlot** (1920), Delluc elogia la creatividad artística de Chaplin (11). Califica de "latina" la máscara que ha creado. Afirma que la "enamorada melancolía" de Charlot se expresa y realiza "por los medios que pertenecen a la île de France misma, la fuente de la tradición francesa pura" (12-13). Le atribuye haber hecho un arte del cine (16). Finalmente, lo defiende frente a las denuncias hechas por Mildred Harris (31). [Las páginas que cito son de la edición inglesa citada anteriormente].

intelectuales se hubiese favorecido una construcción así porque hubiese perjudicado el acuerdo al que se ha hecho mención anteriormente.[32]

Pese a que en relación a **Dressing-room** podría decirse que los nombres no han sido cambiados para confundir a los inocentes, es indudable que la **representación** afecta cualquier lectura posible. Algo especial de este drama es que los personajes escogidos por Vallejo representan personajes homónimos que continuan circulando en el mercado y para los cuales hay demanda, como Chaplin o Charlot. Vallejo se apropia de las imágenes que la gente ha consumido. Cualquier retoque a las imágenes de Chaplin y Charlot iba a ser notado por el público, familiarizado como estaba con los filmes de Chaplin. Lo que aprovecha Vallejo son alegorías que han sido construidas en los medios de comunicación por una variedad de sujetos, incluido el mismo Chaplin, y gente que ha trabajado para él (Jim Tully) o mujeres con las que ha estado casado (Lita Grey).

En la escritura de **Dressing-room**, Vallejo separa dos personajes que se confunden en la imaginación del público. Los aparta mediante la ampliación de marcas sociales que determinan las relaciones entre Charlot y Chaplin. Estas marcas le dan un cierto realismo al drama en la medida que concuerdan con relatos testimoniales o autobiográficos. Sin embargo, hay otros elementos que no son realistas: está convirtiendo en personaje teatral a un personaje cinematográfico. Pero al hacerlo, va a evitar cuidadosamente caracterizaciones que hubiesen hecho de sus personajes símiles de los personajes de Pirandello. En **Dressing-room** ningún personaje irá en busca de autor ni se planteará, como consecuencia, debate alguno en torno a la crisis del teatro, porque ésta se da por superada.

Dressing-room es un proyecto dramático del cual Vallejo escribe cuatro textos. En los últimos tres desarrolla el "plan" que ha trazado en el primero. Entre el primer y cuarto texto no hay ningún cambio que indique una alteración drástica del plan inicial. El único cambio notorio es la conversión de los "entreactos" del primer texto en prólogo y tercer acto del tercer y cuarto texto. El segundo texto es, más bien, un listado de elementos en base a los cuales se construirá la escenografía (e.g. gabinete, estudio, guardarropa, subtítulos, vista de

---

[32] Según Maland, son intelectuales franceses, que conocen sus filmes desde 1915, quienes primero distinguen entre Chaplin y la **persona**. Gilbert Seldes y Waldo Frank tocarán después el mismo asunto.

perfil), eventos que ambientan las escenas (e.g. acrobacia, números de music-hall, número de acrobacia), personajes (e.g. payaso, guionista, la mujer 5) o indicaciones (e.g. euforia, parodiar, muecas, sonorizar). Los textos tercero y cuarto, son ampliaciones o desarrollos del plan diseñado en el primero.[33]

En el "Prólogo" del segundo texto, que corresponde al prólogo del tercero y al primer entreacto del primer texto, Vallejo expone el retrato del cual parte en su caracterización de Charlot.   En éste, subraya lo cautivado que tiene Chaplin a Charlot: "Chaplin pasa en su lujoso carro por la calle y Charlot, mendigo, le aplaude."   En el entreacto del primer texto, la información es un poco más extensa y precisa: "En una calle de Hollywood, de noche - Charlot pide limosna en medio del frío - Pasa Chaplin - Se le aclama - Charlot también le aplaude - Charlot busca dinero para casarse con la star - Le pide limosna hasta a Chaplin" (217).   A partir de esta escena, la relación entre ambos sufre una drástica transformación, una vez que Charlot se convierte en asalariado de Chaplin.

En su representación de Chaplin, Vallejo simplifica una imagen que se ha hecho cada vez más compleja por las liaisons amorosas y políticas de Chaplin, así como por la evolución artística de sus trabajos.   Deja de lado mucho de lo que reconoce en su crónica para hacer resaltar, en su personaje Chaplin, al patrón de gentes y productor en serie.   Como tal sólo queda una dimensión de Chaplin, aquélla que ha tocado menos en sus crónicas; aquélla en la que han incidido más los testimonios de quienes han trabajado para él.[34]   En consecuencia, la imagen de Chaplin como "artista" es sacrificada o relegada.   En su preferencia por el rol de Chaplin como empresario de Charlot, Vallejo deja incluso de lado su rol como empresario independiente, acosado, como lo estuvo, por estudios cinematográficos y por el gobierno.   Resalta únicamente su faceta de mercader.

Así como Chaplin aparece en su rol de empresario, el cine aparece más como aparato y empresa que como arte.   En un marco así,

---

[33] El primer texto tiene tres actos y dos entreactos; el tercero tiene un "prólogo" y cuatro actos, sin entreactos; y el cuarto un prólogo y cuatro actos, sin entreactos. Además, hay dos párrafos eliminados por Vallejo. Este drama fue escrito entre 1932 y 1937 (Vallejo 1985:217-221).

[34] Jim Tully publica enntre enero y abril de 1927 una serie de artículos titulada "Charlie Chaplin: His Real Life Story," en **Pictorial Review**. Cf. Maland 1989:103-04.

Vallejo hace de Hollywood el microcosmos en el que el arte (el cine en este caso) y los artistas son transformados en mercancías. Deja de lado en este drama otros aspectos que habrían hecho políticamente más interesante una entidad tan compleja como Hollywood.[35] La relación que prima entre los personajes de **Dressing-room**, es la relación que puede haber entre mercancías. La "relación entre personas cobra el carácter de la coseidad," como escribía Lukács. Una objetividad fantasmal "que con sus leyes propias rígidas, aparentemente conclusas del todo y racionales, esconde toda huella de su naturaleza esencial, el ser una relación entre hombres."[36]

En **Dressing-room**, Chaplin no hace más las veces de Charlot sino que contrata a otros para que desempeñen ese papel. Hay pasajes en los que incluso hay un desdoblamiento múltiple de Chaplin (220). Chaplin no es ni actor ni artista. Su papel central es hacer de productor. Un aspecto que enfatiza este rol de Chaplin es el hecho de que ninguna de las películas que se filman tienen a Charlot como protagonista: una es una "película sobre Jesús," y en otra oportunidad se hace referencia a "diversos filmes." De este modo, el espectador tampoco podrá asociarlas con los filmes que ha visto. En esas condiciones, no hay arte ni en Chaplin ni en Charlot, sólo una relación mercantil en la que se corrobora el fetichismo como algo "específico de nuestra época," como "un problema del capitalismo moderno" (Lukács).

Chaplin materializa en **Dressing-room** la alternativa representada por el **parvenu**. Chaplin es convertido en **parvenu** aunque no siendo el drama una suerte de **Bildungsroman,** no se sigue el proceso que lo ha llevado a ese estado. La propia biografía de Chaplin revela el caso de un cuasi mendigo (como lo es Charlot en **Dressing-room**) que se convierte en millonario. El **parvenu** es aquél que resiste (aun siendo mendigo) con menor o mayor éxito su

---

[35] Vallejo prefiere la imagen de Hollywood como un ambiente en el que se proyectan fantasías, al lugar al que se retiran productores independientes a partir de 1909, para escapar el **trust** del este de los Estados Unidos. En Hollywood encuentran ventajas en el clima, la variedad topográfica y los terrenos baratos. Pero en 1920, cincuenta estudios establecidos en Hollywood (Universal, MGM, Paramount, Twentieth-Century Fox, Warner Brothers, RKO, Columbia) controlan el mercado, producen 600 filmes por año e imponen el estudio como sistema de producción.

[36] Georg Lukács, **Historia y conciencia de clase: estudios de dialéctica marxista** (México: Grijalbo, 1969), 90.

conversión en proletario. Es quien por obra de la casualidad o la suerte se convierte en un millonario, tan rápidamente como parece haber sido el caso de Chaplin, pasando así por alto al proletariado. El Charlot de Chaplin es precisamente el mendigo que se viste como burócrata pero cuya mayor aspiración consiste en hacerse caballero burgués, un capitalista, con los modales propios de un **gentleman**. La existencia del **parvenu** es precisamente aquélla que hace históricamente posible la conversión a la que aspira Charlot, aunque igualmente factible y más probable es su transformación en proletario o en un número más del ejército industrial que nunca saldrá de la reserva.

El Charlot de **Dressing-room** sufre una adaptación no menos impresionante. El elemento que modifica la representación de Charlot es que no va a resistir la proletarización.[37] Pierde la comicidad y el pathos que ha caracterizado al Charlot de Chaplin para ser convertido en un activista que llega incluso a tener "conciencia de clase." La percepción que Charlot tiene de él termina siendo castigada. Antes de hacerse proletario, Charlot aplaude la imagen pública de Chaplin. Tras convertirse en trabajador se niega a aplaudirlo. En tanto mendigo, Charlot se le aproxima con pretensiones desmedidas; como empleado suyo, organiza una huelga en su contra. Charlot se ve obligado a variar su imagen de Chaplin conforme participa en su esfera privada. La percepción que tiene Charlot de Chaplin no le permite tomar conciencia de la posición en la que se encuentra. La única manera de dejar de ser una víctima de la sociedad consiste en superar ese culto. Mediante limosnas no podrá hacerse millonario ni podrá casarse con una **star**. La liberación de Charlot no acaba con la explotación pero sí con esa veneración secular capitalista que proyecta en Chaplin.

La imagen que de Chaplin tiene Charlot no es otra que aquélla que ofrece el mercado. Como consecuencia, es la atractiva imagen deseada individualmente por millones de personas en condiciones similares a las de Charlot. En este sentido, Charlot es un cliente. Charlot no ha creado esa imagen pero ésta controla sus fantasías. Charlot se mantiene como consumidor de esa imagen mientras es mendigo. Charlot no puede aprehender ni distanciarse de esa imagen sino hasta que cambia su posición en lo que serían las relaciones sociales de producción. Una vez allí, tendrá las experiencias que harán

---

[37] La interpretación de Charlot como alguien que se resiste a proletarizarse, la hace Pierre Vilar en un ensayo sobre el Quijote publicado en **Crecimiento y desarrollo**.

posible la devaluación y destrucción de esa empatía que ha sentido Charlot por Chaplin.

La nueva posición le permite tomar conciencia de su medio ambiente. Tras asistir a una reunión sindical en la que "Concibe un odio de clase contra Chaplin y todos los patrones y políticos," Charlot se rebela. Inicia una huelga por la que es despedido por Chaplin (217). Si bien el conflicto parece haber surgido de la explotación de la que son objeto quienes trabajan para Chaplin, el asesinato de Chaplin confunde los términos, porque Charlot se decide a asesinarlo cuando lo sorprende "abrazando a la jovencita del guardarropa" (218).[38] Hay algo de catarsis en el asesinato que sirve de **dénouement** a todas las versiones, aunque el crimen no es indispensable para la catarsis. Pero el asesinato lleva **Dressing-room** a las inmediaciones del melodrama.

En las modificaciones que introduce en Chaplin y Charlot, Vallejo encuentra una manera de controlar las expectativas del público. A diferencia del Charlot de Chaplin--que prefería ser burócrata, empleado o gentleman--el Charlot de Vallejo evita convertirse en un **parvenu** y no puede evitar hacerse un trabajador asalariado. Tampoco le permite a Charlot mantenerse en la indefinición de quien se viste como pequeño-burgués venido a menos. Charlot se proletariza y Chaplin se queda como burgués. Paradójicamente, como asalariado no adquiere la individualidad, identidad o respeto que tampoco tuvo como mendigo. Este rol, así como la percepción que tiene Chaplin de Charlot en **Dressing-room**, hace que Charlot pierda toda individualidad. Para Chaplin, hay muchos Charlot, y ninguno es irremplazable. Los que hacen de Charlot son extras, tantos que incluso pueden agremiarse en base a estar especializados en hacer de Charlot. En **Dressing-room** el pathos del mendigo con aspiraciones desmedidas es la vía por la que Charlot accede a una posición de clase sin la que no es posible convertirse en agente de transformación.[39]

Vallejo no manipula la vida real de Chaplin sino la recepción que la gente tiene tanto de Charlot como de Chaplin, una recepción

---

[38] En ninguno de los otros textos vuelve Vallejo sobre estos eventos que deberían formar parte del último acto y que en el primer texto--en el cual me he basado--están en el tercer acto.

[39] "El hilo central--escribe Vallejo--es la sed de dicha que posee Charlot, dicha que no es posible sin el amor, y éste, sin el dinero" (219). La ingenuidad de Charlot está en menospreciar la maliciosa complicidad entre amor y poder.

moldeada por anuncios comerciales, libros, periódicos, revistas y
medios de comunicación masiva.   Vallejo juega con las fantasías
construidas en ese encuentro habido entre los medios de comunicación
y los deseos del "público." Sobre este punto, problematiza la imagen
pública de Chaplin tanto como la de Charlot. El resultado final del
proceso por el que pasa Charlot es la desacralización de las relaciones
que se han desarrollado alrededor del fetiche. La empatía se supera tan
pronto como el mendigo experimenta relaciones sociales capitalistas.
El desencanto es una manifestación primaria en el proceso por el que
el trabajador que sale del "ejército industrial de reserva" adquiere
conciencia de clase. La manera como el fetiche ejercita el poder lleva
a que se produzca una transformación radical en la percepción que tiene
Charlot. Una vez que Charlot se radicaliza, está en condiciones de
exhibir en la esfera pública la imagen que Chaplin tiene en la esfera
privada, conocida sólo por quienes trabajan para él.

La metamorfosis que afecta a Chaplin y Charlot es una de las
técnicas que Vallejo propone en Notes. En Dressing-room, no sólo
construye escenas que teatralizan la producción cinematográfica, con
muchos de los recursos que el cine suele emplear, sino que lo hace
como escenografía de una alegoría en la que aísla elementos de su
contexto, privándolos de su función originaria, para crear un nuevo
significado.[40] Los actos--aquí incluyo también los entreactos--se
alternan en exteriores (e.g. calle de Hollywood, reunión sindical) e
interiores (en el estudio) siguiendo un montaje, por lo general,
predecible. Sabiendo que como drama no está desarrollado, se ve
obligado a recoger textos de dramas suyos, como Lock-out, para darle
un poco más de materialidad a escenas que son todavía precarias, a
pesar de notables incongruencias.[41]

---

[40] Peter Burger halla los siguientes componentes en el concepto de alegoría: el
"alegorista" (1) saca un elemento de la totalidad del contexto de la vida, lo aisla y lo
priva de su función; y (2) une los fragmentos de realidad aislados para crear significados.
Para Burger, la actividad del alegorista es una expresión de melancolía (1984:69).

[41] En Dressing-room sería exagerado pensar en el ambiente de huelga que caracteriza
a Lock-out. Cuando Charlot se rebela e inicia su huelga, no hay nada que indique la
participación de los demás.

5

No es **Le songe d'un nuit de printemps** (Sueño de una noche de primavera) la primera vez que Vallejo tiene a obreros como protagonistas de un drama, puesto que en **Lock-out** éstos habían sido centrales. Al igual que en **Lock-out**, se mantiene también un cierto anonimato: los obreros no tienen nombre sino número propio, pero en **Le songe**--abreviatura que usaré en adelante--este recurso tiene una función diferente. En **Lock-out** se busca subrayar la clase social a la que pertenecen, y la posición que cada uno de esos obreros numerarios tiene. Los personajes de **Lock-out** se distinguen entre sí, sobre todo, por el nivel de conciencia que tienen en la realización de una huelga. En **Le songe** la clase social existe en tanto individuos puestos al margen de relaciones sociales de producción capitalistas. El **milieu** que hace de escenario en este drama, poco tiene que ver con esa "estética del trabajo" que tanto lo había entusiasmado en "El nuevo teatro ruso." En **Le Songe**, el proletariado ha dejado de serlo y ha revertido al estado de "ejército industrial de reserva," pero, a diferencia de lo que esta metáfora sugiere, tiene poco de organizado y más de diletante. El único mensaje claro es que los trabajadores modernos rechazan la "doctrina de Asís."[42]

A diferencia de **Lock-out**, los obreros de **Le songe** no están rodeados de máquinas sino de bancas. No están en una fábrica sino en la calle, en el cruce o la esquina de un barrio. No están produciendo mercancías sino que están desocupados. La crisis con la que se enfrentan no es la de un conflicto laboral--como lo fue en **Lock-out**--sino la de los efectos que la depresión económica tiene sobre ellos. La crisis económica a la que alude este drama, y poemas como "Parado en una piedra" (**Poemas Humanos**), es la gran depresión a la que Vallejo le presta poca atención en las numerosas crónicas que escribe entre 1929-1930.

La caracterización de los obreros en **Le songe**, es sugerente, sobre todo si se la compara con la de los 28 obreros de **Lock-out**,

---

[42] En "La canonización de Poincaré" (1926), Vallejo escribe sobre los efectos sociales de la pobreza que incluyen el asesinato y el suicidio. Pese a la pobreza, los pobres mantienen la dignidad, rechazando la "doctrina de Asís," es decir, la que "tuvo postrera encarnación en un ingenuo encantador de pájaros, que murió cuando vino la guerra" (151).

identificados sólo a partir de lo que decían (casi nada se indica sobre
su aspecto físico).   A los obreros de Le songe se los describe como
gente de cuarenta años, aspecto miserable, barbas descuidadas y
cabellos largos.   Se señala además que están un poco borrachos y que
miran al azar, boquiabiertos, en silencio, taciturnos.   Obreros que
llegan a verse a sí mismos no como vanguardia sino como cualquier
clase social que comparte con otras el estado de estar enfermas.
Obreros que no guardan el más mínimo parecido con el retrato que
había creado del "obrero manual," en una crónica escrita en 1928.
Estos obreros no están impregnados de una "dialéctica vital" ni de un
"instinto creador."[43]

      La pertenencia de clase de los dos personajes restantes es
imprecisa.   El pintor puede no serlo, lo mismo puede decirse del
"capitán de buque" o del "cónsul."   No se busca tanto identificarlos
socialmente como poner en evidencia el estado de ánimo político y
psicológico de los obreros.   Difícilmente podrían caracterizarse las
relaciones de los obreros con estos otros personajes como parte de la
lucha de clases.   La precaria comunicación que se establece entre los
obreros y los demás personajes es, no obstante, significativa: muchas
preguntas parecen no merecer respuestas.   Los diálogos que sostienen
son más bien un juego de azar, erráticos, casuales, accidentados.[44]
El "señor" participa casi en ausencia del diálogo que fuerzan sobre él
los obreros, mientras que el "dependiente" de Potin apenas si responde
en una sola ocasión.   El Obrero 1 critica a una pareja de "crápulas" por
"¡Hacer el amor cuando hay pobres que ni siquiera han papeado!"   Los
demás no aceptan sin discusión el comentario.   "Pero tú, por tu cuenta,
¿qué quisieras hacer esta noche?--le pregunta otro de los obreros--
¿Hacer el amor o tener una comilona?" (214).   La pregunta no obtiene
respuesta aunque parece que quien no labora no hace el amor.   La
ambigüedad se intensifica cuando se pasa casi inmediatamente a otro
asunto en el que hay intervenciones más comprometidas.   Un obrero le

---

    [43] Me refiero a la comparación que hace entre obreros e intelectuales en "Obreros
manuales y obreros intelectuales" (1928).   Vallejo califica a los intelectuales de
deshonestos, maliciosos, casuísticos, "profesionales," fraudulentos (285).

    [44] En "Obreros manuales y obreros intelectuales," Vallejo había dicho que la
"calofriante monotonía temática" y la "trágica simplicidad del verbo" de los obreros
cuando conversaban, le recordaba a Rachmaninoff, Duncan y Joyce, por haberse logrado,
como el trabajo artístico de estos, "sin ayuda predominante de la inteligencia y sólo en
base del instinto creador" (285).

dice al joven "¡Nosotros veremos el comunismo!" mientras otro obrero le replica "¡Nombre de Dios! ¡Esto terminará de la misma manera algún día!" (215). La discontinuidad y el desinterés que se nota en los diálogos de *Le songe* subrayan la melancolía y el diletantismo que afecta a los obreros. Son obreros porque lo fueron. El presente se reduce a observar la explotación con una paradójica nostalgia. El mundo en el que viven los ha reducido a las más restringidas necesidades. No sólo siguen siendo oprimidos sino que incluso han perdido hasta el derecho a vender su fuerza de trabajo. Ni siquiera producen mercancías y nadie se apropia de la plusvalía que ellos no producen. Esto explica por qué hay una envidia implícita incluso hacia quienes pueden establecerse como contratistas. En las condiciones en que están, irónicamente, todo trabajo permanente o casi permanente aparece como una "gran obra." No importa cuan sujeta esté esa "gran obra" a un régimen que, como el de destajo, ni siquiera facilita la sindicalización.[45]

El sarcasmo con el que los obreros describen movimientos (de personajes y objetos) en la esfera pública no está dirigido contra poder alguno. Es un sarcasmo indiscriminado que no promueve alianzas y se limita a protestar la caridad. En *Le songe* hay un velado conflicto no entre clases sociales sino entre "parados" y transeúntes que no se disputan amplios territorios públicos o la hegemonía en el control del estado sino calles, veredas y bancas. Al pasear un tanto involuntariamente, los "parados" desordenan la demarcación que solía existir entre lugares de placer y trabajo.[46] La presencia de autos no hace sino intensificar este conflicto, sobre todo si se toma en cuenta el tipo de comentarios que hizo respecto a su uso en "El salón del automóvil de París" (166-68). Todavía no ha llegado la hora de la limosna como tampoco se avizora la recuperación del estado en el que vendían su fuerza de trabajo por un salario. Por el momento entretienen su desestimado ocio con preguntas existenciales ("¿Con qué fin has metido las narices en el mundo?") dirigidas generalmente hacia quienes no son obreros ni están "parados." La disputa ideológica carece de estrategia y se ha vuelto más metafísica en un ambiente de

---

[45] Uno de los eventos aludidos por los obreros tiene que ver con el tío de uno de ellos que es contratista del cementerio de Montrouge. Sus ingresos dependen de la demanda de tumbas.

[46] "La vida nocturna en las grandes capitales" (342-44).

pasiva hostilidad gestual. De la miseria de estos obreros no se espera ninguna revolución.

El escenario de Le songe hace más evidente el hecho de que la depresión económica se nota sólo en los obreros que están "desempleados," como lo indica el mismo dramaturgo. Por el contrario, el "cruce de Montparnasse" que ha escogido el dramaturgo como escenario, da señales de prosperidad: los frutos están brotando, los establecimientos están abiertos, los "señores" están vestidos correctamente. Esta prosperidad se convierte en una suerte de espectáculo gratuito para los obreros, que se mantienen a distancia de toda esa vida diaria cuya normalidad, a diferencia de la de ellos, no ha sido alterada por la depresión. Estos obreros contemplan la "realidad" como la contemplaría un clochard o un flâneur, aunque ninguno de ellos lo sea.

Hay una crónica de Vallejo, escrita poco antes de que ocurra la llamada gran depresión, en la que hace una detallada descripción de lo que es una reunión de comunistas franceses. Me refiero a "La acción revolucionaria en Francia" (1928) (315-7). En esta crónica, él sostiene que las "mejores épocas del comunismo francés han coincidido con los gobiernos más reaccionarios d'après-guerre" (315). Esta afirmación la hace a propósito del gobierno de Raimond Poincaré. En la misma crónica, describe un "meeting comunista" en los siguientes términos:

> Los militantes--hombres y mujeres, niños y ancianos--entran y salen del local de la reunión guardando un orden y una serenidad absolutas. (Salvo en caso en que la orden del día es una demostración pública de las fuerzas revolucionarias). Ningún aspaviento ni ruido de fácil rebeldía. Sólo de la puerta para adentro, el militante cambia de conducta. Se oye un rumor popular, alegre, sano, cordial, libre y vibrante, muy diverso del rumor popular burgués cuyo regocijo y cuya libertad, lejos de reposar sobre un entrañable y espontáneo sentimiento de equilibrio colectivo, dependen siempre de disposiciones y medidas exteriores. Rumor popular libre, repetimos. Nadie allí vigila y manda a nadie. El sentimiento de

la responsabilidad del acto está entrañado a la propia
sensibilidad e interés de clase de cada militante (316).

Es indudable que el "rumor" que se percibe en **Sueño de una
noche de primavera** responde a otra categoría. No entra dentro de lo
que Vallejo define en dicha crónica como reunión popular
"revolucionaria" ni tampoco lo que sería una "reaccionaria." Las
posibilidades que abren las escenas de **Le songe** son mucho mayores o
más complejas: ¿puede ser, acaso, una reunión en la que hay obreros
"revolucionarios" y "reaccionarios"?, ¿es una reunión casual en la que
se encuentran obreros, en alguna medida, "revolucionarios"? Lo que
es evidente es que en esta reunión de obreros no hay "ordenación
científica." Tampoco hay respeto ni festividad. La agresión verbal
es, quizás, el elemento que más resalta en sus intervenciones. ¿Qué ha
pasado con estos obreros ahora desempleados?, ¿son el "ejército
industrial de reserva" o son más bien una banda de desocupados?, ¿qué
pasó con la conciencia de clase?, ¿se extravió en la depresión?
        Entre la publicación de "La acción revolucionaria en Francia"
(1928) y la escritura de **Le songe** (1935-6), se ha producido un cambio
importante en la percepción que construye del proletariado francés, que
ya se nota en "Parado en una piedra (1934-35). Los personajes que
intervienen en **Le songe** no son necesariamente diferentes de aquéllos
que él encuentra en la reunión comunista de 1928. Se podría decir que
en **Le songe** el lector encuentra a los mismos obreros o a obreros
semejantes. Lo que ha cambiado son las condiciones en los que éstos
se reúnen, porque se trata de un momento en el que la represión
política no es tan importante como la depresión económica. En **Le
songe** no hay represión alguna, como sí la hay en **Lock-out**, pero el
contraste, en el retrato de los obreros, no podría ser más significativa.
Si la represión los ayudaba a organizarse, la depresión (económica)
tiene el efecto contrario.
        A pesar del retrato romántico de los comunistas franceses en
"La acción revolucionaria en Francia" o del proletariado en "Duelo
entre dos literaturas," Vallejo no pasa desapercibido sus "fracasos."
Así como el "hecho" comunista no se convierte necesariamente en
"espíritu" comunista--de esto encuentra evidencias en Rusia--, tampoco
el "espíritu" comunista se convierte necesariamente en "hecho."[47]

---

[47] "El espíritu y el hecho comunista" (299-300).

Este último es el caso de Francia. En "Pacifismo capitalista y pacifismo proletario" (1929), no puede responsabilizar al gobierno de que haya fracasado la jornada en favor de la paz organizada por el Partido Comunista--"la jornada de París ha sido un fracaso para sus organizadores y para la clase proletaria"--después de lo que ha dicho en torno a lo favorable que es la represión para la organización de los comunistas (381).

Le songe d'une nuit de printemps es un ejercicio político interesante. No indica para nada que Vallejo esté abandonando sus filiaciones políticas. Por el contrario, es un drama en el que experimenta con la llamada "conciencia" del proletariado, porque la conciencia de los obreros de Le songe no podría ser clasificada de espontánea, vulgar, reaccionaria, ni mucho menos de "clase." Los obreros de Le songe parecen muy distantes de lo que debe ser la vanguardia del proletariado, pero allí está precisamente su relevancia. Aunque no lo parezca, de todos esos obreros, y no sólo del obrero que le grita al joven "¡Nosotros veremos el comunismo!", es que saldrá la llamada vanguardia. Gracias a un trance como la depresión económica, estos obreros recuperan su individualidad, sin perder sentido histórico, ni siquiera cuando uno de ellos dice refiriéndose al advenimiento del comunismo que eso "terminará de la misma manera algún día." La lucha de clases se ha contagiado del pathos.

Un elemento interesante en este drama es que Vallejo evita situaciones "dramáticas" como las que había descrito en "Hacia la dictadura socialista" (1928) (262-3). La pobreza no ha llevado a que una señora Notheber o un veterano de la guerra llamado Paul Gauzi asesinen a sus familias, ni a que un guardagujas se "desplome" en la calle. Que elija a "obreros manuales" para Le songe d'une nuit de printemps es más que relevante aunque la situación de estos obreros no sea tan "dramática" como la del ex-militar, el guardagujas o la vecina de la rue de Tiquetonne. No siempre congenian la llamada "rueda de la historia" y el destino. Así como los filósofos sólo han contemplado la realidad y los revolucionarios son los únicos que la han transformado, es quizás importante que se inviertan los papeles. Es sobre todo importante que quienes la transforman se tomen el tiempo de contemplarla.

6

Es notorio el interés que Vallejo muestra tener por la música en sus crónicas, como he tenido la oportunidad de mostrarlo anteriormente. Pero más allá de un interés general por la música, la elección del título de **Suite et contrepoint** muestra el reverso de un uso que critica en "La revolución de la ópera de París" (1927) (202-3). Me refiero a la crítica que hace del empleo de categorías literarias en el análisis o comentario de composiciones musicales. Los títulos de las composiciones musicales son para él un claro ejemplo de una tendencia que no le permite a la música funcionar con independencia. Por eso prefiere denominaciones tales como sinfonías y sonatas a "La isla placentera" (Debussy) o "Croquis" (Satie).[48] A no ser que lo dicho de la música no se haga extensivo al drama, el título de este drama incurre en lo mismo que critica. Sin embargo, el título puede ser también la parodia de una costumbre que él ha criticado o la autocrítica de una costumbre en la que él también ha participado, como lo reconoce en la citada crónica.

Suite y contrapunto son categorías ligadas a la música instrumental desde el Renacimiento. Como concepciones, géneros o técnicas, fueron empleadas por quienes pensaban que la voz no debía ser el vehículo natural de la composición musical ni de su ejecución. Sin embargo, aluden a diferentes aspectos: **Suite** denomina un tipo de arreglo, con un número indeterminado de movimientos, que a veces es el resultado de la selección de un trabajo mayor; **Contrepoint** alude, más bien, a las reglas técnicas que deben seguirse en la escritura de una composición musical. Como regla técnica--formulada a veces como el proceder al contrario o en movimiento oblicuo (J. Joseph Fux)--, el contrapunto ha sido una constante desde el Renacimiento. La **suite** surge al mismo tiempo que el **contrapunto** pero entra en desuso conforme se desarrollan la sonata y la sinfonía, aunque fue revalorada por músicos vinculados al neoclasicismo tales como Stravinsky. La **suite** también ha sido identificada con trabajos menores y con movimientos provenientes de la ópera o el ballet. Algo que quizás los

---

[48] "Todavía los músicos componen con dibujos, colores, perspectivas, masas, resistencias, altura, nivel, censura, sima, trasposiciones, planos, visiones fragmentarias, distancias, tiempos, gestos, trucos" (202).

diferencie sea la proximidad que hay entre la suite y la danza o el baile.

Para el título de este drama, Vallejo emplea categorías musicales aunque lo hace metafóricamente. De las dos, la más significativa es la de **contrepoint**, aunque esta misma es inseparable de **suite**.[49] Una suerte de traducción gráfica del mismo título la ofrece Vallejo en un grabado que él proporciona en la explicación que da del argumento de este drama. "Las líneas verticales--escribe Vallejo en sus apuntes sobre **Suite et contrepoint**--son los contactos o matrimonios, mientras que los rombos representan las separaciones durante las cuales nacen y viven las ilusiones, las mismas que mueren y acaban con cada choque de las realidades o conocimiento material y total y mutuo de los enamorados" (224). Este es el gráfico en referencia:

Suite et contrepoint puede ser leído no como quien lee una partitura sino en las referencias sociales que esas categorías musicales evocan, según la continuidad o discontinuidad del tono. Al igual que ocurre con la categoría de **contrepoint**, la relación que se establece no es la que opone la armonía al contrapunto. A su manera, cada una puede establecer su propia melodía. La melodía puede lograrse en la "armonía" o en el contrapunto. No sólo eso sino que la armonía es un elemento que pertenece al contrapunto. Según Walter Piston, el contrapunto establece o construye su propia armonía.[50] Otra manera de entender el contrapunto--también indicada por Piston--consiste en aproximarse a éste como el estudio de las cualidades de acuerdo y desacuerdo en la combinación de líneas melódicas. El "desacuerdo" se

---

[49] Otra acepción de **suite** que también interviene es la de un conjunto de muebles que hacen juego. En una carta a Juan Larrea del 21 de setiembre de 1926, Vallejo escribe lo siguiente a propósito de unos pagos inesperados que ha debido hacer: "Pero, en fin, la cosa es subsanable y no tiene mayores **suites** enojosas" (1982:126).

[50] **Counterpoint** (New York & London: W.W. Norton & Co., 1947).

logra mediante recursos tales como: el empleo de disonancias y tonos que no son armónicos; el evitamiento de coincidencias entre el acento y las trayectorias del ritmo; y la oposición de curvas melódicas al hacerse uso de movimientos contrarios y oblícuos.

En 1926 escribe dos crónicas tituladas, respectivamente, "Un drama parisien" (109-11) y "El último drama parisien" (137-9). En ambas comenta un caso penal, proponiendo esta definición en la primera de las crónicas: "Se llaman parisienses los dramas en que operan altas personalidades de la sociedad de París...y se llaman dramas no parisienses aquellos en que operan los demás, es decir, los héroes sin vínculos de envergadura aristocrática" (109). Para esta clasificación, que es un resabio de lo que diferenciaba la tragedia de la comedia o el drama, poco importa, como se verá, la nacionalidad de los protagonistas. Al igual que el espectador del que escribe en **Notes**, el lector de estas crónicas debe clasificar los casos que él relata a partir de las definiciones que propone (en **Notes** el público debía fijar el tema). De no ser clasificado como "parisien" se trataría de una simple falta o delito sin distinción (**fait-divers**).

El caso que relata en ambas crónicas es el mismo. Un tal Lancel, propietario de una cadena de "establecimientos de marroquinería," asesina a un tal Marge, negociante de automóviles y amante de la esposa de Lancel. Del adulterio se entera Lancel por anónimos. Lancel contrata a un detective que tras investigar el caso le informa que su esposa va diariamente, a una determinada hora de la mañana, a una **garçonnière** de la rue de Chazelles. Al encuentro de los amantes marcha Lancel acompañado de amigos. En el aposento, se produce un altercado entre el marido y el amante que es finalmente asesinado. Las convenciones seguidas por los participantes--la ropa que llevan, el lugar donde se encuentran, la manera como los amantes son puestos al descubierto, el protocolo que se respeta, la provocación de la que es objeto Lancel--demuestran, sin lugar a dudas, dice Vallejo, que es un "drama parisien." Los periódicos discuten si los esposos se aman o no--escribe Vallejo--, pero lo que no está en discusión es que "el señor está viejo, de esa vejez sonámbula de hombre de negocios muy ocupado" y que "la madre [tienen dos hijos] está hermosa, de una vasta hermosura de cosa fecunda, que sabe dar lo suyo a la vida, y a la eternidad de la vida" (110).

En "El último drama parisien," Vallejo continúa el relato. Cuenta que Lancel había sido absuelto por el jurado del Sena y que el público está dividido, unos pedían la "guillotina" y otros la "corona laurínea." En la medida en que él está más interesado en la clasificación dramática del caso que en determinar si se ha hecho o no justicia, señala que los verdaderos protagonistas del drama son ahora Moro de Gafieri y Paul Boncour, los abogados penalistas, cuya fama en Francia sólo la sobrepasa Henri Robert. El público ha respondido con un entusiasmo que no se ve en las salas de teatro. Según Vallejo, es un género que tiene las mejores posibilidades. Felizmente un testimonio dado hacia el final del juicio, destinado a proteger a la autora de los anónimos, otra amante de Marge, también casada, augura asesinatos y casos semejantes.

Suite et contrepoint no es un "drama parisien" sino más bien un fait-divers, un suceso de gacetilla. Ninguno de los personajes tiene la "envergadura aristocrática" de Moro de Gafieri, Paul Boncour, Lancel o Marge. Los "héroes" de Suite et contrepoint no tienen los "vínculos" que éstos tienen. Vallejo da como único dato que son una "pareja recién casada en su casa" (223). El drama se centra, básicamente, en cómo cada miembro de esta pareja se comporta frente al tedio del matrimonio. Lory y Mampar, los personajes de Les Taupes, son sus semejantes, según lo afirma el propio Vallejo. Otros lo podrían ser el "marido que finge la neurastenia a su mujer," la "mujer que debe hablar a su marido por escrito," o los esposos que disputan hasta por el lugar que les tocará en el paraíso" (177-8). Todos estos personajes pueden ser agrupados como blasés de la burguesía, según lo describe en Temas y notas teatrales.

Sin embargo, como "aburridos" tienen sus peculiaridades. No hablarse, discutir, ignorarse, engañarse, insultarse, son sólo algunas de las pautas que caracterizan la relación que hay entre ambos. El hastío impregna sus relaciones, pero éste es el el resultado de la imagen que cada uno ha proyectado sobre el otro. Ambos están dedicados a reconstruir ad infinitum el discurso que los aleja del estado típico de cualquier blasé. La rutina adquiere en esta pareja otra identidad: conscientes de que el tedio es una constante su principal actividad consiste en inventar formas de negarlo. En esta actividad demuestran tener un gran ingenio.

No puede negarse que a diferencia de otros posibles personajes, la pareja de Suite et contrepoint asume una posición de resistencia. De no haber esta suerte de resistencia al "hastío," este drama no pasaría de ser un fait-divers. En este sentido, la conducta de esta pareja es comparable a la que describe en "La fiesta de las novias en París" (1926), porque las novias también están dedicadas a celebrar la negación de una vida cotidiana que es traumática. En cambio, se diferencian con dificultad de aquellos personajes de Víctor Margueritte (1866-1942), cuya universalización había criticado en "Los tipos universales en la literatura" (1927), a pesar de que él mismo contribuye a fomentarla en Suite et contrepoint.[51]

De acuerdo con la lectura que hace Vallejo de los trabajos de Margueritte, en éstos se abogaba el derecho que tenía la mujer a tener affaires "en el pensamiento." A diferencia de lo que ocurre en Tu cuerpo es tuyo--en el que la mujer soporta la compañía del marido al que no ama, pensando en el otro, y no se divorcia porque su marido la ama--el affaire en Suite et contrepoint sobrepasa los límites del pensamiento. El divorcio, un fait-divers cualquiera, se materializa.[52] Pero Suite et contrepoint no es ni un drama "parisien" ni tampoco un drama de fait-divers. En Suite et contrepoint Vallejo se aparta de la norma, si se toma Ton corps est à toi como ejemplo de ésta, porque la mujer no es una "esposa clásica"--que "logra, sin alharacas ni doctrinas, hacer lo que se le da la gana de su marido"--ni una "virgen prudente"--que evita el adulterio aunque no la infidelidad--, ni el marido es un tal Teineur que acusa a su mujer de serle infiel con un difunto.[53] En ambos casos el espectador tendrá una "pareja de recién

---

[51] La "marimacho" Victor Margueritte escribe, a partir de 1918, novelas centradas en la emancipación de la mujer tales como La garçone (1922), Le compagnon (1924), Vers le bonheur (1925-30), Ton corps est à toi (1927). Después de 1927 publica Le Chant du berger (1930), Non (1931), Nos égales (1933) y Le Couple (1935). Vallejo se refiere a Tu cuerpo es tuyo cuando acababa de publicarse.

[52] Vallejo reproduce en esta crónica lo que "dice literalmente una mujer recién casada": "Por desgracia, mi hombre verdadero viene tarde. Verdad es que yo no quiero a mi marido, pero como él me ama todavía, es inútil pensar en el divorcio por ahora. Pues bien: para soportar la compañía del marido al que no amo, pienso en el otro. Le veo pasar desde mi balcón: alto, moreno, hermoso, mi tipo. Hablo de él con nuestras amigas comunes, enterándome así de sus cualidades, de sus gustos e ideas. ¡Ay cómo no está a mi lado para siempre! ¡Mi vida con él hallaría su sentido verdadero! Pero ya que mi cuerpo no es mío, puesto que el matrimonio me lo arrebató, me queda siempre el alma, que se la entrego entera al otro, a mi hombre verdadero. ¡Tengo derecho a ello!..." [Subrayado por Vallejo] (248).

[53] En "La tumba bajo el arco del triunfo" (1926), Vallejo cuenta la historia de un tal Teineur que plante una demanda de divorcio contra su mujer bajo el supuesto de que ésta le es infiel con su difunto primer marido. En la misma crónica define lo que es una "vírgen prudente" como "una mujer aguerrida en justas del corazón, dueña siempre de

casados," para quienes está en cuestionamiento la proyección o la identificación de lo que es el amor "verdadero." Sin embargo, el **affaire** sigue convenciones diferentes en **Suite et contrepoint.**

En **Suite et contrepoint,** retoma aparentemente la misma situación planteada en **Les Taupes:** el deterioro de las relaciones afectivas de una pareja por acontecimientos que ocurren en la esfera privada (181-94).[54] Es un matrimonio afectado por un proceso de desgaste que Vallejo explica de la siguiente manera en el esbozo del primer acto: "Pasada la ilusión de lo que cada cual creyó existir en el otro, la realidad de cada uno espanta al otro y recíprocamente" (1985a:223). Ambos reaccionan simétricamente ante esta situación aunque difieren en la conciencia que cada cual tiene de ésta. Las opciones que tienen son semejantes y las variantes, aunque difieren, se complementan. Ambos optan por reproducir la ilusión. Se evita en el proceso poner demasiado énfasis en las transgresiones morales. La mujer opta por tener un **affaire** que progresa y provoca el divorcio, mientras que el hombre, habiendo observado--según Vallejo--que su mujer no había encontrado en él al "hombre que ella soñó" (por eso estaba buscando realizar esa ilusión en otro hombre), decide enamorar a su propia mujer recurriendo a un disfraz. "El idilio es perfecto" dice Vallejo. La farsa da lugar a que la mujer, sin saberlo, se enamore de su propio marido en el rol de amante. Pero el hombre, aun sabiéndolo, se enamora también de la nueva **persona,** la máscara que ha asumido su esposa desvinculada ahora del rol que asumió dentro del matrimonio. Esta **persona** es una proyección de la mujer que inicialmente conoció el que todavía no era su marido. "El marido está enamorado de su propia mujer" dice Vallejo.

Según lo explica, este tipo de construcciones son "episódicas" dentro de un estado que asume características endémicas. De sus

---

sí misma, que reflexiona, calcula y sopesa todos sus actos con amplia previsión y prudencia" (101-102). De la "esposa clásica" escribe en "La diplomacia de Briand" (1926), a propósito de las tácticas usadas por las feministas (114-17).

[54] Vallejo mismo sugiere la conexión en **Les taupes** y **Suite et contrepoint:** "Podría partirse del caso de Lory y de Mampar, como pareja en discordia y desengañada. Sería el primer acto" (224). En **Les taupes,** el matrimonio no se realiza porque la madre de Mampar usa su propia enfermedad para impedirlo. Lory y la madre luchan por el control de Mampar hasta esta última muere por un descuido que parece deliberado. Ocurrida la muerte, Mampar delibera sobre la verdad y la culpa, a fin de determinar su responsabilidad en lo ocurrido.

explicaciones no parece desprenderse que haya diferencias entre los episodios. Estos parecen ser meras repeticiones, cuya intensidad no varía, casi al modo del tipo de aria que predominó en la llamada ópera "seria" durante el siglo XVIII--la llamada aria **da capo**, que comprendía tres partes, la primera de las cuales era repetida tras la segunda que contrastaba la primera. En el caso del drama de Vallejo, el contraste también tiene su secuencia indefinida; ninguna de las dos variables impide la continuidad de este sistema que no es finito. Mientras que el aria **da capo** tiene una variación que se formula como ABA, en el caso del conflicto al que alude **Suite et contrepoint** la secuencia sería ABABAB y así sucesivamente.

Ambos son cómplices de un mismo proceso que termina afectándolos por igual. La modalidad con la que se adaptan es, no obstante, distinta. La conciencia que el hombre tiene de la situación no impide que termine atrapado por la rutina en la que toda relación afectiva se desenvuelve, toda relación que se desarrolla según las leyes de la mercancía. Por su parte, la mujer ignora las leyes en base a las cuales funcionan las relaciones afectivas. El hombre se relaciona con esas leyes como burócrata: en lugar de controlarlas es él quien es controlado por ellas aunque intenta sacar provecho de su funcionamiento. A la "ilusión femenina" corresponde la masculina. Los roles a los que da lugar cada una de estas construcciones se complementan en una nítida demarcación de espacios: la esfera privada (el hogar) es el espacio donde se cultivan las disputas, mientras que la esfera pública (la calle) es el espacio donde se realiza la ceremonia del encantamiento. Este procedimiento coincide con lo señalado por Victor Shklovsky en "Art as Technique": "El habituarse devora trabajos, vestimentas, muebles, la esposa de uno y el temor a la guerra." Frente a los hábitos, el arte desfamiliariza la percepción de objetos y relaciones.[55]

---

[55] Lee T. Lemon & Marion J. Reis, eds. **Russian Formalist Criticism: Four Essays** (Lincoln & London: U Nebraska P, 1965), 12.

7

He señalado anteriormente la mala disposición que tiene
Vallejo en sus crónicas hacia el "drama lírico," que comprende una
gama variada que va del drama musical a la ópera. Como se ha visto,
ni siquiera Falla se salva de esta crítica. Vallejo no critica la ópera por
melodramática, inverosímil o por la unidimensionalidad de los
dramatis personae. A un escritor como él le hubiera interesado poco
exigir mayor verosimilitud o profundidad psicológica en los personajes.
Lo que Vallejo cuestiona no es sólo la construcción de un arte que
pretendía ser "total" sino el predominio de lo que Herbert Lindenberger
llama el "principio dramático" en la ópera y el empleo inapropiado de
la música en el drama.[56] La historia de la ópera, más breve y
académica que la del teatro, ha sido--según Lindenberger--una pugna
constante entre dos tendencias asociadas, respectivamente, con el
predominio del "principio dramático" o del "espectáculo." Dentro del
pricipio dramático hay variaciones según fuese mayor el énfasis puesto
en el libreto (un postulado que formulan Wagner y Verdi), en la
verosimilitud de la narración o en la naturalidad de la actuación (von
Gluck).
        De acuerdo con Manfred F. Bukofzer, en **Music in the
Baroque Era: From Monteverdi to Bach**, los intelectuales florentinos
agrupados en la Camerata que inventan la ópera hacia 1590, lo hacen
como reacción contra la música del Renacimiento. Particular
animadversión les merece el contrapunto porque piensan que desvirtúa
la poesía. El contrapunto debilita el principio por el que la oración
domina la armonía (**Oratio Harmoniae Domina Absolutissima est**).[57]
Según la Camerata, al haber diferentes voces no se aprecia el valor de
la palabra y se devalúa la poesía como elemento dominante. El
recitativo podía restaurar la integridad de los pasajes literarios. Las
palabras debían controlar el ritmo musical y las cadencias. Los
músicos debían sacar provecho de los recursos retóricos del orador para

---

[56] **Opera: The Extravagant Art** (Ithaca & London: Cornell UP, 1984), 56-65.
Lindenberger nombra a Claudio Monteverdi, Christoph Willibald von Gluck, Richard
Wagner y Giuseppe Verdi, como compositores que favorecen el "principio dramático."
[57] (New York & London: W.W. Norton & Co., 1947), 1-19.

compensar las "desventajas" o dificultades propias de la música vocal o instrumental en la imitación del texto.[58]

En base a estos principios, la ópera se va a diversificar siguiendo el modelo del drama. Se diferencia la ópera "seria" (tragedia) de la "buffa" (comedia), de la que deriva la ópera-comique. La ópera "buffa" requiere de una orquesta más limitada y de un reparto más modesto; los personajes son gente ordinaria y las escenas se desarrollan en lugares corrientes y humildes. Conforme ésta se expande hacia el resto de Italia (Roma, Venecia y Nápoles, principalmente) o hacia Francia, Austria y Alemania, se debilita el "principio dramático." Pero si bien la Camerata pudo fabricar la ópera, no estuvo en condiciones, obviamente, de controlar a cabalidad su desarrollo. En pocas décadas la ópera adquiere una sorprendente popularidad que depende más del espectáculo (especialmente de las arias) que del texto o la música instrumental.

Cuando Vallejo llega a París, encuentra en la ópera francesa la casi completa hegemonía del principio que Lindenberger llama "dramático." La ópera francesa ha encontrado en este elemento la mejor manera de diferenciarse de la ópera italiana en la que predomina el espectáculo.[59] Como arte se ha apropiado de convenciones y simbolismos abandonados por el drama. La creatividad no se pone a prueba en la composición de nuevas óperas sino en la interpretación o redescubrimiento de óperas compuestas entre los siglos XVII-XIX. Nuevas composiciones tienen que pasar obstáculos inimaginables en otras artes, porque en la ópera no se aprecian las innovaciones.

Dados estos parámetros, Vallejo no encuentra en la ópera recursos que otros dramaturgos como Brecht encontraron. Se limita por eso a criticar el "drama lírico" en nombre de un esquema estético cuya genealogía podría trazarse hasta el Renacimiento porque Vallejo favorece la música instrumental sobre la vocal, porque le interesa el uso que Satie ha hecho del contrapunto, y porque en la literatura y en el cine no favorece sincronías. Estas variables intervienen en su desprecio de la ópera francesa, incluso de la más moderna que se atiene

---

[58] Esta empresa se fundamenta también en la restitución de los principios de la tragedia griega, un objetivo que hace suyo Wagner pese a no compartir los ideales aristocráticos de la Camerata.

[59] Otros elementos de diferenciación serían los interludios con ballets, una ejecución musical más refinada, personajes mejor delineados y menos convenciones.

al mismo principio, pero en relación a cierto tipo de ópera que se
compone en América Latina reacciona de otra manera.

En América Latina se conoce, a principios de siglo, la zarzuela
y la ópera italiana. Los cantantes más conocidos visitan Buenos Aires
pero no siempre llegan a Lima. Hay un predominio del espectáculo
sobre el "principio dramático." De las compañías que llegan se esperan
las arias en las que los cantantes puedan exhibir virtuosidades que rara
vez son histriónicas. En general, estas compañías siguen las
convenciones establecidas en la medida que el presupuesto con el que
cuentan se lo permite. El problema surge cuando desde fines del siglo
XIX se desarrolla la producción de óperas en América Latina.
Compositores latinoamericanos experimentan con temáticas
"nacionales" pero al hacerlo corren el riesgo de violar, aun sin
buscarlo, las convenciones del género. El riesgo es mayor cuando se
componen óperas que no tienen la pretensión de ser "serias" y evitan
el simulacro dándole a lo vernacular un prestigio que no solía tener.

En Daniel Alomía Robles (1871-1942), a quien Vallejo se
refiere elogiosamente al menos en dos oportunidades poco después de
llegar a París, se aprecia bien esta problemática. La primera es
"Cooperación" (1923), crónica en la que relata "una significativa fiesta
de la peruanidad," en el Théâtre Caméléon. El programa comprendía
"poemas representativos de la raza" (de Chocano, Yerovi y Vallejo)
leídos por Pablo Abril, y "un concierto de arias y melodías nacionales"
compuestas por Daniel Alomía Robles, cantadas por Valentine Stern,
con el acompañamiento al piano de Alfonso de Silva (15). La segunda
es "Literatura peruana: la última generación" (1923). En esta última
Vallejo es más explícito en sus comentarios. Dice de Alomía Robles
que es un músico formidable. Lo señala como el "iniciador del
folklorismo incaico" (19). Pero ¿qué percibe de extraordinario en las
composiciones de Alomía Robles?

Entre las composiciones musicales de Alomía Robles se
cuentan arias y recitativos que integran óperas como **Illa Ccori**
(¿1911?), o zarzuelas como **El cóndor pasa** (¿1911 o 1912?) y **Ballet
Inca**.[60] Si bien hay otros músicos que escriben composiciones

---

[60] También compuso canciones y poemas sinfónicos tales como **Amanecer andino,
El indio** y **El resurgimiento de los Andes**. La información sobre Alomía Robles
proviene de Alberto Tauro, **Enciclopedia Ilustrada del Perú** (Lima: Peisa, 1987), 82-3,
y Carlos Milla Batres, ed., **Diccionario histórico y biográfico del Perú, siglos XV-XX**

musicales semejantes, Daniel Alomía Robles destaca por su trabajo como compositor musical y como recopilador de "melodías" andinas en Perú, Ecuador y Bolivia. Estas recopilaciones eran anotadas por él mismo como ocurrió con "Himno del sol." En base a sus investigaciones, determina la "persistencia de una estructura melódica original, basada en la pentafonía." Conscientes de lo extraordinario de su empresa, hay quienes lo consideran el "restaurador" de la música incaica.[61] Pero en Alomía Robles hay algo más que un trabajo de restauración.

Alomía Robles escribe óperas sabiendo que es una forma musical "seria" apreciada por muchos intelectuales latinoamericanos. Compone óperas en base a convenciones establecidas, pero al hacerlo las subvierte. Desde Wagner se había impuesto la tendencia, por ejemplo, a disminuir las distinciones que solían haber entre la orquesta, que requieren la sinfonía y la ópera. Alomía Robles altera esta tendencia abriendo la posibilidad de que se incluyesen instrumentos musicales andinos. Pese a que la temática escogida por Daniel Alomía Robles sólo hubiese podido tener cabida dentro de lo que era la ópera "cómica" o "bufa," óperas como **Illa Ccori** son concebidas como "serias." No obstante, su manejo de lo que sería lo exótico excede lo que hubiera sido considerado aceptable en Francia o Italia para una ópera "seria."

Desde el siglo XVIII se había favorecido el uso del exotismo pero dentro de límites precisos. Franceso Algarotti, por ejemplo, había recomendado en 1755 el uso de "temas exóticos" para "darle una mayor extensión a la soberanía del drama musical," mediante escenas en las que hubiese "espléndidos banquetes, embajadas magníficas, embarcaciones, coros, batallas, conflagraciones..."[62] Se esperaba que lo exótico les permitiese destacar a los compositores las virtuosidades de la orquesta y a los directores el diseño de escenas fastuosas. En las composiciones de Alomía Robles, lo exótico adquiere otra función. Bajo la influencia del indigenismo, al que estuvo ligado Alomía Robles, lo exótico deja de ser algo marginal y se convierte en un elemento

---

(Lima: Editorial Milla Batres, 1986), 117-8.

[61] Según Dora Mayer de Zulen, Alomía Robles es de los pocos músicos que se aproximan a la Asociación Pro-Indígena. "Lo que ha significado la Pro-Indígena," **Amauta** I:1 (Setiembre 1926), 21, col.izquierda.

[62] Citado por Lindenberger en op.cit., 51. La cita proviene de **An Essay on Opera** (London: L. Davis & C. Reymers, 1767).

dramático central.   No obstante, se mantienen requisitos de la ópera
"seria," tales como la distancia temporal que debía mediar entre el
público y los eventos del drama.   Este requisito no era insalvable.   Por
el contrario, se adaptaba bastante bien a un indigenismo en el que
predomina la arqueología, es decir, un indigenismo que necesita de la
arqueología para revalorar al indio que le es contemporáneo.   El
empleo de materiales considerados "mitológicos" ayudaba a que el
público se mantuviese dentro de su propio tiempo.   Se escriben así
óperas (partituras y libretos) que podrían haber sido llamadas
"exóticas," a falta de una nomenclatura mejor: por la importancia
narrativa que se le atribuye a lo exótico; por los instrumentos musicales
que se debían emplear; y por el apartamiento de la ópera "seria" o
"cómica."

Estos cambios hacen aceptable la ópera para Vallejo, como
otros cambios hubieran hecho aceptables los "dramas líricos" de
Debussy o Falla.   Estos cambios y las preocupaciones culturales de
Alomía Robles lo convierten, con razón, en un "formidable músico."
Una vez que la ópera sale de lo que representa esta tradición musical
en Europa, y particularmente en Francia, se disipan demandas como las
que le plantea a Falla.   Al salir del medio ambiente (cultural) en el que
esas tendencias compiten, o en el que la independencia de la música
está en juego, el problema se desplaza.   Carece de importancia
reprochar el predominio del "principio dramático."   Lo que había sido
inventado con tanto ingenio por la Camerata presta ahora un servicio
a quienes quieren inventar tradiciones indigenistas.   El indigenismo ha
hecho de esa temática "exótica" algo más que la ocasión para desplegar
ceremonias y rituales fastuosos.

Mediante composiciones como las de Daniel Alomía Robles,
se socializan, además, al menos entre intelectuales, las tradiciones que
inventan los indigenistas a nombre de pueblos a los que no se les había
reconocido historia.   No se trata sólo de poner la ópera al servicio de
otra clase social--como intenta hacerlo Brecht--sino al servicio de
indigenistas, en base a una mitología que es puesta al descubierto o
inventada por arqueólogos, antropólogos y artistas.   Lo irónico del caso
está en que esto se logra mediante la apropiación de una expresión
artística estrechamente ligada a deseos aristocráticos o imperiales desde

el siglo XVII.[63] Así como Vallejo se había apropiado algunas
convenciones literarias vinculadas al barroco, del mismo modo, Daniel
Alomía Robles se apropia de una tradición musical no menos barroca,
en nombre del indigenismo.

Los artículos en los que Vallejo menciona a Alomía Robles son
de 1923 pero sirven como antecedente para explicar las acotaciones
musicales de **La piedra cansada**, drama escrito catorce años después.
El caso es único, porque en ningún otro drama abundan tantas
acotaciones musicales. **La piedra cansada** debe comenzar--según las
indicaciones del dramaturgo--con la obertura del Himno del Sol que es
"cantada" por obreros (Acto I, Cuadro 1).[64] A esta indicación se
agregan otras en el mismo acto: el arquitecto ingresa cantando (cuadro
1); se canta un aria que es intercalada con recitativos (cuadro 2); un
siervo canta en dos oportunidades, además de recitar y rezar (cuadro
2); un coro femenino "entona" el haylli y el itu (cuadro 4); un coro de
niños canta los rituales del quipuchika (cuadro 6); y se baila una "danza
epitalámica" a la que le sigue un canto (cuadro 6) (285-99).

Los dos actos siguientes también incluyen cantos. En el
segundo, éstos son rezos (e.g. el de Okawa en el cuadro 7) o voces
lejanas (cuadro 8). Hay también un aria que es cantada por los calli-
sapas (cantantes de voz aguda) y sonidos de tempestad (cuadro 9). En
el tercero hay cantos y danzas en una fiesta, se canta la "balada del
arado" y hay un coro juvenil (cuadro 11); en el cuadro 12, la multitud
entona el haylli nuevamente, se tocan marchas y se danza a propósito
de la guerra (la danza de las hachas); en el cuadro 13, se escucha una
clarinada lejana y la melodía de una quena; en el cuadro 14, hay
sonidos que aluden a truenos, relámpagos, vientos y rayos; y en el
cuadro 15, el último, se tocan "notas de antara pastoril" (300-319).
Aunque los actores no siempre cantan o recitan, los ingredientes
necesarios para la presentación de una ópera están en **La piedra**

---

[63] Edward W. Said, "The Empire at Work: Verdi's **Aida**," **Culture and Imperialism**
(New York: Alfred A. Knopf, 1983), 111-32.

[64] Antes de que intervenga ningún personaje, el dramaturgo indica la ejecución de
una obertura relacionada temáticamente con el drama: "Pasos convergentes de multitud
en torno al escenario. Del ruido rítmico y tumultuoso, de estos pasos, nace, sin solución
de continuidad, la obertura del Himno al Sol. Por distintas partes de la escena, acuden
presurosos al trabajo, picapedreros y albañiles, con sus útiles de trabajo en la mano.
Reunidos en la escena, cantan el himno en coro, inmóviles, hieráticos, mientras el sol se
eleva tras los muros del baluarte" (285).

cansada, aun en el caso de recitativos que sólo se emplean en ceremonias o actividades religiosas. Dado el tipo de música que Vallejo plantea, necesita de actores que sean cantantes en todas las variaciones posibles: sopranos, tenores, y coros, que estén en la escena como "masa."

Como lo prueban estas acotaciones, en **La piedra cansada** Vallejo se aproxima a la ópera. Este drama no puede ser comprendido adecuadamente si es que no se le presta atención a las acotaciones musicales. Las variables musicales que demanda el dramaturgo, a las que ya se ha hecho referencia en el párrafo anterior, corresponden a la ópera más que al drama musical, aunque se adscribe o se inclina más en favor de lo que sería el "principio dramático." La música se emplea en los momentos que se emplearía en la ópera (en los rezos, ritos, guerras o ceremonias). Hay incluso coreografía o danzas, al estilo de la ópera francesa. Otros aspectos que favorecen esta clasificación son los gestos que se le indican a los actores, y el tono, casi siempre solemne y ceremonioso, con el que se manterializan las intervenciones verbales de los personajes. No hay, eso sí, rezos dirigidos al público, como solía ocurrir en la ópera, convención de la que sacará provecho Brecht en su teatro "épico."

Si bien hay una serie de elementos que indican el carácter operático que tiene **La piedra cansada,** hay un aspecto que parece no ajustarse: la mencionada falta de economía que caracteriza al texto dramático. Los diálogos son tan importantes que no se puede cuestionar el predominio del "principio dramático." No obstante, a pesar de la cobertura de estos diálogos, la narración es precaria. La discontinuidad que se observa en los diálogos no ha sido creada deliberadamente. Más que un recurso técnico es el resultado de un texto que ha quedado sin revisiones finales. De haber sido revisado, el texto habría sido quizás menos extenso.

Vallejo necesita de Alomía Robles tanto como Alomía Robles, acompañado frecuentemente de libretistas poco diestros, hubiera necesitado de Vallejo. El empleo de estos recursos y convenciones en **La piedra cansada** tiene más sentido si se piensa en las composiciones musicales de Alomía Robles.[65] No es forzado pensar que la música que **La piedra cansada** necesita no es otra que la que entonces compone o recopila Daniel Alomía Robles. No sólo porque se combina bien con esa curiosidad por el Perú prehispánico que se renueva en Vallejo poco antes de la visita de Luis E. Valcárcel a París (1937), sino también porque Alomía Robles sitúa la ópera fuera de su lugar, descentrada, a disposición de quien se ha apropiado de ella. Pero el empleo que hace él de las composiciones musicales de Alomía Robles no hace de él un indigenista olvidadizo de concepciones que ha planteado con anterioridad, en cuanto al drama lírico y la independencia de la música, ni ignorante de contradicciones sociales igualmente importantes en el tiempo de los Incas. Las composiciones musicales de Alomía Robles se adaptan con facilidad a las concepciones de Vallejo en la medida en que la música de Alomía Robles subvierte, como se dijo, una tradición cultural europea. La música en **La piedra cansada** familiariza o aclimata al público con una historia que ha sido vista como ajena o exótica, y como tal, inexistente o desprovista de contradicciones sociales.

Como lo explicaré en el capítulo siguiente, en **La piedra cansada** Vallejo redefine la tragedia (para actualizarla) a partir de una reconstrucción histórica, que puede haber sido provocada por el tipo de etnografía que se hace en Francia durante las primeras décadas de este siglo. También es una manera de debatir con el discurso que los indigenistas están construyendo en el Perú, con el apoyo de arqueólogos e historiadores. La imagen del Perú que se consume en París es la que están proporcionando etnógrafos franceses como Paul Rivet o intelectuales peruanos que, como Valcárcel, están interesados en la revaloración de una cultura dada por desaparecida. Vallejo construye en **La piedra cansada** una tragedia que no tiene que ver ni con la república ni con la colonización, pero que puede explicar la derrota sufrida por los incas, sin que esta explicación se reduzca a la consabida guerra civil entre los hermanos Atahualpa y Huascar.

Las lecturas posibles de **La piedra cansada** permiten

---

[65] Especialmente si se piensa en el parecido temático existente entre **La piedra cansada** y **Hacia el reino de los Sciris** e **Illa Ccori**. Según Tauro, en **Illa Ccori** Alomía Robles "desarrolló un episodio legendario de la empresa conquistadora que Huayna Cápac culminó en Quito." Algo semejante ocurre entre **El Tungsteno, Colacho Hermanos** y **Presidentes de América** con respecto a la zarzuela **El cóndor pasa.** Op.cit., 82-83.

entenderla como una alegoría de lo que ocurre en sociedades civiles contemporáneas a Vallejo, o como una revisión histórica que puede haber considerado oportuna, a modo de ofrecer una explicación más sensata de lo que fue el incario. De ser así, la historia alude no sólo a desigualdades sociales imperantes en toda sociedad en la que existan clases, cualquiera que fuese su denominación, sino también a los efectos que tiene una política expansionista y beligerante. No hay nada que impida ver éstas lecturas como complementarias. Sea cual fuere el caso, en la escritura de **La piedra cansada** existe el propósito de revisar la historia de los Incas. La música cumple una función importante en el logro de este objetivo.

El empleo que hace de un tipo de música que muchos intelectuales latinoamericanos entonces consideran "seria," aparentemente, lleva a Vallejo a la escritura de un drama musical o de una ópera que lo hubiera aproximado a Wagner. Esto no ocurre por la relación que establece entre los diálogos o los eventos y las acotaciones musicales. La relación que plantea es semejante a la concebida por Eisenstein en relación al sonido en el cine o a la que él mismo plantea en "Ficha del nuevo rico." En **La piedra cansada** hay un asincronismo deliberado entre la ceremoniosidad a la que alude la música indicada por el dramaturgo y los eventos que se desarrollan. El dramaturgo crea una suerte de contrapunto entre las conflictivas relaciones sociales que se desarrollan entre los personajes y la narrativa de la música. La música desarrolla una narración que desentona frente al texto dramático. No hay acorde entre ambas, como explicaré en el próximo capítulo.

8

Tener una concepción teatral más o menos definida no necesariamentre traba o facilita el trabajo de un dramaturgo. Vallejo no necesita de una poética para escribir **Trilce**, pero por alguna razón necesita de una "estética teatral," calificada de nueva, para proseguir con la escritura de sus dramas. El momento en el que la escribe sugiere algunas explicaciones. Vallejo necesita de esta "nueva estética teatral" para dejar de escribir dramas como **Les taupes**, **Entre las dos orillas corre el río**, **La Mort** o **Lock-out**. En este sentido, **Notes** es un texto que lo respalda. Escribir una "estética teatral" es también necesario por lo precaria que ha sido la formación teatral de Vallejo, acostumbrado como estaba, hasta su llegada a París, a tener una visión dramática del teatro. La teatralidad es un elemento que surge conforme va subsanando esa falta de experiencia. En **Notes** y **Temas**, se acerca a una "estética teatral" que lo convence incluso por su flexibilidad. No es una preceptiva o una fórmula como lo fue el social-realismo al que estuvo expuesto cuando escribió **La Mort, Moscú contra Moscú** o **Lock-out**. Por eso, no es una estética que le impida el empleo de otras sino una que lo coloca frente a múltiples alternativas. Antes, durante y después de escribir **Notes**, lo tientan "otras" estéticas igualmente novedosas que no se excluyen entre sí sino en la manera como son anunciadas. El no las ve como una sola aunque estén todas a su disposición. Esta aparente ambivalencia le permite escribir "planes," borradores o esbozos que responden a problemáticas no muy diferentes a las tocadas anteriormente. Hay continuidad, por ejemplo, entre **Les taupes** y **Suite et contrepoint**, o entre **Lock-out** y **Songe d'une nuit de printemps**. Desde este punto de vista, hay una mayor originalidad en **Dressing-room**. No obstante haber este tipo de continuidad, destacada por él mismo en las menciones que hace de **Les taupes** y **Lock-out** en **Suite et contrepoint** y **Dressing-room**, se intuye en esos "planes" o borradores, lo diferente que hubieran sido dramas como **Dressing-room, Suite et contrepoint** y **Songe d'une nuit de printemps**, de haberlos terminado.

En su trabajo como dramaturgo, Vallejo manifiesta una ansiedad que no se observa en su poesía, donde **Trilce** está, de alguna manera, siempre presente, incluso en **Los heraldos negros**. Me refiero a los cambios de orientación que se suceden en la escritura de los dramas. Esto quizás se deba a que en la dramaturgia de Vallejo no hay nada comparable a **Trilce**. Aquí no me estoy refiriendo al valor que se le suele atribuir a **Trilce** como texto poético sino como una estética implícita de cuya materialidad Vallejo nunca duda. Por otro lado, todo indica que no busca correspondencias entre su trabajo como poeta y dramaturgo, ni las cree necesarias. El teatro es para Vallejo, pese a todos los dramas que pudo haber leído en el Perú, una experiencia nueva que le impone obligaciones diferentes, un oficio en el cual tiene que iniciarse.

Sus proyectos se complican por ciertas elecciones que va haciendo. Entre esas elecciones, la más importante es la del público porque es, a su vez, una elección lingüística. **Les Taupes, La Mort, Lock-out** y **Colacho Hermanos** fueron dramas escritos en francés. Lo propio ocurre con **Dressing-room** y **Le songe d'une nuit de printemps**, escritos total o parcialmente en francés. Los únicos dramas que salen de esta norma son **Entre las dos orillas corre el río**, que intenta poner en escena en Madrid, **Suite et contrepoint** (únicamente el título está en francés) y **La piedra cansada**. Otro texto que no fue escrito en francés es **Presidentes de América (suite)**, el proyecto para una "farsa cinemática." En cuanto a sus escritos teóricos, **Temas y notas teatrales** fue escrito en castellano y **Notes** en francés.

La ambivalencia en lo relativo al idioma plantea problemas que van más allá de las oportunidades inmediatas que pudo haber tenido Vallejo para poner en escena sus dramas. La elección señala deseos tanto o más que posibilidades concretas. Como se sabe, las oportunidades fueron pocas y en ningún caso prosperaron. Sólo en un caso, el de **Lock-out**, se ve obligado a realizar una traducción.[66] El que una parte considerable de su producción dramática fuese escrita en francés, plantea posibilidades que no se excluyen, tales como las siguientes: (1) la participación de Georgette Vallejo en la composición de estos dramas, en la traducción o escritura de los mismos; y (2) que el público implicado sea el de París, en el caso de los dramas escritos en francés, y el de Madrid, en el caso de los dramas escritos en castellano.

Difícilmente podrá negarse la participación de Georgette Vallejo en la escritura de sus dramas. Téngase presente que aun los artículos periodísticos que Vallejo escribe para revistas francesas en 1936 fueron traducidos por Georgette Philippart.[67] Si en 1936 ella traducía trabajos de Vallejo, es admisible pensar que algo semejante pudo haber ocurrido con otros trabajos de la misma época, y todavía más, anteriores. La familiaridad que tuvo Georgette Vallejo con todos estos dramas refuerza la existencia de esta colaboración. De ser así, los dramas son el resultado de una negociación en la que intervienen

---

[66] Georgette Vallejo sostiene que "ante una eventual representación" de **Lock-out**, Vallejo lo traduce al español. Ibíd., 43.

[67] Hay una copia facsimilar de "Récentes découvertes au pays des Incas" (publicado en **Beaux-Arts, le Journal des Arts: Chronique des arts et de la curiosité**) en Vallejo 1985, entre págs. [610] y 611. La "versión original" es la traducción de una versión escrita por Vallejo en castellano. Véase **Crónicas**, t.II, [607]-623.

dos escritores aunque sólo uno fuera reconocido. Más difícil es determinar el nivel de la participación de Georgette Vallejo en cada drama.

La elección de públicos como los mencionados (París, Madrid) expone a Vallejo a mercados e instituciones que anteriormente sólo había observado como periodista. También lo expone a las exigencias lingüísticas, políticas, culturales y comerciales de empresas e instituciones. Si las condiciones en Madrid le fueron poco propicias, en París la situación debió ser aún más adversa. El entusiasmo que sienten algunos intelectuales por la visita un tanto exótica de compañías teatrales extranjeras, no se extiende necesariamente a aquellos extranjeros que residen en París. Granovsky, por ejemplo, pasa al olvido una vez que decide radicarse en París. La popularidad de estos grupos extranjeros radica, al menos parcialmente, en ser itinerantes, y en alejarse de las convenciones conocidas por ese público. Nicolás Guillén llegó a sugerir con acierto que hubiese sido imposible persuadir a críticos teatrales franceses de la época sobre la existencia de "tragedias" cubanas que no fuesen políticas.

La irregularidad con la que trabaja Vallejo en sus dramas, guarda estrecha relación con el hecho de que es bastante consciente de los límites que tiene la modernidad. Como él mismo lo sostiene, la modernidad en Francia no ha acabado, por ejemplo, con los celos, la xenofobia o el chauvinismo. Otras ciudades modernas europeas tienen sus propias desventajas. Pese a que Moscú es para él una urbe excepcional, como "capital del Estado proletario," a él lo ahuyenta la posibilidad de migrar una vez más hacia una sociedad tan alejada culturalmente de él que profesaba de latino-indígena.[68] Con Madrid ocurre lo opuesto. Pese a los elogios que le merece Madrid en "Wilson y la vida ideal de la ciudad" (1926), la capital de España está demasiado asociada culturalmente con un estado que debe superarse (83-85). El resultado concreto es que tanto en Moscú como en Madrid logra la publicación de algunos de sus trabajos pero en ninguna de estas ciudades logra la puesta en escena de dramas suyos. Los pocos dramas que han sido puestos en escena, lo han sido póstumamente.[69]

---

[68] "Un reportaje en Rusia. IV: Tres ciudades en una sola" (1930), 407-08.

[69] Una de las pocas producciones de dramas de Vallejo, la realizó un grupo teatral dirigido por María Teresa Valdez en la Maison de la Poésie de París, en 1992. Presentó **La piedra cansada** (**La Pierre Fatiguée**) en base a una inteligente adaptación hecha por

La irregularidad también guarda relación con la conciencia cada vez mayor que tiene de estar trabajando en un medio para el cual se requiere de un aparato. El teatro es un arte que requiere de un edificio que debe rentarse y para el que deben pagarse los servicios y el personal necesarios de una puesta en escena. El funcionamiento de este aparato tiene un costo que no puede eludirse, especialmente en la década que precede a la segunda guerra mundial, porque son años de crisis económica. Esta crisis es experimentada con mayor crudeza en el teatro. Aún más remoto hubiese sido regresar a Madrid en vísperas de iniciarse la guerra civil española. Esta situación no pasa desapercibida para Vallejo. Así como el poeta o el novelista necesita de editoriales para la publicación de sus libros, el dramaturgo, sobre todo aquél que escribe dramas como los suyos, y que tiene sentido teatral, como lo llegó a tener él, necesita de un espacio apropiado, así como de actores, técnicos, régisseurs, que no son gratuitos.

Uno de los apuntes que incluye en **Notes** prueba que Vallejo no pasa por alto las necesidades financieras que un proyecto como el suyo demandaba: **"Evidentemente, toda esta nueva estética sólo es posible con un capital financiero, para realizar las obras y luchar con el público"** [subrayado por Vallejo] (176). Los dramas que conceptualiza en su nueva estética podrían haber atraído la curiosidad intelectual de un limitado público en París. Pretender conseguir un público como el que tenían Jouvet, Dullin, Baty, Copeau, Pittoëff, hubiera sido imposible. Ni éstos, ni ese posible público podían ofrecerle los recursos que hubiera necesitado. Invertir más tiempo en un proyecto costoso, cuyas posibilidades de producción eran remotas, tenía poco sentido. Tampoco lo tenía para él escribir dramas para que fueran leídos. A esto cabe agregar la atención cada vez mayor que le exige la república española una vez comenzada la guerra civil.

En un artículo que publica en **El Comercio** de Lima, titulado "César Vallejo en viaje a Rusia" (1929), escribe a modo de conclusión lo siguiente: "Al menos, no he hecho de mis actitudes ningún sistema permanente y definitivo de conducta. Sin embargo, tengo mi pasión, mi entusiasmo y mi sinceridad vitales. Se me antoja que, a través de lo que en mi caso podría conceptuarse como anarquía intelectual, caos ideológico, contradicción o incoherencia de actitudes, hay una orgánica y subterránea unidad vital" (351). Dos años antes, en "La resurección

---

Valdez.

de la carne" (1927), había establecido un principio que es especialmente importante en la lectura de sus crónicas: "No nos engañemos. No confundamos. Nada se repite y nada se va del todo. No hay vueltas ni adioses. Hay solamente el ser, uno y múltiple, ido y venido, variable y constante" (194-95).

Dressing-room, Suite et contrepoint y Le songe d'une nuit de printemps son parte de un mismo proyecto aunque fuesen contruidos en función de "estéticas" diferentes. Notes sur une nouvelle esthétique théâtral no es un sistema "permanente y definitivo" ni fue concebido como un a priori que debiese normar la escritura de sus dramas. En la lectura de Notes debe evitarse, en la búsqueda de ese principio orgánico que sistematiza sus tentativas, reducir el valor estético y cultural que tienen incoherencias y contradicciones aprehensibles en sus escritos teatrales. Vallejo tampoco explicita la estética que hubiese dado homogeneidad teórica a dramas como los que acabo de mencionar. De ahí que no exista, ni tenga por qué existir, una absoluta correspondencia entre sus teorías y esos dramas, porque en éstos está experimentando no con "una" estética sino con todas las posibles. Esta falta de unidad no impide que se acepte el reclamo hecho por Vallejo en el sentido de que sus escritos dan cuenta de una "orgánica y clandestina unidad vital." Esa "unidad vital" no pretende resolver su proclamado y evidente acratismo.

CAPITULO 4

La imagen del Perú desde Europa:
El Perú como ficción

Antes que Guillaume Apollinaire, fue Louis Vauxcelles quien le puso nombre al movimiento de vanguardia que ahora es conocido como cubismo. Según lo explica Daniel-Henry Kahnweiler en **El surgimiento del cubismo** (1920), el apelativo fue inventado por Vauxcelles, entonces crítico de arte para la revista **Gil Blas**. No era la primera vez que inventaba un nombre así. El mismo había inventado anteriormente el término **les fauves** ("bestias salvajes") para referirse a cuadros de pintores tales como Henri Matisse, André Derain, Maurice de Vlaminck, Albert Marquet, Raoul Dufy y Georges Roualt. Los llamó "salvajes" por haberse tomado libertades en el empleo del color que calificó de "violentas" y "abruptas." Estas denominaciones eran peyorativas como lo había sido la de "impresionismo."[1]

En 1908, Matisse había descrito los trabajos de Georges Braqué diciendo que éste había enviado al **Salon d'Automne** cuadros **avec des petits cubes**, "con pequeños cubos." Se refería a los paisajes de L'Estaque. De esta fuente deriva Vauxcelles el nombre de cubismo al comentar otros dos cuadros enviados por Braqué al **Salon des Indépendants** de 1909. Algo que le sorprende a Kahnweiler es que Vauxcelles añade "peruano" a cubismo, dando como resultado la

---

[1] La edición en inglés se titula **The Rise of Cubism** (NY: Wittenborn, Schultz, 1949), 5-16. Una revista del mismo nombre se publica en el Perú a principios de siglo. **Gil Blas Illustré** se edita desde 1891 para los abonados del "Journal politique, littéraire et mondain" **Gil Blas**. Tiene una sección que se titula **suites** la cual incluye trabajos de Théophile Gautier, Edgar Alan Poe, Guy de Maupassant, Jean Richepin y Maurice Leblanc. En **Histoire Générale de l'Art Français de la Révolution à nos jours**, Vauxcelles adopta un tono menos adverso por las "concessions à la bonne mère nature" que percibe en el cubismo (París: Librairie de France, 1922), XV:251-72.

expresión "cubismo peruano." Como lo señala el mismo Kahnweiler, el adjetivo "peruano" cae posteriormente en desuso, quedando sólo el apelativo. La desaparición del adjetivo coincide con un proceso semántico que culmina en la aceptación del nombre de cubismo. Sin el adjetivo "peruano," adquiere la legitimidad y el reconocimiento que de otra manera podría no haber tenido aun para intelectuales como Kahnweiler.[2]

Lo que le parece extraño o inútil a Kahnweiler merece ser explicado en función de lo que está ocurriendo entonces en las artes plásticas y la etnografía en Francia. Cuando Vauxcelles escribe, está por aceptarse el primitivismo en pintura. Todavía se emplea el adjetivo "primitivo" para escandalizar, o para criticar un artefacto mediante su asociación con un tipo de arte propio de grupos humanos primitivos, que no habían evolucionado social, cultural o biológicamente. Más que objetos artísticos se los considera artefactos sin autonomía, sujetos aún a prácticas religiosas, o utensilios en la vida cotidiana. El adjetivo "peruano" tiene entonces muchas connotaciones pero una de ellas, quizás la más importante, es que hace las veces de "primitivo."

Cuando Vauxcelles escribe "cubismo peruano," subraya un aparente anacronismo. Al asociar el cubismo con el arte de un "pueblo sin historia," reduce y cuestiona el valor artístico del cubismo.[3] Subraya que hay algo defectuoso en ese tipo de pintura. Lo que sugiere es que había algo primitivo en el cubismo y conviene reiterar, a este respecto, que el "primitivismo," cuando Vauxcelles escribe, no es aún una tendencia aceptable en pintura. Entre artistas e intelectuales europeos todavía no se ha convertido en una moda social, o en algo artísticamente aceptable el hacerse "primitivo." Serán aceptables cuando se establezcan diferencias conceptuales entre sociedades como las de Oceanía, en las que todas las esferas están permeadas de primitivismo, y las europeas, en las que el "primitivismo" es un fenómeno estrictamente cultural. En este último caso, se emplean señales lingüísticas que subrayan esa diferencia por medio, a veces, del prefijo "neo" que se agrega a la palabra primitivismo. De esta manera se advierte que se trata de un estilo que sólo afecta una

---

[2] Herschel B. Chipp **Theories of Modern Art: A Source Book by Artists and Critics** (Berkeley: U California P,1968), 248-259. La cita proviene de la pág. 250.

[3] Eric R. Wolf, **Europe and the People without History** (Berkeley: U California P, 1982).

actividad, como lo es el arte, en la esfera pública moderna.   Mediante
la etiqueta que compone, Vauxcelles responde con una cierta ansiedad
frente a todo experimento que adopte o sugiera modelos culturales que
no fuesen europeos.

Otros resuelven de una manera diferente la asociación entre
movimientos de vanguardia como el cubismo y el arte de pueblos
considerados "primitivos" respecto a Europa.   En función de los
atributos que se proyectan sobre el llamado arte "primitivo," algunos
artistas y críticos van a solucionar la aporía formalizando teóricamente
diferencias.   Al hacerlo, logran darle identidad al primitivismo como
estilo o estilos empleados por algunos movimientos de vanguardia en
Europa.   A partir de estas teorías se busca una clara disociación entre
el arte de sociedades primitivas y los movimientos de vanguardia.   Lo
que Vauxcelles asocia, Poggioli va a separar.   Es decir, Poggioli
desarrolla un marco conceptual que diferencia claramente las
convenciones usadas en los movimientos de vanguardia de aquéllas
otras que pueden encontrarse, por ejemplo, en artefactos provenientes
de América, Africa u Oceanía.   Para Poggioli no hay ninguna afinidad
entre ambos.

Lo ocurrido con el cubismo en sus orígenes permite entender
mejor el medio ambiente en el que escritores como Vallejo escriben
ficciones basadas en tradiciones "coloniales" e historias "republicanas."
Lo propio puede decirse de aquellas crónicas suyas relacionadas con la
historia precolombina.   Me refiero a un variado conjunto de textos
escritos por Vallejo en relación al Perú.[4]   No es forzado pensar este
corpus como un proyecto mediante el cual Vallejo podría haber creado
un espacio alternativo desde el cual fuese posible satisfacer la
curiosidad del público francés para modificar sus expectativas.
Expectativas que se habían nutrido en litigios ideológicos con los que
Francia había buscado justificar sus propias empresas imperiales, pero
que habían evolucionado y podían incluir, aunque parezca extraño, la
idea de que el problema racial había sido resuelto en la sociedad

---

[4] César Vallejo, **La cultura peruana (crónicas)** (Lima: Mosca Azul, 1987).   Enrique
Ballón incluye en esta edición todas las crónicas en las que hay referencias al Perú.

peruana.[5]   Cuanto ocurre en la antropología francesa refuerza axiologías como las implicadas por Vauxcelles.

Hasta fines del siglo XIX, predomina entre etnólogos franceses lo que George E. Marcus y Micharl M.J. Fischer denominan "etnología de salón" (para Macera serían viajeros imaginarios). Esta es practicada por etnólogos que sólo viajan ocasionalmente y cuya información no depende centralmente de su propio trabajo de campo sino de textos (documentos coloniales, relatos de viajeros y trabajos académicos de misioneros) e informantes.   Desde su "sillón" están a la espera de objetos traídos por toda suerte de viajeros.   Luego de clasificar los objetos que estos viajeros traen, los depositan y exhiben en museos que se especializan en sociedades primitivas.   En ocasiones extraordinarias, los etnólogos tenían la oportunidad de entrevistar a nativos cuando éstos eran traídos a Francia.

El etnólogo de "sillón"--todavía desentendido de la etnografía como metodología que unificaría la recolección y análisis de datos -- familiariza al público (francés) con artefactos provenientes de sociedades "primitivas."   Estos etnólogos organizan las primeras exhibiciones de muestras antropológicas y arqueológicas provenientes de América, en particular de México y Perú.   Auspician también expediciones con la finalidad de recolectar los objetos que ellos necesitan para sus estudios.   Al hacerlo, prueban esas leyendas, raras veces cuestionadas, que han construido intelectuales franceses desde el siglo XVI, y que incluye la existencia de amazonas y la confluencia del Amazonas y el Orinoco.

Las preferencias geográficas de los escritores que Macera llama "imaginarios" o de los "científicos" de acuerdo con los oficios que tienen, oscilan periódicamente entre la sierra (Cuzco en particular) y la costa (Lima).[6]   Pero ni los nativos ni los criollos se salvan de ser vistos como degenerados: "Con las opiniones políticas de [Alcides] D'Orbigny, [el conde de] Sartiges y [Theodore] Pavie--escribe

---

[5] De acuerdo con Camille René-Marán, esposa de René Marán, ganador del premio Goncourt en 1923, éste escoge como protagonista de Le coeur serré a un peruano llamado extrañamente Jo Lindre porque el Perú tenía la reputación--ella no precisa entre quienes--de haberse "desracializado." Cf. "Interview" in Ojo-Ade's René Marán, the Black Frenchman: a Bio-Critical Study (Washington, D.C.: Three Continents Press, 1984), 261.

[6] Macera, La imagen francesa del Perú (siglos XVI-XIX) (Lima: Instituto Nacional de Cultura, 1976), 116.

Macera--, el Perú descendía a la categoría de una tribu en contraste con
su pasado histórico y sus recursos naturales. Las dos imágenes no
parecían coincidir y a medida que avanzaba no sólo el siglo XIX sino
todo el interés extranjero americanista sobre el Perú, fue un lugar
común separar el país político de su historia y de su contorno
geográfico" (116). Max Radiguet, por ejemplo, pensó--escribe
Macera--que el descubrimiento de América había sido prematuro;
América del Sur no había respondido a las expectativas europeas y de
esto eran responsables los criollos (117-18). Por su parte, Francis de
Castelnau sostuvo que la "raza" de los criollos había degenerado por
influencia del clima y que el indígena representaba un estadio
intermedio cuyos antepasados eran "envilecidos africanos" (121-22).

El interés por el pasado pre-colonial (pre-hispánico) de
América entre franceses, alemanes e italianos no fue nunca gratuito.
Mucho menos a principios de este siglo. Desde el siglo XIX, Francia
tiene empresas coloniales y se esfuerza por presentar su respectivo
imperio como diferente al que tuvieron España y Portugal. Se auspicia
oficialmente el estudio del pasado indígena a fin de probar que en el
caso del Perú la conquista había sido una catástrofe impuesta sobre un
pueblo que no practicaba sacrificios humanos. Especialmente desde
comienzos del XIX se publican textos que eran tratados sobre los
orígenes pre-hispánicos de las nuevas repúblicas hispanoamericanas.
Muchos de estos textos habían sido escritos durante la colonia. Se
traduce, por ejemplo, a veces en más de una edición, la **Historia del
reino de Quito en la América Meridional** de Juan de Velasco, en la
que se cuenta la historia del reino llamado Sciri, y la **Relación
histórica del viaje a la América Meridional** de los hermanos Jorge
Juan (de Santacilia) y Antonio Ulloa, que viajaron como parte de la
expedición francesa de Charles Marie de La Condamine. También se
publican diferentes versiones del **Ollantay**, drama en el que se subraya
la magnanimidad de los gobernantes incas.[7]

En su **Imagen francesa del Perú**--de donde proviene buena
parte de esta información--, Pablo Macera documenta este interés que
tuvieron por el pasado incaico, franceses que visitaron el Perú durante
el siglo XIX. Una atención que era también una manera de evitar la

---

[7] Francis de Castelnau y Paul Marcoy dieron a conocer en francés dos versiones
distintas del **Ollantay**. La de Marcoy le había sido contada por un canónigo del Cusco
llamado Ayala.

revisión de lo que les había ocurrido en Haití. Narraciones casuales de viajeros y descripciones académicas hechas por cosmógrafos, son la fuente a partir de la cual otros escritores franceses--llamados "viajeros imaginarios" por Macera--crean una imagen no menos ficticia del Perú. La creación de estas imágenes es inevitable puesto que buena parte de América es un territorio al que los franceses todavía no tienen acceso. Por eso intelectuales como Montaigne tienen que recurrir a cronistas españoles o "mestizos" (Garcilaso en especial), y a marineros, para informarse.

Es de suponer que no fueron los tratados de los cosmógrafos sino las narraciones de los "viajeros imaginarios"--de las cuales fue un ejemplo **Récit fidèle en abregé de toutes les particularités qui sont dans l'Amérique**, escrita por De Chalesme--las favorecidas por los lectores de la época. La ventaja radica--como lo señala Macera--en la importancia que éstos le dan a las fábulas, en que no había testigo que pudiese desmentir lo que ellos decían, en que carecían de pretensiones moralizantes o filosóficas, y en que no proponían utopía alguna (1976:28-9). Pese a las pocas restricciones, estos escritores siguen las convenciones literarias de la época y buscan mantenerse dentro de lo que sería una discurso verosímil. Esta exigencia no les impide tomarse libertades o licencias que, por otro lado, eran comunes aún entre "científicos."

Cuando Vallejo escribe sobre el Perú en Francia, no lo hace en un vacío sino en un "horizonte de expectativas" que escritores como los mencionados han generado en el público. Hay una predisposición del público que no podía ignorarse. Está formada una "visión francesa del Perú" que pese a sus múltiples variaciones y tonalidades Vallejo considera "legendaria." Esta visión no ha sido corregida por los intelectuales "oficiales" de América Latina sobre quienes escribe en "Una gran reunión latinoamericana" (1927). Como lo sostiene un año después, en "La diplomacia Latino-Americana" (1928), "nada de lo que representa a América en Europa traduce la vida ni el espíritu auténtico de los países hispano-americanos" (269). Por eso propone el proyecto de que se publiquen "obras intelectuales" que no estén suscitadas en América por la tradición europea". De lo contrario--explica Vallejo-- no se podrá suscitar el interés "intelectual" de los europeos (192). Las "obras" a las que se refiere son aquéllas "rigurosamente indo-americanas y precolombinas." Sólo en éstas se tiene "personalidad y soberanía." Con el propósito de escribir este tipo de trabajos, Vallejo se somete a un proceso de "indigenización," como el que explica en "Los escollos de siempre" (1927), entendido también como "un acto de sensibilidad indígena y no de voluntad indigenista." Lo hace, sabiendo que "casi todos han fracasado en sus doctrinas indigenistas" (244). "Cuando oigo proclamar en tono de epifanía el ideal peruanista--escribe Vallejo--, en arte o en política, temo que quienes se proponen este fin hayan olvidado lo que hay de verdad y de confusión en estas cosas...Lo que debería preocuparnos es el hecho de que todos o casi todos han fracasado en sus doctrinas indigenistas, no precisamente porque carecieran de buena voluntad o por desdeñar las materia (sic.) de su labor o sea la población indígena, sino porque no ponen en juego, para el caso, una auténtica sensibilidad aborigen" (243-4).

1

Responden a este proyecto ficciones de diferente tipo y crónicas. Dramas como **Colacho Hermanos** (1934) y **La piedra cansada** (1937); narraciones como **Hacia el reino de los Sciris** (1924-1928), **El tungsteno** (1931), "Una crónica incaica" (1931), "La danza del Situa" (1931), **Presidentes de América (suite)** (1934?) y "Los dos soras" (1935-1936). Asimismo, crónicas tales como "La inmigración amarilla al Perú" (1925), "La historia de América" (1926), "Los incas, redivivos" (1935), "Recientes descubrimientos en el país de los Incas" (1936), "Los Andes y el Perú" (1936) y "El hombre y Dios en la cultura incaica" (1936), así como "¿Qué pasa en el Perú?" (1933) y "Las elecciones peruanas" (1936). Mucho de estos textos quedaron inéditos.

Entre febrero y setiembre de 1936, las revistas **Beaux Arts** y **L'Amérique Latine** publican tres artículos de Vallejo sobre "el país de los Incas" titulados "Recientes descubrimientos en el país de los incas" (28 de febrero de 1936), "Les Andes et le Pèrou" (21 de junio de 1936), y "L'homme et Dieu dans la sculpture Inca" (11 de setiembre de 1936). A estos tres cabe agregar uno cuarto, "Los incas, redivivos," escrito en enero de 1936 y publicado, al parecer, sólo póstumamente, en **Aula Vallejo**. En "Los Andes y el Perú," discute los prejuicios "exóticos" de los europeos y sus creencias académicas. En "Los incas redivivos" reitera en más de una ocasión que no se han hecho estudios "científicos" sobre la "prehistoria americana." En ese mismo texto y en "Recientes descubrimientos en el país de los incas" actualiza la información que sus lectores pudiesen tener sobre excavaciones arqueológicas que se llevan a cabo en el Perú. En "Los incas, redivivos," critica el "snobismo literario" y los motivos "nacionalistas" de algunos latinoamericanos interesados en ruinas prehispánicas. Culpa también a las "administraciones locales" (del Perú) por haber seguido desde el "descubrimiento de América" el mismo modelo: exterminar al indio para instaurar "instituciones importadas."

Las ficciones se basan en historias que tienen que ver con diferentes momentos en la historia del Perú, por eso las llamo **peruanas.** Vallejo pasa por alto la Colonia, a la que hace breve referencia en algunas crónicas.[8] Las historias de los dramas y las narraciones se centran, sobre todo, en eventos ocurridos antes de 1533 o después de 1821; es decir, antes de que los españoles tomasen el Cuzco o después de que se produjese la independencia. De la historia anterior a la conquista española, Vallejo se concentra en los incas, particularmente en los gobiernos de Lloque Yupanqui y Túpac Yupanqui, mientras que en lo tocante a la llamada "república," se concentra en principios de siglo, en Lima o en campamentos mineros de la sierra.

Ninguno de los textos mencionados anteriormente fue una celebración del pasado pre-hispánico o la conmemoración de efemérides patrióticas. Durante su estadía en Europa, Vallejo participa en muy pocas ocasiones en festejos patrióticos, aunque celebra la llegada de misiones culturales sobre el incario, como lo hace en "Historia de América" (1926). Sus escritos tampoco anuncian restauración alguna ni propagandizan credos. El discute mínimamente las razones por las que muchas de estas misiones son auspiciadas por el estado peruano. Por el contrario, la lectura que hace del Perú republicano o prehispánico está en consonancia con el debate que provocan la vanguardia y la etnografía en Francia.

Sería errado pensar que los escritos **peruanos** de Vallejo, aquéllos relacionados temáticamente con el Perú, hayan sido una digresión de sus preocupaciones por la modernidad. Por eso, el estudio

---

[8] "La inmigración amarilla al Perú" (1925) y "¿Qué pasa en el Perú?" (1933). Véase Vallejo 1987b: 62-70 y 179-206.

de estos textos conduce a preguntas tales como: ¿qué papel desempeña
la lectura del pasado prehispánico o republicano del Perú en el debate
sobre el modernismo?, ¿de qué manera y para qué se apropia de
tradiciones inventadas durante la colonia?, ¿está tratando de inventar
nuevas tradiciones al modificar aquéllas de las que se apropia?, ¿con
qué horizonte de expectativas se enfrenta?, ¿qué tipo de recepción
alternativa es la que desea construir?, ¿qué cambios se aprecian en su
construcción ficticia o periodística del Perú?, ¿qué géneros prefiere en
la escritura de sus dramas **peruanos**?

Si bien es necesario subrayar la conexión entre etnografía y
modernismo en los escritos **peruanos** que Vallejo escribe en Europa,
igualmente importante es aprehender la imagen que construye del Perú,
porque ambos problemas están relacionados. El escribe crónicas y
ficciones **peruanas** casi una década después de haber salido del Perú,
cuando ha fijado residencia en París en calidad de inmigrante. Cuando
estuvo en el Perú, sólo conoció por experiencia propia Lima, Trujillo,
Pasco y parte de la sierra norte del Perú. En general, la información
con la que cuenta es limitada pero suficiente para construir una imagen
del Perú prehispánico o republicano. En estas condiciones, sólo va a
regresar al Perú en sus crónicas y en sus ficciones.

Quizás porque quiso distanciarse del parroquialismo que
contagiaba a la mayor parte de los latinoamericanos que conoce en
París, o porque quiso hacerse un intelectual cosmopolita, en poco
tiempo el Perú deja de ser una preocupación central, como todavía lo
es en 1924 ó 1925. El Perú como tópico queda recluido
inevitablemente en sus epístolas, o relegado en comentarios nostálgicos
o cargados de duelo, como se observa en las crónicas que escribe entre
1923 y 1924.[9] No faltan comentarios marginales, salvo en el caso de
dos crónicas escritas en 1926: "La inmigración amarilla al Perú" e
"Historia de América." En su mayoría, las referencias hechas al Perú
en sus crónicas son liminales y dispersas, o quedan en el retrato de
personalidades.

Después de 1931, cuando su residencia en París entra casi en
su segunda década, el Perú reaparece con relativa frecuencia en sus
escritos. Sus comentarios abandonan los márgenes y dedica ensayos o

---

[9] En su crónica "Alcides Arguedas" (1924), Vallejo concluye reproduciendo algo que
dice Arguedas: "Me quedaré del todo en París. Quizás para siempre. ¿Y usted?" A lo
cual responde Vallejo "¿Yo?...(¿Me ha dolido el corazón?)" (29).

crónicas completas al Perú, como no lo hacía desde 1923 ó 1925. Pareciera que sus viajes a Rusia le han llevado a cambiar prioridades, en parte debido a las asociaciones que construye entre Rusia y el Perú. Por ejemplo, de todas las ciudades que le interesan, sólo Moscú y el Cuzco son ciudades "triples" en las que coexisten como estratos topográficos diferentes arquitecturas, tradiciones y expectativas políticas.[10] A un nivel más general, en "Mundial en el Oriente europeo" (1929), Vallejo encuentra idéntica la dualidad que ha existido en el dominio "imperialista" impuesto sobre América Latina y Rusia. Tanto en Rusia como en América Latina impera la cultura francesa.

Vallejo hace suya la caracterización que ha hecho Mariátegui de él como la primera expresión virginal del "sentimiendo indígena."[11] Valcárcel escribe en sus **Memorias** que Vallejo le confiesa en una carta sus simpatías por el indigenismo. Sin embargo, esta filiación no desacredita ni despeja otras filiaciones igualmente importantes que Antenor Orrego, a diferencia de Sánchez o Mariátegui, identificó muy claramente en su prólogo a **Trilce** de 1922.[12] A pesar de que Vallejo mismo aboga por una campaña indo-americanista en "Una gran reunión latinoamericana" (1927), y por el desarrollo de la "sensibilidad indígena" en "Los escollos de siempre" (1927), sus propias filiaciones literarias y políticas, así como sus aspiraciones cosmopolitas, le dan un carácter muy especial a lo que sería su adscripción al indigenismo (191-2, 243-4). Por otro lado, en "Los incas, redivivos" (1935), se distancia de la "pasión mística de los indigenistas" quienes han

---

[10] En "Los incas, redivivos" (1935), Vallejo dice: "Una gran impresión se experimenta al contemplar panorámicamente el Cusco actual, triple ciudad (¿triple? torre de ciudades más bien, escalera cíclica de capitales de cien Estados sucesivos), integrada por los cimientos precolombinos, las edificaciones españolas elevadas sobre ellos y, en fin, por las urbanizaciones de la república" (1987b:213). En "Un reportaje en Rusia, IV: Tres ciudades en una sola" (1930), la topografía está marcada igualmente por eventos políticos que separan la "aldea medieval" de la "ruinosa ciudadela de la revolución" y de la "capital del Estado proletario" (1987a:407). Luis E. Valcárcel, en **Cuzco, capital arqueológica de Sud América 1534-1934**, también diferencia la "capital de los Inkas" de la ciudad "Ibero-Inka."

[11] **7 ensayos de interpretación de la realidad peruana** (Lima: Amauta, 1979), 308. Otro comentario de Mariátegui que lo debió impresionar gratamente es éste: "Hay en Vallejo un americanismo genuino y esencial; no un americanismo descriptivo y localista. Vallejo no recurre al folklore" (310).

[12] Antenor Orrego, **Mi encuentro con César Vallejo** (Bogotá: Tercer Mundo Editores, 1989), 215-29.

"deificado a los descendientes de los incas" (211). Sin embargo, cabe preguntarse si fueron los "indios actuales" o sus ascendientes los que fueron deificados por la mayor parte de indigenistas.

A propósito de las ficciones y crónicas de Vallejo conviene distinguir otras variables al interior de éstas. No me refiero sólo a las convenciones que emplea, a las preferencias que establece y la posición que asume. En las crónicas se hace latinoamericano pero trata preferencialmente a los peruanos. Vallejo ensalza a todo escritor o artista peruano posterior a Valdelomar, especialmente si son provincianos. No ocurre así con escritores latinoamericanos contemporáneos suyos a quienes halaga pero sobre todo rebate o critica (Jorge Luis Borges, Diego Rivera, Gabriela Mistral).[13]

Francisco García Calderón es presentado como el sucesor de Rodó en la dirección de la "conciencia americana" y Federico More como "el iniciador de una estética nueva, el andinismo" (33).[14] Años más tarde, en 1927, vierte elogios semejantes sobre Pablo Abril de Vivero, por la publicación de **Ausencia**, y sobre Eduardo S. Leguía, por ser partícipe de un "nuevo estilo de diplomacia" diferente a la europea.[15] Conforme amplía su círculo, elogia también a algunos latinoamericanos tales como Vicente Huidobro, Alcides Arguedas, Enrique Gómez Carrillo, Hugo Barbagelata, Gonzalo Zaldumbide y Roberto Ramaugé. En el caso de los peruanos, no hará diferencia alguna entre "oficiales" y no oficiales.[16] En el caso del Perú, son excepcionales los casos en los que no aprecia elogiosamente el trabajo de escritores y artistas. De acuerdo con Vallejo, los peruanos se han liberado de influencias nocivas de los escritores que les preceden

---

[13] Véase "Una gran reunión latinoamerica" (1927) en relación a Gabriela Mistral y "Los artistas y la política" (1927), en relación a Diego Rivera.

[14] Los hermanos García Calderón son contactos obligados. Francisco es corresponsal de La Nación de Buenos Aires. Ventura "es hoy el escritor latinoamericano que más a fondo se ha vinculado a la literatura francesa" ("Ventura García Calderón," 25).

[15] "Contra el secreto profesional (A propósito de Pablo Abril de Vivero)" (1987a: 204-06).

[16] "Hay en París--escribe Vallejo--, desde hace pocos años, dos esferas de artistas y escritores de América: la oficial y la no oficial. La esfera oficial está formada de quienes vienen a París a brillar y triunfar y por quienes, debido a sus cargos diplomáticos, están obligados a una vida espectacular y cortesana, que muchas veces está lejos de agradarles. La esfera no oficial está formada por quienes vienen a París a vivir libre y honestamente, sin premuras de llegar, ni preocupaciones de relumbrón" ("Una gran reunión latinoamericana," 191).

gracias a haberse vinculado "directamente con las últimas corrientes literarias de Europa y en especial de Francia" (18-21).[17] Esto no ha ocurrido con los latinoamericanos.

Este predominio de la apología en el recuento que hace de los intelectuales peruanos adquiere otro carácter en sus ficciones. En el recuento de historias **peruanas** asume otro modo, que oscila entre la tragedia (en el caso del pasado prehispánico) y la farsa (en el caso del Perú republicano). El recuento que hace en sus crónicas de la historia precolombina es casi épico porque ve a los incas como una etapa de culminación y síntesis; para Vallejo ésta es una de las pocas premisas que son indiscutibles.[18] Este tono se mantiene en algunas de sus narraciones (e.g. **Hacia el reino de los Sciris**) aunque no en **La piedra cansada**. En cuanto a las historias vinculadas al Perú republicano, opta por un modo diferente, la farsa, en base a la cual escribe "¿Qué pasa en el Perú?" (1933) y **Colacho Hermanos**.

Las variaciones guardan relación, por un lado, con las expectativas del público (francés) y, por otro lado, con su propia conceptualización histórica del Perú. Vallejo se dirige a un público que, como se dijo anteriormente, ya ha sido expuesto a imágenes sobre el Perú. Tampoco en este sentido América es un "continente nuevo."[19] Como se aprecia en Vauxcelles, el Perú no es sólo un lugar remoto y exótico sino un ingrediente simbólico en la definición de lo que es el modernismo en Francia. Como se nota en los comentarios que hace de Paul Gauguin, Vallejo también procura recordarles a los intelectuales franceses que hay otros ingredientes "peruanos" en la pintura moderna. Así como lo "peruano" interviene de diversa manera

---

[17] Vallejo 1987a: 18-21. En "Los escritores jóvenes del Perú" (1925) afirma que "La generación literaria del Perú que ha surgido desde 1916 se caracteriza por sus grandes disposiciones para las especulaciones filosóficas" (33).

[18] "Una cosa está, sin embargo muy admitida y es que, circunscribiendo el examen a la parte sur del continente fue en el actual territorio peruano y en parte del boliviano donde alcanzó el antiguo hombre americano las más avanzadas, las más ricas y complejas organizaciones sociales." Luego agrega: "Según entendemos las culturas andinas sintetizaron los esfuerzos lentos y penosos, por un orden superior de las diversas poblaciones, sucesivas y simultáneas de ambas vertientes..." (208-09).

[19] "Porque América no es, como dicen los sociólogos de moda, un continente nuevo-- escribe Vallejo en "Historia de América" (1926)--. Solamente es un continente inexplorado...El descubrimiento de América será reciente; pero no es nuevo aquello que ya existía desde muchos siglos antes de la aventura colombina, como hecho de tierra, como raza y como cultura" (72).

en la conceptualización del modernismo en las artes, en la etnografía ocurre algo similar. La etnología es la otra vía por la que se construyen y consumen imágenes sobre el Perú, como las que advierte cuidadosamente en sus crónicas.

En junio de 1938--dos meses después de haber sido enterrado Vallejo en el cementerio de Montparnasse--entra en funcionamiento el Musée de l'Homme, en París. Este museo reemplaza al Musée de Ethnographie du Trocadéro, donde habían sido depositados y exhibidos artefactos provenientes del Perú, como aquéllos coleccionados por Joseph Dombey. Según James Clifford en **The Predicament of Culture**, esta mudanza trae consigo un cambio académico además de institucional: el "humanismo" desplaza al "surrealismo" en los estudios etnográficos.[20] El nuevo museo, dirigido por Paul Rivet, se desprende de un tipo de etnografía que es llamada surrealista porque conserva la fragmentación en la narración de sus investigaciones. Por el contrario, el humanismo promueve un modo de etnografía que construye totalidades y pretende "familiarizar" al público europeo con sociedades consideradas "primitivas."[21]

Este relevo de paradigmas materializa el arte y la etnografía como distintos campos epistemológicos. Diez años antes, esa demarcación no existía ni siquiera en instituciones académicas. El Musée de l'Homme resuelve así la confusión entonces existente entre etnografía y arte. De acuerdo con Clifford, esta resolución crea una práctica que antes no se había dado. Bajo el supuesto de que no pertenecen al ámbito de la etnografía, se excluye de ésta cualquier artefacto que cuestione las credenciales y parámetros de la etnografía como disciplina. Implícita o explícitamente se categoriza a estos artefactos como "artísticos" (Clifford 1988:135). Pero al hacerlo se crea un problema no menos importante, especialmente para escritores

---

[20] **The Predicament of Culture: Twentieth-Century Ethnography, Literature, and Art** (Cambridge, Mass. y Londres:Harvard UP, 1988), 40.

[21] En 1923, Paul Rivet es nombrado Secretario General de la Sociedad de Americanistas de París, fundada en 1896. Rivet conoce el área andina, particularmente Ecuador, donde hace estudios antropológicos y lingüísticos entre 1901 y 1907. Antes de publicar **Los orígenes del hombre americano** (1943), escribe **Les éléments constitutifs des civilisations du Nord-Ouest et del'Ouest Sud-Américain** (1924). En 1927, publica la **Bibliographie Américaniste**. En 1932, tres años después de una exhibición de arte maya y peruano, crea los departamentos de arqueología peruana y mexicana en el Museo del Hombre.

latinoamericanos como Vallejo. Se gesta una censura adicional: al relegarse al status de arte, artefactos, y por extensión discursos, que la etnografía no reclama como propios de su campo, aquellos artefactos y discursos que son excluidos quedan sin paradero académico seguro. Que los etnógrafos catalogasen de inapropiados esos objetos no garantizaba que fuese considerados como artísticos y mucho menos que fuesen admitidos como objetos estéticos. Aunque Clifford no lo plantea, de la normativa antes expuesta se desprende, por tanto, un proceso complementario: la análoga transferencia, quizás a la etnografía, de textos (artefactos) o discursos que cuestionan la conceptualización estética del modernismo entonces vigente en Francia. Como éstos no son aceptados por la etnografía, se encuentran en una zona intermedia. Carecen de la "autenticidad" que exigen los etnógrafos y si son auténticos no pueden ser calificados de modernos. Cualquier producto transcultural quedaba así marginado de consideraciones etnográficas o estéticas, aunque no necesariamente fuese puesto al margen del mercado.

Para que se convierta en mercancía un artefacto tiene que absorber cierto tipo de convenciones que la industria exige. Una parte importante de este esquema, aunque poco mencionada, es la construcción de una **poética étnica**. A diferencia del sentido que se le pueda dar actualmente en antropología, la poética étnica es una hermenéutica que se especializa en la conceptualización de artefactos en los que se han identificado componentes étnicos y se ha hecho de éstos el código maestro en la interpretación de dichos artefactos o textos. Una vez que se recurre a esta poética se restringe toda exégesis a la observación o interpretación de esos componentes aprehendidos en todo su exotismo. A los objetos que quedan dentro de la jurisdicción de esa poética se los exceptúa de cualquier juicio que suponga la valoración de los mismos como obras de arte modernas o clásicas. La puesta en práctica de esta poética impone su marco no sólo a artefactos o textos considerados "primitivos" sino también a otros cuya contemporaneidad es negada. Es decir, tan primitivos podían ser artefactos precolombinos como novelas escritas a principios de este siglo. Más allá de cualquier cronología, se crea un anacronismo al no reconocer como contemporáneos a artistas y escritores que lo eran.[22] Esta negación hace imposible cualquier diálogo porque la posición en la que se encuentran dichos escritores es asociada ante todo con la etnografía.[23]

La producción literaria de escritores latinoamericanos contemporáneos a Vallejo coincide con la construcción europea de la idea de lo "primitivo" en las artes. Intelectuales latinoamericanos que residen en París tales como Huidobro, Carpentier o Vallejo, tienen que actuar en medio de representaciones de lo "primitivo" construidas por académicos y artistas europeos. Incluso Gauguin, un pintor reclamado como "peruano" por Vallejo, ha fomentado estas imágenes. Debido a la proximidad en la que se encuentran respecto a esas imágenes, no pueden entrar, como dije, en las conceptualizaciones del modernismo. De escritores como Vallejo se espera que respondan, más bien, a paradigmas de tipo étnico.

Escritores y artistas no europeos, como los de América Latina, son animados o directamente instruidos para desempeñar ese papel que les asigna la **poética étnica**. Presentarse revestidos de etnicidad (no de "primitivismo") era el único camino hacia la modernidad que les estaba abierto y permitido.[24] Sin este acomodo ningún contrato es posible. Frente a un mercado que les exige hacerse étnicos en su escritura se podía responder negándose a la profesionalización. Más de uno era forzado a recurrir a otro oficio en forma casi permanente, reservándose el derecho a dar testimonio sobre cómo una cultura en "decadencia" se apropia no sólo de materias primas o artefactos sino también de tradiciones culturales que le eran ajenas.

---

[22] En "Cooperación" (1923), Vallejo discute este problema: "¿Solidaridad? ¿Cooperación? No existe nada de esto en Europa respecto a la América Latina. Nosotros, en frente de Europa, levantamos y ofrecemos un corazón abierto a todos los nódulos de amor, y de Europa se nos responde con el silencio y con una sordez premeditada y torpe, cuando no con un insultante sentido de explotación" (16).

[23] Johannes Fabian define el concepto de **denial of coevalness** como la resistencia a reconocer la contemporaneidad de aquél que es diferente culturalmente de uno. Fabian sostiene que este tipo de negación fue común entre intelectuales europeos. Véase **Time and the Other" How Anthropology Makes its Object** (New York: Columbia UP, 1893).

[24] La reescritura de **Escalas melografiadas** es un ejemplo de ese intento por adaptarse a los presupuestos de esta poética que se depura de elementos surrealistas. Véase Claude Couffon, "Una versión inédita de **Escalas**," **César Vallejo: la escritura y lo real** (Madrid: Ediciones de la Torre, 1988), 39-[52].

2

Como dije anteriormente, en 1935-1936, Vallejo escribe cuatro crónicas sobre la historia precolombina del Perú: "Los Incas, redivivos," "Recientes descubrimientos en el país de los incas," "Los Andes y el Perú," y "El hombre y Dios en la escultura incaica." Antes sólo ha escrito una crónica dedicada a la historia precolombina, que se titula "Historia de América" (1926). Las demás crónicas relacionadas con el Perú son sobre todo reportajes de personalidades escritos cuando todavía está en el Perú (1918-19) o poco tiempo después de haber llegado a París (1925).[25] Aunque son importantes, hay sólo dos crónicas en las que discute problemas políticos: "¿Qué pasa en el Perú?" (1933) y "Las elecciones peruanas" (1936). En esta última crónica reitera básicamente lo planteado en uno de los acápites (el IV) de "¿Qué pasa en el Perú?" Salvo "Historia de América" (1926), todas las crónicas escritas sobre la historia precolombina son de 1935-1936. De este inventario puede decirse que el interés por el Perú se limita a ciertas coyunturas tales como 1933 y 1935-1936. A veces la escritura de estas crónicas se inserta en eventos determinados tales como la llegada a París, en 1926, de los músicos cusqueños César Enríquez, Edgardo Rosas, César Valdivieso y L. Enriquez.[26] Pero en el caso de las crónicas escritas en 1935-1936, éstas anticipan la visita de Valcárcel como organizador del "pabellón peruano" en la Exposición Internacional de París (1937), pero no a los escritos de éste.

En "Los Andes y el Perú" (1936), Vallejo comenta la expedición dirigida por el general Perrier hacia el Alto Amazonas del Ecuador.[27] El principal objetivo de la expedición incluye--según

---

[25] Me refiero a las que escribe sobre Ventura y Francisco García Calderón, Pablo Abril de Vivero e Ignacio Merino. En materia política, escribe dos crónicas elogiosas, una sobre el "indigenismo" de Castilla titulado "Los escollos de siempre" (1927), y otra sobre Eduardo S. Leguía, titulada "La diplomacia latinoamericana en Europa" (1927).

[26] En "Historia de América" (1926), Vallejo alude a una "exposición incaica" que iba a organizar Ventura García Calderón a pedido de Víctor Larco Herrera (1970-1934). Según parece, se trata de la colección particular que el "fabricante de azúcar" dona, a pedido de Tello, al gobierno peruano en 1924. En la misma crónica menciona la "Misión Peruana de Arte Incaico" encabezada por Valcárcel que había hecho gira por Bolivia, Argentina y Uruguay en 1923.

[27] Publicado originalmente en francés en L'Amérique Latine (París) el 21 de junio de 1936. La traducción fue hecha por Georgette Vallejo con su apellido de soltera, Phillipart. Ambas versiones son incluidas en 1985b:610-613 ó 1987b:220-22.

Vallejo--estudiar "la vida misteriosa de los Jíbaros." Como tal, ilustra bastante bien las expectativas exóticas que entonces frecuentan lectores e intelectuales franceses. En contrapartida, él replantea la importancia que tiene la sierra peruana por ofrecer un "interés incalculable" como área de investigación "científica." Critica de paso concepciones erradas acerca del Perú. Culpa a "todo un enjambre de mistificadores"--desde aficionados hasta reporteros y novelistas--por haber hecho del Perú una "leyenda" irreconocible. Vallejo intenta que la curiosidad de los franceses regrese a los Andes. [28]

En el mismo artículo hace un explícito llamado a fin de que se organicen expediciones "científicas" que superen la ignorancia existente en cuestiones etnográficas. En esta crónica, sostiene que son innecesarias más expediciones arqueológicas. Las que han sido organizadas por museos de Europa y los Estados Unidos han acumulado información suficiente que debe ser procesada con métodos apropiados--a este asunto se refiere en "Los incas, redivivos." En cuanto a la función de la etnografía, parece contradecir en "Los Andes y el Perú" lo que ha escrito en "Los incas, redivivos" porque en cada crónica asume una posición radicalmente opuesta respecto al valor de la etnografía en estudios peruanos.

En "Los Andes y el Perú," piensa que es imperativa la realización de estudios en dos campos, el de la etnografía y el de las ciencias naturales. En relación al primero, piensa que es urgente contar con estudios geográficos y sociológicos. A diferencia de la arqueología--donde Vallejo cree que hay ya datos suficientes--en la etnografía no se dispone de ningún dato. Como lo sostiene en "Los incas, redivivos," el problema de la arqueología es que no cuenta con el método apropiado. Como lo sostiene en "Los Andes y el Perú," el problema de la etnografía es que desconoce la sierra. Para solucionar estos problemas, aboga por un método que termine con los conocimientos fragmentarios e inconclusos en la arqueología. En cuanto a la etnografía, la solución es menos complicada: depende de que se organicen expediciones que sean capaces de enfrentar condiciones de trabajo bastante elementales. A todo esto debe

---

[28] A diferencia de "Historia de América," en las crónicas de 1935-1936 Vallejo escribe sólo del Perú. Comenta la exposición "incaica" que prepara García Calderón y aboga por otra que no fuese exclusivamente peruana (72).

agregarse un problema que para Vallejo es fundamental: el rechazo de la etnografía como método para el estudio de la historia precolombina. "Los incas, redivivos" es un ensayo dedicado en particular a discutir problemas metodológicos en historia. La tesis central de Vallejo consiste en señalar, como dije, que la arqueología carece de métodos "científicos." Cuenta con métodos pero éstos son los equivocados y a eso se debe que no haya acuerdos, por ejemplo, en torno a la existencia de escritura. Para él, no se puede estudiar la historia precolombina por medio de la etnografía, es decir, por medio del "indio actual" ni del medio ambiente que habita. La única manera posible de estudiar esa historia es por medio de la arqueología. La arquitectura inca, en particular, es la solución a todos los problemas. En esa arquitectura encuentra la escritura de los incas.

La "arqueología" debe procurar una aproximación diferente en la que se haga uso de un método "científico." Deben protegerse los núcleos arquitectónicos de las culturas precolombinas. Debe superarse la fragmentación que en buena cuenta se debe a que se ha omitido el estudio de algunas áreas importantes de investigación tales como la producción. Debe ponerse especial atención en la ingeniería "incaica" porque--como lo escribe en "Recientes descubrimientos en el país de los Incas"--"es en la piedra donde ellos dejaron impresos sus pensamientos y sus sentimientos más profundos como también sus actividades sociales y económicas, sus costumbres, su vida y su destino" (216). Lo que tienen que hacer los arqueólogos es aprender a leer lo que está indeleblemente escrito en esas "construcciones megalíticas."

¿Por qué Vallejo descalifica al "indio actual" y su hábitat en el estudio de la historia precolombina? La caracterización de los incas como "hombres inmortales" y la del "indio actual" como **sora** puede dar la respuesta. En una metáfora que es especialmente sugerente, sostiene--en "Los Incas, redivivos"--que "el indio ha quedado como petrificado." Este estado tiene una doble acepción puesto que alude, por un lado, a la emergencia de la conquista e indica, por otro lado, la marginalidad moderna del indio. "Así, pues,--afirma Vallejo en el mismo artículo--del lado del presente y del futuro, el indio se ha quedado como petrificado, al haber sido bruscamente detenido el proceso de su ser profundo, en una suerte de suspensión de sus sentidos sociales y hasta humanos" (210). Más adelante agrega: "tal acción paralizadora de la evolución indígena ha acarreado, a la larga, un gran atrofiamiento de la raza. Como un tren en marcha que de pronto fuese frenado, la armadura individual y social del indio, ha sido rota y desmontada. No queda de ella, en tanto fuerza evolutiva--imagen en este sentido de sus construcciones sociales objetivas--, sino escombros" (210).

Si bien Vallejo considera la sociedad inca como la culminación exitosa de un largo proceso de evolución, piensa que el indio contemporáneo es un "escombro," una víctima que contradice el valor de ruinas arqueológicas. Las condiciones impuestas sobre el indio por españoles y criollos explican por qué hay un vacío insalvable entre la sociedad inca y el "indio actual." El "indio anda, sin exageración alguna, al margen, y desconoce la vida social que lo rodea" (210). La llamada conquista inicia un proceso de embrutecimiento biológico, sicológico y cultural. De acuerdo con Vallejo, las razas "autóctonas" han sido modificadas perjudicialmente tanto en su sicología como en su fisiología, al extremo de "atrofiarlas." "¿Cómo pretender identificar o explicar--pregunta Vallejo--un proceso histórico de tan inmenso valor, como el del pasado sudamericano, con la sombra o cadáver de las poderosas razas que lo crearon?" (210). Eso sería "absurdo," responde.[29]

En alusión directa a la "pasión mística" de algunos indigenistas," desestima las "retóricas mesiánicas" (211). Vallejo se opone a cualquier estrategia mesiánica o milenarista porque no considera viable la reconstitución de una sociedad como la inca, aunque no se opone a una estrategia utópica que sea "universal" o "internacional." El problema del indio se ha convertido así en un problema "universal." "Su solución--escribe Vallejo--le será favorable o desfavorable en la medida que será justa o escamoteada la solución del problema universal" (211). En otras palabras, repite la fórmula siguiente: en tanto la revolución no sea mundial, no habrá solución para el problema del indio. Dada la ambivalencia que afecta su visión del indio "actual," no es extraño que haya puesto tanto énfasis en la solución del llamado "problema universal."

---

[29] En esta crónica, Vallejo incurre en contradicciones evidentes. Comienza sosteniendo que las "razas autóctonas han sido profundamente modificadas en su psicología y hasta en su fisiología por los medios sociales imperantes de cuatro siglos a esta parte" y que se ha producido "un gran atrofiamiento de la raza." Más delante, dice que el indio no atraviesa "por la crisis de descomposición sicofisiológica, que pretenden los unos, ni disfruta de la euforia racial creatriz, que le atribuyen los otros" (209-11).

La visión que tiene de los "indios actuales" es de vencidos.
Las "modificaciones" que han sufrido los descalifica como informantes.
No tienen memoria o no se puede confiar en ella. La etnografía puede
contar con ellos para entender su estado actual pero no así la
etnohistoria para reconstruir su pasado. "Algunos autores han caído--
sostiene Vallejo en "Los incas, redivivos"--en el error de querer
despejar estas incógnitas por el estudio y la observación directos de la
naturaleza y del indio de nuestros días. El método, como era de
esperar, ha fracasado, al menos en lo que concierne al factor hombre"
(209). Al tener una visión así del "indio actual," él necesita--como lo
indiqué anteriormente--tradiciones escritas durante la colonia por
aquellos mestizos o españoles "inteligentes" que protegieron restos
arqueológicos. No le es posible emplear fuentes orales.

El hábitat en el que se encuentran los indios "actuales" es
también descalificado como fuente de información con criterios
semejantes. Para Vallejo, el medio ambiente que habita el "indio
actual" es una suerte de exilio. No tiene la belleza geográfica de
Chokechaka o Pikillajta. En Chokechaka, el "campo es siempre de un
verde tropical apacible--escribe Vallejo--, con una gama de matices
limitada pero plena de esa vida y de ese calor con que sólo el suelo
americano anima su vegetación, sus hombres y las obras de esos
hombres" (217-218). El hábitat en el que es recluido el indio por los
españoles no es el que solía tener. Más bien, es un lugar de destierro,
castigo y aniquilamiento. "Ese páramo y esa puna--dice Vallejo en
"Los incas, redivivos"--le han sido dados como un castigo del delito de
haber sido vencido en lucha desigual..." (212).[30]

Habiendo descartado al "indio actual" y su hábitat, igualmente
actual, el único medio confiable es--de acuerdo con Vallejo--la
arquitectura dejada por los incas y el medio ambiente en el que todavía
permanecen esas "construcciones megalíticas." En esas construcciones

---

[30] "Desnudo, hambriento, minados sus huesos y su médula por interperies de 50
grados bajo cero, cerebro y corazón anonadados por el vértigo permanente del silencio
horizontal de la inmensa cordillera y por la desolación a pico de un mismo destino
aciago, repetido con la atroz monotonía de los paseos en círculo de los penitenciados, el
indio---hombre, al fin--ha de presentir seguramente que, a pocos pasos de su exilio
(quizás lo ha visto él mismo como en sueños), viven otros hombres, a quienes el
progreso y la victoria de la sociedad sobre la naturaleza, han permitido rodear a su
espíritu y a su cuerpo de un bienestar o, al menos, de una salud perfectible al infinito"
(212).

encuentra incluso la manera de resolver el problema de la escritura.
Pero si bien la etnografía es descartada por Vallejo como método de
adquisición de datos para la arqueología o la etnohistoria, esto no
quiere decir que carezca de importancia para determinar la capacidad
política del indio actual. Igual importancia tienen para la sociología,
la geografía y las ciencias naturales: "Sin embargo--escribe Vallejo--,
el documento humano está ahí, en carne y hueso, en espera de darnos,
no ya la clave de las obras pretéritas, sino la explicación de lo que él
es capaz de hacer en el futuro" (210).

3

En "Los andes y el Perú" (1936), hace una afirmación que
tiene la apariencia de ser casual si no la desarrollara también en otros
artículos. Entre los posibles motivos para el estudio científico de los
Andes, señala el siguiente: "La ciencia y el arte universales de hoy día
han bebido constantemente en el arte y la ciencia embrionarios de los
pueblos primitivos, cuando no han reestablecido textualmente y puesto
en vigencia, sin más, fórmulas desenterradas de países llamados
bárbaros o salvajes" (221). Esta frase recuerda una tesis de Walter
Benjamin sobre la filosofía de la historia: "No hay documento de
civilización que no sea al mismo tiempo un documento de barbarie"
(1969:256). Pero la frase condensa bastante bien, por otro lado, las
creencias de Vallejo, porque alude a una de las bases sobre las que la
"civilización" europea ha construido su universalidad: ha impuesto su
universalidad en base a borrar expropiaciones. El no lo dice pero esto
es algo que han hecho por igual las administraciones coloniales y los
movimientos de vanguardia. En algunas de sus crónicas, va a crear un
cierto caos en dichas apropiaciones. Una manera de lograrlo consiste
en parodiar la conceptualización del modernismo europeo mediante la
evolución del arte "incaico."[31]

---

[31] "La evolución de la escultura incaica nos ofrece a este respecto, si bien con
carencia de datos precisos para fijar con exactitud las fronteras de las épocas sucesivas,
sugestiones de vivo interés histórico para el estudio comparado de las artes plásticas en
general" ("El hombre y Dios en la escultura incaica," 1987b:223).

En "El hombre y Dios en la escultura incaica" (1936), elabora
una historificación del arte "incaico" que es análoga a la de Europa.[32]
Vallejo distingue cuatro etapas en la historia de la escultura "incaica,"
aunque por los ejemplos que da se comprende que por "escultura
incaica" entiende todo lo conocido entonces de la historia
precolombina. No se reduce a la escultura en el Tahuantinsuyo. Estas
etapas las distingue según la hegemonía que pudo ejercer la religión en
el retrato. En "Los Incas, redivivos" y "Recientes descubrimientos en
el país de los Incas," maneja el mismo esquema para explicar el empleo
de la piedra en la construcción de casas, edificios y ciudades como
Cuzco.

Los extremos en esta historia lo constituyen una etapa inicial
en la que el "carácter religioso" era exclusivo, y una cuarta en la que
las "entidades estéticas" son completamente autónomas. En la
secuencia de estas etapas destaca un continuo proceso de secularización
que termina cuando prevalecen convenciones realistas. En este
proceso, van desapareciendo las alegorías y símbolos que hacen del
hombre expresiones de la divinidad. Asimismo, la individualidad se
acentúa progresivamente desde la segunda etapa hasta que llega a ser
dominante en la cuarta.

La cronología que maneja es la que se acepta en aquéllos años.
Incurre en equivocaciones pero éstas no alteran, sin embargo, la tesis
central que se desprende de dicha periodización que discutiré más
adelante. En la primera etapa, a la que llama "prehistórica," dominan
preocupaciones "mitológicas." Dado que predomina lo religioso, el ser
humano no es considerado una entidad estética autónoma, por eso hay
una frecuente estilización de la figura humana. En la segunda etapa las
preocupaciones son cosmogónicas: abundan representaciones de la vida
cotidiana en las que se visualiza mejor la colectividad que el individuo;
las "escenas veristas," los "detalles impresionantes" y los "prodigios de
armonía" que se observan en las esculturas de esta etapa, no alcanzan
a retratar "figuras individuales concretas." En la tercera etapa domina
el "motivo-hombre" que carece de "vínculos" teogónicos: las figuras
son "individuales" y no dependen de preocupaciones mitológicas o
cosmogónicas; se han emancipado de motivos religiosos gracias al

---

[32] Publicado originalmente en francés en **Beaux-Arts** (Paris) N. 193, el 11 de
setiembre de 1936 (traducción de G. Philippart). Ambas versiones se incluyen en Vallejo
1985b: 614-19 y sólo la versión española en 1987b:223-25.

empleo de convenciones realistas. En la cuarta, se acentúa las tendencias de la tercera hasta que la conquista trastoca el proceso.

En esta periodización, Vallejo discute, aparentemente, la correlación que existe entre el desarrollo del retrato en la escultura y el empleo de convenciones realistas. Para determinar si hubo o no retrato, emplea como criterio último la existencia de convenciones realistas. Sin éstas no hay retrato. El llega a la conclusión de que en la etapa que llama prehistórica no lo hubo. En la etapa intermedia hubo tan sólo una forma embrionaria o híbrida. Sólo en la tercera etapa, y aún más en la última, que precede a la conquista, habría habido retrato propiamente dicho.[33] De acuerdo con este esquema, identifica culturas o sociedades asociadas con cada una de las cuatro etapas.

Etapas como las explicadas anteriormente son abstracciones que se refieren a sociedades concretas de las cuales Vallejo da ejemplos: (I) pueblos primitivos preincaicos; (II) Tiahuanacu (da como ejemplos "la célebre puerta de Chavín y la piedra solar denominada Kalasasaya"); (III) el Tahuantinsuyo (e.g. "Muchas de las esculturas descubiertas en Tikillajta"); y (IV) el litoral norte, particularmente la escultura "mochica o chimú" (224-25).[34] En todas hay elementos realistas en las composiciones escultóricas pero la funcionalidad y la jerarquía de éstas determina que sólo en la última haya retrato porque "el hombre va a ser por fin tratado tal como es, para él mismo, desprendido de todo marco que no sea el de su propio contorno, y exonerado de todo contenido que no sea el de su propia materia individual" (225).

En los ejemplos que proporciona hay equivocaciones que se deben a los conocimientos arqueológicos de la época. Vallejo no precisa cuáles son los "pueblos primitivos" de la primera etapa, de los

---

[33] Vallejo parece olvidarse aquí de lo que sostuvo en "España en la Exposición Internacional de París" (1925): "la creación de un retrato, como todas las creaciones, tiene su heroicidad. Esta heroicidad radica en una lucha y entre el infinito de un ser o sea el carácter, que es descubierto y revelado por el artista, y la ubicación de ese ser en un espacio y tiempo circunstanciales. Esta ubicación es el parecido. El artista dosificará las partes del conflicto, según su emoción" (67). No hay contradicción si ésta es la definición del retrato moderno.

[34] Quizás se esté refiriendo a la portada lítica que está situada en el templo llamado "El Castillo" de Chavín de Huantar, muy próxima al lanzón. En cuanto a la "piedra solar" de Kalasasaya, ésta es la llamada "Puerta del Sol." Kalasasaya y Acapana son los más importantes asentamientos Tiahuanaco.

que no da ningún ejemplo, aunque se supone que son anteriores a
Tiahuanacu. Si Tiahuanacu sirve como demarcación, Chavín sería uno
de esos "pueblos primitivos," como también lo sería Moche. Pero de
acuerdo con conocimientos arqueológicos actuales, Moche o Mochica,
que él ubica contemporáneamente al Tahuantinsuyu, es anterior a
Tiahuanacu. Chavín es muy anterior a Moche--como lo sugiere
Vallejo--pero también a Tiahuanacu.[35] Por otro lado, Vallejo incurre
en un error que era entonces común al dar a entender que Mochica y
Chimú son contemporáneos o sinónimos, e incluso posteriores al
Tahuantinsuyo. También hace a la sociedad Mochica (S.II-VIII)
contemporánea de Chimú y del Tahuantinsuyo; no así de
Tiahuanaco.[36] Igualmente, hace de Chimú y Tiahuanaco sociedades
contemporáneas aunque no lo fueron: Chimú se desarrolló después,
entre los siglos XII-XV. Sólo se puede considerar a Chimú
contemporánea del Tahuantinsuyo.[37] De ser equivocaciones, muchas
se deben, como dije antes, a la más limitada información entonces
disponible, a no ser que haya considerado irrelevante ordenar
cronológicamente las etapas.

A estas imprecisiones o equivocaciones de orden cronológico
se agregan otras no menos sugerentes, dadas las diferencias sociales y
políticas que hay entre las sociedades que menciona. Este asunto es
aún más importante si se toma en cuenta las sociedades que omite:
Paracas, descubierta por Tello en 1919, y Nasca, explorada por Max
Uhle desde 1901.[38] Vallejo omite hacer referencias a estos sitios
arqueológicos y evita también involucrarse en los debates en torno a los
orígenes (centroamericanos o andinos) del hombre, en lo que vino a ser
el Perú. Igualmente ausentes están las categorías que van a popularizar
Max Uhle y Julio C. Tello (e.g. horizontes, intermedios), u otras

---

[35] Luis Lumbreras, **Visión arqueológica del Perú milenario** (Lima: Milla Batres,
1990).

[36] Como lo afirma Federico Kauffman Doig en su **Manual de Arqueología Peruana**
(Lima: Peisa, 1980), ha sido frecuente la aceptación de Mochica y Chimú como un
binomio, a pesar de que pertenecen a períodos distintos. Los separa el predominio de
Tiahuanacu y Wari (355).

[37] De acuerdo con datos que ofrecen Lumbreras y Kauffmann Doig, los chimú--que
hablaban mochica--son anexados por Inca Túpac Yupanqui hacia 1470, durante el reinado
de Michancamán.

[38] El caso de Nasca es especialmente extraño porque la menciona en "Historia de
América," para probar que América no es un continente nuevo, y en "Los incas,
redivivos" (1987b:72, 212).

posteriores, que ponen mayor énfasis en las relaciones sociales y políticas que prevalecen en las distintas sociedades prehispánicas (e.g. señoríos teocráticos, centros ceremoniales, sociedades urbanas despóticas, estados regionales, imperios).[39] A pesar de que no destaca categorías como éstas en sus crónicas, lo opuesto ocurre en sus ficciones, especialmente en el caso de **La piedra cansada**, donde hay un claro énfasis en las relaciones sociales existentes entre los personajes. Las únicas ficciones en la que esto no ocurre son "Una crónica incaica" y "La danza del Situa," publicadas en Madrid (1931). Estas últimas están todavía escritas a la manera de **Los hijos del Sol** (1921) de Abraham Valdelomar.

Todas esas equivocaciones, omisiones e insuficiencias, se deben en parte, como he dicho, a la información de la época, que Vallejo reconoce como fragmentaria y provisoria en una de sus crónicas ("Los incas, redivivos", 207-8). Además, es evidente que él no pretende intervenir en el debate que se ha entablado entre Uhle y Tello, a quienes parece no reconocer, pese a que ambos han publicado tanto o más que Valcárcel sobre las culturas prehispánicas.[40] Sin embargo, incluso el conglomerado que hace del Tahuantinsuyo, en alguna medida tiene sentido. No sólo porque--como lo sostiene Kauffman Doig--era común asociar Mochica con Chimú, sino porque en estas tres sociedades, a pesar de sus notorias diferencias sociales y políticas, se emplearon convenciones realistas en un grado desconocido

---

[39] Luis G. Lumbreras, **De los orígenes del Estado en el Perú** (1972). De acuerdo con Kauffman Doig, los "horizontes" son períodos en los que se percibe la presencia de rasgos artístico-culturales más o menos comunes, en una área geográfica extensa; los "intermedios" son períodos que separan los horizontes con una cobertura más limitada. Sin embargo, hay una relación dinámica entre "horizontes" e "intermedios." Los incas, por ejemplo, comenzaron ocupando el "intermedio" y se desarrollaron hasta ser un "horizonte." Pese a una extensión geográfica menor, se afirma lo mismo de Chavín, Tiahuanacu y Wari.

[40] De Uhle se han publicado en español **La esfera de influencia del país de los Incas** (1908), **Los orígenes de los Incas** (1912), **Las fortalezas incaicas de Incallacta y Machupicchu** (1917), **Los principios de las antiguas civilizaciones peruanas** (1920), **Los principios de las civilizaciones en la sierra peruana** (1920) y **Las antiguas civilizaciones del Perú frente a la arqueología e historia del continente americano** (1935). De Tello, **El uso de las cabezas artificialmente momificadas y representación en el antiguo arte peruano** (1918), **Introducción a la Historia Antigua del Perú** (1921) y **Antiguo Perú-Primera época** (1929).

por Tiahuanaco.[41] Vallejo crea su propia síntesis de cómo han evolucionado las sociedades prehispánicas pero insisto en que ésta se inserta, ante todo, en los debates en torno al modernismo y la etnografía en París.

El esquema que elabora en cuanto a la evolución de la escultura que llama "incaica" le facilita la formulación de una tesis que no se dirige a polemizar con Uhle o Tello. El litigio académico que entabla pertenece a otro ámbito, el de la modernidad que están queriendo imponer intelectuales europeos. En este sentido, estas crónicas no son tanto una muestra de la "sensibilidad indígena" que profesa Vallejo, sino una digresión que le permite cuestionar la modernidad europea, incluso por medio de la arqueología. Por eso, la tesis central que plantea no se ve alterada por ninguno de sus equívocos u omisiones.

De acuerdo con el argumento que construye Vallejo, el "descubrimiento" del Perú habría frustrado e interrumpido la evolución de un arte que, secularizado, había llegado a ser autónomo y realista. El criterio en base al cual constata y ejemplifica la evolución de las artes es su autonomía, i.e. su proximidad o alejamiento del arte que desempeña funciones de tipo religioso. En la medida que dicha autonomía se materializa, el arte se hace antropomórfico y realista. Al sostener esto, se ve obligado a explicar cómo es que llegaron al conocimiento técnico que requiere el uso de esas convenciones, sabiendo que ésta es una pieza importante en la definición del modernismo en Europa.

Comentando "el arte del retrato," a propósito de las cabezas "chimúes" dice Vallejo: "Cada una es un caso sicofisiológico diferente; cada una expresa un alma diversa, con sentimientos y pasiones asimismo diversas. Esta sicofisiología del personaje responde, de otra parte, a un trabajo tan reiterado de exploración y de estudio de un mismo modelo, que nos vemos obligados a reconocer que estamos en presencia de un realismo muy cercano al de las **modernas estéticas**

---

[41] Lumbreras explica que Tiahuanaco "nació de un neolítico poco conocido aún por los arqueólogos" del cual se conoce sólo la etapa final representada por la cultura Qalayu, que es casi equivalente a Chavín (1990: [174]). Lumbreras también sostiene que ninguna otra cultura alimentó tanto la fantasía como Tiahuanacu, quizás por ser la primera civilización pre-Inca en ser conocida, o por "la monumentalidad de sus restos o la intensidad de su impacto sobre la región andina en su conjunto" (**The Peoples and Cultures of Ancient America**, 139).

europeas" [subrayado mío] (1987b:225). Es obvio que por "modernas estéticas europeas" se está refiriendo al arte europeo del siglo XIX, particularmente al naturalismo y al realismo, e indirectamente a los movimientos de vanguardia. Sin embargo, lo importante está en el doble planteamiento que hace Vallejo respecto a la escolarización en el arte y la ubicación histórica del realismo-naturalismo dentro y fuera de Europa. Veamos primero lo tocante a este último planteamiento en la conclusión de "El hombre y Dios en la escultura incaica."

Vallejo concluye su crónica con una sugerencia que es fundamental. Sugiere que "sociólogos e historiadores del arte" expliquen cómo fue posible el nacimiento y desarrollo de un arte de tendencias individualistas tan liberales, como el de las esculturas chimúes," en una sociedad "feudo-colectivista." La pregunta que no formula, pero que se desprende de su argumentación es la siguiente: ¿cómo fue posible que una sociedad burguesa y liberal como la francesa, desarrollase recién en el siglo XIX un tipo de arte (realista y autónomo) que ya se había desarrollado en el "país" de los incas durante el siglo XV? ¿Influenció acaso el siglo XIX francés al siglo XV americano? O lo que sería aún más problemático, ¿influenció el siglo XV americano a escritores como Balzac y Zola? La comparación podría haber sido absurda pero igualmente lo eran los criterios que se empleaban en Europa para clasificar artefactos ajenos a sus tradiciones.

El discurso que Vallejo critica está estrechamente vinculado a la conceptualización del modernismo en Europa. Puede entenderse mejor si se toma en cuenta una teoría de la vanguardia como la formulada posteriormente por Renato Poggioli. Poggioli recurre al realismo para transformar el modernismo y la **avant-garde**, en particular, en un evento exclusivamente europeo. Para Poggioli, el realismo es una etapa necesaria, una condición sin la cual no podría haberse llegado a la vanguardia. Si un artista no tenía la capacidad de pintar un cuadro siguiendo convenciones realistas, no podía convertirse en un pintor de vanguardia. Aunque debía ser abandonado, el realismo era una suerte de rito de pasaje al modernismo. Poggioli ofrece como ejemplo la pintura de Pablo Picasso. De acuerdo con esta premisa, al no haber habido realismo en "sociedades primitivas" no era posible hablar de vanguardia fuera de algunos países europeos.

Las crónicas de Vallejo responden muy hábilmente a estos argumentos. Así, en "El hombre y Dios en la cultura incaica" (1936), responde a este tipo de formulaciones. Reitera en más de una oportunidad que un estilo y un tipo de retrato como el que se observa en las "cabezas chimúes" sólo podría haberse logrado mediante un largo aprendizaje. Es decir, Vallejo no sólo destaca las convenciones que se emplearon (de modo particular en la tercera y cuarta etapas), sino la existencia de una escolarización que explica, en parte, la destreza técnica alcanzada, por ejemplo, en las esculturas de los incas.[42]

Viniendo de un escritor que no favorecía convenciones realistas, y distante de cualquier escolarización artística, su reconstrucción de la historia de la escultura puede ser vista como muy conveniente. No obstante, igualmente convenientes y arbitrarias eran las teorías que circulaban desde principio de siglo con el propósito de establecer hegemonías culturales. Mediante el excurso hacia la arqueología, una actividad que tanto interés había generado en Europa desde mediados del siglo XIX, no sólo entre los llamados "americanistas," Vallejo cuestiona las reducciones de los modernistas que buscan legitimidad a expensas de los "primitivos." Del argumento construido por Vallejo en estas crónicas de 1935-1936, se deduce la afirmación de que no habría habido **avant-garde** sin primitivismo, i.e. sin la apropiación cultural perpetrada por los intelectuales europeos. Por el contrario, el modernismo de los artistas y escritores de América Latina no necesita apropiación alguna, basta con no continuar siendo dependientes de Europa.

4

Según escribe Eric Hobsbawn en **The Invention of Tradition**, las tradiciones son un conjunto de prácticas cuyas reglas han sido aceptadas explícita o tácitamente. Tienen una naturaleza ritual o simbólica. Buscan inculcar valores y normas de comportamiento. Son también respuestas inmediatas que parecen referirse a situaciones antiguas o que establecen su propio pasado por medio de una repetición

---

[42] A propósito de los retratos en la cuarta etapa, dice Vallejo que éstos son el resultado de un trabajo "reiterado de exploración y de estudio de un mismo modelo" (225).

cuasi obligatoria.[43] De ser posible, se establece a partir de éstas una relación de continuidad con un pasado histórico que es presentado como apropiado. De acuerdo con esta definición, Hobsbawn subraya la invención que hay detrás de cualquier tradición, sea ésta "formalmente instituida" o difícilmente trazable.

Hobsbawn subraya que toda tradición es construida a veces tras un proceso de apropiación. Tradiciones que se originan en una sociedad pasan a otra que se apropia de ellas gracias a una posición de poder. Esta hegemonía política les permite a dichas sociedades borrar los orígenes de esas tradiciones e inventar otros orígenes en su lugar. Si toda tradición puede ser una construcción social al servicio del poder, o de quienes resisten, las tradiciones son arbitrarias en la medida que se les impone una continuidad y son el resultado de una selección que discrimina entre fuentes, a fin de encontrar las que parezcan apropiadas. Esto no obvia que las tradiciones también sirvan para darle identidad a quienes buscan otro tipo de escenario político. También en este sentido la invención de tradiciones forma parte de la lucha por el poder. Por eso, no hay clase que se abstenga de inventarlas. De acuerdo con este esquema, podría pensarse, en relación a los incas, las tradiciones que éstos inventaron para legitimar su poder o aquéllas otras que inventaron posteriormente como medio de resistencia, una vez que el "horizonte" que ellos habían hegemonizado había sido destruido por los españoles.

Desde la segunda mitad del siglo XIX, especialmente después de la guerra del Pacífico, hay en el Perú un intenso proceso de "invención" de tradiciones. Se desarrollan discursos indigenistas que se complementan a pesar de sus diferencias. Diferentes trabajos han insistido sobre las contradicciones habidas entre intelectuales limeños, cusqueños y puneños, así como en la polémica que se entabla entre José Carlos Mariátegui y Luis Alberto Sánchez. No voy aquí a insistir en estos debates ni tampoco en cómo ha evolucionado la lectura de los mismos. Por lo menos en lo tocante a los escritos de Vallejo, más importante es examinar una crítica formulada por Pablo Macera en sus

[43] Eric Hobsbawn & Terence Ranger, eds. **The Invention of Tradition** (Cambridge: Cambridge UP, 1988) 1-2.

Trabajos de historia sobre el desarrollo de la etnohistoria en el Perú.[44]
A criterio de Macera, las posibilidades de desarrollo de la etnología en el Perú se vieron afectadas por dos procesos que se han combinado, el "radicalismo pasadista" y la "esquizofrenia." El empleo es metafórico y no pretende ser en ningún caso un diagnóstico clínico. El "radicalismo pasadista" consiste en la protesta "contra los abusos del poder colonial en los siglos XVI-XVIII, pero sin decir nada, en cambio, acerca de los abusos del poder en el siglo XX." La esquizofrenia consiste en tener "los pies en el siglo XX, los ojos en el XVI."[45] Macera concluye que la etnohistoria es esquizofrénica. Aunque Macera no lo pretende, esta esquizofrenia podría hacerse extensiva a cierta literatura, música y pintura de comienzos de siglo, puesto que tiene que ver con el tipo de imágenes que construyen intelectuales y artistas indigenistas del indio. Me refiero a Luis Valcárcel, Teodoro Valcárcel, Julio C. Tello, Enrique López Albújar, Daniel Alomía Robles y José Sabogal, para nombrar sólo algunos. En otras palabras, esto que Macera escribe sobre la etnohistoria podría extenderse igualmente a indigenistas.

A pesar de lo diferente que son sus actividades, predomina una visión arqueológica en los trabajos de los indigenistas. Esto se debe, en parte, a que los arqueólogos hacen una serie de descubrimientos sorprendentes, pero también a que la arqueología funciona como un refugio para evitar entendérselas con los indios que les son contemporáneos. Tendencias "americanistas" entre arqueólogos--muy extendidas, según lo ha indicado George Kubler en su "Introducción" a **Art & Architecture of Ancient America**-- favorecen esta partición. Ser "americanista" o "indigenista," e identificarse con lo dicho por Manuel González Prada en "Nuestros indios," no impedía que se viese a los indios contemporáneos como evidencias de una degeneración cuya responsabilidad era atribuida a españoles y criollos.

Especialmente en el caso de Cuzco, el movimiento indigenista tuvo dos rasgos que explican el tipo de prejuicios que postergan la necesidad de investigaciones etnohistóricas. El primero es que se disuelve la continuidad entre lo que había sido el pasado pre-hispánico

---

[44] **Trabajos de historia**, Vol. 1 (Lima: Instituto Nacional de Cultura, 1977), VII-LXXX.
[45] Ibíd., LVI-LVII.

y el presente republicano. Mientras que los incas eran la culminación de un largo proceso civilizador, lo que queda de ese pasado no es sino una sociedad dispersa y degenerada; ruinas a disposición de saqueadores o arqueólogos. El segundo rasgo consiste en que algunos indigenistas se ven a sí mismos como diferentes, políticamente, de los socialistas, y socialmente, del pueblo. La mayor parte de los indigenistas comparte esta visión del indio.

Algunos indigenistas están más interesados en restaurar simbólica y lingüísticamente una "alta" cultura indigenista que corría el riesgo de desaparecer. Estos grupos intentan la restauración de una cultura **hanan** quechua, entendida como la cultura fomentada por la élite durante el Tahuantinsuyo. Pero en esta restauración hay un desplazamiento que debe tenerse en cuenta. Durante los incas, la ciudad del Cuzco había estado dividida en dos secciones, una llamada **hanan** y la otra **hurin**. La diferencia era étnica. "Según las referencias de Garcilaso--dice Federico Kauffmann Doig--en el Hanan Cuzco se habría sentado los restos de la población existente en el lugar antes de la llegada de Manco Capac, mientras que los invasores levantaban sus moradas en el Hurin Cuzco."[46] Es de suponer que estas diferencias étnicas no se mantuvieron por mucho tiempo, aún más tomando en cuenta la intervención de los españoles. Se sabe que hubo incas que procedieron del **hanan** Cuzco tales como Topa Inca Yupanqui. Sin embargo, hay indigenistas que conciben de otra manera la diferencia.

Algunos indigenistas van a diseñar una subcultura **hanan** para distinguirse socialmente de los **runa** vistos como seres desvirtuados por la experiencia colonial. El indio que les es contemporáneo tiene que competir con aquél otro que se construye a partir de excavaciones arqueológicas como las realizadas en Tiahuanaco, Macchu Picchu y Sacsahuamán, es decir, con el retrato póstumo de un ser desaparecido. Las desventajas no podían ser mayores para el "indio actual." En este sentido, los indios de José Sabogal--como aquél reproducido en la carátula del primer número de la revista **Amauta**--son parte de una iconografía interesada en producir símbolos más que retratos realistas de aquellos indios que trabajaban en haciendas, minas, comunidades o en islas guaneras.

---

[46] **Historia general de los peruanos, 1:El Perú Antiguo** (Lima:Ediciones Peisa, 1986), 556.

Escribiendo sobre las edificaciones de Chokechaka, dice Vallejo que "parecen haber sido construidas por cíclopes y para ser habitadas por hombres inmortales" ("Recientes decubrimientos," 217). En el mismo artículo y en "El hombre y Dios en la escultura incaica," trata a los incas como si fueran personajes ilustrados; una caracterización que mantiene en **Hacia el reino de los sciris**, y que pasa a segundo lugar en **La piedra cansada**. En las ficciones sobre la república, por el contrario, particularmente en **Colacho Hermanos**, o en crónicas como "Los incas, redivivos," Vallejo no logra evitar hacer suyo el retrato del "indio actual" como **sora**.[47] En este sentido, la "esquizofrenia" que Macera encuentra entre etnohistoriadores, se observa también, con todas sus ambigüedades y contradicciones, en la escritura de Vallejo.

Vallejo escribe sus crónicas y ficciones peruanas en un momento en el que la invención de tradiciones y la crítica a las mismas es intensa. Intelectuales y artistas tales como Riva-Agüero, Mariátegui, Valcárcel, Tello, Sabogal y Alomía Robles, inventan o hacen suyas tradiciones que se apoyan en trabajos académicos realizados por arqueólogos y antropólogos. Algunos emplean las artes plásticas y la literatura para fomentar esas tradiciones. Se crea así un modelo cultural centrado en el indigenismo al que Vallejo se va a adscribir como inmigrante radicado en París.[48] Pero el público de Vallejo no está compuesto de criollos que niegan el problema del indio sino de "americanistas" y franceses desinteresados o contaminados de exotismo. Por eso, no es lo mismo ser indigenista en Lima, Cuzco, Puno o Trujillo, que en París, Madrid o Berlín.

Quizás por la posición en la que se encuentra, se inclina por una lectura que va a enfatizar más aspectos políticos y sociales o

[47] Los **soras** eran un dominio cercano al Cusco que fue visitado por Huayna Capac. Era una etnia del Cuntisuyo, ubicada al noroeste del Cusco, en la frontera con los chancas, vilcas y rucanas. Fue conquistada por los incas después de haber derrotado a los chancas y a algunos curacazgos del Cusco, pero antes de la campaña en el altiplano. Cf. María Rostworowsky, **Historia del Tahuantinsuyo** (Lima: Instituto de Estudios Peruanos, 1988), 117 y 98. Según el **Diccionario de la Lengua Española**, sora quiere decir "maíz preparado para hacer chicha, jora."

[48] "Vallejo era un decidido simpatizante del indigenismo--escribe Valcárcel en sus **Memorias** (Lima: instituto de Estudios Peruanos, 1981)--. Antes de conocernos personalmente [en 1937] recibí de él una carta en que me manifestaba su adhesión a nuestra causa, desde entonces mantuvimos correspondencia" (306).

económicos que no eran entonces debidamente atendidos por indigenistas y arqueólogos, como él mismo lo señala en "Los Incas, redivivos." Asimismo, dado que está fuera del Perú desde hace más de diez años y dado que ha vetado la etnografía, para su ficcionalización del Perú prehispánico, va a tener que depender en mayor medida de fuentes escritas. A este respecto, muy distintas son las condiciones en las que escribe ficciones republicanas porque para la escritura de éstas puede depender más de testimonios (como los que debió escuchar en Trujillo) y experiencias propias del "indio actual."

En sus ficciones, Vallejo opta por historias que preceden la conquista española o que son posteriores a la colonia y al comienzo de la república. Por consiguiente, hace caso omiso de cuatro siglos. De la historia prehispánica, se concentra en un período muy próximo a la caída del "imperio" de los incas; un período en el que los incas inventan tradiciones para legitimarse políticamente. El deja de lado aquél período para el que podría haber hecho uso de otro tipo de tradiciones, aquéllas inventadas como parte de la resistencia al estado español. Pero no escoge una coyuntura simbólicamente importante dentro de ese período, como lo podría haber sido la victoria cuasi-mítica sobre los chanka o los chimú.

A diferencia de sus artículos--en los que se refiere a Chavín, Tiahuanacu, Moche, Chimú e incluso Nasca--, toma sociedades que pueden considerarse periféricas, tales como los "sciris" (llamados **chiris** en "Historia de América") y los "kobras." En estas ficciones hace un uso peculiar de una historia próxima a **La Araucana**: a diferencia de los chimú o chankas, los sciris y los kobras son sociedades muchos menos desarrolladas pero a las que los incas no pueden controlar sino débilmente. Pero en **Hacia el reino de los sciris** la victoria sobre los sciris queda como una promesa y en **La piedra cansada** la victoria sobre los kobras se transforma en una derrota para el **sapa inca** Lloque Yupanqui.

Mediante estas elecciones Vallejo distingue como propia su lectura de los incas. No se trata de un prurito individualista ni de un gesto anárquico. Concuerda con todos los indigenistas en la necesidad de valorar la historia precolombina--como lo prueban inequívocamente sus crónicas y ensayos--pero no a cambio de dejar sin explicar la caída del Tahuantinsuyo. Por medio de la ficción, más en **La piedra cansada** que en **Hacia el reino de los sciris**, ofrece su propia explicación. La derrota sufrida por los incas frente a los españoles no

fue la primera; hubo otras que sirven para explicar que las debilidades
de los incas no fueron tecnológicas sino sociales y políticas.

En las crónicas, Vallejo no está todavía en condiciones de
criticar las relaciones sociales que prevalecieron en la sociedad incaica.
En menor medida, esto también ocurre en **Hacia el reino de los sciris.**
En las crónicas que escribe en 1935-1936 Vallejo no asume más la tesis
de que la sociedad incaica, si bien pudo ser un imperio, hubiera sido
una sociedad comunista. De ser así, no habría habido clases; clases
sólo habrían existido a partir de la Colonia. Esta tesis del "comunismo
primitivo" la ha hecho suya en "La inmigración amarilla al Perú"
(1925) pero en "El hombre y Dios en la escultura incaica" (1936) la
descarta por completo. Plantea que la sociedad incaica no fue
comunista sino "feudo-colectivista." Sin embargo, esta afirmación es
un tanto marginal en las crónicas. Vallejo ni siquiera la discute.

En sus crónicas Vallejo está interesado en demostrar que los
incas fueron una sociedad avanzada, por eso le presta especial atención
a la "producción."[49] En sus ficciones, la "producción" es la
escenografía en la que ciertos eventos resaltan la existencia de clases
sociales en una fase en la que los incas se han convertido en
"horizonte." A través de sus ficciones, Vallejo corrige lecturas que se
han hecho de la historia precolombina, insistiendo en algunas preguntas
que formula en "Los incas, redivivos" tales como las siguientes: "¿Qué
territorios y razas contribuyeron a la cristalización del Tahuantinsuyo?
¿Obedeciendo a qué vaivenes de la vida, se conocieron estas razas, se
pusieron en contacto y se organizaron en un orden colectivo superior?
¿Qué leyes e intereses, qué instintos o ideales las movieron--en la paz
o en la guerra--para realizar un destino cuya esencia y sentido
históricos parecen contener extraordinarias espigas de sabiduría y de
organización?" (209). El método que emplea para "despejar estas
incógnitas" no es el estudio ni la observación directa de la naturaleza
o del indio sino la ficción. En sus ficciones hace de lo fragmentario un
"todo orgánico"--como lo pedía en esta crónica--y pone a prueba la
afirmación de que la sociedad incaica se habría construido en base a un

---

[49] Vallejo explica en "Los Incas, redivivos," el carácter provisorio y fragmentario que
todavía tiene la arqueología americana, debido a que "muy rara vez se ha utilizado un útil
de labranza o de pesca o un procedimiento cinegético o de cría, para edificar sobre su
sentido técnico o alcance económico, todo el plausible sistema social al cual pueden ellos
pertenecer" (208).

"juego de influencias recíprocas" (208, 212). Tal reciprocidad no descartaba la existencia de hegemonías.

5

Otra área en la que Vallejo intenta establecer un esquema de cómo evoluciona la cultura "incaica" es la arquitectura. También en este caso parte de una idea que repite de modo consistente: "Según entendemos--escribe en "Los Incas, redivivos" (1935)--las culturas andinas sintetizaron los esfuerzos lentos y penosos por un orden superior de las diversas poblaciones sucesivas y simultáneas de ambas vertientes--oriental o atlántica y occidental o pacífica--de la gran cordillera, comprendidas en ellas las reacciones migratorias amazónicas y del norte, aún no bien probadas" (209).[50] Esta idea presupone la aceptación de una evolución en la que norma el progreso. Soluciona también, aparentemente, al combinarlas, las principales teorías divergentes sobre el orígenes de los habitantes de lo que sería el Perú; me refiero a las teorías de Uhle y Tello.

Vallejo tiene una concepción piramidal de la historia prehispánica. No considera todavía como posible variable una dinámica más compleja entre "horizontes" e "intermedios." Tampoco problematiza cómo se constituyen los "horizontes." Esta concepción evolutiva de la historia es reforzada cuando descarta u omite en sus crónicas un problema que será central en sus ficciones: las relaciones sociales que se derivan del modo de producción, las hegemonías que prevalecen en la sociedad incaica y las relaciones entre el estado inca y sus dominios. Esto hace problemática su visión de los habitantes de estas sociedades. La única instancia en la que toma en cuenta este factor es cuando describe las "artes menores."[51]

"En las ruinas de todas las civilizaciones precolombinas-- escribe Vallejo--quedó grabado el sello de los quechuas. A su vez de

---

[50] Vallejo 1985b: [595]-603 o Vallejo 1987b: 207-15.

[51] Vallejo sostiene que hay una gran variedad estilística en la orfebrería, alfarería y cerámica. En "Los incas, redivivos" escribe lo siguiente: "Inciso, coloreado, plano y en relieve, los estilos de estas artes varían según las zonas y culturas de las cuales proceden, rivalizando en la perennidad de los colores, la nitidez expresiva del labrado, la solidez del material, la gracia de las formas, el atrevimiento de la composición y la libertad de la temática" (215).

todas ellas conservan los vestigios tahuantinsuyos, huellas convergentes" (212).[52] Ambas afirmaciones son aceptables debido a que la sociedad incaica fue un "horizonte." Sin embargo, este "juego de influencias recíprocas" puede fácilmente malinterpretarse cuando no se maneja una cronología adecuada y cuando no se observan las relaciones de poder que norman el intercambio. En cuanto a la cronología, no pone como ejemplo último a "Moche o Chimú," como lo hace en el caso de la escultura, aunque podría haber establecido sin equivocarse influencias recíprocas entre los chimú y los incas. En cuanto a la manera como el poder afecta la arquitectura, considera acertadamente que el Cuzco es una ciudad triple (cimientos precolombinos, edificaciones españolas y urbanizaciones republicanas), pero no advierte que Pikillajta fue una ciudad doble--centro administrativo de una sociedad preincaica y asentamiento incaico--, como podría haberlo advertido en base a la cita que toma de Valcárcel (225). En este sentido, la mencionada "reciprocidad" disipa nuevamente las relaciones políticas que los incas han impuesto. A diferencia de sus ficciones, sólo de manera casual se refiere Vallejo a los incas como imperio.

Así como para la escultura se ha fijado en los cambios habidos en el retrato, en lo que respecta a la arquitectura se fija en la piedra. La considera "rasgo común esencial" de toda "obra incaica" (216). La evolución de la arquitectura que elabora es análoga a la que ha establecido para la escultura aunque introduce algunos cambios: enumera "cinco" estilos en lugar de etapas y califica al último de decadente. Los estilos son asociados al uso del ciclópeo, poligonal, sillar, celular rectangular y celular adoquinado. Las categorías que diferencian los estilos son el tamaño de la piedra, las técnicas empleadas y la especialización que supone el transporte, el pulimentado y el ensamblaje de la misma. Vallejo no explicita cada uno de estos estilos porque no pretende llegar a una clasificación cuidadosa. Incluso advierte que hay más estilos de los que no da cuenta. Lo que le interesa es presentar el empleo de la megalítica como el punto más alto en la evolución de la arquitectura precolombina. Piedras con otras configuraciones son anteriores, o en el caso opuesto, indicaciones de

---

[52] Las crónicas en las que discute más la arquitectura "incaica" son "Los incas, redivivos" (1935) y "Recientes descubrimientos en el país de los incas" (1936). Véase 1987b:212-5 y 216-19.

un período de decadencia que asocia con el empleo del "celular adoquinado." Entre las anteriores, distingue una "época bárbara" asociada con el empleo del "ciclópeo" en construcciones que carecen de argamasa (213).

Quizás sin proponérselo, los escritos de Vallejo también responden a interpretaciones erradas sobre la evolución de las sociedades: "Nosotros--escribe Lumbreras--, según la óptica europea, nos quedamos en la 'edad de la piedra', porque no avanzamos en esa dirección; aquí no tenía sentido un tal avance...En la mayor parte de nuestras tierras, un palo cavador puede ser tan eficiente como un rejón del más fino acero" (190). La "dirección" a la que se refiere es aquélla que establece como edades que le suceden a la de piedra, la de bronce y hierro. A este respecto, Vallejo adelanta la tesis de que las sociedades incaicas fueron capaces de un notable desarrollo tecnológico aun prescindiendo del bronce, el hierro o la rueda. Como explicaré más adelante, concepciones como ésta están directamente vinculadas a la existencia o no de escritura. Su objetivo consiste en probar por otros medios, implícitamente, la existencia de esa escritura en la sociedad incaica.

La cobertura geográfica de sus especulaciones sobre la evolución de la arquitectura impide imprecisiones o errores como los cometidos en su estudio de la escultura. A diferencia de la escultura, el Cuzco le basta para explicar la evolución de la arquitectura "incaica." En el Cuzco encuentra Vallejo ejemplos de todos los estilos que ha clasificado. Salvo una breve referencia a Tiahuanaco, el Cuzco le sirve de muestra para todos los estilos a pesar de ser "la ciudad más antigua de América." Aunque Tiahuanaco y Machupicchu son mencionados, la arquitectura del Cuzco, particularmente Sajsahuaman, se convierte en una sinécdoque de la arquitectura incaica. Tiahuanaco y Machupicchu son dejados de lado por ser excepcionales: Machupicchu es un experimento (tardío) de los incas que carece de la diversidad estilística que se aprecia en los edificios cusqueños; Tiahuanaco "es otra cosa," por la primacía de ideas "míticas y cosmogónicas."[53]

---

[53] Machupicchu es un complejo urbano importante para Vallejo pero piensa que no tiene la misma antigüedad del Cusco y por ende no hay tanta variedad de estilos. A pesar de ello, aprecia en Machupicchu "las construcciones lapídeas más originales, audaces y grandiosas de la época precolombina de ambas Américas" (214). Machupicchu

La concepción que maneja--el empleo de la piedra megalítica como expresión del nivel más alto de desarrollo--lo obliga a dejar de lado otras sociedades entonces conocidas como Nasca y Paracas por su limitado empleo de la piedra como "unidad de construcción." El ámbito de sus especulaciones en torno a la piedra tiene que ser mucho más reducido. Ni Mochica ni Chimú podrían haber sido la culminación puesto que dado los recursos económicos de las regiones en las que se desarrollaron hubiera sido imposible el uso extensivo de la piedra. En este sentido, el empleo de la piedra "megalítica" podría verse como culminación en la sierra pero no en el litoral del Pacífico (Mochica, Chimú, Nasca). El esquema propuesto por Vallejo responde más bien a la información que obtiene de áreas tales como Cuzco y Tiahuanacu. Dentro de estos límites es aceptable considerar al Cuzco como culminación o síntesis, pero esto no la hace la ciudad más antigua de América.[54]

El caso que mejor se adapta a su modelo es sin lugar a dudas el Cuzco. La elección también es acertada, a pesar de su reduccionismo, porque en el Cuzco se halla uno de los conjuntos arqueológicos entonces más conocidos e impactantes. En el Cuzco no hay dólmenes dispersos sino una ciudad precolombina sobre la que se han construido otras dos. El Cuzco es una "urbe de piedra" construida principalmente con piedras "megalíticas" que han sido montadas siguiendo técnicas refinadas. Como en ninguna otra, hay una "diversidad y riqueza de estilos arquitectónicos" (213).[55] El Cuzco

---

es el experimento último de esa sociedad, previo a cualquier tecnología decadente. En Tiahuanaco, "La masa y el volumen, el peso y la altura pasan a segundo lugar" frente a "preocupaciones táctico-militares de defensa de las ciudades y aún después de las talladuras simbólicas y de las elegancias de los muros" (215).

[54] Al hacer Vallejo la afirmación de que el "Cusco es, sin duda, la ciudad más antigua de América" (213) no reconoce la antigüedad de la ciudad comparada con otras sino, quizás, la excepcionalidad del Cusco como ciudad moderna en la que las funciones de los sacerdotes y los guerreros se han separado y en la que no priman concepciones míticas o cosmogónicas. Esta afirmación también puede verse como una manera de plantear que las culturas andinas son superiores a las mesoamericanas, un planteamiento que esquiva el debate Uhle-Tello.

[55] Rostworowski explica la arquitectura inca en estos términos: "la nota predominante fue la sencillez de sus formas, unida a su gran sobriedad en la decoración, los muros se limutaban a un excelso tallado de los bloques de piedra..." Agrega: "Los incas se diferenciaron en sus conceptos estéticos de las otras culturas andinas, como Chavín, Tiahuanaco y Wari que emplearon estatuas, estelas y cabezas clavas para decorar sus

es también el centro urbano desde el que se gobernó un imperio orientado en base a intereses que entiende como seculares.   Pero el Cuzco es una ciudad muy compleja aun en lo que se refiere a sus "cimientos precolombinos," por eso Vallejo prefiere hacer de Sajsahuamán el paradigma de su historia.

Para Vallejo, Sajsahuaman no es una ciudad "triple," en el sentido que lo es el Cuzco, sino el "resumen esquemático de las arquitecturas precolombinas" (213).   Es un asentamiento sobre el que no se ha construido nada durante la colonia o la república. Sajsahuamán es una suerte de compendio de la arquitectura incaica. Tratándose de la arquitectura precolombina, Sajsahuamán muestra todos los estilos que él ha clasificado, mientras que el Cuzco, excede las necesidades de su modelo.   La importancia de Sajsahuaman está precisamente en que ilustra mejor que ningún otro edificio la arquitectura precolombina.   En Sajsahuaman puede Vallejo corroborar la tesis de que el empleo extensivo de la piedra megalítica, como unidad de construcción, marca un nivel muy avanzado de desarrollo social dado que ésta requiere de conocimientos tecnológicos especializados para su transporte, tratamiento y ensamblaje.   Utilizar a Sajsahuaman como paradigma no le quita importancia al Cuzco porque así como Chokechaka no es un asentamiento independiente de Sajsahuaman, Sajsahuaman tampoco lo es del Cuzco.   Pero aun Sajsahuaman no deja de ser un pretexto para la formulación de una narración que tiene propósitos mayores no se reducen a una explicación somera de cómo evoluciona la arquitectura incaica.

En los artículos que dedica a sociedades prehispánicas y a los incas en particular, Vallejo transmite una cierta incomodidad frente a la inexistencia de escritura entre los incas.   Prima en Vallejo una concepción muy aceptada--según Kubler--entre especialistas que hacían de la arqueología un método auxiliar de la filología a falta de fuentes escritas.   La ausencia de escritura era vista como una desventaja en la arqueología americana porque ninguna fuente podía corroborar aquello que los arqueólogos encontraban en sus excavaciones.[56]   Los filólogos

---

edificios" (1988: 86).
    [56] Por el contrario, Macera encuentra en esta carencia una ventaja. "Ha resultado felizmente imposible para los arqueólogos caer en el biografismo de los historiadores seudo tradicionales. La relación entre dato e hipótesis, experiencia y generalización se ha dado con mayor facilidad" (XLIX-L).

no tenían ocupación porque en el caso de la historia precolombina sólo se contaba con ese "método auxiliar." Cualquier trabajo de tipo histórico carecía de los principales medios de investigación. Vallejo no cuestiona este presupuesto, por eso sigue considerando la existencia de escritura como de "decisiva importancia." Piensa, eso sí, que ésta debió existir dado el nivel de desarrollo alcanzado por esa sociedad.

En sus crónicas, Vallejo resuelve el desacuerdo que prevalece entre arqueólgos en torno a la existencia o inexistencia de la escritura ("Los incas, redivivos," 208). Se inclina por la existencia de una suerte de litografía que merece explicarse. En "Recientes descubrimientos en el país de los Incas" (1936), dice que "es en la piedra donde ellos dejaron impresos sus pensamientos y sus sentimientos más profundos, como también sus actividades sociales y económicas, sus costumbres, su vida y su destino" (216). La litografía a la que se refiere es más bien una escritura que puede deducirse en "la contemplación y el estudio de las construcciones megalíticas." No declara la existencia de inscripciones (216-17). En sus ficciones opta por otra perspectiva. Se toma la licencia de sugerir la existencia de escritura en cáscaras de plátano, creando así una suerte de "carpografía." No insiste demasiado en la existencia de una escritura litográfica, en sentido estricto, ni menciona la existencia de una escritura "carpográfica," fuera de sus ficciones. En sus crónicas, no es la escritura sino construcciones hechas con piedra lo que da cuenta de la existencia de "sociedades de avanzada organización." Desplaza así la atención de sus lectores hacia la arquitectura, haciendo de la piedra un elemento discursivo central y recurrente, en base a una considerable variedad lexicográfica.

La piedra debería permitirle persuadir al lector del tipo de sociedad que construyeron los incas. A este objetivo está subordinado el interés de informarle a ese lector sobre el tipo de estética que favorecieron. En este sentido, la piedra es una materia que le sirve para probar, a falta de escritura, las cualidades sociales de los Incas. Las técnicas empleadas y el grado de especialización alcanzado, prueban que no se trata de una "edad de piedra," como la que se experimentó en Europa, sino más bien de una sociedad comparable a las de Roma, Babilonia o Egipto que, como dije anteriormente, pudo prescindir del tipo de escritura conocida por los europeos. Vallejo incluso sostiene que el empleo de la piedra es un índice de superioridad cultural respecto a sociedades que emplearon el barro, el ladrillo y la argamasa; la alusión no va dirigida a Chimú o Mochica sino a

Babilonia y a Roma (217). En "Recientes descubrimientos en el país de los incas" (1936) y en "Los Incas, redivivos" (1935), hace comparaciones semejantes.[57]

Dado el énfasis que pone en "construcciones megalíticas," Vallejo necesita explicar el tipo de sociedad que las hizo posibles. De no hacerlo, hubiese incurrido en las críticas que él mismo les hace a arqueólogos al comenzar "Los Incas, redivivos." En "Recientes descubrimientos en el país de los Incas," dice que edificaciones como las de Chokechaka "parecen haber sido construidas por cíclopes y para ser habitadas por hombres inmortales" (217). Vallejo no se atreve a ver el imperio en esa empresa épica. No es capaz de entrever el régimen político que hizo posibles dichas construcciones. Se limita a escribir que "hay que atribuir sólo a fuerzas humanas--los brazos y los hombros de los hombres--y a las virtudes de audacia, de cooperación y tenacidad, características de esta raza, esos prodigios de urbanismo" (218).

A pesar de que Vallejo emplea la palabra "imperio," no saca todavía de éste todas las deducciones posibles. En este sentido, la atención puesta en la piedra no guarda relación con su explicación de los mecanismos políticos que imperaron en la sociedad incaica. Ninguna o poca atención le presta a las relaciones sociales que prevalecen entre clases y pueblos diferentes. Cuando escribe en sus crónicas sobre la gente en esa sociedad, especula en medio de una narración que es casi mítica. Pareciera que para Vallejo, en sus crónicas, es más importante continuar el discurso de Garcilaso, que hacía comparables a los incas con los romanos, babilonios o egipcios. A esto ha llegado por tener como preocupación principal el probar que debió haber escritura en una sociedad tan avanzada. En las ficciones, este énfasis desaparece.

Pese a la analogía que Vallejo sugiere entre la escultura y la arquitectura "incaicas," hay una diferencia importante entre el retrato y la piedra: mientras que el retrato ha servido para parodiar la modernidad cultural de Europa, y la de Francia en particular, la discusión sobre la piedra adquiere en sus crónicas y ficciones otra

---

[57] Comentando la ingeniería de los incas, sostiene en "Los incas, redivivos" que sus trabajos "testimonian aquí la existencia de un pensamiento constructivo y de organización que compite, a veces ventajosamente, con la Roma antigua, Babilonia y Egipto." Cita en apoyo suyo al Inca Garcilaso, Squier y Nadaillac (213).

función. Como he explicado, construcciones líticas monumentales o "megalíticas" destacan en las crónicas el desarrollo alcanzado por los incas al mismo tiempo que compensan la ausencia de una escritura ortográfica todavía sin ser hallada. Pero ésta no es la única función que tiene la piedra en sus crónicas y ficciones. La piedra también desempeña un rol simbólico en las "leyendas" que cita Vallejo--a la manera de Valcárcel en **De la vida inkaica** o de Valdelomar en **Los hijos del sol**--y en su propia imagen del "indio actual."

María Rostworowski escribe que la piedra como concepto era un "concepto común a toda el área andina." No como material de construcción sino como símbolo, conduce a una taxonomía muy especializada. Por ejemplo, hay piedras sagradas (**guanca**) y mágicas (**pururauca**). La piedra interviene centralmente en la explicación del génesis a la manera de los mitos fundacionales. Asimismo, es la materia que hace posible la comunicación con los antepasados puesto que éstos se han transformado en piedras. "En los mitos--escribe Rostworowski--, los primeros antepasados se habían transformado en piedras, y desde su naturaleza pétrea cuidaban de sus descendientes."[58] En esta calidad interviene la piedra en **Hacia el reino de los sciris** y **La piedra cansada** o en algunas de sus crónicas.

De acuerdo con creencias indígenas citadas por Vallejo en "Recientes descubrimientos en el país de los incas," el hombre había sido creado de piedra (216).[59] Vallejo hace todo lo posible por destacar que esta concepción se opone o se diferencia de aquélla otra versión que la Biblia plantea del génesis. "La vieja leyenda teogónica de los Incas cuenta--dice Vallejo--que el dios supremo Wirakocha creó al primer hombre y a sus descendientes no de barro sino de piedra..." Esta concepción esencialista se reproduce en **La piedra cansada** donde el personaje Sallcupar afirma que todo ser vivo, orgánico o no, está hecho de piedra y lo propio ocurre con el Inti (307). La piedra también está contenida en ciudades, rayos, ecos, olores e incluso la muerte. Algunas piedras custodian tierras, otras reparten agua. Hay

[58] Rostworowski 1988:24, 33, 34-5, 131.

[59] Una sección de **De la vida Inkaika; algunas captaciones del espíritu que la animó**, de Valcárcel (Lima: Editorial Garcilaso, 1925), se titula "Las leyendas del hombre de piedra." A propósito de la piedra, Vallejo comenta irónicamente el anuncio de un tal Pierre Audiat que dice "haber descubierto por sí mismo una piedra que vive, suda, se nutre, odia, ama, sufre, goza y probablemente muere. Todo junto" ("Montaigne sobre Shakespeare," 157).

piedras sagradas y otras que son diabólicas; una de éstas encuentra Sallcupar en Tolpor. La piedra no es tanto un material sino un esencia metafísica, un logos, al que una concepción animista le ha dado vida. Pero la piedra no sólo explica los orígenes de los incas o sus creencias sagradas. Al ser parte de la producción, ilustra o activa las relaciones sociales que prevalecen. Este es un elemento que no se distingue en las crónicas de Vallejo sobre los incas a pesar de que hace un llamado para que se discuta sobre la "producción." En **Hacia el reino de los sciris** y **La piedra cansada** la piedra es un elemento distinguible porque se inserta en las relaciones sociales de la sociedad incaica y en cómo se yuxtaponen concepciones míticas, normas sociales e intereses políticos. En las crónicas se mantiene en una posición más descriptiva que muestra un narrador tentado de emplear convenciones épicas. Más allá de los incas y la colonia, la piedra también articula metafóricamente la suerte del "indio," su estado a principios de este siglo, tras un largo proceso que comienza en el siglo XVI. Esto se observa en algunas crónicas o en **El Tungsteno**. En este último caso, no se apoya en ninguna tradición oral sino en la percepción que muchos criollos tienen del indio "actual." Sobre las bases de esas percepciones realiza, por medio de la ficción, lo que reclamaba en "Los Andes y el Perú." Quedan como saldo dos imágenes en conflicto: la del inca--audaz, cooperador, tenaz en **Hacia el reino de los sciris**--y la del "indio actual"--sombra, cadáver, escombro. Asimismo, la observación de que sólo en una ficción, **La piedra cansada**, Vallejo se atreve a escribir lo que no había escrito en ninguna crónica. En este punto se aparta de las "leyendas" que Valcárcel y Valdelomar están recreando.

6

A partir de su adhesión al indigenismo, las ficciones que escribe buscan suplir, respectivamente, la falta de novelas o dramas sobre la historia precolombina o la falta de relatos etnográficos que den cuenta del indio "actual." Las ficciones **peruanas** de Vallejo comprenden dos períodos para los cuales hay crónicas que sirven de correlato. Hay ficciones que pueden llamarse "incaicas" o "republicanas," de acuerdo con el período en el que están ambientadas. No hay ficciones que correspondan al período en el que el Perú fue colonia de España. No obstante, las fuentes que emplea para la escritura de las ficciones "incaicas," provienen en parte de lo que algunos intelectuales escriben durante los siglos XVII y XVIII. En lo relativo a las fuentes, la disponibilidad de éstas para la escritura de ficciones "incaicas" es mucho mayor. Para las ficciones "republicanas" hay pocos textos en los que hubiera podido basarse; la etnografía sobre el indio "actual," como acertadamente lo señala, es inexistente o escasa. Trazar estas fuentes, es especialmente importante a fin de comprender la manera como Vallejo las absorbe y se aparta de las mismas.

En la escritura de **La piedra cansada** y **Hacia el reino de los Sciris**, Vallejo inserta tres historias bastante conocidas: la de **saycuska**, narrada por el Inca Garcilaso de la Vega en **Comentarios reales**; la del Apu Ollanta, recopilada al parecer por un cura de Sicuani, Cuzco, llamado Antonio Valdez; y la de los sciris, basada en la versión de éstos dada por Juan de Velasco en **Historia del reino de Quito**. Los orígenes de estos tres textos remiten a tradiciones orales, pero son textos escritos y/o publicados en los siglos XVII y XVIII. Las tres historias pretenden convalidar eventos ocurridos durante el Tahuantinsuyo, antes de la llegada de los españoles pero no antes de que los incas se convirtiesen en un "imperio" u "horizonte."

Las historias provienen de fuentes escritas con las que estuvo en contacto como lector. Ninguna pertenece a la zona donde él creció. No aparecen en todos los textos **peruanos** de Vallejo y ninguna de las historias es explicada en sus crónicas. La **saycuska** (la piedra cansada) es mencionada en **Hacia el reino de los Sciris** y en **La piedra cansada**. En lo tocante a sus ficciones, sólo nombra a los sciris en **Hacia el reino de los Sciris**; otra mención, quizás anterior, ocurre en la crónica "Historia de América" (1926). Finalmente, la historia del **apu** o **waminqa** (general) Ollanta es relevante sólo para **La piedra cansada**, que podría leerse como la reescritura del drama **Ollantay**.[60]

Ninguno de los dramas o cuentos peruanos escritos por Vallejo se reduce a la reelaboración de estas historias. Por el contrario, la inserción de estas historias es un tanto marginal. Pese al título, los sciris son apenas mencionados en esta novela sin mayores precisiones. El narrador los identifica con los chachapoyas y usa este nombre con

---

[60] Martín Lienhard discute sobre la "hibridez" del Ollantay en **La voz y la huella: escritura y conflicto étnico-social en América Latina 1492-1988** (Hanover, N.H.: Ediciones del Norte, 1991), cap. VII, 171-99.

más frecuencia.[61] En cuanto a la piedra cansada es parte de un evento
más entre otros que ocurren en el drama del mismo título, como
anticipo de la sublevación en **La piedra cansada**, o como presagio
divino o hierofanía en la novela **Hacia el reino de los sciris**.
Finalmente, la historia del **Apu Ollanta** es una de las tantas referencias
literarias que impregnan **La piedra cansada**.

Dada la limitada mención hecha de estas historias en **Hacia el
reino de los sciris** y **La piedra cansada**, cabe suponer que mediante
la inscripción de estas marcas, fáciles de identificar, busca aprovechar
la familiaridad que tienen sus posibles lectores o espectadores con estas
historias. Que fuese escrito en castellano no indica que este drama
hubiese sido escrito por él pensando en un público hispanohablante.
Otros trabajos suyos de la misma época fueron escritos en castellano a
pesar de que iban a ser publicados en francés. La elección de estas
historias sugiere la definición de una estrategia narrativa que busca
satisfacer las expectativas de lectores habituados a lecturas en las que
están insertadas estas historias o, en su defecto, que busca atraer a
lectores que podrían familiarizarse con fuentes de fácil acceso debido
a la existencia de traducciones.[62] Sea cual fuere el objetivo
perseguido por Vallejo, las historias son inscritas y reformuladas en un
discurso que pone en cuestionamiento las expectativas de esos lectores
o espectadores, sin discutir directamente las fuentes mismas.[63]

En la escritura de ficciones **peruanas** del período que antecede
a la conquista, Vallejo emplea dos tipos de fuentes. El primer tipo está
compuesto, como dije, de textos escritos por el Inca Garcilaso de la

---

[61] Vallejo nombra a los sciris en "Historia de América" (1926), junto a los aztecas,
tanascos, toltecas, mayas, chimus, quechuas y aymaras (1987b:72).

[62] Del **Ollantay**, por ejemplo, hay diferentes traducciones. Una de las más próximas
a Vallejo pudo ser la francesa de Gavino Pacheco Zegarra (1878).

[63] Hay tres cartas a Pablo Abril de Vivero, escritas en 1924, 1927 y 1929, que aluden
a **Hacia el reino de los sciris**. En la primera (26 de mayo de 1924), le dice que tiene
una novela inédita "hecha a medida y al gusto más exigente del público" (1982: 51).
Tres años más tarde (24 de julio de 1927), le pide que interceda a fin de que el gobierno
peruano subvencione la publicación de su "novela de folklore americano" **Hacia el reino
de los sciris** con ilustraciones de maderas y grabados incaicos. En la misma carta,
Vallejo señala que la versión francesa de dicha novela tiene como objetivo "la difusión
y propaganda europea de la cultura indoamericana y, singularmente, peruana" (146-47).
En la última (16 de diciembre de 1929), Vallejo muestra estar interesado en contactarse
con Rosita Porras para ofrecerle su novela para un filme que alguien proyecta sobre el
Perú (210).

Vega, Juan de Velasco y Antonio Valdéz durante la existencia del
Virreynato de Nueva Castilla. El segundo está compuesto por textos
escritos por indigenistas (peruanos) o americanistas (europeos), tales
como Luis E. Valcárcel y Juan Larrea, durante la primera mitad de
este siglo. Algunas de estas fuentes son reconocidas por él mismo en
sus crónicas y cartas; otras tienen que ser identificadas. Por lo general,
la autoridad de estas fuentes es mayor en las crónicas que en sus
ficciones.

Entre todas las fuentes escritas que datan de la Colonia,
sobresalen los **Comentarios Reales** (1609) de Garcilaso de la Vega
(1539-1616) en sus ficciones y Valcárcel--a quien me referiré más
adelante--en sus crónicas. Los **Comentarios** es una fuente que--como
lo indica Pablo Macera--es frecuentada desde el siglo XVII por
franceses que escriben sobre el Perú. Vallejo aprovecha la información
que proporciona Garcilaso y asume incluso parte de su "argumento."
Por ejemplo, hace suya la existencia del **purun pacha**, el tiempo que
antecede a la aparición de aquellas poblaciones a las que se refiere
Garcilaso como integrantes de la "primera edad."[64] De Garcilaso
también saca una serie de tradiciones o relatos que provienen de los
Comentarios tales como el **chacu** (t.II, libro VI, cap.VI, 19-22), la
armadura de caballeros (t.II, libro VI, cap. XXIV, 54-56), la
descripción de la ciudad del Cuzco (t.II, libro VII, cap.VIII, 99-103)
y las expediciones militares para la llamada "conquista del norte" (t.II,
libro VIII, caps. I-VII).[65] Pero Garcilaso es especialmente importante
por las opciones narrativas que legitima. Me refiero, en particular, a
la distinción que hace entre "fábula" e "historia" en un episodio de los
Comentarios que es clave para entender las ficciones peruanas de
Vallejo.

---

[64] Valcárcel explica el **purun pacha**: "En el principio era la tierra oscura y desierta.
Planicies y montes de piedra. Ni un árbol, ni una hoja; ni un ave, ni nubes ni ríos. Un
silencio cósmico resonaba en sí mismo." Este era el paisaje "...cuando la primera luz
comenzó a desparramarse oleaginosamente." "Conmovióse el mundo desde sus
cimientos; estrías, retículas de fuego, llamaradas después, rasgaron la noche. Retumbó
el espacio, repitiéndose el eco millones de veces. Cesado el clamor, del cielo bajó el
Agua, y en el cuévano abierto en lo más alto de una cumbre hizo su morada." Véase
"Del vientre del Agua, nació Wiracocha" (Valcárcel 1925:17-18).
[65] Empleo la edición de Aurelio Miró Quesada, **Comentarios reales de los Incas**, 2
tomos (Caracas: Biblioteca Ayacucho, 1976).

Un claro y singular ejemplo de la demarcación entre fábula e historia lo da el relato que hace Garcilaso de la piedra cansada. Cuenta Garcilaso que fue durante la construcción de Sacsahuamán que el "maestro mayor," Calla Cunchuy, le puso el nombre de piedra cansada a una peña traída desde un lugar que Garcilaso no precisa.[66] Es una piedra que finalmente no pudo ser usada en la construcción de la fortaleza. Garcilaso ofrece dos versiones distintas a las que califica respectivamente de "fábula" e "historia." En la fábula, la piedra se cansa y derrama sangre, coloreando la tierra que la rodea. En la historia, la piedra no adquiere vida y son trabajadores quienes se cansan y derraman sangre.[67] En la historia no hay alegoría alguna.

La fábula y la historia ofrecen interpretaciones que son diferentes aunque no contradictorias. Según Garcilaso, se diferencian porque la fábula circula, casi exclusivamente, entre los runa (la gente). La historia es prerrogativa de amautas. Garcilaso añade que los runa imaginaban fábulas como ésta "para que quedase memoria de los acontecimientos más notables que entre ellos pasaban" (XXIX:75). En "Protestación del autor sobre la historia", Garcilaso reconoce que se enteró de estas "historias" cuando fue niño.[68] De lo dicho por Garcilaso se deduce que la fábula tenía como consumidores tanto a los runa como a quienes todavía no habían pasado los ritos de iniciación. No obstante, hay una diferencia importante entre los infantes de las panaca y los runa: para los niños de las panaca, las familias a las que pertenecían los gobernantes, es una cuestión de tiempo acceder a una visión histórica de los eventos. En cambio, los runa nunca se enteran

---

[66] "Muchas de ellas llevaron de diez, doce, quince leguas, particularmente la piedra o, por decir mejor, la piedra que los indios llaman Saycusca, que quiere decir cansada (porque no llegó al edificio); se sabe que la trujeron de quince leguas de la ciudad y que pasó el río Yúcay, que es poco menor que [el] Guadalquivir por Córdoba. Las que llevaron de más cerca fueron de Muina, que está cinco leguas del Cuzco" (142). Vallejo dirá, por su parte, que fueron traídas de la cantera "oriental" (a la cual nombra Pissuj y Pissaj), mientras que Valcárcel señala que no es posible identificar su punto de origen.

[67] La versión que da Valcárcel de la salkuska no sigue ni la historia ni la fábula. Valcárcel relata el fracaso de Jatun Rumi al no poder mover una peña. En este relato, Valcárcel no omite el "látigo de los decuriones" (1925: 27-8).

[68] "En este tiempo--escribe Garcilaso--tuve noticia de todo lo que vamos escribiendo, porque en mis niñeces me contaban sus historias como se cuentan las fábulas a los niños. Después, en edad más crecida, me dieron larga noticia de sus leyes y gobierno, cotejando el nuevo gobierno de los españoles con el de los Incas, dividiendo en particular los delitos y las penas y el rigor de ellas." (44-45)

de la interpretación **histórica** de los eventos; quedan permanentemente
como principales consumidores, quizás complacientes, de las fábulas.
Las explicaciones dadas por Garcilaso sugieren que los amautas
controlaban, en alguna medida, la circulación e imaginación de ambas
narraciones.

Al jesuita Juan de Velasco (1727-1819) se debe la invención
de los sciris o schyris, durante la segunda mitad del siglo XVIII.
Garcilaso no los menciona en sus **Comentarios**. Si lo hubiera hecho,
los hubiera considerado bárbaros. Los sciris son una tradición
inventada por Velasco en su **Historia del reino de Quito en la
América Meridional**. Velasco narra la historia de un imperio
preincacio basado en Quito al que se refiere como los sciris. Como lo
escribe Frank Salomon, Velasco compuso esta versión cuando no
quedaba ningún testigo viviente de ese supuesto imperio. Puede
considerársele, más bien--sostiene Salomon--una tradición oral con
"fuerte contenido mítico," la cual habría sido "malinterpretada e
ideologizada por Velasco como una crónica dinástica."[69] Como tal,
es una tradición inventada en un momento, si no de independencia, de
diferenciación cultural respecto al Perú, tras la separación definitiva de
la Audiencia de Quito del Virreynato de Nueva Castilla (1739).

Según la **Historia** de Velasco, el reino de los "quitus" habría
comprendido cuatro épocas. La primera concluiría con la conquista
hecha por Carán Scyri (scyri" significaba "señor de todos" y de "cara"
habría derivado el nombre de esa nación). La segunda terminaría en
1487, fecha en la que esta dinastía habría sido derrotada por Huayna
Capac. Las dos últimas corresponden, respectivamente, a un período
de dominio inca (1487-1533) y a otro de guerras civiles (1533-1550).
Como nación se habrían expandido hacia el norte y hacia el sur (hasta
Paita). Una compleja alianza con el reino de Puruhá les habría
permitido fortalecerse frente a los incas. El reino habría entrado en
crisis con Hualcopo, decimotercer scyri. Tras una pasajera
recuperación con Cacha, decimoquinto scyri, habría comenzado el
desmembramiento de este reino. Fueron finalmente derrotados por
Huayna Capac aunque esta victoria no fue total puesto que hubo

[69] **Native Lords of Quito in the Age of the Incas: The political Economy of North Andean Chiefdoms** (Cambridge, London, NY: Cambridge UP, 1986) 12. En cuanto a la **Historia del reino de Quito en la América meridional**, empleo la edición de la Biblioteca Ayacucho.

caciques--como los de Cayambi, Caranqui y Otavalo--que no se
entendieron con los incas.

En cuanto a la dinastía de los sciris, escribe Velasco lo
siguiente: "Según lo dicho, la monarquía de los Scyris en Quito duró
554 años, con la sucesión de 19 reyes, desde el año de 980 hasta el de
1534 y la Real Casa Duchicela de Puruhá se conservó 166 años después
de la conquista de los españoles" (31). Como lo señala Frank
Salomon, esta aseveración no ha sido documentada. Se ha mantenido
como "fábula" sin "historia." No obstante, aun como tradición
inventada es sugerente puesto que comparados con los incas, los sciris
se habrían distinguido en una serie de aspectos: tenían una escritura en
piedra (aunque ésta no era tan perfecta como los quipus); en
arquitectura, empleaban arcos y bóvedas; en asuntos civiles,
practicaban la herencia y aceptaban la propiedad (al respecto dice
Velasco que "Acostumbraban el derecho de propiedad y se heredaban
los bienes muebles y raíces"); en cuanto a las costumbres, "El Scyri se
casaba con una sola mujer y era libre de tener el número que quisiese
de concubinas. Los grandes y señores, a más de la mujer propia,
podían tener un corto número de concubinas y los particulares, que no
podían tener concubina ninguna, eran libres de dejar por ligeras causas
la propia mujer y tomar otra" (12).

Antonio Valdéz es un clérigo que ha sido identificado como el
escritor del drama **Ollanta** que sería, a su vez, una de las versiones que
habrían circulado de una misma tradición oral. Según la versión de
Valdéz, Ollanta es un general del **antisuyo** que se casa en secreto con
Cusi Coyllur o Ccoyllor, hija predilecta del Inca Pachacuti. Ollanta se
la pide al **sapa inca** quien lo rechaza recordándole su origen **runa**
(hombre común). El inca lo expulsa y secuestra a su propia hija que
está encinta. Ollanta supone que Cusi Coyllur ha muerto y se retira a
la fortaleza de Ollantay-Tambo, nombra sumo sacerdote a Hanco
Huallu (Hancco Ayllo Auqui) y lugarteniente a Urco Huaranga (Orcco
Huarancca). Allí mismo organiza su propio reino proclamándose **Sapa
Inca**. Durante diez años derrota militarmente a quienes envía
Pachacuti bajo las órdenes de Rumiñahui (Romi Ñaui). Una vez que
Pachacuti es sucedido por Tupac Yupanqui como **Sapa Inca**, se
produce la captura de Ollanta gracias a una treta pensada y ejecutada
por Rumiñahui. Inesperadamente, Tupac Yupanqui sigue el consejo del
Huillac Umo, quien le ha recomendado tener clemencia, y no el de
Rumiñahui, quien ha aconsejado el ajusticiamiento de los capturados.

Los absuelve e incluso les confiere puestos más altos: Ollanta es
nombrado general mayor (quizás de este nombramiento provenga el
título de **appo**, que según Fray Domingo de Santo Tomás quería decir
"gran señor" en quechua, o **apu**, que según Ludovico Bertonio quería
decir "señor, corregidor, príncipe" en aymara). Urco Huaranga es
nombrado jefe del Antisuyo. No se sabe la suerte de Hanco Huallu
pero parece haber sido adversa. Por su parte, Yma Suma, hija de Cusi
Coyllur y Ollanta, ha descubierto el paradero de su madre. Cuando
Tupac Yupanqui la encuentra en la casa de las ñustas (hija del inca) le
informan todo cuanto ha ocurrido y se propone reparar la injusticia
cometida permitiendo la reunión de esa familia. El drama logra así una
resolución melodramática.[70]

      Las tres fuentes que he comentado hasta ahora son importantes
por razones diferentes. Garcilaso, no tanto porque sea un dispensario
de tradiciones a las que puede echar mano Vallejo, sino porque, como
he dicho, en las opciones narrativas que incluye en los **Comentarios**,
da la clave de un problema que le va a preocupar tanto en **Hacia el
reino de los sciris** como, en mayor medida, en **La piedra cansada**.
Me refiero a la existencia de diferentes clases sociales. Vallejo va a
explotar muchas de las posibilidades que la distinción entre fábula e
historia le permite. En cuanto al **Ollantay** de Valdéz, la importancia
de esta historia está en la manera como él la modifica. En **La piedra
cansada**, evita el melodrama o la épica haciendo del **auca** (el enemigo)
la víctima del protocolo y del **sapa inca** un déspota que, a diferencia
de **Hacia el reino de los sciris**, no puede ser considerado ilustrado. El
rol del texto de Velasco es menor pero no menos significativo. La
imagen que tienen los incas de los sciris es comparable a la que tienen
los europeos de los jíbaros. Esta analogía lo obliga a restarle
importancia a los sciris. En **Hacia el reino de los sciris** no se puede
hablar de los sciris como personajes, por eso le despreocupan los

---

[70] Un resumen de este drama--basado en la versión dada por Zuidema--puede
encontrarse en **Historia general de los peruanos**, 750-52. Tauro ha escrito el suyo en
Enciclopedia del Perú (1987), 4: 1462. Más reciente aún es el de Lienhard (1991),
175-76. En cuanto a las traducciones, empleo las que da Rosworowski (1988:[293]-302).
Según Rostworowski, **apo** es sinónimo de curaca, "señor de vasallos," a cargo de una
o más **guarangas** (1988:186).

equívocos y las ambigüedades que tiene la caracterización de los mismos.[71]

Como se ha dicho anteriormente, en **Hacia el reino de los Sciris**, identifica a los sciris con los chachapoyas, es decir, confunde un reino desarrollado en Quito con otro desarrollado en lo que ahora es la sierra norte del Perú. Uno de los primeros eventos en **Hacia el reino de los Sciris** es aquél en que Huayna Capac le informa a Tupac Yupanqui sobre la fallida campaña contra los "chachapoyas." A este informe, el Inca responde llamándolos sciris, tras hacer un recuento de las derrotas que habían tenido los incas a lo largo de su historia: "Los hijos del Sol se han visto rechazados primero en las montañas del Beni...Después, al iniciarse la conquista de los chirhuanas, tuvieron miedo a los salvajes y antropófagos. Más tarde, repasaron el Maule, cediendo a los feroces promoncaes."[72] Su intervención concluye así: "Y hoy, el hijo del Inca, el príncipe heredero, en su primera campaña militar, hace una retirada vergonzosa e interrumpe así la conquista de los sciris..." (134). Salvo en otra oportunidad, los sciris no vuelven a ser mencionados. Hacia el final de la novela el equívoco es reiterado, al referirse el narrador indistintamente a la "conquista de Quito" (163).

Vallejo elige el título de **Hacia el reino de los Sciris** pese a que los sciris están ausentes en la historia de la novela. Se menciona una expedición hacia Quito que aludiría a ellos, pero no es ésta, sino la frustrada campaña contra los chachapoyas, la que adquiere importancia. Tupac Yupanqui le pone como prueba a Huayna Capac derrotar a los chachapoyas; Huayna Capac no la pasa.[73] El equívoco

---

[71] Según Anne Taylor, la palabra jívaro es empleada para identificar "cualquier grupo de indios rebeldes de tierras bajas" o amazónicas. Se los suele caracterizar por su "insolente anarquía" (el rechazo de cualquier autoridad), sus permenentes guerras intestinas, la dispersión de su hábitat (rehusaban vivir en aldeas), su irreligiosidad, su persistente resistencia a la dominación, su inteligencia pervertida (puesta a prueba en las **tsantsa**, las cabezas reducidas). A partir de estas características se convierte a los **shuar** en una metáfora que es usada arbitrariamente. Cf. "La invención del jíbaro," **Memorias del Primer Simposio Europeo sobre Antropología del Ecuador,** Segundo E. Moreno Yánez, compilador (Quito: Ediciones Abya-Yala, 1985), 255-67.

[72] Beni es topónimo de Bolivia, según Teodoro Meneses (Véase su "Glosario" en **Visión del Perú** (1969:320-1). Es también el nombre de un río cerca al cual se establecieron grupos étnicos tales como los Toromona y los Araona.

[73] Según Rostworowski, Tupac Yupanqui derrota al jefe de los chachapoyas llamado Chuqui Sota. Más hacia el norte se produce la alianza entre los cañaris y los quitos (1988:111,113).

es, por tanto, doble, puesto que la historia de los "scyris" fue inventada
por Velasco a partir de reinos que existieron en la región de Quito, y
porque los chachapoyas no formaron parte de ese reino, aunque
Velasco mismo señala que los "scyris" se extendieron hasta Paita. Los
chachapoyas fueron una sociedad diferente. No se desarrolla en Quito
sino al este de Cajamarca. Es conquistada por Huayna Capac. Esta
confusión se debe a las licencias que se toma Vallejo, o quizás a las
fuentes que consulta, entre las que pudieron estar las **Historias** de
Velasco, publicadas en París en 1840 y traducidas como parte de la
colección titulada **Voyages, Relations et Mémoires originaux pour
servir a l'histoire de la decouverte de l'Amérique** de Henri
Ternaux-Compans.[74]

Pese a tener "sciris" la apariencia de ser un mero título del
cual se apropia Vallejo, el nombre mismo dispone sus ficciones en una
dirección que tendrá que evitar. Me refiero a que tanto en **Hacia el
reino de los sciris** como en **La piedra cansada**, insiste en conflictos
militares con pueblos que los incas, según el relato de Garcilaso,
consideraron bárbaros. Reemplazar a los sciris por los kobras, como
lo hace en **La piedra cansada**, no soluciona el problema. Vallejo va
a tener que optar entre esa caracterización de los pueblos a ser
conquistados por los incas como bárbaros o la de la sociedad que la
emprende contra esos pueblos, los incas, como imperio. No es que
tenga que optar por una u otra sino por alguna variable entre esos
extremos. En este sentido, la poca atención que el narrador le presta
a sciris, kobras, chachapoyas, chirhuanas (¿chiriguanos o chirihuanos?),
promoncaes (¿promaucas?) y tucumanes es siginificativa. Menos
significativas son las equivocaciones que comete en el emplazamiento
de estos pueblos.[75]

Como dije anteriormente, las fuentes a las que recurre Vallejo
sobre los incas no son únicamente textos escritos por mestizos o

---

[74] "Prólogo" de Alfredo Pareja Diezcanseco a **Historia del reino de Quito**,
XV-XVII.

[75] En el **Handbook of South American Indians** (New York: Cooper Square, 1963),
no se nombra a los sciris. Tampoco a los **kobras**. De los chachapoyas se dice que
eestaban ubicados en la sierra norte de lo que ahora es Cajamarca. Si por **chirhuanas**
se refiere Vallejo a los **chiriguanos**, éstos se ubicaron en el sureste de lo que ahora es
Bolivia. En cuanto a los **promoncaes**, de ser los **promaucas** o **promanca**, vinculados
a los **araucanos**, estaban al sur de los ríos Maipo y Bío-Bío. Por **tucumanes**, tal vez se
refiera a los **calchaquíes**, ubicados en las proximidades de Salta. Véase vols. 2 y 3.

españoles durante la colonia. Entre las que no lo son, destaca lo
escrito por Luis E. Valcárcel en la **Revista del Museo Nacional** que
dirige desde su fundación en 1932 (se publican seis números entre 1932
y 1937). Puede afirmarse que para asuntos que tienen que ver con la
historia precolombina y la situación del indio, Valcárcel es la principal
fuente. A estas fuentes deben agregarse otras, al alcance inmediato de
Vallejo en Francia, aunque más difíciles de identificar en sus escritos
tales como Juan Larrea y Paul Rivet, autor este último de varios
catálogos que acompañaron la exhibición de artefactos precolombinos
en Francia y España.

El contacto con Valcárcel llegó a ser tan directo como el que
tuvo Vallejo con Larrea. Hubo un intercambio epistolar entre
Valcárcel y Vallejo, y se encontraron frecuentemente durante la estadía
de Valcárcel en París en 1937.[76] Esto es lo que se desprende de lo
que Valcárcel escribe en sus **Memorias**: "Vallejo era un decidido
simpatizante del indigenismo. Antes de conocernos personalmente
recibí de él una carta en que me manifestaba su adhesión a nuestra
causa, desde entonces mantuvimos correspondencia. Me sentí muy
complacido por el hecho de que nuestro insigne poeta hubiese
comprendido a cabalidad el sentido de nuestra campaña indigenista. Y
no solamente estaba preocupado por desentrañar las incógnitas del
pasado, sino plenamente consciente de las tareas del porvenir. A
principios de 1936 le envié ejemplares de mis libros y artículos..."
(306-7).[77] Las referencias hechas por Vallejo en sus crónicas
comprueban lo dicho por Valcárcel en este pasaje. Entre los textos de
Valcárcel que Vallejo pudo recibir se encuentran aquéllos publicados
antes de 1938: **Sentido del arte incaico** (1924), **El Cuzco
precolombino** (1924), **Del ayllu al imperio** (1925), **De la vida
Inkaika; algunas captaciones del espíritu que las animó** (1925),
Tempestad en los Andes (1927), **Escultura de Pikillajta** (1932),
Algunas raíces keshwas (1932), **Cuadernos del arte antiguo del Perú**

---

[76] En sus **Memorias**, Valcárcel afirma haberle conseguido a Vallejo "un pequeño
trabajo en el pabellón peruano" de la Exposición. Allí se encuentran "diariamente."
"Por las noches,--agrega Valcárcel--una vez cerrada la Exposición, acudíamos a algún
café del Barrio Latino y sosteníamos largas conversaciones" (305). Ninguna de las cartas
a las que alude Valcárcel ha sido publicada en el **Epistolario general**. En cuanto a la
exposición, ésta dura seis meses.

[77] Hasta donde sé, Vallejo no menciona a Valcárcel en ninguna de sus crónicas
anteriores a 1931. Ni siquiera en "Historia de América."

(1936), **Mirador indio** (1937) y un informe escrito para el Ministerio de Educación.

No obstante, Vallejo encuentra en la escritura de Valcárcel, particularmente en aquellos textos que dan cuenta de exploraciones arqueológicas, una referencia obligada, quizás por la concentración en un área de los Andes, Cuzco y Puno, que desconoce. No hay en sus escritos ninguna referencia a Julio C. Tello, cuyos trabajos arqueológicos eran superiores a los de Valcárcel. La preferencia por Valcárcel se debe a que éste hizo un trabajo mayor de divulgación de tradiciones que Vallejo recoge. Un ejemplo de esto es "Kusipuma," una narración que Valcárcel incluye en **De la vida Inkaika: algunas captaciones de la vida que la animó** (1925), y que es una versión modificada del **Apo Ollanta** ([37]-68).

De acuerdo con la historia, Koillur, de la comunidad Uskamaita, tiene dos pretendientes: Paukar, hijo de **Wallpa Tupaj**, el "sabio," jefe de la waranka de Uskamaita; y Kusipuma, hijo de Kullunchima, señor de Rauraj-Aillu y general de Kapaj Yupanqui. Ambos, Paukar y Kusipuma participan en la conquista de los Yunkas con igual mérito. Gozando de la misma posición social, el inca tiene que decidir con quién se va a casar Koillur. Dadas las cualidades militares de Kusipuma, decide que no le conviene a éste su matrimonio con Koillur porque lo distraería de su vocación bélica. Todos aceptan complacidos la decisión tomada por el Inka. La historia de "Kusipuma" ilustra cómo podían resolverse este tipo de conflictos cuando no había de por medio la intervención de un **runa.**

Otra razón, quizás la más importante, sea lo crucial que es el discurso de Valcárcel para aquéllos que buscan una visión total de los Andes. Los trabajos de Valcárcel destacan precisamente por su laboriosa construcción de la cultura "antigua" del Perú. Valcárcel le da sentido a una serie de investigaciones arqueológicas que hasta entonces eran sólo fragmentarias. Valcárcel concibe una totalidad que se ajusta bastante bien a la explicación que de ella da Lumbreras en **Visión arqueológica del Perú milenario.** "Los historiadores han hecho suya la tradición de que el estado Inka se inició muy modestamente--escribe Lumbreras--, como una confederación de tribus que habitaban el Cuzco, bajo el gobierno de los 'Sinchi' y que luego de una cuasi mítica guerra con los Chanka, el gran Pachacútec inició la organización de un imperio. El punto culminante de ese proceso debió darse hacia el año 1430 de nuestra era, es decir unos 100 años antes de

que los españoles llegaran al Perú." Luego agrega: "Consecuentes con
la tradición explican entonces, que gracias a la habilidad de Pachacútec
Inka Yupanki, en muy pocos años los cusqueños avanzaron sobre el
inmenso territorio andino y conquistaron a los pueblos que vivían desde
la tierra de los Pastos--en el límite de Colombia con Ecuador--hasta el
límite con los Mapuche, en el centro-sur chileno, incluyendo a los
Huarpe del centro-oeste argentino" (1990: 284 y 288). Esa tradición
a la que alude Lumbreras es uno de los factores por los que a Vallejo
le atrae el discurso "indigenista" de Valcárcel.

En los escritos de Valcárcel, Vallejo encuentra una
información autorizada sobre el arte precolombino y sobre la ciudad del
Cuzco. Vallejo inventa su propio mapa del Cuzco a partir de
descripciones como las que hace Valcárcel en **Cvzco: capital
arqveológica de Svd America, 1534-1934**. En ese texto Valcárcel
recorre el Cuzco haciendo hincapié en construcciones "Inkas" e
"Ibero-Inkas." Dos áreas adquieren especial importancia en la lectura
de Vallejo: Chokechaka y Pijillakta. Del barrio de Chokechaka dice
Valcárcel que está "...formado de bellísimos huertos y jardines en
terrazas; zona abundante en aguas y defendida de los vientos, debió ser
preferida para las residencias de los nobles y personas principales del
Imperio." En cuanto a Pikillajta, dirá que "Era probablemente un
puesto militar para la defensa del Cuzco."[78] Vallejo hace suya esta
interpretación de Pikillajta por el desconocimiento que entonces había
de Wari. Piensa que es sólo un asentamiento inca.

En "Recientes descubrimientos en el país de los Incas," se
refiere al informe que Valcárcel dirigiera al Ministerio de Educación
Pública sobre las "exploraciones arqueológicas" realizadas en la cuenca
de "Chokechaka" por el Museo Nacional, del cual Valcárcel era
director. Este artículo es una larga cita del informe de Valcárcel.
Vallejo explica en sus propias palabras el contenido del mencionado
informe y le agrega breves comentarios. En "El hombre y Dios en la
escultura incaica" también cita las interpretaciones de Valcárcel para
explicar las esculturas halladas en Pikillajta. Este último artículo
incorpora citas textuales de Valcárcel que Vallejo aprovecha para darle
forma a su visión de cómo ha evolucionado la escultura en los andes.

---

[78] Lima: Banco Italiano de Lima, 1934. Las páginas de este folleto no están
numeradas.

También en relación al Cuzco, se atiene a las interpretaciones de Valcárcel en torno a Sacsahuaman.

Las excavaciones de Valcárcel en Sacsahuaman capturan la atención de Vallejo y dejan en segundo plano las de Machu Picchu. Dichas excavaciones buscan confirmar las descripciones del Cuzco hechas por Garcilaso en **Comentarios reales**. Los resultados de estas investigaciones aparecen en la **Revista del Museo Nacional**, en artículos que se publican entre 1934 y 1935 (tomos III y IV) y, posteriormente, en 1936 ("La prehistoria peruana en 1934-35"). Los primeros fueron acompañados por un conjunto de extractos que recogen comentarios sobre Sacsahuaman hechos por Sancho de la Hoz, Cieza de León, Polo de Ondegardo, Sarmiento de Gamboa, Acosta Joseph, Gutiérrez de Santa Clara y Garcilaso de la Vega. Pero las citas a los escritos de Valcárcel van mucho más allá de estas menciones académicas.

Valcárcel está interesado en crear un proyecto cultural, de ahí la atención que le presta a inventar tradiciones, incluso lingüísticas. De los escritos de Valcárcel saca Vallejo la nomenclatura de la cual él hace uso parcialmente en crónicas y ficciones, conservando normas lingüísticas--el empleo de la j y la k, por ejemplo--que recomienda el propio Valcárcel a fin de responder a una opresión hispánica que era también gramatical, según lo sostiene en **Tempestad en los Andes**. En el acápite titulado "La rebeldía ortográfica," Valcárcel califica la gramática española de opresora y hace un llamado contra las "letras" desconocidas por los "idiomas vernáculos" (99). "Inscribamos Inka y no inca:--escribe Valcárcel--la nueva grafía será el símbolo de la emancipación. El keswa libre del tutelake escriturario que le impusieron sus dominadores" (100). También reclama la purificación del "keswa." En este sentido, los glosarios que publica Valcárcel en sus libros tienen una doble finalidad: por un lado, facilitan la recepción de un público que ignora las "lenguas vernaculares" y, por otro lado, legitima mediante la escritura esa "rebeldía" lingüística que fundamenta en **Tempestad en los andes**. Vallejo no se comprometerá explícitamente con estos presupuestos.[79]

---

[79] La formulación inicial de este proyecto está en "Política nacional: los problemas actuales," tesis escrita por Valcárcel para optar por el grado de doctor en jurisprudencia (Cuzco: Imp. El Trabajo, 1916), 12 pp.

Algo semejante ocurre con la concepción que del indio tiene
Vallejo. En ésta es fácil reconocer marcas que provienen de lo que
escribe Valcárcel, aunque las crónicas de Vallejo se diferencien por la
ausencia de ambigüedades y expectativas que podrían tomarse como
milenaristas. Entre las concepciones que sí recoge, están aquéllas que
encuentra en su lectura de "Las leyendas del hombre de piedra" (De la
vida Inkaika)--de ese texto sale la versión de que Wirakocha crea al
hombre de piedra en su intento por acabar con la tristeza que le da su
soledad--y del "Secreto de piedra" (Tempestad en los Andes)--en el
que se caracteriza la reacción del "indio actual" como la de quien se
petrifica para defenderse.[80] Valcárcel llega a conclusiones que Vallejo
también hace suyas tales como las siguientes: (1) "La cultura andina o
Alta Cultura Peruana Antigua es una sola;" y (2) "El imperio de los
Incas no es sino un ciclo último de dicha Cultura, durante el cual se
ascendraron las esencias de una historia común de milenios."[81]

La aproximación de Vallejo a los escritos de Valcárcel se
explica también por el llamado hecho por Valcárcel desde el primer
número de la Revista del Museo Nacional. En el "Prólogo" a esa
edición, Valcárcel propone una suerte de compromiso a ser suscrito por
arqueólogos y artistas. "Arqueólogos y artistas--escribe Valcárcel--
marchan de consuno; aquéllos exploran y reúnen pruebas, son
zapadores y espíritus inductivos, éstos construyen a base de los
materiales acumulados y con el divino soplo de la intuición vuelven a
la vida lo inerte" (4). El rol que le propone Valcárcel a los artistas
consiste en intuir en base a las pruebas que proporcionan los
arqueólogos. Pero esta tarea no es tan fácil como parece. Las
mentadas intuiciones pueden entrar en conflicto con las que elaboran los
arqueólogos en base a las mismas pruebas. Asimismo, las pruebas
pueden ser insuficientes. Como se aprecia en el trabajo del mismo
Valcárcel, hay intuiciones que anticipan la existencia de pruebas. La
mayor diferencia entre arqueólogos como Valcárcel y artistas como
Vallejo es que cuando Valcárcel ejercita su intuición no pierde
conciencia de los límites. Vallejo, por el contrario, no tiene por qué

---

[80] "El indio se cuida muy bien de la adquisición de sus dominadores--escribe
Valcárcel--. No hablará. No responderá cuando se le pregunte. Evadirá las
investigaciones. Invencible en su reducto, para el blanco será infranqueable su secreto
de piedra" (38).
[81] El imperio de los Incas y la unidad de la cultura andina (Lima:1954), 17.

aceptar esos límites. Por eso, mientras Valcárcel usa frecuentemente
signos de interrogación en **Del ayllu al imperio**, que subrayan lo
tentativas que eran sus interpretaciones, en la lectura que hace Vallejo
de Valcárcel este mensaje se pierde. Las señales son irrelevantes dadas
las prerrogativas que Valcárcel le concede a artistas que, como Vallejo
en **Hacia el reino de los Sciris** y **La piedra cansada**, se sienten
autorizados a tomarse licencias poéticas.

El contacto entre Vallejo y Valcárcel no fue sólo académico
sino también personal. Como se dijo anteriormente, hubo un
intercambio epistolar entre ambos. Pero esta relación excede las cartas.
La Exposición Internacional que organiza el gobierno francés en 1937,
les da la ocasión de colaborar. En abril de ese año Valcárcel viaja a
París por encargo del Presidente del Perú, Oscar R. Benavides, a fin
de hacerse cargo de la sección artística del pabellón peruano en la
mencionada Exposición Internacional. Para cumplir con esta tarea,
Valcárcel permanece en París hasta julio de ese mismo año junto con
un grupo de colaboradores.[82] Valcárcel organiza esta sección del
pabellón peruano con arqueólogos, historiados y pintores indigenistas:
Jorge C. Muelle, Alejandro González, José Sabogal y Camilo Blas.
González se hizo cargo de murales que reproducían "motivos
fundamentales de los estilos peruanos Mochika, Naska, Tiawanako e
Inka" (186). También había un vitral (que reproducía el mapa del
Perú) y fotografías (una que "reproducía las montañas de Pisaj" y otra
que "representaba el Cuzco"). Llevaron "ceramios, tejidos y otros
especímenes procedentes de las colecciones del Museo Nacional." De
acuerdo con el mismo Valcárcel, por medio de esta exhibición "el
visitante...captaba claramente el proceso estético del Perú, desde las
manifestaciones esplendorosas de la época precolombina hasta las obras
ricas de vitalidad de nuestro tiempo, las cuales esbozan el renacer de
una potente personalidad histórica" (185).

Por la descripción que hace Valcárcel de la exposición, parece
ser que en el anuncio de la misma se incluyeron expresiones que
recuerdan otras similares o idénticas usadas por Vallejo en sus
crónicas. Una de éstas es la presentación del Cuzco como "la ciudad
más antigua de América." No se trata de la influencia de Vallejo en
Valcárcel sino de lo opuesto. Por gestiones de Valcárcel, Vallejo es

---

[82] Cf. "El Museo Nacional y la Exposición de París" en **Revista del Museo Nacional**
(Lima) II (1937):185-200.

contratado. Sea cual fuere su labor en dicho pabellón--Valcárcel no precisa en qué consistieron sus labores en sus **Memorias**--, es de suponer que aprovecha el contacto con Valcárcel, Sabogal, Muelle, Blas y González. Se entera de las tradiciones indigenistas que éstos inventan en sus trabajos artísticos, ahora sustentadas en exploraciones arqueológicas y revisiones históricas. Este encuentro debió ser especialmente importante para una persona como Vallejo que no había estado expuesta a esa área de los Andes sino a otra, más próxima a Chimú, que había resistido la expansión inca.

A la influencia de Valcárcel debe agregarse la de Larrea. La intervención de Juan Larrea se debe al viaje que éste realiza al Perú a partir de febrero de 1930, y que se extiende por casi dos años. Durante este lapso, visita Arequipa, Puno y Cuzco. A su regreso a París, Larrea lleva consigo una colección de artefactos precolombinos adquiridos durante su estadía en Cuzco, y decenas de fotografías.[83] Larrea escribe ensayos que publica a partir de 1936, consiguiendo comentarios elogiosos como el escrito por Max Uhle sobre "Un vaso peruano." "Lihuis pajareros" y "Un vaso peruano del Museo de Madrid" son publicados en 1936 por la revista **Tierra Firme** (Madrid).[84] Durante la misma época, Vallejo escribe cuatro artículos sobre los incas, ayudado por las fotografías de Larrea. Las cartas de 1935 y 1936, no dan mayores detalles sobre la información que Vallejo debió recibir. Es indudable que dada la conversión "americanista" de Larrea, ésta debió ser un punto de intercambio en el que Vallejo estaba interesado. Vallejo le dice expresamente que a él también le interesan esas "antigüedades." La información que Larrea le proporciona debió ser valiosa, aún más si se toma en cuenta que Larrea, a diferencia de Vallejo, conoce el Cuzco.

---

[83] Poco antes de publicar sus crónicas de 1936, Vallejo le escribe tres cartas a Larrea. En la primera (25 de diciembre de 1935), le agradece el envío de su "folleto sobre los amigos de la arqueología americana" y lo congratula por su elección como secretario (1982: 258). En la segunda (31 de enero de 1936), bromea y atribuye el silencio de éste al estar "muy ocupado en los asuntos de las antigüedades." Le pide "fotos de las piezas que integran" su colección u otras sobre "arqueología peruana o paisajes andinos" para sus artículos (260). Por la tercera carta (13 de marzo) se sabe que Larrea se las envió. Vallejo le pide más (1982:261).

[84] Larrea los incluye posteriormente en **Corona Incaica** (Córdoba, Argentina: Facultad de Filosofía y Humanidades, Universidad Nacional de Córdoba, 1960).

Larrea llega al Perú en febrero de 1930 con el propósito de
visitar Juli, a orillas del lago Titicaca. Se queda en el área del Cuzco
hasta regresar a Lima en octubre de ese mismo año. Durante su
estadía en el Cuzco fue haciéndose de una colección que traslada
finalmente a Europa, en contra de sus deseos, según lo explica en
"Reconocimiento al Perú," texto que le sirve de "dedicatoria" y
"preámbulo" a Corona incaica. Larrea regresa a Europa en 1932
después de haber tenido una experiencia "poético-trascendental" en el
Perú. Ha estado ausente de Francia casi el mismo tiempo que dura la
deportación de Vallejo en España. A pedido de Paul Rivet, Larrea
exhibe su colección por cinco meses en el Museo de Etnografía de
París. Posteriormente, la Academia de Historia, la Biblioteca Nacional
y el XXVI Congreso Internacional de Americanistas, auspician
exhibiciones de la misma en Madrid y Sevilla. No se sabe qué tanto
de esta colección fue conocido por Vallejo pero menos difícil es aceptar
que leyó materiales escritos relacionados con la misma. Para la
exhibición del congreso realizado en Sevilla, se escriben tres catálogos.
Uno de estos es escrito por Paul Rivet. Según parece, es una reedición
del que se había publicado en París bajo el título de **Art des Incas.
Catalogue de l'Exposition de la Collection J.L. au Palais du
Trocadero** (Junio-Octubre, 1933). En Madrid también es publicado el
Catálogo de la Exposición Arte Inca (Colección J.L.), escrito por H.
Trimborn y P.F. Vega (1935). Larrea no interviene en la redacción de
estos catálogos, lo cual indica el limitado conocimiento que tiene de
etnología o arqueología. Larrea, que ha construido su propio proyecto
místico-vanguardista a partir de su viaje al Perú, debió servirle a
Vallejo más como fuente de informaciones y materiales, que como
especialista en la historia del arte precolombino.

Lo que resulta más extraño del episodio comentado en el
párrafo anterior es la poca atención que Vallejo le presta a Paul Rivet
pese a ser éste el antropólogo francés de mayor contacto profesional
con los Andes.[85] Rivet publica en 1936 una edición facsimilar de
Nueva corónica y buen gobierno de Felipe Guamán Poma de Ayala
y está vinculado a la publicación de **L'Empire socialiste des Inka**, de
Louis Baudin. Como antropólogo, ha publicado regularmente ensayos
en el **Journal de la Societé des Americanistes**, una revista que se

---

[85] Un tal Rivet es mencionado en "Las grandes lecciones culturales de la guerra
española" (1937).

publica en París desde 1896.[86] Finalmente, como director del Museo del Hombre ha promovido investigaciones, exposiciones y publicaciones relacionadas con el Perú prehispánico desde principios de siglo. Nada de esto fue suficiente para Vallejo, que siempre prefirió como fuentes para sus crónicas y ficciones a intelectuales peruanos.

7

La reconstrucción del pasado que hace Vallejo, contiene ambigüedades y contradicciones pero señala una dirección bastante precisa. Como ensayista se siente en la obligación de mostrar las pruebas que están reuniendo arqueólogos como Valcárcel. Las citas que hace en las crónicas se deben no sólo al género en el que escribe sino a la necesidad que tiene de legitimar la información que le proporciona a un público al que reconoce como exigente pero ignorante. Estas crónicas son documentos de propaganda. Dentro de este rol, Vallejo se anima a formular una interpretación global de la escultura y la arquitectura "incaicas." Hace del Cuzco y los incas el centro de cualquier explicación sobre la historia precolombina.

Pese a lo que dice en su carta a Pablo Abril de Vivero, ese confesado afán por hacer propaganda "en favor del Perú" por medio de su "novela de folklore americano," las ficciones adquieren otra dinámica que las aparta de las crónicas. Subsiste la correlación entre las crónicas y las ficciones, pero en **Hacia el reino de los sciris** disminuye la necesidad de hacer propaganda. Se apoya menos en pruebas y más en "leyendas" que pasan a integrar la vida diaria de los incas. Las ficciones permiten la difusión ocasional de estas creencias sin perjudicar una lectura **histórica** (recuérdese lo dicho en torno a Garcilaso) en la que se puede observar el régimen político. De ese régimen, no hay sino fábulas en las crónicas. Este elemento hace que Vallejo abandone la propaganda en sus ficciones en favor de la construcción de alegorías sociales. En **La piedra cansada** puede haber difusión del "folklore americano" pero no hay propaganda. Lo único

---

[86] El **Journal de la Societé des Américanistes** publica, entre 1906 y 1934, ensayos sobre el movimiento peruanista, los dramas incas, descubrimientos en Chachapoyas, el Cusco y Sacsahuaman, y reseñas sobre revistas tales como la **Revista del archivo nacional** y la **Revista del Instituto Arqueológico del Cuzco**.

que queda de propaganda es la música. Sólo en sus ficciones, va más allá de sus fuentes. En las crónicas, las fuentes dictan incluso su historia de cómo evoluciona la escultura o la arquitectura.

Entre las crónicas que escribe sobre el Perú prehispánico no se notan tantos cambios como los que se aprecian entre **Hacia el reino de los sciris** y **La piedra cansada**. En ambas ficciones escribe sobre los incas en un momento especialmente conflictivo. Cuando los incas, tras una expansión inicial que los ha llevado a controlar lo que entonces se llamaba Acamana, y después de haberse expandido geográficamente en casi todas las direcciones posibles. Los incas han logrado transformarse en un imperio u horizonte en un lapso que--como lo sostiene Rostworowski--fue muy breve. Esos logros no traen consigo un control territorial estable sobre pueblos ya conquistados ni victorias seguras sobre pueblos como los "sciris" o los "kobras." Vallejo escoge expresamente ese momento para evitar la construcción de una épica o de un drama histórico.

Vallejo escoge eventos en los que los incas obtuvieron resultados adversos. De acuerdo con Velasco, los incas nunca dominaron completamente a los sciris. En cuanto a los kobras, se sabe que los incas tuvieron dificultades todavía mayores en el dominio del llamado antisuyo. La elección de campañas en las que fracasan le permite al narrador una mejor condensación de las contradicciones internas del llamado Tahuantinsuyo. En función de este objetivo, los errores históricos pierden importancia. Poco importa la elección de Lloque Yupanqui como **sapa inca** en **La piedra cansada**, un **sapa inca** que, a diferencia de Pachacutec, no contribuyó a la expansión territorial de los incas.[87] A este respecto, la elección de Tupac Yupanqui y Huayna Capac en **Hacia el reino de los sciris** es mucho más verosímil.

En la reconstrucción ficticia de este período (en **La piedra cansada** y **Hacia el reino de los Sciris**), Vallejo combina las concepciones de Garcilaso mencionadas anteriormente: la fábula y la historia. En **Comentarios**, Vallejo encuentra expuestas estas dos opciones narrativas. Cualquier evento que sucediese en la esfera pública podía ser narrado según las convenciones de la fábula o de la historia. Hasta Garcilaso, éstas circulan oralmente. Se trata de dos maneras de narrar un mismo evento. Las convenciones sugieren la

---

[87] Véase María Rostworowski de Diez-Canseco, **Pachacutec Inca Yupanqui** (Lima: Editorial Torres Aguirre, 1953).

existencia de dos maneras de guardar memoria del mismo evento. La "historia" es una versión más verosímil pero también menos expresiva del evento en cuestión. En este sentido, la historia circula entre quienes están más familiarizados con convenciones de tipo realista (e.g. los amautas), mientras que la fábula es compuesta por quienes o para quienes esperan construcciones más bien simbólicas.[88] Lo que me interesa subrayar aquí es que esa sociedad admite y promueve dos maneras diferentes de narrar los eventos que dan cuenta del decorum que regimenta esa sociedad. Estas dos maneras de narrar prueban la inexistencia del "comunismo primitivo."

Vallejo no opta por ninguna de estas dos maneras de relatar eventos. Para hacer verosímil cualquier narración tiene que usar ambas. Pero a diferencia de lo que ocurre en el relato de la piedra cansada, en sus ficciones pone en conflicto la fábula y la historia. Especialmente en el caso de La piedra cansada, los runa demuestran tener una visión histórica de los eventos. La difusión de la fábula no lo impide. No obstante, debe decirse que en Hacia el reino de los sciris, los runa no exceden los límites de la fábula. En esta novela, la fábula se convierte en un medio a través del cual se persuade al sapa inca Tupac Yupanqui. En La piedra cansada, los amauta, los piruc (artistas) y los aedas entran en crisis porque pierden control sobre la fábula y la historia. Esa crisis se expresa en la muerte de todos los aedas del Tahuantinsuyo (Cuadro XIII).

Vallejo va a oscilar entre dos visiones de lo que fue la sociedad incaica, las que han sido identificadas por Pablo Macera, respectivamente, con el Inca Garcilaso de la Vega y con el Virrey Francisco de Toledo. La "visión garcilasista" se entiende mejor si se toma en cuenta lo dicho por María Rostworowski en su Historia del Tahuantinsuyu. De acuerdo con Rostworoswki, Garcilaso: (1) adaptó la historiografía europea haciendo uso de convenciones que no eran transferibles a la sociedad inca tales como "primogenituras, bastardías y derecho paterno" (150); y (2) "Pintó a los incas como llorones y blandos, en lugar de un pueblo guerrero y conquistador que implantaba su política y sus intereses con dureza y violencia" (151). La visión de Toledo insistió, por el contrario, en costumbres sociales distintas a las

---

[88] Valcárcel da una versión de la piedra cansada en De la vida Inkaica, "Saikuska," 27-8.

de los españoles y en la agresividad militar de los incas, a fin de subrayar las diferencias existentes entre España y los "indios."

La visión de Garcilaso fue adoptada sin mayores reservas a principios de siglo. Entre "indigenistas," estar de acuerdo con Garcilaso equivalía a estar en desacuerdo con Sarmiento de Gamboa.[89] Hay algo de la visión de Garcilaso en Vallejo en tanto éste busca, tanto en crónicas como en ficciones, familiarizar a sus lectores con una historia que les es ajena pero con la cual se relacionan en base a construcciones exóticas. Sin embargo, en el caso de Vallejo no sólo se trata de legitimar una historia--como lo intenta hacer Garcilaso--sino de traducir una historia que todavía es incomprensible para los franceses. Por otro lado, Vallejo acepta denominar en sus crónicas a algunos pueblos que no identifica como bárbaros, pero no hubiera llamado bárbaros o salvajes a todos cuantos no fueran incas. En lo que se diferencia claramente de la visión garcilasista es en la imagen que construye del Tahuantinsuyo y sus gobernantes, los **sapa inca**. Para él, llega a ser muy evidente que el Tahuantinsuyo fue un imperio que tuvo características muy peculiares, que había clases sociales en la sociedad incaica, que había un protocolo que regulaba las relaciones entre clases y entre etnias, y que los gobernantes eran déspotas que en algunos casos podían ser ilustrados. Todos estos elementos lo aproximan a una visión toledana de los incas.

En sus propios términos, Vallejo construye una analogía semejante a la de Garcilaso aunque en base a la visión toledana. Así como en las crónicas es muy importante para comparar a los incas con los egipcios, en las ficciones lo más importante consiste en establecer una analogía entre el Tahuantinsuyo y cualquier imperio. Esta combinación le da una medida muy particular al indigenismo de Vallejo, especialmente en el caso de **La piedra cansada**. No nay nada de inexplicable en la decisión de escribir este drama. No es una decisión abrupta. **La piedra cansada** es la clausura de un proceso complejo en el que están comprometidos un conjunto de textos. En

---

[89] Comentando un trabajo de Rostworowski sobre la cronología de las conquistas de Pachacútec, dice Macera lo siguiente: "...ese valioso ensayo de María Rostworowski venía a preferir la visión toledana sobre la garcisalista pues demostraba cuán falsa era la imagen de una formación pacífica y progresista del imperio incaico. María Rostworowski sostenía con razón que ese imperio, al igual que muchos otros, se había formado violenta y repentinamente y no había cumplido cien años al momento de la conquista" (LIV).

Hacia el reino de los sciris sólo había insinuado algunos de los elementos que harán esa clausura posible. En **La piedra cansada** hay una modificación de todo cuanto ha escrito sobre el Perú prehispánico.

8

El título de esta corta novela alude a una expedición de "conquista" que no se materializa en la novela misma aunque le sirve de marco. **Hacia el reino de los sciris** comienza con el regreso de Huayna Capac una vez que éste se ve obligado a interrumpir dicha conquista y termina cuando ésta se reinicia. Comienza tras el fracaso de los incas y termina con la partida del ejército que intentará, por segunda vez, esa "conquista." En ningún momento los eventos se relacionan directamente con esa campaña militar. La entrevista entre Tupac Yupanqui y Huayna Capac es la única oportunidad que tiene el lector para enterarse de lo que ha ocurrido. En dicho recuento adquieren notoriedad las derrotas sufridas por los incas (133-134). De las conquistas bajo Tupac Yupanqui da breve cuenta el narrador más adelante (145). Comparadas geográficamente las victorias y las derrotas se llega a la conclusión de que las derrotas han ocurrido en la periferia o en las márgenes. Lugares montañosos como Beni o inhóspitos, habitados por quienes son percibidos como "salvajes" y "antropófagos" por los incas, tales como los promoncaes (Maule), chirhuanas y sciris (Quito?).[90]

En cuanto al objetivo mismo de la expedición encabezada por Huayna Capac, no está claramente definido. El narrador y diferentes personajes aluden indistintamente a Quito, los sciris, los chachapoyas e incluso los tucumanos, variando geográficamente de un extremo a otro del Tahuantinsuyo. Como se dijo, aún en el caso del norte, hay una considerable distancia geográfica y cultural entre los quitos o sciris y los chachapoyas. Por otro lado, no siempre son zonas que pueden ser consideradas periféricas para los incas. A veces son zonas en las

---

[90] Marginales para los incas serían zonas de pobres recursos económicos donde las poblaciones no son sedentarias ni numerosas demográficamente, la agricultura no es intensiva, y no se han desarrollado mecanismos de tributo o trabajo. Para una definición de zonmas periféricas, véase James Lockhart y Stuart B. Schwartz en **Early Latin America; A History of Colonial Spanish America and Brazil** (Cambridge: Cambridge UP, 1983), (253-313).

que no han logrado imponer su autoridad de manera estable, como les va a ocurrir posteriormente a los españoles a partir del siglo XVI.

Esta falta de precisión no le quita a la novela su carácter "histórico." **Hacia el reino de los sciris** es una novela histórica centrada, contradictoriamente, en la "paz" más que en una guerra "vertical," durante el gobierno del **sapa inca** Tupac Yupanqui. De acuerdo con Valcárcel, Tupac Yupanqui y Huayna Capac fueron "los monarcas que llevaron el poder de la Confederación a su más alto exponente."[91] Rostworowski sostiene que "si bien a Pachacutec se le puede considerar como el reconstructor del Cuzco, Tupac fue el iniciador de la numerosa edificación a lo largo y ancho del Tahuantinsuyo."[92]   No obstante, como novela histórica tiene sus límites porque es, ante todo, una historia de cómo se generan propósitos bélicos en medios palaciegos.   El que sea una novela histórica no quita que Vallejo se haya tomado ciertas licencias que podrían considerarse poéticas, o que hiciese suyas interpretaciones que entonces (durante la década de los 20) hacían historiadores y que ahora han sido corregidas.   Entre ellas, la de atribuirle a Huayna Capac la conquista de los chachapoyas y de los "sciris" o del reino de Quito. Como novela histórica, **Hacia el reino de los sciris** es también más la historia de quienes gobiernan, como lo es **Ollantay**, que la historia de toda una sociedad o de un imperio.   La novela termina cuando Huayna Capac ha madurado y parece estar en condiciones de derrotar a los sciris.[93]

No hay ningún personaje importante que no pertenezca a lo que serían las **panaca** o los **ayllu** llamados "custodios."   Según Rostworowski, "La más alta jerarquía [del Tahuantinsuyo] la formaban las dieciséis **panaca**, de entre cuyos miembros se elegía a los

---

[91] **Del ayllu al imperio: la evolución político-social en el antiguo Perú y otros estudios** (Lima: Garcilaso, 1925), 101.   Pachacutec fue quien derrotó a los chancas e hizo del Cusco el centro del imperio.

[92] Una de esas construcciones habría sido la de Sacsahuaman.   Huayna Capac habría ordenado otras en el Ecuador.   Pikillajta no habría estado entre esas al haber sido un centro administrativo de los waris (Rostworowski 1988: 23, 79-80 y 84).

[93] "Sólo a partir del gobierno de Huayna Capac--escribe Rostworowski--parece que las etnías del altiplano se integraron al Cusco y participaron en las guerras en el extremo norte" (1988: 123-24). "Más de diez años duró la permanencia del Inca en las regiones norteñas y se dedicó a efectuar...numerosas conquistas.   Cuando no guerreaba contra alguna etnía rebelde, permanecía en Tumipampa, lugar de su nacimiento y de su preferencia" (1988:153-54).

gobernantes cusqueños, conservando los ayllus de los últimos Incas el mayor prestigio, mientras caían un tanto en el olvido las **panaca** de los jefes más antiguos. Le seguían los diez ayllus 'custodios', llamados así por Sarmiento de Gamboa, que tenían a su cargo el cuidado de la ciudad y del Inca" (1988:183). En **Hacia el reino de los Sciris**, el pueblo es una voz anónima e inaudita. Todos los personajes--excepto Ticu, que es de Collahuata, un **ayllu** del **Hurin-Cuzco**--pertenecen a círculos de poder, sea por relaciones de parentesco, o porque han sido asimilados dentro de estos círculos, en función de ciertas cualidades militares o culturales, como es el caso de Lleray y Kusikayar. Los demás no son personajes diferenciados sino más bien categorías generales tales como "mitas," "trabajadores," "hombres," "masa."

La ausencia de personajes individuales contribuye a crear un medio ambiente en el que no se problematizan las relaciones sociales. La guerra es asumida como una necesidad para la subsistencia que está sancionada por creencias de tipo religioso. Los conflictos sociales no sobrepasan los círculos de poder más inmediatos al **sapa inca**. No hay conflictos "verticales." Ni siquiera hay conflictos abiertos entre miembros de los **ayllu panaca**, los **ayllu** custodios y el **sapa inca**, a pesar de que hay "nobles" que, disconformes con la paz, están a la búsqueda de presagios que conduzcan a la reanudación de la interrumpida campaña militar. A este respecto, el conflicto central asume un doble carácter: el conflicto entre Tupac Yupanqui y Viracocha (fábula) es en realidad el conflicto entre los "nobles" y Tupac Yupanqui (historia). Los "nobles" proyectan en la ira de Viracocha su propio malestar. Tupac Yupanqui acepta esta explicación porque los intereses de los "nobles" son también los suyos.

El conflicto político tiene límites precisos. No involucra directamente a los "nobles" como tampoco a los **runa**. Queda como un conflicto entre Tupac Yupanqui y Viracocha que se origina en el castigo que Tupac Yupanqui le impone a Huayna Capac, luego que éste es derrotado por los sciris. Por tanto, los únicos conflictos son los que se dan entre Tupac Yupanqui y Viracocha, por un lado, y entre Tupac Yupanqui y Huayna Capac, por el otro. El primero es provocado por el segundo, pero el ámbito del segundo es restringido en extremo: involucra sólo a los miembros de una misma **panaca** (Huayna Capac pertenece a la **panaca** del **sapa inca**). Sin embargo, siendo la **panaca** gobernante afecta a todos. Dado que el derrocamiento del **sapa inca** es impensable, Viracocha es la única mediación posible.

Mientras que en la novela de Vallejo el conflicto central se da entre los **ayllus panaca** y el **sapa inca** o la **panaca** de Tupac Yupanqui, por la manera como está manejando sus relaciones con miembros de su propia **panaca**, en **Ollantay** el conflicto se da entre un miembro de un **ayllu** custodio y el **sapa inca**. En el drama **Ollantay**, es sólo cuando Tupac Yupanqui sucede a Pachacutec (Pachacuti) que se descubre que el **sapa inca** se había comportado injustamente con Ollanta y Cusi Ccoillor. Algo semejante ocurre en "Kusipuma: escenas de la vida imperial del Cuzco," de Valcárcel. El conflicto se da allí entre miembros de los **ayllu** custodios y el **sapa inca** interviene para resolver el conflicto. **La piedra cansada** presenta, en cambio, el conflicto entre un **runa** y el **sapa inca** Lloque Yupanqui por razones de protocolo semejantes a las que afectan a Ollanta. En el **Ollantay**, Tupac Yupanqui rechaza por desmedida la petición de un general suyo que por su origen **runa** no tiene la prerrogativa de casarse con una mujer que pertenece a su **panaca**. Por su parte, en **La piedra cansada**, dado que la diferencia de status social es aún mayor, por ser más bajo el rango de Tolpor, éste ni siquiera se atreve a hacer pedido alguno. De todos estos textos, sólo en **La piedra cansada** hay un expreso cuestionamiento del **decorum**, que no ocurre en el **Ollantay** ni en **Hacia el reino de los sciris**. Pero sólo en esta última no se desacata la autoridad del **sapa inca** (que sí acontece en el **Ollantay**) o la legitimidad del protocolo (**La piedra cansada**).

La interrupción de la "expedición conquistadora a Quito" trae como consecuencia un período de paz que Tupac Yupanqui impone sobre el Tahuantinsuyo, a modo de castigo a Huayna Capac, luego de que éste le informa lo ocurrido en la fracasada conquista de Quito (capítulo I). A partir del capítulo II, la novela se centra en dar cuenta de la prosperidad que caracteriza a ese período de paz y en cómo se van creando las condiciones para que se reanude la "expedición." Los cambios afectan de modo especial a la ciudad del Cuzco aunque alcanzan a todo el Tahuantinsuyo. Tupac Yupanqui ordena la disolución del ejército. La disponibilidad de fuerza de trabajo contribuye a que se intensifiquen las labores agrícolas, la construcción de caminos, la fortificación de la ciudad, la reedificación de propiedades de las **panaca**, y el trabajo en las minas de Anta (142). Hay también un renacimiento cultural y artístico. La imagen de Tupac Yupanqui cambia radicalmente. "Ansiaba paz y trabajo"--dice el narrador y luego agrega que "El Inca ansiaba ahora el amor, la meditación, el germen, el reposo, las grandes ideas, las imágenes eternas" (146). Esta imagen contrasta con las descritas al comienzo de la novela, donde se subrayan las emociones negativas de Tupac Yupanqui (ira, indiferencia, displicencia, cólera). El único personaje ausente en todo este período es Huayna Capac.

La estabilidad política, la prosperidad económica y el renacimiento cultural logrado por un gobernante ilustrado, no impiden que aparezcan señales de calamidad. Estas son percibidas como sagradas aunque se sabe que los dioses manifiestan su molestia para beneplácito de los "nobles." Estas señales anuncian malos augurios para los incas. En el capítulo II, el narrador cuenta dos eventos que le dan la tónica a la novela: el primero es la fiesta del **chacu**, una cacería en la que participan "sesenta mil quechuas;" y el segundo es el relato de un adivino que está en trance. Este relato va precedido por la descripción del Cuzco como una ciudad que está en fiesta y por el comentario hecho por un "joven **antun-apu**," según el cual el Inca se ha equivocado al abandonar la expansión ilimitada de "la religión del Inti" por el **chacu** (136). A éste le sucede otro relato en el que un curaca explica un sueño en el que aparece un "alco gigantesco y negro...que en una parva inmensa del Raymi, devoraba una era de quinua" (137).

Lo que estos dos relatos tienen en común es que ambos subrayan la proximidad de eventos calamitosos para el Tahuantinsuyo. Ambos tienden, igualmente, a responsabilizar de alguna manera al **sapa inca** por lo que se avecina, aunque sólo el **antun-apu** lo haga directamente. En este sentido, algunos de los eventos que van a ocurrir guardan relación con esta necesidad que tienen los "nobles" de encontrar manifestaciones sagradas (hierofanías) del malestar de los dioses en los siguientes eventos:

(1) Las visiones del "sicofante" Ticu, quien profetiza, a partir de unos "quipus enredados" (que tienen el color de la sangre y que al crecer anudan el Coricancha y las "momias de los emperadores"), primero, la

llegada de un extranjero "de faz barbada y blanca" que saquea
"reliquias sagradas" y, segundo, la derrota de un ejército (138);[94]
(2) la faja de lana tejida en el "monasterio de las escogidas", cuya
representación de "todos los animales del Imperio" causa ceguera y
provoca "extrañas desviaciones" en la retina" (142);
(3) el bajorrelieve "inaudito y calofriante" labrado en uno de los
corredores del palacio de Chanchán, el que conducía a un aposento
secreto, cuyas piedras se transforman en oro al contacto del pincel, y
que tenía como personaje central a un "músico macabro" rodeado de
danzantes y un coro de plañideras (144);
(4) el accidente de la piedra cansada que presencian Tupac Yupanqui
y Mama Ocllo (146-149);
(5) el enfado del **yllapa** que cruza el espacio y sacude la tierra,
aterrorizando a los pobladores del Cuzco (152);
(6) la jarra de arcilla que "jóvenes mitimaes" le habían obsequiado a
Lleray, por ser "la más hermosa ñusta del Tahuantinsuyo", y en la que
se "Representaba un cuervo, en actitud de volar, el cuello enarcado"
(155-156).

　　　　Quien le da unidad a todos estos eventos es un pariente de
Tupac Yupanqui llamado Runto Caska, cuya influencia se debía al
hecho ser artista más que pariente, según lo indica el narrador. Runto
Caska es quien hace de estos eventos dispares un "pliego de
pronósticos" único (156). El interpreta estos eventos como hierofanías,
ve en Ticu a un adivino y no a un "sicofante," y le ofrece a Tupac
Yupanqui, como conclusión de lo que está ocurriendo, lo que ya habían
dicho antes curacas y el **antun-apu**. Runto Caska le aconseja al **sapa
inca** que reanude la conquista porque está convencido de que "El padre
del Imperio está irritado." El agravio se debe a la interrumpción de la
expansión (158). "La ira de Viracocha es--le dice Runto Caska a
Tupac Yupanqui--a causa del abandono que has hecho de la guerra y
las conquistas." Tupac Yupanqui responde al consejo de gente de

---

[94] A Ticu también se lo acusa de **collahuata** (139), una expresión que Vallejo emplea
también en **La piedra cansada** en relación a los chasquis que traen información sobre
lo ocurrido en la campaña contra los kobras (313). En ambos casos, se los asocia con
mentira y deslealtad. Los **collahua** habitaron en la parte alta del río Colca, en la parte
norte de Arequipa (**Handbook of South American Indians**, 2:503).

confianza suya, como Runto Caska, recurriendo a un oráculo que llevará a la reanudación de la "conquista."

Todos los personajes, sin excepción, contribuyen a crear la necesidad de continuar con la expansión. Ninguno la cuestiona. En sólo una ocasión el narrador de **Hacia el reino de los Sciris** sugiere un interés más mundano y menos sacro para estas campañas militares. A propósito de la "nueva política del Emperador" dice el narrador que los "nobles" la lamentan "en nombre del espíritu guerrero de la raza, y sobre todo, por propia conveniencia de clase, ya que las expediciones de conquista redundaban a la larga, en aumento de preminencias y riquezas cortesanas" (136). El narrador no insiste en este planteamiento que ningún personaje hace suyo y que contradice las elogiosas cualidades (justicia, reflexión, rectitud) que el narrador mismo encuentra en magistrados, amautas, generales, arabicus y **rumay-pachaccas** (154).

En una "Nota" que sigue al texto de **Hacia el reino de los sciris**, Vallejo plantea una serie de correcciones que quedaron como meras sugerencias (1967:166). En primer lugar, piensa cambiar los títulos de la novela y de los capítulos; los títulos dicen poco de lo que se cuenta. En segundo lugar, va a modificar el reparto: algunos personajes serán "reemplazados" (Runto Caska, por ejemplo), otros tendrán una mejor proyección (Raujaschuqui) y Lleray asumirá un nombre diferente. En tercer lugar, intenta relacionar "la cólera de los dioses (Illapa), el dolor del pueblo y el envenenamiento de los corazones amantes por esa cólera divina y por ese dolor social." En cuarto lugar, va a corregir exageraciones. Estos cuatro puntos aluden a la falta de unidad que tiene la novela. Estas posibles correcciones merecen ser comentadas con un poco de amplitud porque señalan bien, por un lado, las deficiencias de esta novela y, por el otro, explican transiciones que se darán en **La piedra cansada.**

Como está, cada capítulo depende de los demás por la falta de unidad que tiene la novela. La solución está en proporcionar títulos que se refieran al "contenido de cada capítulo" una vez refinado el "contenido" de los mismos. Una manera de lograrlo sería darle independencia a los capítulos de tal manera que la novela se componga de una serie de cuentos independientes cuyo final sea cuidadosamente revisado. La unidad se logrará no mediante la secuencia de los capítulos sino por la superación del desequilibrio que actualmente existe entre la "cólera divina," el "dolor del pueblo" y el "envenenamiento de los corazones amantes." Por ahora, **Hacia el reino de los sciris** sólo expresa la "cólera de los dioses." No hay "dolor social," como tampoco es notorio que la relación entre Runto Caska y Kusikayar se haya "envenenado" como resultado de la "cólera divina" o del "dolor social." Por tanto, son obligados los cambios en los personajes porque éstos pueden activar esa "relación" que es todavía irrelevante. En **Hacia el reino de los sciris** no hay ningún personaje que verbalice las reacciones del pueblo.

Para lograr la unidad que procura, Vallejo tendría que poner más énfasis en el desarrollo de eventos que den cuenta del "dolor social" y del "evenenamiento" en las relaciones amorosas. El cree lograr esto, como he dicho, con personajes más, personajes menos. Se quiere deshacer del "artista" Runto Caska, reemplazándolo con el "guerrero del cap. 7" que según parece se refiere a Raujaschuqui. De hacerlo, se habría logrado una trama semejante a la del drama **Ollantay** puesto que Raujaschuqui no es pariente del **sapa inca**; pertenece probablemente a uno de los **ayllus** llamados custodios. El sacrificio de Runto Caska en **Hacia el reino de los Sciris** era de esperarse porque sólo ha servido para favorecer el militarismo y darle legitimidad a la profesía del "adivino" Ticu. Estos cambios modificarían el rol de Tupac Yupanqui o de cualquier **sapa inca**. Dejarían en su marginalidad a Huayna Capac y aún más a Mama Ocllo. De asumir Raujaschuqui un rol mayor, podría prescindirse de Huayna Capac.

En **Hacia el reino de los sciris**, Raujaschuqui sólo interviene en dos capítulos de un modo muy secundario, pero es el único guerrero al cual se alude. Raujaschiqui sigue a Tupac Yupanqui una vez que éste se retira tras recriminar a Huayna Capac (134). El pasaje sugiere que Raujaschuqui no ha participado en la fracasada expedición a Quito. Raujaschuqui vuelve a aparecer hacia el final de la novela, cuando Tupac Yupanqui ordena la reanudación de la "expedición." Esta vez forma parte del ejército que lleva consigo Huayna Capac, en calidad de **guaranga camayoc** (163). Si bien estos cambios habrían hecho de Raujaschuqui un personaje mejor definido, éste habría dejado sin resolver el desarrollo de ese "dolor social" que creía necesario para relacionar el conflicto amoroso con la "colera" de los dioses. La solución habría sido, por tanto, sólo parcial. Por otro lado, Raujaschuqui habría hecho de **Hacia el reino de los sciris** una versión modificada del **Ollantay**. Lo que Vallejo necesita es un personaje que no pertenezca a ninguna **panaca** o **ayllu** custodios. Necesita un **runa**,

un **hatun runa** (campesino con derechos comunales) o un **mitmaq.**[95]
Sólo de esta manera podría haber puesto en cuestionamiento ese
decorum y ese militarismo que no se problematizan suficientemente en
Hacia el reino de los sciris.

En cuanto al "envenenamiento de los corazones amantes," éste
no podría lograrse sin una mejor caracterización de alguno de los
personajes femeninos. Si Vallejo busca hacer del "envenenamiento" un
efecto de la "colera divina" y el "dolor social" necesita de un personaje
femenino bien caracterizado. Las opciones no son muchas, a no ser
que imagine un   personaje. Las "Notas" sugieren que prefiere
reformar a los ya existentes, aunque sólo escribe de Lleray. De ésta
dice que debe cambiársele el nombre por el de Keray y que deben
relacionarse sólo con ella los eventos del capítulo VI. La metamorfosis
de este personaje haría posible que el melodrama sea la vía hacia la
tragedia. De ser así, se desprendería de una de las pocas descripciones
elogiosas que hace el narrador de los "nobles."

De Kusikayar no dice Vallejo absolutamente nada, a pesar de
que es un personaje más activo que el de Lleray y de que ambas
comparten ciertas características tales como haber tenido un origen
humilde y haber sido "elevadas" a un status muy especial y próximo al
sapa inca. Lleray es hecha ñusta por Tupac Yupanqui y Kusikayar se
convierte, gracias a sus dotes para las "danzas sagradas," en un medio
indispensable para los oráculos.[96] De alguna de las dos, o de las dos
fundidas en un nuevo personaje, depende Vallejo para poner en
funcionamiento su red de relaciones. Por otro lado, si piensa eliminar
a Runto Caska, cabe preguntarse con quién se establecerá una relación
amorosa. ¿Será con Raujaschuqui? Esta es una pregunta que el mismo
Vallejo no resuelve; al menos no anticipa nada en sus "Notas" al
respecto. De cualquier forma, ésta es otra de las piezas claves para la
configuración de ese triángulo que está tratando de construir con la
finalidad de poner en contacto lo que sería la esfera privada y pública
de esa sociedad.

Finalmente, Vallejo también plantea en sus "Notas" la
necesidad de controlar los excesos retóricos, las expresiones "fuertes

---

[95] Lumbreras dice que los **mitmaq** "eran trabajadores trasladados por el estado desde
sus tierras de origen a otros territorios" para cumplir determinadas tareas (1990:302).

[96] La fiesta de la **citua**, por ejemplo, eran actos purificatorios realizados con la
finalidad de alejar todo mal de la ciudad (Rostworowski 1988: 208).

y apocalípticas." No dice nada respecto al quechua que ha empleado (muchas de las expresiones han sido ya explicadas por Garcilaso de la Vega), o que ha evitado. Algunas veces prefiere la traducción de un nombre quechua a una versión bilingüe del mismo. Por ejemplo, usa "palacio de las escogidas" en lugar de **aclla-huasi.** Las palabras quechuas que emplea son pocas. El repertorio lingüístico que emplea se limita a nombrar: construcciones pertenecientes frecuentemente al **sapa inca** o a los **ayllu panaca;** funciones (roles en la esfera pública) de quienes integran los **ayllu** custodios (e.g. **rumay-pachacca**); y distintivos o dioses (**Illapa**).

No obstante esta variedad lingüística, no llega a desahacerse de un conjunto de palabras que son ajenas al mundo andino y al inca en particular (corte, príncipe heredero, aedas, nobles, rasgar las vestiduras). Muchas de las palabras quechuas son introducidas por el narrador y raras veces son incluidas en los diálogos de los personajes. Las intervenciones de los personajes sólo son identificadas sintácticamente. A falta de palabras en quechua, Vallejo recurre a anástrofes cuya dicción adquiere las características de una convención literaria. Muchas de las palabras quechuas que se emplean pertenecen a los rituales y a los símbolos de quienes gobiernan a los **runa.** El empleo de este corpus lingüístico depende, sólo hasta cierto punto, de algunas de las fuentes usadas por Vallejo (Garcilaso, Valcárcel). Estas guardan muy poca relación con el tipo de quechua o con alguna otra lengua que habrían hablado en Santiago de Chuco (sierra de La Libertad). El quechua que emplea podría ser de Valcárcel (e.g. pissaj, sajsawaman), pero de serlo no sería la única fuente que consulta. La lexicografía empleada por Vallejo es la que entonces predomina con una variedad que se explica por la ausencia de una gramática uniforme.[97]

Ficciones como **Hacia el reino de los sciris** son textos bilingües dirigidos a un receptor que carece, al menos parcialmente, de competencia lingüística. El narrador no facilita la traducción. No ofrece glosario alguno que, de haberlo, habría sido más variado y

---

[97] Según lo afirma Teodoro Meneses, los diccionarios incluían lexías que se ordenaban en base a signos fonéticos del alfabeto castellano. Según Rodolfo Cerrón-Palomino, todavía no había concenso en cuanto a la escritura del quechua. Véase **Lingüística Quechua** (Cuzco: Centro de Estudios rurales andinos "Bartolomé de las Casas," 1987).

extenso en **Hacia el reino de los sciris** que en **La piedra cansada**.
Nada indica que la corrección de "palabras demasiado fuertes y
apocalípticas" tuviese relación con las palabras en quechua. Por el
contrario, son las expresiones en español las que convencionalizan la
narración y particularmente los diálogos. Son especialmente los
diálogos los que contienen esas expresiones "demasiado fuertes y
apocalípticas."[98] Corregirlas o no, depende del ánimo "folklórico" del
narrador más que de cualquier otro requerimiento. Las convenciones
que emplea en **La piedra cansada** tampoco indican que mantuviese su
deseo de corregir las "palabras demasiado fuertes y apocalípticas."
Todo lo contrario, este tono se mantiene, al igual que expresiones ya
aparecidas en sus crónicas tales como "No hay cosa más aburrida que
la sombra" (185). Las oportunidades para exagerar son más frecuentes
dado que en el drama no hay narrador. La abundancia de personajes,
los diálogos y las composiciones musicales que exige el dramaturgo,
contribuyen a la mantención de estos rasgos estilísticos.

9

En **La piedra cansada** Vallejo responde a una serie de
preguntas que había hecho en "Los incas, redivivos." Aquéllas a las
que los arqueólogos no han logrado responder todavía: (1) ¿Qué
territorios y razas contribuyeron a la cristalización del Tahuantinsuyo?;
(2) ¿Obedeciendo a qué vaivenes de la vida, se conocieron estas razas,
se pusieron en contacto y se organizaron en un orden colectivo
superior?; (3) ¿Qué leyes e intereses, qué instintos o ideales las
movieron--en la paz o en la guerra--para realizar un destino cuya
esencia y sentido históricos parecen contener extraordinarias espigas de
sabiduría y de organización? (209). Todas estas preguntas escamotean
el problema del poder que va a ser un elemento central de **La piedra
cansada**. Sin muchas pruebas, va a responder a esas preguntas con
intuiciones que le dan un carácter diferente al indigenismo en la
reconstrucción de la historia prehispánica.

---

[98] A propósito del estilo que Vallejo emplea en **Hacia el reino de los sciris**, hay una
secuencia del mismo en "La visita de los Reyes de España a París" (1926): "Dicen que
el lloro nace de la emoción de la distancia y dicen que la risa viene de la emoción del
tiempo. Puede ser" (132).

Juan de Velasco no fue el único que inventó la existencia de un reino al que se le atribuye una duración de varios siglos. Algo semejante ocurrió con los incas, aunque no se llegase al extremo de inventar un reino inexistente. Todavía a mediados de este siglo se pensaba que el Tahuantinsuyo había durado siglos (desde el siglo XII ó XIII) y que los españoles lo habían encontrado en un momento de crisis, si no de franca decadencia. María Rostworowski ha corregido esta interpretación al precisar las ventajas con las que contaron los españoles. Entre ellas, las que más interesan aquí son las siguientes: (1) a su llegada, los españoles encontraron un estado de reciente formación (menos de un siglo) que controlaba con dificultad sus territorios, gran parte de los cuales habían sido anexados en fechas recientes; (2) la llegada de los españoles coincide con un momento en el que se ha puesto en funcionamiento, a la muerte de Huayna Capac, el complejo proceso de sucesión que tenía esa sociedad, y de acuerdo con el cual, muerto el **sapa inca**, el primogénito no heredaba por derecho propio; los **ayllu panaca** competían entre sí a fin de que uno de sus miembros fuese identificado como "el más hábil".

Lo planteado por Rostworowski hace cada vez más evidente la existencia de una etapa "legendaria", anterior al siglo XV, a la que habría pertenecido Lloque Yupanqui, por ejemplo, y otra llamada "histórica," a la que pertenecieron Pachacutec (1438-1471), Tupac Yupanqui (1471-1493) y Huayna Capac (1493-1527), dentro de lo que se acepta como el **capaccuna**, i.e. la lista de gobernantes. Estas distinciones no eran evidentes cuando Vallejo escribe **Hacia el reino de los sciris** y **La piedra cansada**, aunque ya Max Uhle se había referido a los tiempos anteriores a Pachacutec como un "Imperio Legendario".[99] Garcilaso no las acredita en sus trabajos: al no hacer esta distinción, Lloque Yupanqui y Tupac Yupanqui son tratados en base a criterios idénticos, i.e. como personajes históricos de un imperio bien establecido a la llegada de los españoles. Vallejo sigue esta misma lectura del Tahuantinsuyu, tomando como histórico algo que es "legendario."

Cuando Vallejo escoge a Lloque Yupanqui como **sapa inca** para **La piedra cansada**, incurre en un equívoco histórico que no hubiera pasado desapercibido, así como en una "licencia poética" evidente. Pone a Lloque Yupanqui (1260 d.C.) en un momento de

---

[99] Kauffmann Doig 1986: 556.

expansión que sólo se inicia a mediados del siglo XV, luego de que Pachacutec derrota a los chancas.[100] O a la inversa, pone en el siglo XII eventos posteriores. Un ejemplo de esto es la construcción de Sacsahuaman. Pese a que no abundan los detalles, el mundo andino imaginado por Vallejo en **La piedra cansada** sugiere que los incas han llegado a un punto de gran expansión, casi toda la expansión conocida. Hay incluso personajes como Naydami que encuentran señales de decadencia en ciertos eventos.[101] En sus **Comentarios** (Libro II, capítulos XVII-XX), Garcilaso da una explicación de Lloque Yupanqui que muestra el grado en el que Vallejo se aparta esta vez de sus fuentes.

De lo que Garcilaso escribe sobre Lloque Yupanqui--Lloque quería decir "izquierdo" mientras que Yupanqui alude a "virtudes y hazañas"--se entiende que durante su gobierno hubo sólo una moderada ampliación de límites hacia el llamado **Collasuyu**.[102] En su primera salida, Lloque Yupanqui, perteneciente a una **panaca** del Hurin Cuzco, habría sometido a los canas mediante la persuasión y a los ayaviri mediante las armas (97-98). Años después, habría persuadido a los "principales" reunidos en Hatun Colla (99). En una tercera salida, habría convencido a los de Chucuitu. Tras pasar un invierno en el Collao, habría mandado su ejército a la provincia de Hurin Pacasa, anexándola tras la aceptación del susodicho "requerimiento" (101-103). Al finalizar la última de sus campañas, según lo acostumbraba hacer, habría regresado a la ciudad del Cuzco donde "fue recibido con grande alegría--escribe Garcilaso--de toda la ciudad, que, por su afable condición, mansedumbre y liberalidad, era amado en extremo. Gastó lo que le quedó de la vida en quietud y reposo, ocupado en el beneficio de sus vasallos, haciendo justicia" (102).

Según lo explica Rostworowski, la "reciprocidad"--llamada "requerimiento" por Garcilaso--era una costumbre conocida sólo en el

---

[100] Según Rostworowski, Cusi Yupanqui es quien derrota a los chancas (1988: 49-51).

[101] Después de hacer un recuento de las derrotas sufridas, Naydami dice: "¡No se dirá--dice Naydami--sino que el dios de la energía está tulléndose! El propio Inca ha decidido esta expedición sin entusiasmo..." (308). Esto lo dice Tupac Yupanqui en **Hacia el reino de los sciris** (134).

[102] "Los Reyes Incas--dice Garcilaso--dividieron su Imperio en cuatro partes, que llamaron Tahuantinsuyu, que quiere decir las cuatro partes del mundo, conforme a las cuatro partes principales del cielo: oriente, poniente, septentrión y mediodía." Añade que las llaman Antisuyu, Cuntisuyu, Chichaysuyu y Collasuyu (Libro II, XI: 83-84).

área andina. Consistía en el ofrecimiento de prebendas que hacía el **sapa inca** a los **curaca** de los territorios que quería anexar. El **sapa inca** intentaba así que los **curaca** aceptasen pacíficamente la anexión mediante un acuerdo mutuo. Les ofrecía protección, regalos y privilegios, entre los que se contaban la entrega de **ñustas**. A cambio, los **curaca** tenían que ceder algunas tierras y ofrecer ciertos servicios, poniendo sus pobladores a disposición del **sapa inca** en calidad de mitimaes o mitayos. De no aceptar el **curaca** este arreglo, el **sapa inca** le ordenaba a su ejército la anexión del territorio mediante la fuerza, dejaba de lado prerrogativas y dádivas, e imponía diferentes castigos que llegaron, en algunos casos, hasta el exterminio de una parte considerable de la población masculina.

De lo escrito por Garcilaso se desprende que Lloque Yupanqui habría combinado pragmáticamente, en su expansión hacia el **Collasuyo**, tanto la persuasión como el escarmiento. Además, Lloque Yupanqui habría sido el primer **sapa inca** en anticipar lo insuficiente que era la "reciprocidad" fuera del área andina, de ahí que hubiese hecho constantes llamados a la **mita** guerrera (un servicio militar obligatorio que traía consigo el abandono de labores habituales). Los personajes de **La piedra cansada** dan clara cuenta de estos mecanismos de expansión. "¡Los kobras volverán a defenderse fieramente--dice Naydami--. Si los expedicionarios no logran conquistar a los ancianos por la persuasión razonada y amistosa o por medio de actos que revelen los fines generosos de la guerra!..." (308).

En su descripción del gobierno de Lloque Yupanqui, Garcilaso insiste en que las "conquistas" de este **sapa inca** se limitaron, como se dijo, al **Collasuyo**. También señala Garcilaso que la larga duración de estas expediciones no se debió a las campañas militares sino a la reeducación de estos pueblos, que vivían "a semejanza de bestias". Por lo general, parece que "se gastaba más tiempo en doctrinarlos, según eran brutos, que en sujetarlos", dice Garcilaso (102). Todo el tiempo restante, lo emplea Lloque Yupanqui en visitar su reino y organizar actividades semejantes a las que realiza el personaje Tupac Yupanqui en **Hacia el reino de los sciris**.[103] En la lectura de Garcilaso, el

---

[103] Mientras que sus generales habían anexado los territorios de la provincia llamada Hurin Pacasa, Lloque Yupanqui--de acuerdo con Garcilaso--"se había ocupado en visitar su reino, procurando ilustrarle de todas maneras con aumentar las tierras de labor: mandó sacar nuevas acequias y hacer edificios necesarios para el provecho de los indios, como

único rasgo militarista en Lloque Yupanqui parece estar en haber previsto un mayor uso del ejército como mecanismo de expansión.[104] Pese a lo cual, salvo en el caso de los ayaviri, Lloque Yupanqui no habría necesitado la intervención directa del ejército. Esta versión de Garcilaso, que de alguna manera recoge Vallejo, no ha sido confirmada. Sarmiento la niega e incluso sostiene que Lloque Yupanqui nunca salió del Cuzco. Cieza de León no le atribuye a Lloque Yupanqui la extensión hacia el Collasuyo. De ser así, Lloque Yupanqui no habría participado ni dirigido campaña alguna en el Collasuyo--como sostiene Garcilaso--ni en el Antisuyo--como Vallejo establece en La piedra cansada.[105] Otras fuentes indican que de haber sido Lloque Yupanqui algo más que un sapa inca "legendario," se habría dedicado, sobre todo, a enfrentar las numerosas rebeliones que hubo durante la existencia del Tahuantinsuyo por parte de pueblos dominados por los incas; algo semejante le ocurrió a Huayna Capac. También es discutible la utilización de los kobras como el pueblo a ser conquistado.

Al igual que los sciris, los "kobras" son una nación inventada. El Chasqui Primero es quien da mayor información sobre ellos; Runto Kaska se limita a considerarlos "bárbaros." Por medio del Chasqui Primero el espectador (o el lector), se entera de que la ciudad "principal" de los kobras se llama Chirmac o Chimac ("ciudad del aguacero" según Meneses). Para llegar a esta ciudad, se tenía que seguir un camino accidentado que comprendía un "contrafuerte" afectado por "ventisqueros mortíferos." También da a entender el Chasqui Primero que hay "nieves perpetuas" en las proximidades de Chi(r)mac. De ser así, habría "nieves perpetuas" en una ciudad que

---

depósito, puentes y caminos, para que las provincias se comunicasen unas con otras" (102).

[104] "Habiendo tomado el Inca Lloque Yupanqui la posesión de su reino--dice Garcilaso--y visitándolo por su persona, propuso extender sus límites, para lo cual mandó levantar seis o siete mil hombres de guerra para ir a su reducción con más poder y autoridad que sus pasados, porque había más de sesenta años que eran Reyes, y le pareció no remitirlo todo al ruego y a la persuasión, sino que las armas y la potencia hiciesen su parte, a lo menos con los duros y pertinaces" (97).

[105] Por antis se referían los incas a quienes vivían en zonas selváticas o montañosas. Al antisuyo pertenecen tierras transandinas, ubicadas hacia el oriente, en las que se produce coca, yuca y frutas.

debió estar ubicada en una región donde predominan climas tropicales.[106] Los recursos militares de los kobras--luchaban con cóndores y jaguares, empleaban flechas "emponzoñadas de sustancias desconocidas"--y el ambiente que habitan--mezcla de andes y trópicos-- los hace inubicables en otro espacio que no fuese el atribuido en Europa a los jíbaros.

No hay información acerca de los kobras ni en Garcilaso ni en Valcárcel. Tampoco aparecen referencias a los "kobras" en el **Handbook for South American Indians.**[107] Por datos que se ofrecen en el drama, Teodoro Meneses dedujo que se trata de una "nación indígena de la selva oriental." Sin embargo, los datos que dan los personajes de **La piedra cansada** contradicen esta interpretación. Las referencias geográficas que proporcionan los personajes señalan otros espacios: Mama Cussi habla de una región "lejana" donde hay punas escarpadas e insalubres (305); el Chasqui Primero de "nieves perpetuas" (313). La importancia que se le atribuye a esta campaña tampoco lo prueba: "¡Ayllus y comunidades, originarios y mitimaes, la conquista de los kobras constituye--dice el Piruc Primero--, con la de los chimús, las dos hazañas mayores llevadas a cabo hasta aquí, por el ejército del Inti!" (314). Como se sabe, ni los incas ni los españoles tuvieron mucho éxito en el control del Antisuyo. Difícilmente pudo ser comparable la conquista de los kobras o la de cualquier nación selvática a la de los chimús, puesto que requería otro tipo de guerra.[108]

La piedra cansada hubiera tenido más sentido "histórico" si Vallejo se hubiera tomado menos licencias poéticas. Cualquiera de los **sapa inca** que gobernaron el Tahuantinsuyo durante su expansión-- Pachacutec, Tupac Yupanqui o Huayna Capac--hubieran sido personajes más apropiados, a pesar de que las "conquistas" que se les atribuye a

---

[106] "En el asedio de Chirmac--dice Chasqui Primero--, la ciudad kobra principal, la acción de los hacheros sobre todo, ha cubierto de sangre enemiga las nieves perpetuas" (313).

[107] Julian H. Steward, ed. New York: Cooper Square Publishers, 1963. El manuscrito del tercer volumen, titulado "The Tropical Forest Tribes," fue terminado en 1945.

[108] "La tercera suerte de guerras se dio--escribe María Rostworowski--cuando la expansión llegó a su punto máximo tanto al sur como al norte. Nos referimos a las conquistas de Huayna Capac en los confines del Tahuantinsuyo. Parece que en las fronteras se desarrolló una mayor belicosidad y agresividad, posiblemente debido a que en los hábitos de sus pobladores la reciprocidad no entraba en juego" (1988: 132).

los dos primeros son difíciles de delimitar. El Lloque Yupanqui de
Vallejo es, más bien, un compuesto que absorbe las características de
diferentes **sapa inca** que ahora son estudiados como parte del "imperio
histórico" o de la fase de "expansión." El necesita para **La piedra
cansada** de un **sapa inca** cuyas creencias lo impulsen a persistir en la
conquista de los **kobras** (habitantes del **Antisuyo**) y a mantener
rígidamente el protocolo que resguarda el **status quo** (las "trece"
prohibiciones que se aplican al "hombre del pueblo" según el personaje
Amauta 4). La estabilidad política del Tahuantinsuyu de Vallejo,
depende de dos variables que facilitan esa unidad dramática buscada por
él: la expansión territorial hecha a expensas de otras "naciones" y el
mantenimiento del **decorum**. Estas variables le dan a este drama la
unidad que falta en **Hacia el reino de los Sciris**.

Las "licencias" poéticas arriba mencionadas, no perjudican la
historia de **La piedra cansada** en la medida de que el personaje Lloque
Yupanqui se mantiene en los márgenes y en tanto los "kobras" no pasan
de ser una referencia. Si se recuerda el triángulo al que aluden las
"Notas" de **Hacia el reino de los sciris**, se observa que en **La piedra
cansada** pierde importancia la "cólera de los dioses". Esta no se
materializa a pesar de la constante preocupación que tienen los
personajes, sin excepción, por interpretar y codificar simbólicamente
eventos que son considerados extraños--tales como el canto de "dos
aves misteriosas" (cuadro primero), la presencia del **koyllur** en "pleno
mediodía" (cuadro tercero)--, o significativos--tales como la mendicidad
y la ceguera. Mucha mayor importancia adquiere "el dolor social", así
como el envenenamiento de los "corazones amantes." En este sentido,
hay un relativo alejamiento de la fábula que predomina en **Hacia el
reino de los sciris**, donde el malestar de Viracocha transtorna la vida
diaria de la gente y hace necesaria la guerra.

La atención que le da Vallejo al "dolor social" lo lleva a
revisar críticamente el sistema político del Tahuantinsuyu, en donde
predominan tendencias hacia el expansionismo y el nepotismo,
fomentadas y resguardadas por un linaje de autócratas.[109] Para
lograrlo, se ve en la necesidad de superar los límites de **Hacia el reino**

---

[109] Lumbreras sostiene que era difícil ingresar en las **panacas** incaicas debido a que
"mantenían un régimen endógamo muy fuerte en las relaciones" familiares. Cada Inca
funda su **panaca** de corte matrilineal que era propietaria de extensas tierras y bienes
(1990:305, 307).

de los sciris. Aumenta considerablemente la cobertura social del drama. Comparado con **Hacia el reino de los sciris,** es notorio el incremento de personajes y el carácter que esta multiplicación adquiere. Gracias a estos nuevos personajes, sectores sociales que antes no tenían voz la adquieren, individual y colectivamente. El reparto permite ahora la intervención de quienes no pertenecen a la sociedad cusqueña: **mitmaq, yana** o simplemente "extranjeros." A la vez que el reparto se hace cualitativamente diferente, permite un mejor perfilamiento del Cuzco como ciudad y del Tahuantinsuyu como entidad integrada por culturas diferentes.

El espectador de **La piedra cansada** podrá ubicarse con facilidad en esa ciudad que puede imaginar a partir de la escenografía que recomienda el dramaturgo y de las menciones que hacen los personajes a edificios (Koricancha, Intipampa, Acllawassi, Sajsawaman) y barrios de la ciudad (**hanan y hurin**). Muchos de esos edificios son construcciones monumentales que Valcárcel describe en **Cuzco: capital arqueológica de Sud América.** El Cuzco pasa así a ser una ciudad habitada no sólo por "nobles" o "gigantes" sino sobre todo por "quechuas" o **runas.**[110] Sin llegar a los detalles, se describe el tipo de vivienda que tienen otras clases sociales que prestan servicios domésticos o trabajan como artesanos en el Cuzco. Las construcciones que esta gente común habita no son espectaculares pero remiten a un espacio mayor, por el contacto que mantienen con los cuatro **suyos.** Regiones tales como la de los **kobras** y los **huaylas** son en **La piedra cansada** extensiones, lugares cuya presencia siempre remite al Cuzco. El **antisuyo** será el lugar donde se va a conquistar nuevos territorios, mientras que el **chinchaysuyo** será el lugar para el exilio de los de arriba y de los de abajo: en la región de Huaylas adoptan una nueva identidad, la familia Uyurqui, tras la rebelión que derroca a Lloque Yupanqui, y Tolpor, luego de que abdica como **sapa inca.**

Diferentes personajes contribuyen a ampliar el espectro social en **La piedra cansada,** de tal manera que el espectador puede tener una mejor idea de lo que hay en la sociedad que viven los personajes

---

[110] Según la definición que da Lumbreras de los **mitayoqcuna,** Tolpor era uno de éstos, porque era un **runa** que servía en otras tareas asignadas por el estado. Según Lumbreras, "eran una suerte de 'hombres libres,' sujetos al derecho comunal y a través de él a las obligaciones de trabajo y tributación que las comunidades le debían al rey." El **hatun runa** es, en cambio, un campesino cabeza de familia (1990: 304-05).

de **La piedra cansada**, más allá de los **ayllu panaca** y custodios. Los
personajes colaboran en reflexionar sobre el Tahuantinsuyu. No sólo
hablan del Cuzco y sus gobernantes, sino también de las costumbres y
creencias de otras "naciones" sometidas en algún momento por los
incas: chancas, collas, kobras, chimus, yungas, porus, watallas,
maules, vilcas, shiras.[111] Se hace una referencia más frecuente a
"mitimaes," aquéllos que contra su voluntad o con su consentimiento
fueron trasladados de un lado a otro del Tahuantinsuyu por el **sapa
inca**, abandonando temporal o definitivamente su residencia o lugar de
origen.[112] Habrá gente en exilio y también un "extranjero." A estos
se agregan campesinos, pastores, chasquis, siervos, doncellas y **piruc**
("artistas" según Meneses) que intervienen a pesar de su relativo
anonimato (en la mayor parte de los casos sólo cuentan con nombres
genéricos y se distinguen por números o colores). Se puede lograr así
una recepción más diversificada y menos monolítica de los eventos que
van ocurriendo (guerras, presagios, rebeliones civiles, asesinatos,
ceremonias, fiestas, accidentes). El malestar de los dioses será
reemplazado por el malestar (que bordea la rebelión) de personajes
concretos.[113]

Al igual que ocurre en **Hacia el reino de los sciris**, las
acciones en **La piedra cansada** se desarrollan mayormente en el
Cuzco, aunque no sólo en ambientes palaciegos o cortesanos. A eso
se debe también que Vallejo prefiera una escenografía monumental, que
en lugar de subrayar la grandiosidad de las construcciones emprendidas,
le permita introducir a trabajadores como Tolpor y mostrar las
condiciones en las que trabajan. Los cuatro primeros cuadros ilustran
bastante bien dichas condiciones y la manera como los trabajadores
verbalizan su propio fabulario. Son artesanos **runa** los que construyen

---

[111] La discusión en la participan Uyurqui, tres **auqui** y "varias" **sipacoya**, en torno
al **quipuchika**--ceremonia en la que se festejaba la pubertad de las adolescentes--interesa,
porque toman en cuenta costumbres de otros pueblos y ayllus, así como de los propios
"quechuas" en el pasado (298).

[112] Los había de diferente tipo--como lo explica Rostworoski--e incluía a quienes eran
trasladados como castigo y a quienes eran enviados para resolver letigios. Muchos de
los artesanos que trabajaron en el Cusco vinieron en esta calidad (1988:297).

[113] Juan José Vega da una lista de palabras quechuas registradas por gramáticas del
XVI, relativas a rebeliones tales como **tacurichipayani** (amotinarse en guerra), **quiuicuni**
(rebelarse), **urmachini** (derrocar), **manahuñic** (rebelde), **queuicuni** (amotinarse),
quericuni (rebelión de un ejército) y **huananacum** (quitar la obediencia a ru rey).
Véase, **Incas, dioses y conquistadores** (Lima: Fondo de Cultura Popular), 11.

la fortaleza de Sajsawaman (acto I) y no "cíclopes," como especula en "Recientes descubrimientos en el país de los incas." Albañiles como Tolpor son **runa** forzados o persuadidos a emprender tareas que representan increíbles **tour de force**.[114] El accidente no es sólo la oportunidad que se crea para el melodrama (el encuentro de Tolpor y Kaura) sino la rutina a la que están expuestos los **runa**. A partir del accidente, la fábula comienza a ser revertida por quienes no han tenido una concepción **histórica**. No obstante, la piedra que no pudieron socializar no provoca inmediatamente una rebelión. La revuelta es postergada para dar lugar inmediato al melodrama que pondrá a prueba el **decorum**.

La expedición contra los kobras es relevante sólo en tanto la guerra transtorna radicalmente la vida de la gente, poniendo en evidencia los efectos que tiene el ejercicio del poder. Los kobras son un recurso conveniente porque ellos hacen necesaria la guerra. Al pertenecer al llamado **antisuyo**, no están habituados a la costumbre andina de la "reciprocidad". Es de suponer que los kobras desconocen la costumbre y que, por consiguiente, no participan de ella ni de los valores asociados con la misma. La expedición contra los kobras es el episodio más reciente de una política expansionista que comienza con la ocupación de esa zona que los incas llaman Cuzco, y se intensifica tras la victoria de los incas sobre los chancas. Al iniciarse la campaña contra los kobras, esa etapa que coincide con la fundación del Cuzco es ya un recuerdo remoto y vago para los personajes de **La piedra cansada**, una etapa que cuando es recordada se la asocia más con primitivismo que con orígenes.[115]

La victoria de los incas sobre los kobras es un acontecimiento inesperado y una invención necesaria, no tanto desde un punto de vista histórico (ya se ha indicado lo infructuosa que fue la expansión hacia el Antisuyo), sino porque cataliza la insurrección que pone

---

[114] En **El arte y la revolución** Vallejo afirmaba que "El caso más elocuente de solidaridad social, es ver a varios obreros que levantan una gran piedra" (carnet de 1932, 145).

[115] Cuando Kaura y Naydami le responden a Runto Caska que "La guerra es, en fin, más fecunda que la paz..."–, Naydami sostiene que "El llamado espíritu guerrero de los quechuas es cosa injertada...", a lo que Kaura agrega: "Injertada por los ayar o, tal vez, por dinastías más remotas" (308). Otro ejemplo de esta misma concepción lo da la discusión sobre las **quipuchikas** antiguas que son calificadas de "bárbaras" por Uyurqui (298).

temporalmente el mundo al revés. Las dificultades de la expedición crean un momento de inestabilidad política que conduce al derrocamiento temporal de Lloque Yupanqui. Durante el enfrentamiento con los kobras, Lloque Yupanqui no demuestra la habilidad que se esperaba de él. Tampoco destaca ningún noble, ni siquiera Raujaschuqui. En ese vacío de poder destaca la valentía más que la habilidad de Tolpor.[116] Una situación inesperada como ésa conduce a que las jerarquías y el poder en el cual están basadas, pierdan el carácter sagrado que solían tener.[117] Después del derrocamiento de Lloque Yupanqui, los "quechuas" no comparten de la misma manera símbolos que antes se valoraban sin reservas, ni tampoco conservan intacta su legitimidad, normas que antes se respetaban, normas que eran discriminatorias aun en la aplicación de los castigos.

El mundo andino que Vallejo construye en **La piedra cansada** es indudablemente más complejo que el de **Hacia el reino de los sciris**. En **La piedra casada** se explicitan contradicciones sociales y políticas. En **Hacia el reino de los sciris**, como se ha dicho, la única contradicción que se subraya es la que se da entre Viracocha y el **sapa inca** Tupac Yupanqui o entre Tupac Yupanqui y Huayna Capac. En **La piedra cansada**, las contradicciones se dan tanto entre los que pertenecen a los **ayllu panaca** y custodios, como entre "quechuas" y "nobles." En las intervenciones de Naydami, Kaura y Oruya, en **La piedra cansada**, se critica lo injusta que es la guerra. Otros personajes cuestionan algunas de las prohibiciones existentes en el interior del Tahuantinsuyu y aluden a diferencias sociales existentes. Mama Cussi, por ejemplo, critica la séptima prohibición, afirmando que su hijo "es tan varón, como un príncipe cualquiera"(305), y Okawa trata de

---

[116] "Un soldado de la expedición, un simple hachero de nombre Tolpor--dice el Chasqui 2--, ha sido el héroe de la toma de Chimac...No solamente ha sido el héroe de la última batalla, que ha puesto fin a la campaña, sino el héroe de todos los encuentros con el enemigo...El valor, la audacia, la intrepidez del hachero, han despertado en el ejército del Sol entusiasmo y tan apasionada admiración que, a esta hora, Tolpor es proclamado jefe supremo de todas las tropas en campaña y llevado en triunfo por el campo de los kobras, como un pequeño rey por sus dominios..." (313).

[117] A propósito del derrocamiento de Lloque Yupanqui, el Campesino Primero se pregunta: "¿Si un inca fuese un dios o el hijo de Viracocha, cómo explicarse que Lloque Yupanqui haya sido destronado por hombres tan corrientes como nosotros, ambiciosos y llenos de defectos, como la generalidad de las gentes?" (312)

ignorantes a las ñustas: "Las vírgenes no saben lo que son los vasos.
Ellas liban en keros."[118] Esta visión que tienen diferentes personajes
de quienes gobiernan debilita considerablemente la autoridad del **sapa
inca** y su proyecto político.

     Si bien hay una cierta ambigüedad en la manera como se
describe la reacción del pueblo una vez que los "pumas imperiales"
anuncian la guerra, no cabe duda de que la guerra se convierte en una
fuente de conflictos.   La expedición tiene una doble conclusión.
Termina con la victoria sobre los kobras al igual que con el
derrocamiento de Lloque Yupanqui. Sin embargo, la guerra incentiva
un deterioro político que la antecede y que se aprecia incluso en los
ayllu próximos al **sapa inca**. Esto se observa en el cuadro noveno que
se centra en la discusión que tiene lugar en la casa de los Uyurqui
sobre la guerra (308-309).[119] En dicha discusión, la familia Uyurqui,
que tiene una posición privilegiada en la sociedad cusqueña, pero que
es de origen yunga, se opone a la expedición. Kaura critica los efectos
negativos que ya tiene para el Cuzco--"Desde que fue anunciada [la
guerra], la ciudad vive una vida irregular y provisoria, que exaspera"
(309)--, para todo el Tahuantinsuyu--"Un sobresalto de pesadilla ha
producido en ayllus y ciudades el solo anuncio de la expedición" (308)-
-y para las familias: "Mañana, los ejércitos, al perderse por el gran
camino de la sierra--dice Kaura--, se llevarán con ellos el calor de los
hogares, exiliado en los ojos de los padres, en el pecho de los
hermanos, en los labios de los novios y maridos." Naydami pone en
duda las justificaciones de Runto Kaska para quien "...jamás los hijos
del Sol usaron sus armas sino en bien de los pueblos sometidos, cuya
barbarie, al advenimiento de la autoridad del Inca, se trueca siempre en
dulce y sosegado bienestar..." Runto Kaska personificará una visión
conocida en Garcilaso. Para él, "La guerra es, en fin, más fecunda
que la paz," incluso para los pueblos que son sometidos. Para Oruya,
la guerra ha sido una imposición política del Consejo de Ancianos.

---

[118] Los keros son descritos como "desnudos", carecen de "grabados" y "colores,"
"tristes" en definitiva (300).
[119] Lo dice el dramaturgo en sus acotaciones y el personaje llamado Extranjero sobre
la reacción del pueblo se contradice. En las acotaciones se dice: "Se ve, en efecto,
cruzar por la calle grupos de hombre [sic.] y mujeres, en gran efervescencia" (300). El
Extranjero dirá en el mismo cuadro: "El pueblo, al rugido de los pumas imperiales,
anunciando la expedición, no demuestra en las calles entusiasmo" y agrega en su
siguiente intervención, "Una extraña indiferencia" (305).

Ningún personaje será de la idea de que alguna deidad (Viracocha o el Yllapa) exige la guerra a modo de reparación.

En cuanto a las prohibiciones, el espectador observará el efecto traumático que tiene sobre un trabajador la "séptima" ("amar a una mujer de estirpe"). A Tolpor le es aplicable dicha prohibición porque Tolpor ("punzón" según Meneses) pertenece al **ayllu** Taucasquis ("apiladores"), que lo identifica más como un artesano y quizás como un **mitmaq**. Como tal, está por debajo de los **ayllu panaca**, de los **ayllu** custodios y de los administradores del estado. Como **runa** trabaja durante el verano haciendo de **yana** en el "palacio de Recuay" y como albañil el resto del año, pero también tiene el deber de participar en la **mita** guerrera cuando ésta es ordenada por el **sapa inca**.[120]   En **La piedra cansada** Tolpor es albañil en la reconstrucción de Sajsawaman (es en esta calidad que conocerá a Kaura) y de hachero en la expedición. En situaciones extraordinarias, puede llegar a ser general, como ocurre en el drama.

Como **runa**, Tolpor tiene prohibido enamorarse de una ñusta. De haber sido descubierto, se lo hubiera sancionado con "la muerte por el frío," según lo dice dice el Amauta 4 en un pasaje en el que compara los castigos que se imponen a quienes aman "a una mujer de estirpe" con quienes cometen adulterio (287). Tolpor es un buen "quechua" hasta que se enamora de la ñusta. A partir de ese momento se va transformando en un poseído del **supay** o en un enfermo. Esta es la visión que tienen de él Sallcupar y Mama Cussi, respectivamente. Como tal se hace delincuente, héroe y **sapa inca**, dentro de un medio ambiente en el que se puede distinguir su esfera privada con relativa claridad. Esta posesión demoníaca termina una vez que abdica, de allí el nombre de Imaquípac ("el que todo lo deja") que adopta al final del drama. Tras entrevistarse con amautas, quipucamayoc y el Villa Umo, Tolpor le pide al Chasqui que anuncie a todos que "Tolpor Imaquípac renuncia al trono del Tahuantinsuyu y, como simple siervo, se da a una vida errante, de penitencia voluntaria, por el reino" (317).

---

[120] "Con la expansión y las grandes distancias--escribe Rostworowski--se hizo imposible el retorno de la soldadesca a sus pueblos y a sus faenas campesinas en el plazo necesario para asistir a los trabajos agrícolas.   Los incas recurrieron en esas circunstancias a la **mita** guerrera, que permitió conducir sus ejércitos a los confines de sus estados por varios años consecutivos" (1988:134).

No obstante ser un **runa** (albañil, regador, hachero), la primera imagen que se tiene en **La piedra cansada** de Tolpor, recuerda más "Le penseur" de Auguste Rodin, que la de un revolucionario o un rebelde: "Cuando la claridad del día inunda la escena--se dice en la acotación inicial del drama--, aparece Tolpor, sentado al pie de dicho bloque, los codos en las rodillas y el rostro entre las manos, hundido en la cavilación" (285). La primera intervención de Tolpor acentúa esta imagen como un ser enfrascado en meditaciones propias de un **amauta** o un **piruc**. Este tono reflexivo no se interrumpe ni siquiera cuando Tolpor asesina a Oruya, aunque las reflexiones se hacen cada vez más traumáticas y patológicas. Las meditaciones se intensifican al enamorarse de Kaura y transgredir varias de las prohibiciones. Después del enamoramiento, Tolpor comete casi todos los pecados posibles, los más importantes, excepto mentir, pero no es castigado.

Desde el comienzo del drama, Tolpor parece tener la contextura psicológica de un mendigo, como éste es visto por la sociedad que Vallejo construye en **La piedra cansada**.[121] Cada cual con su propia experiencia, los personajes Chasqui y Huacopa proporcionan respuestas y preguntas sobre lo que el mendigo es para esa sociedad. Huacopa nunca ha visto un mendigo--el primero será Tolpor--, aunque sabe lo que en su pueblo se dice de ellos (él es de Huaylas): "Se cuenta--dice Huacopa--que ellos llevan a las comunidades y a los pueblos, una especie de bendición secreta de los dioses." Por su parte, el Chasqui ha absorbido, en el nomadismo de su profesión, lo que le han contado en diferentes partes del Tahuantinsuyu y puede dar una explicación más elaborada. Por el Chasqui se sabe que hay mendigos de diversos tipos (esto lo ha escuchado de los **villac**). El proporciona una clasificación de los mendigos en la que la edad y el estado emocional de los mismos indica o presagia determinados eventos. Asimismo, indica que "carecen de parientes, ocultan el lugar donde nacieron y hasta se afirma que no son seres normales como el común de los quechuas, sino que son 'dobles' de personas ausentes en trances de morir" (311).

---

[121] Su visita a la región de Huaylas--donde se encuentran exiliados los Uyurqui--será prefigurada por Kaura en el cuadro undécimo, al encontrar una papa morada que anuncia, según lo interpretan diferentes personajes, el tránsito de un mendigo por el ayllu (311).

Ser mendicante no es para esa sociedad una desgracia social ni una desventura económica. Por el contrario, la presencia de un mendigo, o el mero anuncio de su presencia, es una señal de augurio, como lo señala Huacopa. En el caso de **La piedra cansada**, Tolpor mismo hace evidente que es una elección voluntaria hecha a modo de penitencia. Esa penitencia no obedece a ninguno de los "pecados" que ha cometido Tolpor. Al final del drama, éste está convencido de su propia exculpación y reitera una idea que ya había expresado anteriormente en su entrevista con el **amauta** Sallcupar. Frente a las increpaciones de Sallcupar, él había exclamado "¡Ni yerro, ni crimen, ni pecado!" (307). Pero la exculpación parece no estar reducida al incumplimiento de la séptima prohibición. Poco antes de abdicar, Tolpor ha cerrado su entrevista con el Villa Umo señalando que el origen de su desesperación y de su crimen había estado en una "fatal desigualdad" (316).

Tras abdicar, Tolpor responde como mendigo a la descripción que de éstos habían dado Huacopa y el Chasqui. Dentro de la clasificación explicada por el Chasqui, Tolpor no es de los que están penetrados por "ideas raras" o "pasiones misteriosas", sino más bien de aquéllos que si no traen consigo abundancia, traen "una especie de bendición secreta de los dioses" (311). Esto es exactamente lo que le dice Kaura a Tolpor en el cuadro final (318). Tal y conforme lo había dicho el Chasqui, Tolpor, al igual que todos los mendigos, evade las preguntas que le hace Huacopa en torno a sus orígenes. Su familia no reaparece luego del cuadro décimo. Lo único que sabe Huacopa de Tolpor es esa confidencia un tanto insegura que le hace de haber reconocido en la voz de Kaura, a la **ñusta** de la cual se había enamorado y a quien creyó haber asesinado en vísperas de la guerra contra los kobras. Una idea más precisa de lo que representa la conducta de Tolpor se puede lograr si se la compara con el protagonista del drama **Ollantay**.

Tolpor y Ollanta no infringen las mismas normas porque no comparten una misma posición social. Siendo un general del Tahuantinsuyo, Ollanta no se ve afectado por la séptima prohibición, ni ninguna de las trece, puesto que éstas se aplican sólo a los **runa**. Ollanta pertenece a los **ayllu** custodios. Tampoco la mujer de la que se enamoran tiene la misma posición social: Kaura es una **ñusta** venida al Cuzco desde algún pueblo **yunga**, mientras que Cusi Coyllur es la hija predilecta del **sapa inca** Pachachutec. En **La piedra cansada**, el

sapa inca ignora que Tolpor está incumpliendo la séptima prohibición. Ni siquiera el enamoramiento entre Tolpor y Kaura se materializa a la manera del **Ollantay** donde se consuma en el nacimiento de Yma Suma. En **La piedra cansada**, el enamoramiento parece quedarse en un estado que afecta exclusivamente a Tolpor. En **Ollantay**, éste se casa secretamente con Cusy Coyllur, pero es rechazado por Pachacutec al no pertenecer a ninguna **panaca**. La posición de Tolpor es todavía más desventajosa, a pesar de no ser Kaura la hija de Lloque Yupanqui. Tolpor toma más bien represalias: asesina a Kaura (aunque por confusión no es a ésta a la que mata sino a Oruya) y luego busca su propia muerte al asumir una conducta temeraria en la guerra contra los kobras. Ollanta se refugia en una fortaleza y constituye su propio reino, independiente de Pachacutec. Si Tolpor termina siendo **sapa inca** no se debe a que él lo haya buscado, éste es un desenlace accidental. Pasado el tiempo, ambos abdican, Tolpor para convertirse en mendigo y Ollanta para ser nombrado "general mayor" por Tupac Yupanqui. El ascenso social de Tolpor es más abrupto porque derroca a Lloque Yupanqui poco desqués que el Consejo de Ancianos le ofrece la posición de "general mayor."[122] Vallejo evita en **La piedra cansada** el final melodramático que tiene **Ollantay**. En sociedades como esa no puede haber justicia poética.

Más importante aún es reconocer que Tolpor no se atreve sino a "pecar". El hacer público ese pecado--habla del mismo con el **amauta** Sallcupar, con el Extranjero y con las "doncellas"--no afecta todavía la lealtad que siente por el **sapa inca** ni el respeto que tiene por ciertas convenciones sociales. Todavía en el cuadro quinto parece que su transgresión del **decorum** tiene reparo. Comete "impiedades"--no se descalza al entrar al Koricancha, no cumple con hacer las "abluciones" en el Huatanay, se enamora de una ñusta (297)--, pero éstas responden al estado emocional en el que se encuentra. Su obsesión por definir lo que es el amor lo lleva a descuidar sus obligaciones. Sólo a partir de su entrevista con el **amauta** Sallcupar comienza su rebelión, es decir, una vez que la autoridad sanciona

---

[122] Ollanta experimenta un ascenso social que será finalmente irreversible. Este no es el caso de Tolpor quien pasa de albañil y hombre de riego a hachero, luego a general mayor, **sapa inca** y mendigo, que le da status pero no poder. Por su parte, Kaura, pese al revés del exilio (que es un revés también para Lloque Yupanqui), no pierde al final del drama la posición social que tuvo en un comienzo.

moralmente su estado como un crimen y un pecado que lo enfrenta al **sapa inca**. El asesinato lo comete inmediatamente después de esa entrevista que marca el momento a partir del cual la cabeza de Tolpor "ha perdido su cielo" (300).

Las informaciones que traen los chasquis del frente de batalla son escuetas y contradictorias, hasta el punto de que no aclaran el rol desempeñado por Tolpor en la sublevación. Se dice que ha destacado por su valentía, pero no se sabe cómo ni en qué momento se lo nombra **sapa inca**. Sólo se sabe que los **piruc** se niegan a aceptar los mensajes que traen los **chasqui**, a quienes acusan de **collahuata** ("perteneciente a una isla del altiplano" según Meneses). Sólo la "multitud" acepta lo que dicen los **chasqui** y se interesa por saber más de Tolpor. Una vez que los **piruc** y miembros del Consejo de Ancianos aceptan lo ocurrido, éstos ofrecen explicaciones de tipo histórico que intentan darle una perspectiva aceptable a los acontecimientos. Se dice, por ejemplo, que "No es la primera vez que un oscuro hombre de pueblo, un simple siervo--sin instrucción que recibe el noble, es verdad, pero dotado de cualidades excepcionales--destaca su figura y se eleva a la gloria, al servicio del Imperio" (314). Sin embargo, retrospectivas como éstas no explican los eventos que siguen a la victoria sobre los kobras.

A Tolpor se "le confiere la tercera autoridad del Imperio, después de la del Inca y de la de su hermano, el Villac Umo" (314). Pero Tolpor termina convertido casi inmediatamente en la primera autoridad y pasa a formar parte de la sublevación de los "guerreros del Sol" contra del Cuzco. Los eventos que ocurren en el cuadro XII no permiten entender cómo evoluciona la situación y cómo se llega a este punto (312-315). En cuanto a las "cualidades excepcionales" de Tolpor, él mismo pone en evidencia que su conducta extraordinaria se debió a una "fatal desigualdad" impuesta sobre "siervos" como él por quienes gobiernan el Tahuantinsuyu. Su renuncia a continuar siendo **sapa inca** también contribuye a poner en cuestionamiento sus "cualidades excepcionales." Abdica justamente cuando ha llegado a comprender los efectos que tiene el funcionamiento del poder sobre lo que sería la esfera privada de los "quechuas." A Tolpor le cuesta ver la relación que existe entre sus meditaciones existenciales y las necesidades de una posible sociedad civil, desgastada por el costo que le impone la **mita** guerrera e insatisfecha por normas que sabe injustas.

El único personaje que parece estar críticamente al tanto de
estas dos contradicciones es el Extranjero, un personaje no previsto por
Vallejo en sus "Notas" a **Hacia el reino de los sciris**. El Extranjero
aparece llamado por Mama Cussi para que haga algo por Tolpor; pero
el Extranjero no es un simple mediador. El Extranjero lo lleva al
amauta Sallcupar que verá en Tolpor a un poseído del **supay**. A él,
en cambio, le preocupa que Tolpor se marche o se quede en las
penumbras (307). A través de las observaciones del Extranjero, el
espectador podrá distanciarse y tomar conciencia de diferencias
culturales que son significativas, así como de contradicciones sociales
existentes en las costumbres de diversos pueblos. Sus observaciones
subrayan la arbitrariedad que caracteriza a ciertas normas, no en el
sentido de ser o no justas, sino porque no todos los pueblos comparten
el mismo protocolo y no todos consideran crimen o pecado ciertos
comportamientos. En el caso particular de Tolpor, lo que él está
experimentando no habría sido sancionado o criticado por otros pueblos
que no fuesen "quechuas".

A partir de lo que ocurre con Tolpor, el Extranjero llega
también a otras observaciones: otros pueblos no se saludan saliendo.
Comentarios como éstos lo convierten en un observador ilustrado y
crítico de la sociedad inca. Sus diálogos con Tolpor, de quien se hace
confidente, así como su entrevista con el amauta Sallcupar, parecen
estar al servicio de esta curiosidad, más allá de la preocupación que
siente por Tolpor. En **La piedra cansada**, el Extranjero señala el
carácter   convencional   que   tiene   ese   protocolo   que   norma
coercitivamente   las   relaciones   sociales.   "Vamos   allá--dice   el
Extranjero--en lo que toca al caso de este joven no oculto mi sorpresa
de ver que entre vosotros es crimen y pecado en un hombre del ayllu,
amar a una ñusta, coya o sipacoya" (305). El mismo comenta que esta
"séptima" prohibición no se aplica en la dirección inversa. Una
situación que no atiende en sus comentarios y observaciones es el
desencuentro del que son responsables Tolpor y Kaura.

El desencuentro entre Tolpor y Kaura no es sólo físico sino
sobre todo político. Así como Tolpor ignora lo injusta que es la
guerra, Kaura ignora lo injustas que son las prohibiciones, y la
séptima, en particular (una prohibición introducida por Pachacutec,
según Clement Markham). Ninguno de ellos percibe lo que tienen en
común luego de ese encuentro accidental en Sajsawaman. Tolpor no
critica la campaña contra los kobras. Se limita a pronosticar que será

larga y a comentar el estado emocional en el que va a participar: "¡Partiré... ¡Triste! ¡Sangrando! ¡Envenenado!..." (300). Por su parte, a Kaura no le concierne ninguna de las trece prohibiciones, aunque está obsesionada por su oposición a la guerra. Ambos tienen en común el ignorar la contradicción que más afecta al otro. Después de una etapa en la que ella se niega a casarse, porque su amor es por la humanidad y no por un sólo hombre (308-309), y en la que se opone tenazmente a la guerra, asume una actitud sorprendida y complaciente ante la vuelta del antiguo régimen. Este suceso la saca del exilio en el que se encuentra con su familia. Aún antes, ella había criticado inequívocamente el derrocamiento de Lloque Yupanqui. Es de suponer que con la restauración, Lloque Yupanqui continuará manteniendo los límites sociales (en nombre del **decorum**) y expandiendo las fronteras.

Acabada la sublevación, todo vuelve a adquirir el orden que solía tener y en el que tienen cabida el mendigo Tolpor y la ñusta Kaura. La tragedia está en que pasado el momento propicio no será posible la identificación entre las dos contradicciones. Perdida la oportunidad, la tragedia está no tanto en el desencuentro entre Tolpor y Kaura, una posibilidad fallida tanto cuando Tolpor es un **runa** como cuando es **sapa inca**, sino en la restauración que afecta a quienes, como los "guerreros del sol," le dieron todo el poder a Tolpor. En su calidad de **sapa inca** la única revolución de la que fue capaz Tolpor fue la de contravenir el protocolo. Más que de una revolución se trata de un escándalo. Acabado éste, se dedica a contemplar su sociedad a partir de lo que fue su propia tragedia. Como **sapa inca**, Tolpor se hace conocer como Imaquípac y no como Yupanqui.

10

La piedra cansada representa un cambio importante en el discurso "indigenista" de Vallejo, por lo menos en lo tocante a la historia prehispánica. En este drama se transforma la construcción que él mismo había ofrecido anteriormente en **Hacia el reino de los Sciris** y en sus crónicas. Vallejo revisa parte de esa historia, dándole más importancia a contradicciones suscitadas en el interior de esa sociedad, por normas que se imponen sobre el pueblo, y por decisiones políticas que afectan la vida diaria de los pueblos, formen parte o no del Tahuantinsuyo. A diferencia de **Hacia el reino de los Sciris**, en **La**

piedra cansada se cuestiona la arbitrariedad de ciertas costumbres (la séptima prohibición) y el daño que causan ciertas decisiones políticas (la guerra contra los kobras). **La piedra cansada** es, por todo esto, lo opuesto de lo que se podría esperar de un drama palaciego.

La historia de **La piedra cansada** insiste en el malestar que tienen algunos "nobles" frente al militarismo y el pueblo frente al autocratismo. Vallejo hace del **decorum** el catalizador de una tragedia cuya resolución deja sin resolver contradicciones fundamentales que afectan a la sociedad inca. El drama concluye con la restauración del gobernante y del protocolo que permite la coexistencia de la fábula y la historia, como dos modos legítimos de explicar los acontecimientos. La tragedia está más en la restauración que en la ceguera del mendigo.

La habilidad militar demostrada por Tolpor tiene su orígen en un trauma social. Su incompetencia política tiene que ver, más bien, con que sus acciones están controladas por el "destino", es decir, por las expectativas que le toleran y los deseos que le censuran. La sublevación sólo demuestra que Lloque Yupanqui no era "el más hábil." La invención de Tolpor como protagonista--notable si se recuerda los personajes de **Hacia el reino de los sciris**--, le permite a Vallejo mostrar contradicciones allí donde sólo existía la "leyenda" y construir, quizás, alegorías respecto a problemas más contemporáneos a él. La guerra se transforma en revolución y la revolución termina verosímilmente con la restauración.

La lectura que hace Vallejo de los incas no lo lleva a formular una "poesía lapidaria" (aquélla en la que predominan "funciones asimétricas") como la que plantea Larrea, ni tampoco asocia expansionismo con progreso, como lo hace Valcárcel apoyándose en Spengler. Vallejo no está interesado tampoco en la creación de una utopía andina. En su última ficción, redime la imagen del **auca**, hasta entonces visto sólo como tirano, traidor, fementido o guerero sin legalidad. En ningún caso trata de ser complaciente con su audiencia. Para defender la "sensibilidad indígena"--por la que aboga en "Una gran reunión latinoamericana"--o para adherirse al indigenismo, no necesita continuar la apología de los incas. A diez años de haber escrito "Los escollos de siempre" (1927), Vallejo cree que por este otro camino puede evitarse un fracaso más de las "doctrinas indigenistas."

Todavía en 1935, Vallejo sigue con el mismo proyecto que lo entusiasmaba en "Una gran reunión latinoamericana" (1927). En una carta que le escribe a Aurelio Miró Quesada Sosa en diciembre de

1935, le dice lo siguiente: "Coincidimos en la necesidad de una literatura nueva, enraizada en la tierra y el espíritu vernaculares. Habrá que tener paciencia a que ella venga alguna vez" (Vallejo 1982:257-58). Obviamente, no hay más coincidencias entre Vallejo y Miró Quesada, pero a la creación de esa "nueva" literatura (que coincide con las expectativas puestas en Vallejo por Mariátegui) responden dramas como **Colacho Hermanos** y **La piedra cansada**. En **Colacho Hermanos** hace de la farsa un género apropiado para contar cualquier historia de la república y en **La piedra cansada** se anima a debatir con las "doctrinas indigenistas" que han fracasado. Esto último lo hace mediante la reconstrucción de un episodio, o una "captación," como las llama Valcárcel, de la vida "inkaika."

Regresar al Perú en la ficción le permite, además, libertades que ninguna crónica le habría permitido porque las ficciones toleran licencias "poéticas" que no podría haberse tomado en aquéllas. La literatura le permite a Vallejo hacer cambios que serían inaceptables para un historiador o un cronista que se mantiene fiel al discurso "indigenista." Evita así explicaciones que hubieran sido necesarias. Las ficciones le permiten corregir más fácilmente, usando otro modo o género, lo que ha escrito, como ocurre en la escritura de **El Tungsteno** y **Colacho Hermanos**. La literatura le da la oportunidad de corregir las imágenes que construye. **Colacho Hermanos** y **La piedra cansada** prueban que él se dio la oportunidad de escribir más de una vez sobre la misma historia.

Sus crónicas logran construir una parodia del "horizonte de expectativas" que tienen los intelectuales franceses sobre lo que es la modernidad y sobre la función que al primitivismo le toca en esa modernidad. Vallejo clausura su escritura como la comenzó desde que visitara Montmartre en 1923. Cuando escribe crónicas, especialmente si van a publicarse en francés, no puede evitar hacer de etnógrafo de la modernidad así esté escribiendo sobre la escultura o la arquitectura que llama incaica. El ha hecho del **fumisme** una tradición propia, mientras radica en esa ciudad que es Lutecia a pesar de ser también París. Cuando escribe dramas como **Colacho Hermanos** o **La piedra cansada**, Vallejo demuestra que las farsas o las tragedias peruanas no son exóticas sino en la medida que son semejantes a las francesas de las que ha escrito por más de una década. Por eso, la ópera es un género apropiado para "celebrar" las grandezas y las injusticias de cualquier imperio.

Un obrero peruano en Montparnasse

1

La Feria Mundial de París de 1937 no fue una feria como la habían sido las de 1900, 1889 ó 1855. Pese al retraso con que se inaugura y a que muchos pabellones no están terminados, el público asiste masivamente. Oliver Bernier dice que durante los seis meses que dura la feria, se venden más de doscientos millones de entradas a un costo de seis francos cada una, el equivalente ahora de $1.50 dólares. Los visitantes encuentran todo tipo de comodidades y entretenimientos. Hay guías e intérpretes así como modernas instalaciones higiénicas. Dada el área que ocupa la feria, los visitantes pueden trasladarse en ómnibus, taxis eléctricos o en embarcaciones fluviales. Además de los pabellones, hay restaurantes que sirven bebidas y comidas que ahora serían llamadas "étnicas." Hay espectáculos de los más variados, desde los más tradicionales, exóticos, folklóricos o clásicos, hasta los más modernos. La feria ofrece muchas novedades pero una de las más importantes es--según Bernier--la iluminación de los exteriores y la luz indirecta que se usa en los pabellones.

Los edificios que se construyen para los pabellones de países extranjeros, son provisionales. Acabada la feria, son destruidos o desmantelados. Sólo permanecen los edificios en los que Francia exhibe su tecnología y arte. Bernier dice que de todos los pabellones, los que más llaman la atención son los de la Unión Soviética y España. El soviético sobresale por ser el más ostentoso. Bernier cita a Janet Flaner, corresponsal del New Yorker, para describirlos. Para Flaner, lo más chocante o llamativo del pabellón de la Unión Soviética es el lujo con el que había sido construido. Las paredes están recubiertas de mármol. En el interior hay un fabuloso mapa de la nueva Rusia hecho enteramente de oro, con piedras preciosas y semipreciosas incrustadas; las capitales de las ciudades están marcadas con rubíes en forma de estrella y tienen los nombres grabados en oro; los oleoductos están

señalados con topacios en forma de brazalete. En contraste, el pabellón
que diseña José María Sert, a pedido del gobierno republicano español,
parece simple. Es una estructura geométrica cuadrada, con anchas
ventanas y paredes hechas de paneles de metal sobre los que hay
inscripciones en favor de la república. La feria es inaugurada a un mes
de que bombarderos alemanes destruyesen el pueblo vasco de Guernica
y un mes antes de que dimita el gobierno socialista de Léon Blum. La
feria es clausurada en noviembre por el gobierno radical de Camille
Chautemps (Bernier 1993: 252-75).

La feria--llamada oficialmente L'Exposition Internationale des
Arts et Techniques--es importante también en otro sentido. Paul Colin,
el "provinciano" que llega a París como un desconocido en 1923, es
contratado para hacer el **affiche** de la Feria--Colin había hecho los
afiches de muchos de los espectáculos que reseña Vallejo entre 1923 y
1930, incluidos **Los criminales**, el **Bal Nègre** y la **Revue Nègre**. Se
presenta en la feria una producción francesa de un drama de Bertolt
Brecht, **La ópera de los tres centavos**, dirigida por un exiliado alemán
llamado E.J. Aufricht. El arquitecto suizo Charles-Edouard Jeanneret,
Le Corbusier, muestra por iniciativa propia su "Pabellón de la Nueva
Era." Los españoles Pablo Picasso y Joan Miró exhiben trabajos suyos
en el pabellón del gobierno republicano español: el **Guernica** de
Picasso--además de dos esculturas, y una serie de dibujos titulado
"Sueño y mentira de Franco"--y **Un payés catalán en revolución** de
Miró. Desapercibido entre estos acontecimientos, Vallejo es un
anodino empleado del pabellón peruano. Diez años después de "Una
gran reunión latinoamericana" (1927), su suerte sigue siendo la misma.

Vallejo sigue siendo un **métèque**, mortificado a una semana de
inaugurarse la feria--en una carta que le dirige a Juan Luis Velásquez
el 31 de mayo 1937 (1982:268)--de lo poco que cuenta en América lo
que está ocurriendo en Europa, con la misma intensidad que le había
mortificado, catorce años antes, al escribir "Cooperación" (1923), la
manera como se ignoraba en Francia los asuntos de América. Opuesto,
por otro lado, en "América y la 'idea de imperio' de Franco" (1937),
al meridiano político que el "invasor" Franco le propone a los caciques
de América, como antes se opuso al "meridiano" cultural sugerido por
La Gaceta Literaria. En 1937, España desplaza a París como
sinécdoque de Europa, no sólo para Vallejo sino para muchos
intelectuales que defienden la república.

La suerte de Vallejo también puede ser comparada con la de otros "extranjeros" tales como los ya nombrados Brassaï y Kertész. Brassaï había llegado a París deseando hacerse pintor pero, como diría Vallejo, tenía su violín de Ingres en la fotografía. La buena suerte de Brassaï es que encuentra en la fotografía no sólo una manera de ser artista sino un sustento satisfactorio. Lo contratan las revistas **Minotaure** y **Harper's Bazar**. Kertész--quien como Vallejo se niega a considerarse a sí mismo un profesional--tuvo una suerte parecida. Luego de tres o cuatro años de estar en París, es contratado por la revista **Vu**. Revistas como ésta le proporcionan a Brassaï y Kertész--como lo afirma Deedes-Cincke--un medio de subsistencia y de expresión artística. Lo mismo ocurre con pintores famosos que también se interesan por sus trabajos y les pagan por los mismos (1992:78). Por el contrario, la suerte de Vallejo se parece más a la de las **midinettes**, pues si bien define la dramaturgia como su violín de Ingres, esa vocación queda trunca. El francés prueba ser más importante de lo que pensó. Incluso la ayuda o colaboración de Georgette Phillipart debió ser insuficiente, o contraproducente, si se piensa que también podría haberse percibido en los escritos de Vallejo (o en las traducciones), trazos que la malicia podría haber atribuido a una hija de **concierge**.

2

Vallejo podría haber ido a París con el deseo de hacerse pintor y, una vez allí, en Francia, podría haberse vuelto fotógrafo, como Brassaï o Kertész, **affichiste** como Colin, coreógrafo como Nijinsy, decorador como Ruhlman, o arquitecto como Le Corbusier, pero ser poeta equivale a quedarse en el impasse de un anacronismo. Como poeta, Vallejo no es un **métier** en más de un sentido: en primer lugar, porque él no es el escritor obediente que cumple con las convenciones de la institución; en segundo lugar, porque se niega a ser un escritor "moderno" como lo son Barres, Morand o Blasco Ibáñez; y en tercer lugar, porque ser poeta no es una profesión reconocida en el mercado. Un poeta puede llegar a ser "inmortal," como llega a serlo Paul Valéry, o puede obtener la protección de Elsa Schiaparelli, como la consigue Jean Cocteau, pero no puede conseguir empleo. Estas no son opciones o expectativas para quien es **métèque** y está desvinculado de le

tout-Paris. En el mercado no hay una profesión que se anuncie como tal, como sí la hay de dramaturgo, la cual puede ser incluso lucrativa. La transición al teatro no implica el abandono de la poesía. La poesía lo abandona a él. El teatro comienza siendo para Vallejo casi un posible empleo, una manera de subsanar una austeridad que le perjudica y molesta, pero llega a ser una vocación. El oficio de poeta lo hubiera mantenido en un estado precario porque el público que solían tener los poetas--como dice Walter Benjamin--se ha vuelto inhóspito.[123]   El poeta no sabe cómo resolver favorablemente la ansiedad que provoca el riesgo de ser malentendido por el lector. El **hypocrite lecteur** se niega a ser **semblable** o **frère.** A su vez, el poeta no es ni siquiera un **minstrel.** Se ha convertido en el especialista de un género literario abrumado por convenciones que debe cumplir o que inventa por el hábito de crear novedades. Nadie "triunfa" escribiendo poesía desde los tiempos de Baudelaire. El público se muestra indiferente incluso frente a aquella poesía que le es presentada como parte de su tradición. Las condiciones para la recepción de la poesía se han tornado desfavorables. En esas condiciones es corriente que se tenga una visión distorsionada del lector. Lo difícil es salir de la letanía de quien se defiende haciendo de todo ser humano un lector inmerecido.

Vallejo intenta realizar infructuosamente una transición que había sido anunciada por Stéphane Mallarmé.[124]   Lo hace en base a concepciones y desventajas que son "suyas de él." Las transiciones son tan difíciles como imaginar las **correspondences** de las que escribía Baudelaire, es decir, como la comprensión de las analogías universales. La transición no es menos complicada ni siquiera para el escritor extranjero que ha venido a París--como Vallejo lo dice en "El crepúsculo de las águilas" (1926)--con el propósito de "vivir más

---

[123] Aquí sigo el análisis que hace Benjamin del poeta "lírico" en "On Some Motifs of Baudelaire" (1968:155-7).

[124] Otra vía a través de la cual se busca resolver este impase es--según Benjamin--la escritura de poemas en prosa.   Benjamin proporciona la siguiente cita de Baudelaire: "¿Quién entre nosotros no ha soñado, en sus días de ambición, del milagro de la prosa poética? Tendría que ser musical sin ritmo ni rima, suficientemente flexible y resistente como para adaptarse a los bullicios del alma, las olas del sueño, las conmociones de la conciencia.   Este ideal, que puede hacerse una **idée fixe,** agarrará especialmente a aquéllos que se sienta en casa en las grandes ciudades y en las telarañas de sus innumerables relaciones interconectadas" (155-57 y 165).

amplia y noblemente" y "permanecer" (169). No hay manera de evitar
la traducción. Por el contrario, la traducción se convierte en un
requerimiento constante e infranqueable incluso para quien la ve con
sospecha (372). Toda alternativa es parcial hasta que las lenguas no se
unifiquen o hasta que no se invente una estética que evite la aporía.

3

  Vallejo llega vía España a un mundo en el que la comunidad
no controla más la economía, pero quiere controlar todo lo demás y
especialmente a quienes han franqueado las fronteras. Todavía no ha
ocurrido la liberación de Argelia que provocará en Francia un efecto
semejante al que Puerto Rico, Cuba y Filipinas desatan en España.
Frente a la presencia del extranjero, se responde con el fomento de
fobias. El extranjero que no llega con su propia pensión, o con alguna
corresponsalía, difícilmente encuentra empleo. Para los extranjeros se
crean enclaves, como los muelles de Marseilles que describe Claude
McKay en **Banjo** (1929) o en **A Long Way from Home** (1937), o
centros de cuestionable reputación, como los **dens** de París que Brassaï
fotografía entonces, cuando a falta de "sirvientes chinos" llamados
equívocamente **congaïs**, los clientes se quejan del trabajo que les cuesta
tener que prepararse las pipas que ellos mismos consumen.[125]
  Ser extranjero en París no es una fiesta, como lo expliqué
anteriormente. Pocos tienen la oportunidad de vivir decentemente y dar
conferencias en La Sorbone o en la Ecole de Hautes Etudes
Philophiques et Scientifiques. Casos como los de Vicente Huidobro,
Alfonso Reyes, Oswald de Andrade o Alain Locke son las excepciones
que confirman la regla. Para la mayoría, ser **métèque** equivale a no
tener empleo, acostumbrarse a las enfermedades venéreas, al mal trato
en hospitales "siniestros," a las convalescencias aceleradas o las curas
prematuras, a vivir de préstamos, a alimentarse con **dinettes**, a ser
deshalojado o secuestrado cuando no se paga el alquiler del cuarto de
hotel. Esta última es una costumbre de la época, entre propietarios de

---

[125] Para el escritor jamaiquino McKay es un alivio llegar a Marseilles (después de
estar en París) porque, a pesar de estar "arrumados," encuentra calidez en una comunidad
de "negroides" compuesta por caribeños, norteamericanos y africanos. (San Diego, New
York y London: Harcourt Brace Jovanovich, 1970), 277.

hoteles. Consiste en secuestrar al inquilino que no paga el alquiler hasta que algún conocido suyo llegue con un rescate equivalente a lo que se adeuda.

En circunstancias tan poco propicias, la picaresca es un género que ofrece valiosos recursos. Por eso es interesante el contrapunto que a veces se observa entre sus escritos epistolares, pese a lo incompleto que es todavía el archivo, y las crónicas. En las cartas aparece el pícaro aunque no sólo éste. El pícaro está bajo control en las crónicas de tal manera que se tienen contadas evidencias de lo que es su precaria vida diaria. Que no pueda ir a Deauville o Antibes en verano, o que tenga que ir a pie, no quiere decir que pase miserias. Por el contrario, en las cartas no hay reparos para contar angustias. Tampoco se cuida de ocultar cómo se las ingenia, con cómplices o sin ellos, para no ser atrapado por ellas. Vallejo engaña y se corrompe como cualquier otro ser humano podría haberlo hecho en iguales circunstancias, en una medida que incluso es poco aceptable para él mismo. Esa es la impresión que deja del **affaire** Leguía.[126]

Vallejo escribe propaganda, falsifica cartas, e inventa situaciones muy parecidas a la de aquellos estibadores que ceden su puesto de trabajo a otros, a condición de que éstos últimos le den al titular la mitad del sueldo. En la misma carta que le dice a Pablo de Abril de Vivero que le "avergüenza vivir todavía becado," le propone que Julio Gálvez lo suceda a él como becario, porque eso le permitiría compartir la subvención.[127] Insulta a los propietarios de **Mundial** cuando piensa que esos "hijos de puta" no le pagan por su trabajo (1982:122). Maldice la situación en la que se encuentra. Engaña a Pablo Abril de Vivero cuando lo cree necesario. Escribe cartas con paraderos falsos, en complicidad con Larrea, para hacer creer que reside en España cuando de eso depende el recibo de la subvención que le da el gobierno español.[128] Inventa viajes al Perú.

Francia no le permite liberarse económicamente del Perú, por eso tiene que continuar respetando en París, a regañadientes, el protocolo del clientelaje. Tendrá que halagar a las personalidades,

---

[126] Vallejo escribe crónicas por compromiso. Una de éstas es "La diplomacia latino-americana en Europa. Con Don Eduardo S. Leguía, Ministro del Perú en España" (1927).

[127] Carta del 3 de setiembre de 1927 (1982:152-55).

[128] Me refiero a la carta del 19 de diciembre en la que trama con Larrea la escritura de una carta que envía el 24 de diciembre, supuestamente desde Bilbao.

especialmente cuando éstas representan al gobierno peruano o cuando son intelectuales establecidos en París como Hugo Barbagelata. Tendrá que aceptar situaciones que terminan siendo trágico-cómicas, como cuando le escribe a Pablo Abril de Vivero para decirle "¿Por qué no tomó más?", después de enterarse que éste se ha quedado con parte de la beca, a pesar de que le ha dicho reiteradamente que su situación económica es desesperada (1982:165). Los favores que ha recibido de Pablo Abril de Vivero lo obligan a adoptar un gesto como ése, una vez que don Pablo decide ejercer su rol de acreedor o quiere poner a prueba la estratagema que maquina Vallejo cuando menciona a Julio Gálvez. Vallejo piensa que sus pecados son poca cosa frente a los "crímenes del bizantismo peruano" contra el "pobre indígena" que es él (1982:173-75). Sin embargo, pese a haber pasado graves crisis y angustias periódicas, se siente a gusto en París, porque concibe que allí es posible el equilibrio entre el cosmos (la **natura**) y la polis, así esté "calato" y desempleado.[129]

Si en sus cartas sobresale la picaresca, en las crónicas establece una estrategia diferente. Mientras que antropólogos como Paul Rivet han salido y salen de París para hacer trabajo de campo como etnógrafos, en Ecuador, Perú o México, haciéndose "americanistas" en el proceso, Vallejo realiza el itinerario inverso con un propósito semejante. El se hace "luteciólogo." Si con Darío termina el viaje a París entendido como peregrinación secular y profana, con Vallejo se establece la etnografía de la modernidad. En su trabajo de campo (en la ciudad), descubre que todo tiene sentido (incluso ir a la búsqueda de jíbaros, como lo hace Perrier) en una ciudad que pretende ser el mayor ejemplo de modernidad pero cuya escenografía había sido imaginada por un emperador. Esa escenografía requiere de un cronista que establezca las convenciones de una nueva disciplina: la etnografía de quienes creen no merecerla porque piensan que son modernos.

---

[129] Tanto en 1925 como en 1929, escribe cartas a Pablo Abril de Vivero en las que la narración es idéntica. El 2 de junio de 1925 exclama "¡Dos años han pasado de angustias y miserias, Pablo querido!" (75). El 12 de mayo de 1929, plantea algo semejante: "¡Van a ser seis años que salí de América, y cero!" (191). En 1930 llega a la misma conclusión: "Siete años en Europa y no he hecho nada" (227).

4

El **sauvage** no está más dispuesto a continuar la peregrinación, ahora va a París para solicitar empleo a tiempo completo y desenvolver un discurso irrespetuoso que hace Lutecia de París. Vallejo se afilia al proletariado que llama "literario," sabiéndolo o no, como **métèque**. Procura estabilidad laboral pese a rechazar la profesión de escritor, artista o crítico. Como crítico, profesa de analfabeto para probar que carece de aprioris (1987a:66). Como periodista, quiere mantenerse como **free-lance**. Como artista, quiere disociarse del **métier**. La afiliación a esa "clase" rara vez es promisoria, porque los artistas y los escritores--como lo atestigua en "Obreros manuales y obreros intelectuales" (1928)--carecen de honestidad. Esta máxima tiene contadas excepciones. Dado que la sociedad maltrata a quienes son excepcionales, porque no aprecia los "golpes" que le dan, Vallejo reclama para éstos dispensas. Un fuero moral aparte para los artistas que compense de alguna manera los maltratos. Por el contrario, para quienes no son excepcionales, como Maurice Barres o Paul Morand, les prepara la muerte en alguna ficción.

Como miembro del "proletariado literario" Vallejo no cesa de plantear demandas, derechos humanos. Pese a esa posición social, exige además "vasallaje." En una de las primeras cartas que le escribe a Juan Larrea (23 de febrero de 1925), le dice lo siguiente: "Hay que trabajar como tú lo dices, pero también hay que vencer circunstancialmente. Hay que imponerse a los demás, hay que exigir a los demás vasallaje, dineros, la dicha, a que tenemos derecho." Luego explica por qué ese vasallaje es necesario: "No basta que valgas en ti y ante ti; menester es que valgas en los otros y ante los otros, hoy y mañana y siempre" (1982:68). Lograr ese vasallaje en Francia no es cosa fácil para un **métèque**. París puede ser una urbe "universal" y no una ciudad francesa, pero aún como tal exige el francés. Vallejo puede decir lo mismo que Bernard Shaw de París y no produce ningún escándalo. No hay mercado para el **sauvage**. Esto explica, en parte, por qué no trabaja tanto como hubiera deseado.[130] Si es un "obrero peruano," ¿qué hace ese obrero peruano en Montparnasse?, ¿qué puede

---

[130] El 23 de marzo de 1930 le escribe a Pablo Abril de Vivero: ""Estoy muy contrariado por esta vida en París, que me persigue desde hace tantos años, sin dejarme trabajar ni hacer nada en serio" (1982:220).

hacer un "obrero peruano" para escapar de las leyes del feudalismo moderno?

En ese ambiente, Firpo es una figura apropiada para Vallejo. Cuando hace un llamado para el fomento de la "firpería" en "Cooperación" (1923), él está fijando un leitmotiv que no es gratuito. Firpo es un boxeador que se ajusta muy poco a lo que entonces es la imagen del deportista moderno, cuya popularidad tanto le desagrada, por lo menos hasta que escribe "De los astros y el sport" (1927). El no desafía ni menosprecia la inteligencia sino los prejuicios de quienes observan en él los trazos de un primitivo. Firpo es muy diferente a Jack Dempsey, Georges Carpentier, Suzanne Lenglen o Hellen Wills. Como lo explica Randy Roberts en su biografía sobre Dempsey, Firpo es para la época, un boxeador excéntrico. Se niega a contratar un **manager** y hace él mismo de promotor. Les obliga a sus empleados a no especializarse. Mantiene una dieta mal balanceada. Comparado con Carpentier o Dempsey, su físico es rústico. Se niega también a entrenar porque piensa que su éxito no se basa en algo aprendido voluntariamente--según un testimonio que cita Roberts--sino en su "estilo natural y heterodoxo," su "inusual fuerza" y su "fenomenal mano derecha" (1979:173).

El fomento de la "firpería" equivale al "desprecio activo" que Vallejo propicia en una carta que le escribe a Pablo Abril de Vivero en mayo de 1929: "Lo importante es, por eso, despreciarlos. Pero hay que despreciarlos activamente, rebelándose" (1982:193). Si bien Vallejo se refiere en esa carta a los funcionarios del gobierno peruano, a quienes llega a llamar "ladrones," éste es un principio que norma sus relaciones con quienes lo ignoran como escritor. "Contra el secreto profesional" es una represalia escrita contra Guillermo de Torre, Eugenio d'Ors y Ramón Pérez de Ayala, porque esos tipos "ignoran escandalosamente" a escritores como él.[131] Lo propio podría haber hecho con Henry Holmes--el norteamericano que lo entrevista en París porque está interesado en escribir un libro sobre Vicente Huidobro--y

---

[131] Véase carta a Pablo Abril de Vivero del 4 de abril de 1927, escrita dos semanas antes de que Guillermo de Torre publicase su editorial en **La Gaceta Literaria** proponiendo a Madrid como "meridiano cultural."

con otros, aunque especialmente con Ventura García Calderón, quien no lo incluye en **Biblioteca de cultura peruana** (1938).[132]

5

Una vez que Vallejo cumple con redimir a Darío en sus crónicas, con vengarse como **sauvage** de quienes lo despreciaron en la calle, también como artista, le toca redimirse a sí mismo. Lo hace saliendo de la abstención "perpetua" en la que se encuentra desde que estuvo preso en Santiago de Chuco.[133] A partir de 1930-31 tiene que abandonar la imagen que ha construido de sí mismo entre 1923-1928, a partir de biografías que requieren de escenarios lamentables como los que habitaron Erik Satie o Leon Bloy, o como el cuarto de la **midinette** que fotografía Kertész.[134] Es cierto que Vallejo tiene su lado festivo--como lo muestra aquella fotografía en la que aparece junto a Carlos More celebrando la navidad de 1926--pero también lo es que él fomenta gráficamente el lado que no lo es. Necesita deshacerse de la imagen que ha cultivado desde su llegada a París, aquella imagen con la que ha hecho soportable su vida diaria y con la que se ha asimilado a la "universalidad." La pose que ha preferido, la del pensador

---

[132] En 1934, Holmes publica **Vicente Huidobro and Creationism** (New York: Publications of the Institute of French Studies). De Vallejo sólo dice que éste le pidió que se entendiera que sus inspiraciones iniciales no se debían a Huidobro (40). La carta de Holmes en la que le solicita la entrevista está en Ballón 1985: 62-3. Menos atención le da Gerardo Diego, en **Poesía española: antología (contemporáneos) 1918-34** (1934), que incluye sólo a Darío por ser el único "con pleno derecho de poeta español" (9). Por el contrario, Federico de Onís sí comenta, aunque brevemente, sus trabajos en **Antología de la poesía española e hispanoamericana** (Madrid: Centro de estudios históricos, 1934).

[133] En "La obra de arte y la vida del artista" (1929), Vallejo dice que Lautréamont, Rimbaud y Mallarmé vivieron en "perpetua abstención política" (349). Esto no es cierto especialmente en el caso de Rimbaud quien participó en la Comuna de 1871.

[134] En "El más grande músico de Francia" (1926), Vallejo describe la habitación de Satie como un "humilde y solitario cuarto, donde en lugar de alhajas y levitas, los hombres encontraron, a la cabecera del gran muerto, unas solfas mugrientas y gloriosas" (123). Una descripción semejante hace Seigel: "Nadie lo visitaba en su cuarto--literalmente nadie entró hasta que Satie murió en 1925. Mientras tanto, se acumuló el polvo y la suciedad, las cortinas y los muebles se deterioraron. Cuando muere, varios manuscritos que Satie creyó perdidos en un tranvía fueron encontrados detrás del piano" (1985:327).

"parado," tiene que ser cambiada cuando llega a conclusiones tales como decir que el socialismo acabará con la "confusión de las lenguas" o cuando se retracta y afirma que Julien Benda estaba completamente equivocado. La imagen de Chaplin queda a salvo porque su cinematografía le ha demostrado a Vallejo que puede salir algo revolucionario incluso de lo patético.

Vallejo se hace simultáneamente marxista y dramaturgo. Es casi imposible distinguir uno de lo otro.[135] Son vocaciones que evolucionan paralelamente. No abandonará ninguna de las dos. Sabe, como dije anteriormente, que ser poeta se ha convertido en un anacronismo, en una profesión para la que no hay empleo en el mercado. También sabe que él es menos versátil de lo que fue Rimbaud y menos diestro o hábil de lo que requiere una prédica como la de Edison. Ser dramaturgo es diferente. Puede decirse que sabiendo que está condenado a ser "deshonesto," porque ser intelectual es lo único que sabe hacer, Vallejo busca empleo como dramaturgo, para el poeta que se ha quedado "históricamente" sin trabajo. Esa es la vía **parisienne** que escoge. Haciéndose dramaturgo combate el aburrimiento y la mala conciencia de estar "parado." Ser "negro" es la única protección que le queda al escritor que decide probar el mercado, como él lo hace, en calidad de dramaturgo.[136] Pero en cada ocasión se encuentra con un obstáculo que su militancia política puede explicar pero no conjurar. La competencia lingüística que le exigen al dramaturgo, quienes inventan a los primitivos y le sacan patente a la modernidad, es mayor que aquélla que demanda cualquier **sauvage** del etnógrafo. Especialmente cuando el dramaturgo invade en sus dramas los espacios públicos que los franceses consideran privados (el idioma entre ellos), y los privados en los que se gestan "dramas parisinos." Esos son los **suites** que nos ofrece quien ha hecho de la catecresis una manera de concebir la modernidad. Pero en un medio que es inhóspito con poetas y **métèques**, no basta definirse exóticamente como "negro." Salvo que realmente lo sea y que gane

---

[135] Desde un punto de vista metodológico esta separación es posible y hasta provechosa, como ocurre en la tesis doctoral de George R. Lambie, "Poetry and Ideology: the Effect of the Politics of the Interwar Years and the Spanish Civil War on the Poetry of César Vallejo" (University of Warwick, 1991).

[136] Véase "La conquista de París por los negros (1925) y "Un gran libro de Clemenceau" (1925); 75-6, 86-8.

tanto dinero como lo ganó Josephine Baker, esa identificación tampoco ayuda.

Vallejo es enterrado cerca de Baudelaire (pero también de Porfirio Díaz) en el cementerio de Montparnasse, a pocas cuadras de donde solía tomar café, en cafés como La Rotonde, Le Dôme o La Régence. Hasta el momento en que muere, nada o muy poco de lo que escribe es una mercancía. Otros extranjeros "triunfan" pero él no. El "idioma" prueba ser mucho más importante de lo que él pensó en su rechazo de Vasconcelos, y el teatro no es la excepción. Las palabras son importantes, especialmente en tiempos de crisis. En este sentido, la "fonética de las palabras," además de todo lo interesante que pueda ser, viniendo de un **métèque** que tiene la mala conciencia de estar "parado" como escritor, puede dejar la impresión de ser una solución muy conveniente, pero es también muy oportuna para quien aprecia la teatralidad. Indudablemente, el fracaso tiene en la dramaturgia de Vallejo una vocación diferente pero es también expresión de un lapsus. París podría ser una "urbe universal" pero es también una ciudad francesa. Es más aceptable que un **métèque** escriba desde Lutecia que para París.

BIBLIOGRAFIA

Las fuentes que menciono a continuación son únicamente las primarias.
Fuentes adicionales aparecen en las notas de cada capítulo.

1965

a   **Rusia en 1931: Reflexiones al pie del Kremlin**, 3ra. ed. (Lima: Ediciones Gráfica Labor).

b   **Rusia ante el segundo plan quinquenal** (Lima: Ediciones Gráfica Labor).

1967   **Novelas y cuentos completos** (Lima: Monlcoa Editores). Contiene "Hacia el reino de los sciris", 129-166.

1969   "La piedra cansada," **Visión del Perú** 4 (Lima), [283]-[319].

1973

a   **Contra el secreto profesional** (Lima: Mosca Azul).

b   **El arte y la revolución** (Lima: Mosca Azul).

1979   **Teatro completo**, 2 ts. (Lima: Pontificia Universidad Católica del Perú). Enrique Ballón Aguirre, ed.

1982   **Epistolario general** (Valencia: Pre-Textos).

1984   **Crónicas, Tomo I: 1915-1926** (México,
               Universidad   Nacional   Autónoma   de
               México). Enrique Ballón A., editor.

1985
a   "Anexo: Piezas y escritos sobre teatro de
               César Vallejo," **César Vallejo: su estética
               teatral**,   Guido   Podestá   (Valencia   &
               Minneapolis: Institute for the Study of
               Ideologies & Literature), [163]-313.

b   **Crónicas**, Tomo II: 1927-1938 (México:
               Universidad   Nacional   Autónoma   de
               México). Enrique Ballón A., editor.

1987
a   **Desde Europa: crónicas y artículos
               (1923-1938)**, 2da. ed. (Lima: Ediciones
               Fuente   de   Cultura   Peruana).   Jorge
               Puccinelli, ed.

b   **La cultura peruana (crónicas)** (Lima:
               Mosca Azul Editores). Enrique Ballón, ed.

1988   **Poesía completa** (La Habana: Centro de
               Investigaciones   Literarias,   Casa   de   las
               Americas).   Edición   crítica   de   Raúl
               Hernández Novás.

1992   **César Vallejo en El Comercio** (Lima:
               Edición de El Comercio). Introducción de
               Aurelio Miró Quesada S.

INDICE ALFABETICO

Se terminó de imprimir en el
mes de febrero de 1994 en
la imprenta Cushing Malloy.